JSP 서블릿 웹 프로그래밍

JSP 서블릿 웹 프로그래밍

초판 • 1쇄 발행 2023년 9월 20일

저자 • 전병선
발행 • 전병선
출판 • 리얼데브 • 러닝
본문 디자인 • 이영
표지 디자인 • 전민

등록 • 제 2023-000005호
주소 • 경기도 의정부시 평화로 124
전화 • 031.856.4845
이메일 • realdev.learning@gmail.com
도메인 • www.realdev-learning.com
유튜브 • www.youtube.com/@realdev.learning
ISBN • 979-11-981708-8-0

가격 • 37,000원

JSP 서블릿 웹 프로그래밍

머리말

　개발자와 아키텍트, 컨설턴트로서 30여 년간 현업에서 다양한 프로젝트를 수행하며 얻은 경험과 30여 권의 저서와 7권의 번역서를 저술하고 강의하면서 쌓은 지식과 노하우를 바탕으로 새로운 10년을 준비하면서, 이제 막 개발자와 프로그래머로서 첫걸음을 시작하는 사람들이 실무 프로젝트에서 작업을 할 수 있을 만큼의 능력을 갖출 수 있도록 핵심 지식과 기술을 꾹꾹 눌러 담아 먼저 다섯 권의 책으로 묶었다. 여기에는 자바스크립트와 자바 그리고 SQL 등 핵심 프로그래밍 언어 3종 세트와 JSP 서블릿과 스프링 프레임워크를 활용하는 웹 애플리케이션 개발의 핵심 기술이 포함된다. 그리고 다섯 권의 책에서 이들 프로그래밍 언어와 기술을 각각 독립적으로 학습할 수 있을 뿐만 아니라 유기적으로 결합하여 체계적으로 학습할 수 있게 하였다. 그리고 이들 책을 교재로 온라인에서 저자의 유료 강의를 수강하여 프로그래밍 지식의 완성도를 더욱더 높일 수 있게 하였다.

　이 책은 자바 기술을 사용하여 웹 애플리케이션을 개발하기 위한 자바 웹 기반 기술을 설명한다.

　현대 소프트웨어 기술은 끊임없이 변화한다. 새로운 기술이 등장하고 쇠퇴하기를 반복한다. 이러한 변화 속에서도 끈질기게 살아남는 기술이 있다. 그것이 기반 기술이다. 설사 새로운 시스템을 개발할 때 새로운 기술을 사용한다고 해도 그 새로운 기술도 기반 기술을 기반으로 하게 마련이다. 따라서 기반 기술을 이해하는 것이 새로운 기술을 습득할 수 있는 가장 빠른 지름길이 된다. 더군다나 이미 구축되어 있는 많은 소프트웨어 시스템을 모두 한번에 새로운 기술로 변경하는 일은 거의 불가능하다. 새로운 소프트웨어 시스템을 구축하는 일은 시간과 돈이 많이 드는 일이기 때문이다. 따라서 이들 기존 소프트웨어 시스템을 유지보수하고 발전시키는 작업은 끊임없이 수행된다.

　자바 웹 애플리케이션의 기반 기술은 커다란 변화를 맞이했다. 자바 기술을 소유하고 있는 오라클이 웹 기반 기술 사양을 정의한 엔터프라이즈 에디션을 이클립스 재단으로 넘겨 오픈 소스화한 것이다. 이렇게 하여 자카르타 엔터프라이즈 에디션 즉, 자카르타 EE가 세상에 나왔다. 이것이 2017년의 일이고, 그 후 발전을 계속하여 2022년 말에 자카르타 EE 10이 출시되었다. 하지만 아직 톰캣을 포함한 대부분의 자바 웹 서버들은 이전 버전인 자카르타 EE 9 버전에 최적화된 상태에 있다. 따라서 이 책에서는 안정적인 자카르타 EE 9 버전을 기반으로 자바 웹 애플리케이션 기반 기술을 설명한다.

자카르타 EE 웹 프로파일에 정의되어 있는 중요한 기술로는 서블릿과 서버 페이지, 표준 태그 라이브러리, 퍼시턴스 등 웹 애플리케이션 개발에 필수적인 API가 포함된다. 그리고 이들 기술이 이 책의 핵심적인 주제다.

이 책을 학습하기 위한 선수 조건이 있다. 그것은 앞에서 언급한 핵심 프로그래밍 언어 3종 세트 즉, 자바스크립트와 자바, SQL에 대한 지식이 있어야 한다는 것이다. 만약 이들 프로그래밍 언어에 대한 기본 지식을 갖추지 못했다면 필자의 저서 프로그래밍 언어 3종 세트인 자바스크립트 프로그래밍과 자바 프로그래밍 기초, 그리고 SQL 프로그래밍을 먼저 학습하는 것이 최적의 선택이다.

이 책의 1장 자바 웹 프로그래밍 개요에서는 자바 웹 애플리케이션 플랫폼에 대한 개요와 함께, 웹 애플리케이션 개발 도구에 대해 설명한다. 그리고 프로젝트 관리 빌드 도구인 메이븐의 사용법과 아파치 톰캣 서버를 설정하는 방법에 대해서도 살펴본다. 그리고 웹 애플리케이션 개발에 필수적인 HTTP 프로토콜에 대해서도 설명한다.

이 책은 모두 11개의 실습 과제를 포함하고 있다. 이들 실습에서는 자바 프로그래밍 기초와 SQL 프로그래밍에서도 사용한 주문 관리 시스템 예제 프로젝트를 생성하고 각 장에서 설명한 기술을 사용하여 실제로 프로그램을 작성하는 과정을 단계별로 설명한다. 1장의 마지막 부분에서는 주문 관리 시스템 예제 프로젝트를 생성하는 과정을 설명한다.

2장 서블릿에서는 자바 웹 애플리케이션의 핵심 기술인 서블릿에 대해 학습한다. 서블릿을 구현하는 방법과 HTTP 요청을 처리하는 방법에 대해서 학습한다.

3장 자카르타 서버 페이지에서는 자카르타 서버 페이지 즉, JSP에 대한 개요와 함께 지시어와 액션 태그, 내장 객체와 같은 구문에 대해 학습한다. 그리고 바람직하지는 않지만 모델 1 방식으로 JSP만 사용하여 웹 애플리케이션을 구현해본다.

4장 서블릿 + JSP에서는 본격적으로 서블릿과 JSP가 결합된 모델 2 방식으로 웹 애플리케이션을 구현하는 방법에 대해 학습한다. 그리고 첫 번째 실습으로 주문 관리 시스템의 고객 관리 부분을 구현한다.

5장 표현식 언어에서는 표현식 언어의 구문과 함께 표현식 언어를 활용하는 방법에 대해서 학습하고, 6장 JSTL에서는 표준 태그 라이브러리의 구문 개요와 함께, Core 태그 라이브러리와 형식화 태그 라이브러리, XML 태그 라이브러리, 함수 태그 라이브러리의 사용 방법에 대해서 학습한다. 그리고 두 번째 실습으로 표현식 언어와 태그 라이브러리를 사용하여 제품과 재고 관리 부분을 구현한다.

8장과 9장에서는 JDBC와 JPA를 사용하여 데이터베이스로부터 데이터를 읽어오고 데이터를 저장하는 방법에 대해 학습한다. 이것을 위해 필자의 저서인 SQL 프로그래밍 책에서 구축한 데이터베이스를 사용한다. 이 책에서도 데이터베이스를 설치하는 방법과 기본적인 SQL 구문에 대해서는 설명하지만 깊이있는 지식을 갖기 위해서는 먼저 SQL 프로그래밍 책을 읽을 것을 권장한다.

8장 JDBC 데이터 액세스에서는 데이터베이스와 SQL를 개관하고 오라클 데이터베이스와 마이크로소프트 SQL 서버, 그리고 MySQL과 PostgreSQL 등 네 개의 데이터베이스 서버와 개발 도구를 설치하는 방법과 데이터베이스를 생성하는 방법에 대해서 설명한다. 그리고 JDBC 설정과 SQL 문을 실행하는 방법, 그리고 트랜잭션 개념에 대해서 학습한다. 또한 고객 레파지토리 컴포넌트와 제품 및 재고 레파지토리 컴포넌트, 그리고 주문 레파지토리 컴포넌트를 JDBC를 사용하여 구현하는 세 개의 실습을 수행한다.

9장 JPA 데이터 액세스에서는 JPA와 ORM에 대한 개념을 학습하고, 엔터티 클래스와 테이블을 매핑하는 방법과 JPA API를 사용하여 질의하는 방법에 대해 학습한다. 그리고 또한 고객 레파지토리 컴포넌트와 제품 및 재고 레파지토리 컴포넌트, 그리고 주문 레파지토리 컴포넌트를 JPA를 사용하여 구현하는 세 개의 실습을 수행한다.

10장 웹 보안에서는 웹 보안을 개관하고, SSL과 TSL 프로토콜을 사용하여 HTTPS 프로토콜을 구현하는 방법을 살펴본다. 그리고 인증과 권한을 설정하는 방법과 리소스를 보호하는 방법에 대해서도 학습한다. 또한 마지막으로 주문 관리 시스템에 웹 보안을 구현하는 실습을 수행한다. 11장 필터와 리스너에서는 필터와 리스너의 개념과 함께 구현하는 방법에 대해서 학습한다.

이 책에서 사용된 소스 코드는 다음과 같이 온라인 강의 사이트에서 다운로드할 수 있으며, 이메일로 요청할 수 있다.

또한 저자가 직강하는 유료 온라인 강의를 수강할 수 있다.

- 온라인 강의 사이트: www.realdev-learning.com
- 이메일 : realdev.learning@gmail.com
- 유튜브 : www.youtube.com/@realdev.learning

힘든 개발자의 길을 묵묵히 걸어가고 있는 모든 개발자들을 응원하며, 새로운 시작을 두려워하지 않는 모든 이들에게 하나님의 축복이 늘 함께하시기를 기도한다.

전병선 씀

저자
전병선

30여 년간 현업에서 개발자와 아키텍트, 컨설턴트로 다양한 프로젝트를 수행하였으며 30여 권의 저서와 7권의 번역서를 출간하고 폭 넓은 독자 층을 갖고 있는 베스트 셀러 저자다.

금융, 제조, 조선, 통신, 국방, 정부 연구 기관 등 다양한 도메인 분야에서 아키텍트이자 컨설턴트로 프로젝트를 수행하였으며, 특별히 SOA 전문가로서 조달청 차세대 통합 국가전자조달시스템 구축 사업 서비스 모델링과 KT N-STEP SOA 진단 컨설팅 등의 프로젝트를 수행하였다.

대표적인 저서로는 전병선의 객체지향 이야기와 SOA, What & How, CDB, What & How, All-in-One Java 애플리케이션 개발, UML 분석 설계 실무, 나는 개발자다 등이 있다. 이러한 지식과 노하우를 바탕으로 최근에는 막 개발자와 프로그래머로서 첫 걸음을 시작하는 사람들이 실무 프로젝트에서 작업을 할 수 있을 만큼의 능력을 갖출 수 있도록 핵심 지식과 기술을 묶어 다섯 권의 책을 출간하였다.

또한 이들 책을 교재로 온라인 강의 사이트(www.realdev-learning.com)에서 체계적인 강의를 제공하고 있으며, 이러한 노력은 자바에서 닷넷으로, 객체지향 언어에서 함수형 언어로, 컴포넌트에서 마이크로서비스로, 모노리식 애플리케이션에서 반응형 분산 컴퓨팅 분야로 이동하면서 끊임 없이 새로운 기술과 언어에 관한 저술과 강의 할 동을 계속 이어갈 예정이다.

유튜브(www.youtube.com/@realdev.learning)에서 독자들과의 소통에도 힘쓰고 있다.

목차

01장 자바 웹 프로그래밍 개요 2
    자바 웹 애플리케이션 플랫폼 2
    웹 애플리케이션 개발 도구 6
    메이븐 기초 사용 9
    아파치 톰캣 서버 설정 21
    HTTP 프로토콜 26
    주문 관리 시스템 예제 프로젝트 생성 36

02장 서블릿 52
    서블릿 개요 52
    서블릿 구현 54
    서블릿 배포 설정 58
    HTTP 요청 메서드 처리 62
    서블릿 컨텍스트 초기 매개변수 설정과 읽기 67
    서블릿 웹 애플리케이션 구현 70

03장 자카르타 서버 페이지 88
    JSP 개요 88
    JSP 구문 개요 91
    지시어(directives) 93
    액션(action) 태그 95
    내장 객체 99
    모델 1 방식 웹 애플리케이션 구현 104

04장 서블릿 + JSP 112
    서블릿과 JSP 결합 112

	모델 2 방식 웹 애플리케이션 구현	115
	실습1: 고객 관리 구현	122
05장	표현식 언어	140
	표현식 언어 구문	140
	표현식 언어 활용	151
06장	JSTL	158
	JSTL 구문	158
	Core 태그 라이브러리	160
	형식화 태그 라이브러리	167
	XML 태그 라이브러리	181
	함수 태그 라이브러리	184
	실습2: 제품 및 재고 관리 구현	186
07장	세션과 쿠키	214
	세션	214
	쿠키	223
	실습3: 주문 처리 구현	225
	실습4: 주문 조회 구현	245
08장	JDBC 데이터 액세스	262
	데이터베이스와 SQL	262
	데이터베이스 설치	267
	데이터베이스 생성	275
	데이터베이스 스키마 생성	281
	JDBC 설정	288
	SQL 문 실행	293
	트랜잭션	297
	실습5: 고객 JDBC 레파지토리 컴포넌트 구현	301
	실습6: 제품 및 재고 JDBC 레파지토리 컴포넌트 구현	314
	실습7: 주문 JDBC 레파지토리 컴포넌트 구현	322
09장	JPA 데이터 액세스	338
	JPA와 ORM	338
	JPA 엔터티 관리자 설정	344
	엔터티 매핑	349
	JPA API	372
	실습8: 고객 JPA 레파지토리 컴포넌트 구현	379

실습9: 제품 및 재고 JPA 레파지토리 컴포넌트 구현 390
실습10: 주문 JPA 레파지토리 컴포넌트 구현 400
10장 웹 보안 414
　웹 보안 개요 414
　SSL과 TSL 415
　인증과 권한 설정 422
　리소스 보호 429
　실습11: 웹 보안 구현 432
11장 필터와 리스너 442
　필터 개요 442
　필터 구현 444
　필터 배포 설정 447
　리스너 449

1장 자바 웹 프로그래밍 개요

1장
자바 웹 프로그래밍 개요

- ☐ 자바 웹 애플리케이션 플랫폼
- ☐ 웹 애플리케이션 개발 도구
- ☐ 메이븐 기초 사용
- ☐ 아파치 톰캣 서버 설정
- ☐ HTTP 프로토콜
- ☐ 주문 관리 시스템 예제 프로젝트 생성

자바 웹 애플리케이션 플랫폼

  웹 애플리케이션(web application)은 인터넷 상에서 사용자의 요청(request)에 응답(response)하여 생성되는 웹 페이지로 구성된다. 자바 언어와 기술을 사용하여 웹 애플리케이션을 구현할 때 자카르타 엔터프라이즈 에디션(Jakarta Enterprise Edition, 줄여서 Jakarta EE, 자카르타 EE) 플랫폼에 정의된 사양을 따른다. 따라서 자바 웹 애플리케이션을 구현하는 방법을 살펴보기 전에 자카르타 EE에 대하여 이해하고 있어야 한다. 자카르타 EE는 엔터프라이즈 애플리케이션, 그 중에서도 특별히 웹 애플리케이션과 관련된 기술들의 표준 사양을 정의하고 있다.

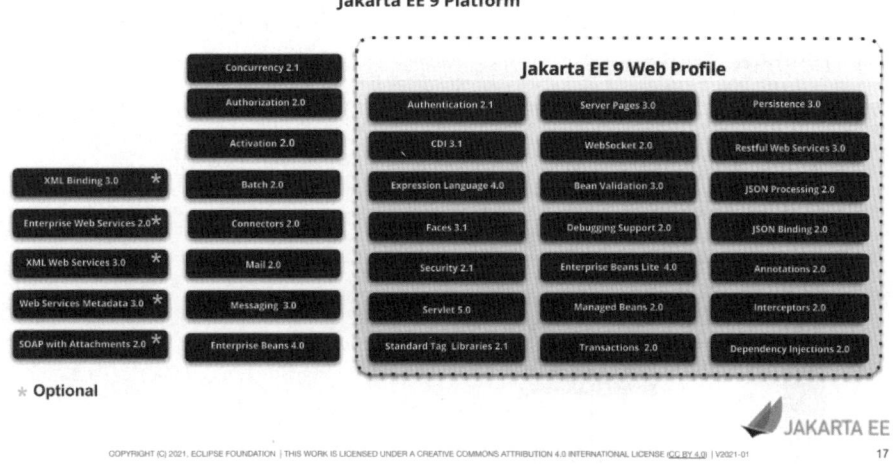

[그림 1-1] 자카르타 EE

    이들 사양 중 웹 애플리케이션과 관련된 것은 웹 프로파일(web profile)로, 여기에는 서블릿(servlet)과 서버 페이지(server pages), 표준 태그 라이브러리(standard tag library), 퍼시스턴스(persistence) 등 웹 애플리케이션 개발에 필수적인 API가 포함된다. 이들 API는 이 책의 중요한 주제이기도 하다. 웹 프로파일에는 포함되어 있지 않지만 자카르타 EE 표준 사양 중에는 엔터프라이즈 빈즈(enterprise beans)도 있는데, 우리나라에서는 거의 사용되지 않으며 이 기능은 스프링 프레임워크(Spring framework)가 대체하고 있다. 따라서 이 책에서는 엔터프라이즈 빈즈에 대해 설명하지 않는다.

    자카르타 EE의 원래 버전은 자바 EE(Java EE, Java Enterprise Edition)이었으며 JDK(Java Development Kit)에 포함되어 있었다. 그러나 자바 EE는 JDK 11 버전에서부터 JDK에서 삭제되고 이클립스(Eclipse) 오픈 소스 프로젝트 재단으로 넘어가 자카르타 EE라는 이름으로 변경되었으며 더 이상 JDK에서 지원되지 않는다. 자카르타 EE의 첫 버전인 8은 자바 EE 버전 8을 그대로 마이그레이션 한 것으로 java 패키지 대신에 jakarta 패키지를 사용한다. 패키지 이름이 변경된 것을 제외하고는 자바 EE와 거의 동일하다. 그리고 JavaServer Pages의 약자였던 JSP도 Jakarta Server Pages로 이름이 변경되었다.

    그 후 자카르타 EE는 버전 9를 거쳐 현재는 버전 10이 출시되었지만, 대부분의 경우에 자카르타 EE 버전 9가 많이 사용된다. 이 책에서도 자카르타 EE 버전 9를 중심으로 자바 웹 프로그래밍을 설명한다. 만약 레거시 웹 애플리케이션 개발을 위해 자바 EE 8

이전의 버전을 사용해야 하는 경우에도 jakarta 패키지 대신 java 패키지로 대체하면 대부분의 경우에 무리 없이 이 책에서 설명하는 내용을 여러분의 웹 애플리케이션 개발에 적용할 수 있을 것이다. 만약 이전 버전과 다른 점이 있다면 해당 기능을 설명할 때 함께 설명하기로 하겠다.

자카르타 EE 플랫폼에서 웹 애플리케이션은 다음 그림과 같이 서블릿(servlet)과 JSP로 구현된 웹 페이지, 그리고 자바 빈(Java Bean)으로 구성된다.

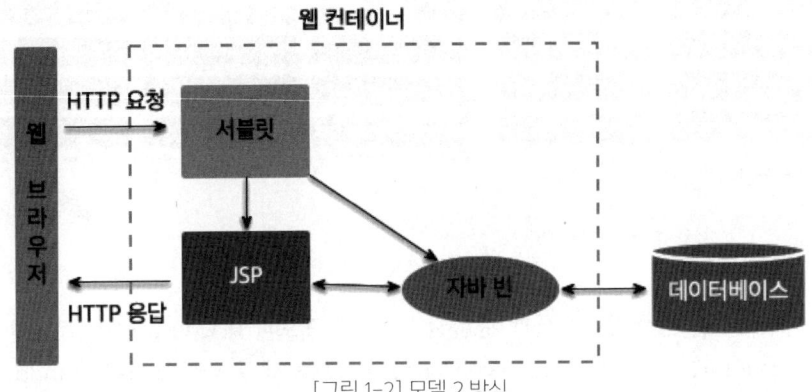

[그림 1-2] 모델 2 방식

위의 그림에서 웹 컨테이너(web container)는 자카르타 EE 중에서 웹 프로파일 API를 구현한 웹 서버(web server)다. 대표적인 웹 컨테이너로는 오픈 소스(open source)인 톰캣(Tomcat)과 제티(Jetty)가 있다. 자카르타 EE의 모든 API를 구현한 웹 서버를 웹 애플리케이션 서버, 줄여서 WAS(Web Application Server)라고 한다. 상용 제품으로는 오라클(Oracle)의 웹로직(WebLogic)과 IBM의 웹스피어(WebSphere), 그리고 국내 제품으로 티맥스 소프트(Tmax Soft)의 제우스(JEUS)가 있으며, 오픈 소스로는 제이보스 애플리케이션 서버(JBoss Application Server)가 있다. 우리는 이 책에서 오픈 소스 웹 컨테이너로 톰캣을 사용할 것이다.

웹 클라이언트가 웹 서버에 HTTP 요청(request)를 보내면, 서블릿을 구현한 웹 서버는 웹 컴포넌트인 자바 빈과 JSP, 그리고 데이터베이스와 연동하여 동적인 컨텐츠를 생성하고 HTTP 응답(response)을 웹 클라이언트에게 전달한다.

JSP 즉, 자카르타 서버 페이지(Jakarta Server Pages)는 HTML의 정적인 컨텐츠와 서블릿의 동적인 컨텐츠 생성 기능이 결합된 기술이다. 단순히 HTML 문서를 작성한 다음에, <% 와 %> JSP 태그 사이에 동적인 컨텐츠를 생성하기 위한 코드를 작성하면 된다. JSP 파일은 .jsp 확장자를 갖는다. JSP의 최대의 장점은 단순함이다. JSP 페이지는 서블릿이라기보다는 마치 HTML처럼 보인다. 그러나 막후에서 JSP 페이지는 자동적으로 서블릿으로 변환된다. 이러한 변환은 JSP 페이지가 처음 요청될 때만 수행되며, 다음부터는 컴파일된 JSP 페이지가 실행되어 실행 속도를 빠르게 한다.

자바 빈(Java Bean)은 순수한 자바 객체(POJO, Plain Old Java Object)로, 웹 애플리케이션의 업무 로직(business logic)과 데이터 액세스 로직(data access logic)을 구현한다. 이 때 데이터베이스와의 연동을 위해 JDBC(Java DataBase Connectivity) API나 자카르타 퍼시스턴스(Jakarta Persistence) API(줄여서 JPA)를 사용할 수 있다. JDBC는 SQL을 사용하여 데이터베이스에 질의하고 데이터를 조작하는 API를 제공하며, JPA는 ORM(Object-Relational Mapping) 프로그래밍 모델을 제공함으로써 객체 모델(object model)과 관계 모델(relational model) 사이의 임피던스 불일치(impedance mismatch) 문제를 해결한다. 또한 JPA와 유사하지만 객체 모델과 SQL(Structured Query Language) 사이의 매핑(mapping) 기능을 제공하는 마이바티스(MyBatis)와 같은 프레임워크를 사용할 수도 있다. 하지만 이 책에서는 JDK와 자카르타 EE 사양에 포함된 JDBC와 JPA에 대해서만 다루기로 한다. JDBC API를 구현한 드라이버(driver)는 각 데이터베이스 벤더에서 제공하며, JPA 사양을 구현한 대표적인 JPA 공급자(provider)로는 하이버네이트(Hibernate) 프레임워크를 사용할 수 있다.

참고로 웹 애플리케이션을 다음 그림과 같이 서블릿을 제외하고 JSP가 직접 HTTP 요청을 처리하고 응답하도록 할 수도 있다.

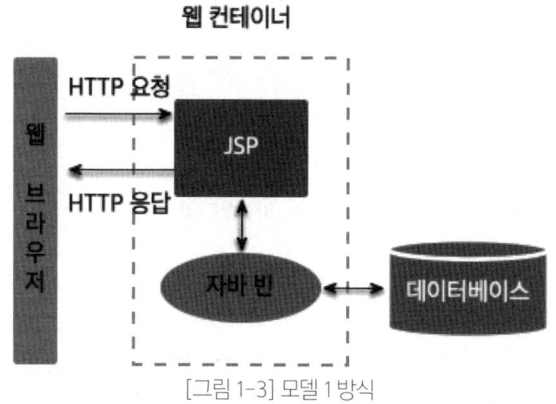

[그림 1-3] 모델 1 방식

이 방식은 대부분의 웹 개발자들이 선호하는 방식이며, 아직도 보편적으로 많이 사용하고 있다. 이 방식을 사용할 때 개발자들에게 친숙하기 때문에 개발 속도가 빠르다. 그리고 개발자의 숙련도가 낮아도 배우기 쉬워서 빠르게 적응할 수 있는 장점을 갖는다. 그러나 이 방식은 JSP가 화면에 표시하는 프레젠테이션 로직(presentation logic)

과 업무 로직(business logic)이 혼합되어 있기 때문에 JSP 가 복잡해진다. 물론 자바 빈에 업무 로직을 구현할 수도 있지만 JSP와 자바 빈 사이의 밀접한 결합성이 발생해서 JSP가 복잡해지는 것을 피할 수 없다. 이러한 단점으로 인해 다른 문제점들도 파생된다. 프레젠테이션 로직과 업무 로직이 혼합되어 있기 때문에 개발자와 웹 디자이너 사이의 작업을 분리하기 어려우며, JSP 코드가 복잡해짐에 따라 덩달아 유지보수하기도 어려워진다. 이러한 방식을 모델 1(Model 1)이라고 하여 서블릿을 함께 사용하는 모델 2(Model 2) 방식과 구분한다. 이 책에서는 모델 1 방식을 추천하지 않는다. 그 대신에 모델 2 방식을 사용하여 웹 애플리케이션을 개발하는 방법을 설명한다.

웹 애플리케이션 개발 도구

흔히 자바 애플리케이션 개발은 설정으로 시작해서 설정으로 끝난다는 말이 있다. 자바 애플리케이션, 특별히 웹 애플리케이션을 개발할 때 다양한 개발 도구와 프레임워크를 혼합하여 사용하기 마련이다. 그리고 이들 개발 도구를 설치하고 설정할 수 있으면 자바 애플리케이션의 개발은 이미 반은 끝난 것이나 다름없다. 처음에는 이러한 설정 작업이 어렵고 자주 실패하게 마련이지만 어느 정도 익숙해지면 실패하지 않고 쉽게 설정할 수 있게 된다.

가장 중요하면서도 기본적인 도구는 JDK(Java Development Kit)다. 이 책에서는 가장 최신의 LTS 버전인 JDK 17을 사용한다. JDK는 다음 URL에서 다운로드할 수 있다.

https://www.oracle.com/kr/java/technologies/downloads/

또한 오픈 소스로 제공되는 OpenJDK를 사용할 수도 있다.

https://openjdk.org

통합 개발 환경은 애플리케이션 개발에 필요한 개발 도구를 통합시켜주는 환경을 제공하는 개발 도구로서, 여기에는 필수적인 소스 코드 편집기가 포함되어 있다. 그리고 자바 컴파일러나 프로젝트 관리 도구, 웹 서버, 애플리케이션 서버, 애플리케이션 프레임워크 개발 도구 들을 플러그인 형식으로 통합시켜 개발자에게 개발 환경을 제공하기 때문에, 특히 개발자들에게 아주 중요하고 사용에 익숙해져야 하는 개발 도구다.

가장 많이 사용되는 통합 개발 환경으로는 인텔리제이 아이디어(IntelliJ IDEA)와 이클립스(Eclipse)가 있다. 이클립스는 이클립스 재단(Eclipse Foundation)에서 제공하는 오픈 소스 통합 개발 환경이다. 오픈 소스이고 무료이기 때문에 개발자와 기업에서 많이 사용된다. 특별히 웹 애플리케이션을 개발하는데 필요한 다양한 기능을 제공한다.

https://www.eclipse.org/downloads

인텔리제이 아이디어는 제트 브레인(Jet BRAINS) 사에서 공급하는 통합 개발 환경으로 무료 버전으로 커뮤니티 에디션(Community Edition)을 제공한다. 그러나 커뮤니티 에디션은 웹 애플리케이션 개발에 필요한 기능을 지원하지 않는다. 웹 애플리케이션 개발에 사용하기 위해서는 상업용으로 판매되는 얼티미트 에디션(Ultimate Edition)을 사용해야 한다. 얼티미트 에디션은 이클립스보다 애플리케이션을 개발하는데 효율적으로 사용할 수 있는 다양한 기능을 제공한다 점에서 유료임에도 불구하고 많은 기업과 개발자들이 사용하고 있다.

https://www.jetbrains.com/ko-kr/idea/download

이 책에서는 주로 인텔리제이 아이디어 얼티미트 에디션을 사용하고, 필요한 경우에 이클립스를 사용하는 방법에 대해서도 추가로 설명할 것이다. 여러분들도 이 책의 예제 애플리케이션을 구현하는데 인텔리제이 아이디어(이하 인텔리제이) 얼티미트 에디션 시험판을 사용해보기를 권한다.

여러분은 이미 자바 언어를 공부하면서 JDK과 통합 개발 환경을 다운로드하고 설치해 본 경험을 갖고 있을 것이기 때문에 여기에서 설치하는 과정의 설명은 생략하도록 한다.

통합 개발 환경에서도 프로젝트 관리 기능을 제공하지만 프로젝트에서 사용하는 애플리케이션 프레임워크와 유틸리티 모듈을 일일이 다운로드하고 프로젝트에 포함시키는 일은 다소 번거롭다. 또한 이들 모듈들의 버전을 일일이 관리하는 것도 만만치 않은 어려운 작업이다. 더군다나 여러 개발자들이 모여서 팀을 이루어 함께 작업한다면 어려움이 가중된다. 개발자들이 서로 다른 버전의 모듈을 사용한다면 이로 인한 충돌이 발생하게 되기 때문이다. 우리는 이러한 어려움을 프로젝트 관리 도구를 사용하여 해결할 수 있다.

이러한 프로젝트 관리 도구 중에서 많이 사용되는 것은 다음 세가지 오픈 소스 프로젝트 도구가 있다.

- 아파치 앤트(Apache Ant)
- 아파치 메이븐(Apache Maven)
- 그래들(Gradle)

아파치 앤트는 2000년에 처음 등장한 전통적인 자바 프로젝트 빌드 도구다. 앤트는 프로젝트를 자동으로 빌드하고 서버에 배포하는 과정을 자동화시켜주는 기능을 제공하기 때문에 가장 대중적으로 인기있는 빌드 도구가 되었다. 나중에 네트워크 상에서 의존성 관리 기능을 제공하는 아파치 아이비(Apache Ivy)를 통합하여 앤트 기능이 확장되었다.

아파치 메이븐은 앤트를 사용할 때 개발자들이 직면한 문제들을 해결하기 위한 목적으로 2004년에 등장하였다. 앤트와 마찬가지로 XML을 사용하지만 구조는 완전히 다르다. 앤트를 사용할 때는 작업을 수행하는데 필요한 모든 명령을 작성해야 했지만, 메이븐은 작업 대상(목표)을 제공함으로써 호출하기만 하면 되도록 하였다. 또한 메이븐은 의존성을 갖는 모든 모듈을 네트워크 상에서 다운로드할 수 있는 기능을 제공하였다.

그래들은 가장 후발 주자로서 앤트와 메이븐이 갖고 있는 장점을 수용하고 문제점을 해결하는 프로젝트 관리 도구로서 2012년에 등장하였다. 그래들은 앤트나 메이븐과는 달리 XML을 사용하지 않는다. 그 대신에 JVM 언어 중의 하나인 그루비(Groovy)를 기반으로 자신의 고유한 DSL(Domain Specific Language) 언어를 사용한다. 따라서 그래들은 좀 더 간단하고 명확하게 빌드 스크립트를 작성할 수 있게 한다.

우리는 이 책에서 프로젝트 관리 도구로서 아파치 메이븐을 사용하기로 한다.

https://maven.apache.org/download.cgi

아파치 메이븐을 선택한 이유는 간단하다. 아직까지 가장 대중적으로 많이 사용되고 있는 도구이기 때문이다. 메이븐의 기초 사용 방법에 대해서는 잠시 후에 설명한다.

웹 애플리케이션 서버(WAS, Web Application Server)로는 웹 컨테이너(web container)인 아파치 톰캣(Apache Tomcat)을 사용하기로 한다. 자카르타 EE 버전 9와 10을 모두 지원하는 톰캣 버전 10을 사용하면 된다.

https://tomcat.apache.org/download-10.cgi

톰캣을 다운로드하고 설치하는 과정에 대해서 잠시 후에 설명하기로 한다.

데이터베이스로는 상용 RDBMS(Relation DataBase Management System)인 오라클(Oracle)과 마이크로소프트 SQL 서버, 그리고 오픈 소스 RDBMS인 MySQL과 PostgreSQL을 사용할 수 있다. 이 책에서는 오라클을 위주로 이들 RDBMS 모두 사용할 것이다. 로컬 머신에 RDBMS를 설치하는 가장 손쉬운 방법은 이미 데이터베이스 서버가 설치되어 있는 도커(docker) 이미지(image)를 사용하는 것이다. 이들 데이터베이스의 도커 이미지를 설치하는 방법에 대해서는 8장 JDBC에서 설명할 것이다.

앞에서 설명한 바와 같이 데이터베이스와의 연동을 위해 JDBC(Java DataBase Connectivity) API나 자카르타 퍼시스턴스(Jakarta Persistence) API(줄여서 JPA)를 사용할 수 있다. 우리는 이들 두가지 API를 모두 사용하기로 한다.

메이븐 기초 사용

먼저 아파치 메이븐을 설치한다. 메이븐을 다운로드 페이지에서 다운로드하여 압축을 해제하여 bin 디렉터리를 PATH 환경 변수에 설정함으로써 간단하게 메이븐을 설치할 수 있다. 맥오에스(macOS) 운영체제를 사용한다면 홈브루(Homebrew)를 설치한 후에 다음 명령으로 메이븐을 설치할 수 있다.

```
% brew install maven
```

메이븐을 사용하기 위해 가장 먼저 해야 할 일은 역시 프로젝트를 생성하는 일이다. 메이븐 프로젝트를 생성하기 위해서는 터미널 창에서 다음 명령을 입력한다.

```
% mvn archetype:generate
```

이 명령은 개발자와 상호작용 방식으로 프로젝트를 생성한다. 메이븐이 프로젝트를 생성하는데 필요한 정보를 입력하라는 메시지가 단계적으로 표시되면 개발자가 해당 정보에 필요한 값을 입력한다.

첫 번째 프롬프트가 1987 : 다음에서 깜빡거릴 때 엔터키를 누른다. 이때 받아들인 값 1987은 디폴트 archetype 번호로 org.apache.maven.archetypes:maven-archetype-quickstart 에 해당된다.

```
Choose a number or apply filter (format: [groupId:]artifactId, case sensitive co
ntains): 1987: []
```
[그림 1-4] archetype 번호

두 번째 프롬프트가 Choose a number : 8 :: 다음에 깜빡거릴 때 엔터기를 누른다. 이때 받아들인 8 번은 archetype 버전으로 1.4 버전을 말한다.

```
Choose org.apache.maven.archetypes:maven-archetype-quickstart version:
1: 1.0-alpha-1
2: 1.0-alpha-2
3: 1.0-alpha-3
4: 1.0-alpha-4
5: 1.0
6: 1.1
7: 1.3
8: 1.4
Choose a number: 8:
```
[그림 1-5] archetype 버전

세 번째 프롬프트가 'groupId' :: 다음에서 깜빡거릴 때 com.mycompany 를 입력한다. 이값은 groupId 로 프로젝트가 속하는 그룹의 식별값이다. 일반적으로 패키지 형식으로 계층적으로 표현한다.

```
Define value for property 'groupId':
```
[그림 1-6] groupId

네 번째 프롬프트가 'artifactId' :: 다음에서 깜박거릴 때 hello 를 입력한다. 이값은 artifactId 로 프로젝트나 모듈을 식별하는 값이다.

```
Define value for property 'groupId': com.mycompany
Define value for property 'artifactId':
```
[그림 1-7] artifactId

다섯 번째 프롬프트가 'version : 1.0-SNAPSHOT:: 다음에서 깜빡거릴 때 엔터키를 누른다. 이값은 프로젝트 결과물의 버전이다.

```
Define value for property 'groupId': com.mycompany
Define value for property 'artifactId': hello
Define value for property 'version' 1.0-SNAPSHOT: :
```
[그림 1-8] version

여섯 번째 프롬프트가 'package' : com.mycompany :: 다음에서 깜빡거릴 때 엔터키를 누른다. package 는 기본적으로 생성할 패키지를 말한다. 엔터를 눌렀을 때의 디폴트 값은 groupId와 동일하다.

```
Define value for property 'groupId': com.mycompany
Define value for property 'artifactId': hello
Define value for property 'version' 1.0-SNAPSHOT: :
Define value for property 'package' com.mycompany: :
```
[그림 1-9] package

일곱 번째 프롬프트가 Y:: 다음에서 깜빡거릴 때 엔터키를 누른다.

```
Define value for property 'groupId': com.mycompany
Define value for property 'artifactId': hello
Define value for property 'version' 1.0-SNAPSHOT: :
Define value for property 'package' com.mycompany: :
Confirm properties configuration:
groupId: com.mycompany
artifactId: hello
version: 1.0-SNAPSHOT
package: com.mycompany
Y: :
```
[그림 1-10] 완료

이제 프로젝트가 생성되고 빌드가 성공했다는 메시지를 표시한다.

```
[INFO] Parameter: groupId, Value: com.mycompany
[INFO] Parameter: artifactId, Value: hello
[INFO] Parameter: version, Value: 1.0-SNAPSHOT
[INFO] Parameter: package, Value: com.mycompany
[INFO] Parameter: packageInPathFormat, Value: com/mycompany
[INFO] Parameter: package, Value: com.mycompany
[INFO] Parameter: groupId, Value: com.mycompany
[INFO] Parameter: artifactId, Value: hello
[INFO] Parameter: version, Value: 1.0-SNAPSHOT
[INFO] Project created from Archetype in dir: /Users/sun/hello
[INFO] ------------------------------------------------------------
[INFO] BUILD SUCCESS
[INFO] ------------------------------------------------------------
[INFO] Total time:  15:40 min
[INFO] Finished at: 2022-11-11T16:21:22+09:00
[INFO] ------------------------------------------------------------
sun@sun-it-academy ~ %
```
[그림 1-11] 프로젝트 생성

프로젝트가 성공적으로 생성되면 다음과 같이 현재 디렉터리에 hello라는 서브 디렉터리가 생성된다.

1장 자바 웹 프로그래밍 개요

[그림 1-12] 프로젝트 디렉터리

이 구조는 archetype이 maven-archetype-quickstart 인 경우에 생성되는 디렉터리 구조다. 아키타입(archetype)이란 원래 심리학 용어로 심리학자 칼 융(Carl Jung)이 인간의 집단 무의속 속에 공통으로 자리잡고 있는 보편적인 이미지의 패턴을 지칭하기 위하여 사용한 단어다. 이러한 의미를 프로젝트에 적용한다면 프로젝트 마다 공통적으로 적용할 수 있는 패턴을 하나의 아키타입으로 정의할 수 있게 된다. maven-archetype-quickstart 아키타입은 샘플 메이븐 프로젝트를 포함하는 아키타입이다. 이에 대하여 maven-archetype-webapp 아키타입은 웹 애플리케이션 프로젝트를 포함하는 아키타입으로 다음과 같은 디렉터리 구조를 갖는 웹 애플리케이션 프로젝트를 생성한다.

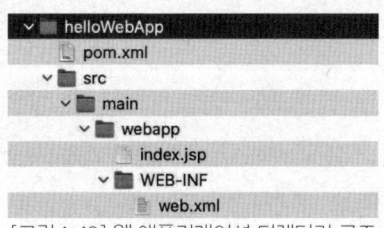

[그림 1-13] 웹 애플리케이션 디렉터리 구조

메이븐 프로젝트의 주요 디렉터리는 다음과 같다.

디렉터리	설명
src/main/java	자바 소스 파일이 위치한다
src/main/resources	속성, XML 등 리소스 파일이 위치한다. 이 디렉터리에 있는 리소스는 자바 클래스 경로에 포함된다.
src/main/webapp	웹 애플리케이션 파일이 위치한다 (WEB-INF/web.xml, index.jsp 파일 등)

디렉터리	설명
src/test/java	JUnit 테스트 자바 소스 파일이 위치한다
src/test/resources	JUnit 테스트에 사용되는 리소스 파일이 위치한다

[표 1-1] 메이븐 프로젝트 디렉터리

만약 메이븐이 기본적으로 생성하지 않은 디렉터리라도 수작업으로 추가해주면 된다. 예를 들어 src/main 디렉터리에 resources 서브 디렉터리를 생성하면 메이븐은 리소스 디렉터리로 인식한다.

메이븐 프로젝트를 컴파일하기 위해서는 터미널 창에 다음 명령을 입력하면 된다.

% mvn compile

```
[INFO] Changes detected - recompiling the module!
[INFO] Compiling 1 source file to /Users/sun/hello/target/classes
[INFO] ------------------------------------------------------------
[INFO] BUILD SUCCESS
[INFO] ------------------------------------------------------------
[INFO] Total time:  31.417 s
[INFO] Finished at: 2022-11-11T16:41:40+09:00
[INFO] ------------------------------------------------------------
sun@sun-it-academy hello %
```

[그림 1-14] 컴파일

컴파일된 결과는 target/classes 디렉터리에 저장된다.

컴파일한 결과를 테스트하고 싶다면 터미널 창에 다음 명령을 입력한다.

% mvn test

```
[INFO]
[INFO] -------------------------------------------------------
[INFO]  T E S T S
[INFO] -------------------------------------------------------
[INFO] Running com.mycompany.AppTest
[INFO] Tests run: 1, Failures: 0, Errors: 0, Skipped: 0, Time elapsed: 0.015 s - in com.mycompany.AppTest
[INFO]
[INFO] Results:
[INFO]
[INFO] Tests run: 1, Failures: 0, Errors: 0, Skipped: 0
[INFO]
[INFO] -------------------------------------------------------
[INFO] BUILD SUCCESS
[INFO] -------------------------------------------------------
[INFO] Total time:  15.037 s
[INFO] Finished at: 2022-11-11T16:44:36+09:00
[INFO] -------------------------------------------------------
sun@sun-it-academy hello %
```

[그림 1-15] 테스트

테스트도 성공했다면 이제 배포 가능한 .jar 또는 .war 파일을 생성할 수 있다. 터미널 창에 다음 명령을 입력한다.

　　% mvn package

```
[INFO] Building jar: /Users/sun/hello/target/hello-1.0-SNAPSHOT.jar
[INFO] -------------------------------------------------------
[INFO] BUILD SUCCESS
[INFO] -------------------------------------------------------
[INFO] Total time:  8.380 s
[INFO] Finished at: 2022-11-11T16:47:08+09:00
[INFO] -------------------------------------------------------
sun@sun-it-academy hello %
```

[그림 1-16] 패키징

그리고 위의 그림에서처럼 target 디렉터리에 패키징된 .jar 또는 .war 파일이 생성된다.

메이븐 프로젝트를 생성하면 루트 디렉터리에 pom.xml 파일이 생성된다. 이 pom.xml 파일이 POM(Project Object Model) 즉, 프로젝트 객체 모델 정보를 담고 있는 파일로서, 여기에는 프로젝트 관리와 빌드에 필요한 환경 설정, 의존성 관리 등의 정보를 포함한다.

다음 그림은 POM 파일의 구조를 보여준다.

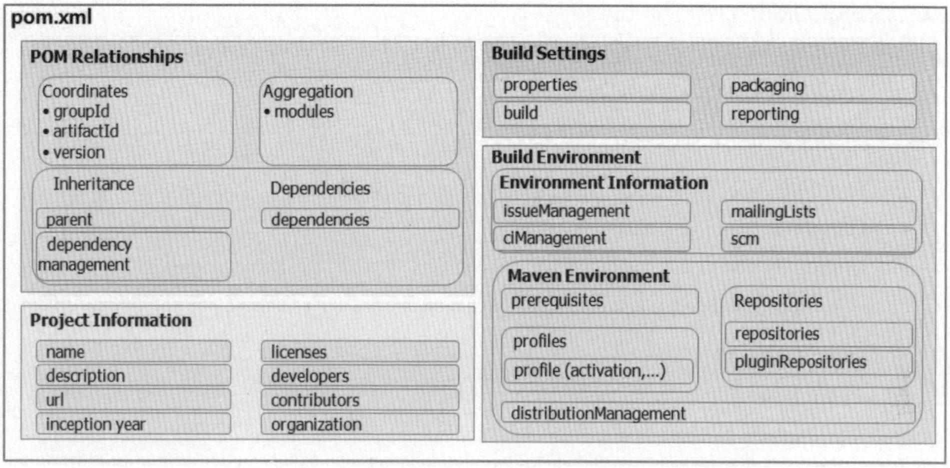

```
pom.xml
  POM Relationships
    Coordinates              Aggregation
    • groupId                • modules
    • artifactId
    • version

    Inheritance              Dependencies
    parent                   dependencies
    dependency
    management

  Project Information
    name                     licenses
    description              developers
    url                      contributors
    inception year           organization

  Build Settings
    properties               packaging
    build                    reporting

  Build Environment
  Environment Information
    issueManagement          mailingLists
    ciManagement             scm

  Maven Environment
    prerequisites            Repositories
    profiles                 repositories
    profile (activation,...) pluginRepositories
    distributionManagement
```

[그림 1-17] POM 구조 (http://www.egovframe.go.kr에서 인용함)

웹 애플리케이션 프로젝트를 생성할 때 생성되는 POM은 다음과 같다.

```xml
<?xml version="1.0" encoding="UTF-8"?>
<project xmlns="http://maven.apache.org/POM/4.0.0"
         xmlns:xsi="http://www.w3.org/2001/XMLSchema-instance"
         xsi:schemaLocation="http://maven.apache.org/POM/4.0.0
                 http://maven.apache.org/xsd/maven-4.0.0.xsd">
  <modelVersion>4.0.0</modelVersion>
  <groupId>com.mycompany</groupId>
  <artifactId>helloWebApp</artifactId>
  <version>1.0-SNAPSHOT</version>
  <packaging>war</packaging>
  <name>helloWebApp Maven Webapp</name>
  <url>http://www.example.com</url>
  <properties>
    <project.build.sourceEncoding>UTF-8</project.build.sourceEncoding>
    <maven.compiler.source>1.7</maven.compiler.source>
    <maven.compiler.target>1.7</maven.compiler.target>
  </properties>
  <dependencies>
    <dependency>
```

1장 자바 웹 프로그래밍 개요

```xml
      <groupId>junit</groupId>
      <artifactId>junit</artifactId>
      <version>4.11</version>
      <scope>test</scope>
    </dependency>
  </dependencies>
  <build>
    <finalName>helloWebApp</finalName>
    <pluginManagement>
      <plugins>
        <plugin>
          <artifactId>maven-clean-plugin</artifactId>
          <version>3.1.0</version>
        </plugin>
        <plugin>
          <artifactId>maven-resources-plugin</artifactId>
          <version>3.0.2</version>
        </plugin>
        <plugin>
          <artifactId>maven-compiler-plugin</artifactId>
          <version>3.8.0</version>
        </plugin>
        <plugin>
          <artifactId>maven-surefire-plugin</artifactId>
          <version>2.22.1</version>
        </plugin>
        <plugin>
          <artifactId>maven-war-plugin</artifactId>
          <version>3.2.2</version>
        </plugin>
        <plugin>
          <artifactId>maven-install-plugin</artifactId>
          <version>2.5.2</version>
        </plugin>
```

```
            <plugin>
                <artifactId>maven-deploy-plugin</artifactId>
                <version>2.8.2</version>
            </plugin>
        </plugins>
    </pluginManagement>
  </build>
</project>
```

위의 POM 파일에서 〈name〉과 〈url〉 요소는 프로젝트 정보를 설정한다. 프로젝트 사이의 연관성을 설정하는 POM 연관성은 다음 요소로 설정한다.

요소	설명
〈groupId〉	프로젝트 그룹 ID
〈artifactId〉	프로젝트 아티팩트 ID
〈version〉	버전
〈packaging〉	패키징 방식 : jar, war, ear
〈dependencies〉	이 프로젝트가 의존하는 다른 프로젝트 정보

[표 1-2] POM 연관성

프로젝트가 의존하는 다른 프로젝트에 대한 정보는 〈dependency〉 요소로 설정한다. 〈dependency〉 요소 안에는 다음 서브 요소를 포함한다.

요소	설명
〈groupId〉	의존 프로젝트 그룹 ID
〈artifactId〉	의존 프로젝트 아티팩트 ID

[표 1-3] 의존성 요소

예를 들어 프로젝트에서 하이버네이트 프레임워크를 사용하고자 한다면, 이 프로젝트는 다음과 같이 하이버네이트 프레임워크에 대한 의존성을 추가해야 한다.

```
<dependency>
    <groupId>org.hibernate.orm</groupId>
    <artifactId>hibernate-core</artifactId>
```

1장 자바 웹 프로그래밍 개요

```
    <version>6.1.3.Final</version>
</dependency>
```

사실 하이버네이트 프레임워크를 사용하기 위해서는 hibernate-core 모듈만 필요한 것이 아니다. 하이버네이트 프레임워크가 의존하는 12 개의 외부 .jar 파일도 있다. 만약 메이븐 의존성을 사용하지 않는다면 이들 모두를 일일이 다운로드 하여 프로젝트에 추가하는 작업을 해야 한다. 그러나 메이븐 의존성을 사용하면 위의 의존성 설정만으로 하이버네이트 프레임워크에 관련된 모든 모듈들을 자동적으로 다운로드하여 프로젝트에 추가할 수 있게 된다.

실제로 메이븐이 다운로드한 hibernate-core 모듈의 pom.xml 파일을 보면 많은 프로젝트에 의존하고 있는 것을 발견할 수 있다.

```
<dependencies>
  <dependency>
    <groupId>jakarta.persistence</groupId>
    <artifactId>jakarta.persistence-api</artifactId>
    <version>3.0.0</version>
  </dependency>
  <dependency>
    <groupId>jakarta.transaction</groupId>
    <artifactId>jakarta.transaction-api</artifactId>
    <version>2.0.0</version>
    <scope>compile</scope>
  </dependency>
  <dependency>
    <groupId>org.hibernate.common</groupId>
    <artifactId>hibernate-commons-annotations</artifactId>
    <version>6.0.2.Final</version>
    <scope>runtime</scope>
  </dependency>
  <-- 생략 -->
</dependencies>
```

따라서 일일이 필요한 모듈의 의존성을 추가할 필요는 없으며 직접적으로 필요한 모듈만 의존성을 추가해주면 된다.

의존성을 설정할 때 〈scope〉 요소를 사용하여 의존성 범위를 지정할 수 있다. 〈scope〉 요소에는 다음 값을 지정할 수 있다.

설정값	설명
compile	컴파일 시에 필요함. 실행과 테스트 시에도 포함됨. 디폴트 값
runtime	실행 시 필요함. 컴파일에는 필요하지 않지만 실행 할 때 필요하여 배포할 때 포함됨
provided	컴파일할 때는 필요하지만 실행 시에는 컨테이너 등에서 기본으로 제공하기 때문에 배포할 필요가 없음
test	테스트 코드를 컴파일할 때 필요함. 테스트 시에는 포함되지만 배포 시에는 제외됨

[표 1-4] 의존성 범위

특정한 모듈의 POM 정보를 찾을 때 유용한 POM 검색 사이트들이 있다. 일반적으로 http://search.maven.org 사이트를 많이 사용하지만, http://www.mvnrepository.com 사이트도 아주 유용하다.

메이븐은 POM 파일에 설정한 의존성 모듈이나 플러그인들을 메이븐 중앙 레파지토리에서 다운로드받는다. 현재 중앙 레파지토리 주소는 http://repo1.maven.org/maven2 이다.

원격 레파지토리에서 다운받은 모듈은 로컬 레파지토리에 저장된다. 로컬 레파지토리는 사용자 홈 디렉터리(USER_HOME) 밑에 .m2/repository 서브 디렉터리에 생성된다. 로컬 레파지토리에는 다음과 같은 형식의 서브 디렉터리에 다운로드받은 모듈을 저장한다.

[groupId]\[artifactId]\[version]

다운로드되어 저장되는 파일에는 모듈 파일과 POM 파일이 포함되며, 일단 중앙 레파지토리에서 다운로드하여 로컬 레파지토리에 저장되면 그 다음부터는 로컬 레파지토리에 저장된 파일을 사용한다.

메이븐은 프로젝트의 라이프사이클(lifecycle) 기반 프레임워크를 제공한다. 우리가 처음 프로젝트를 생성하고, 컴파일하고, 테스트하고 패키징하는 명령을 실행했는데 이들 명령이 모두 빌드 라이프사이클에 속하는 단계다.

메이븐은 다음과 같은 세가지 라이프사이클을 제공한다.

- clean
- build (디폴트)
- site

각 라이프사이클은 여러 단계(phase)로 구성되며, 각 단계마다 기본적으로 실행되는 플러그인(plugin) 목적(goal)이 정의되어 있어 단계 순서에 따라 플러그인이 명령을 실행하여 작업이 실행된다. 다음은 빌드(build) 라이프사이클의 몇가지 주요 실행 단계를 설명한다.

빌드 라이프사이클 단계	설명	플러그인
validate	현재 설정과 POM의 내용이 유효한 지 확인함	
generate-sources	코드 생성기가 이 다음 단계에서 컴파일되고 처리할 소스 코드를 생성함	
compile	소스 코드를 컴파일 함	compiler:compile
test	컴파일 된 코드를 테스트하고 그 결과를 표시함	surefire:test
package	실행가능한 모듈로 패키징함	jar:jar war:war
install	패키징된 모듈을 로컬 레파지토리에 저장함	install:install
deploy	패키징된 모듈을 리모트 레파지토리에 저장함	deploy:deploy

[표 1-5] 빌드 라이프사이클

라이프사이클 단계에서 플러그인을 실행할 때 [플러그인이름:목적] 형식으로 실행할 기능을 선택한다. 위의 예에서 compiler:compile은 compiler 플러그인에서 compile 목적을 실행한다는 것을 의미한다.

특정한 라이프사이클 단계를 실행하려면 앞에서 우리가 명령을 한 것처럼 'mvn 단계명' 형식으로 명령어를 실행하면 된다.

  mvn compile
  mvn install

단계의 플러그인을 직접 실행할 수도 있다. 이 경우에는 단계 대신에 플러그인과 목적을 지정하면 된다.

  mvn jar:jar

이 경우에는 해당 플러그인만 실행되기 때문에 라이프사이클 단계가 실행되지는 않는다.

라이프사이클 단계를 실행하면 그 단계 이전의 모든 단계가 실행된다. 예를 들어 package 단계를 실행하면 package 단계의 플러그인을 실행하기 전에 그 이전의 모든 단계에 정의된 플러그인들을 순서대로 실행한다.

아파치 톰캣 서버 설정

아파치 톰캣 서버를 설치하는 것도 아주 쉽다. 톰캣 서버 다운로드 페이지에서 톰캣 서버 버전 10 중에서 가장 최신 버전을 다운로드한 후에 원하는 폴더에 압축을 풀면 된다.

1장 자바 웹 프로그래밍 개요

10.0.27

Please see the README file for packaging information. It explains what every distribution contains.

Binary Distributions

- Core:
    - zip (pgp, sha512)
    - tar.gz (pgp, sha512)
    - 32-bit Windows zip (pgp, sha512)
    - 64-bit Windows zip (pgp, sha512)
    - 32-bit/64-bit Windows Service Installer (pgp, sha512)
- Full documentation:
    - tar.gz (pgp, sha512)
- Deployer:
    - zip (pgp, sha512)
    - tar.gz (pgp, sha512)
- Embedded:
    - tar.gz (pgp, sha512)
    - zip (pgp, sha512)

[그림 1-18] 톰캣 서버 다운로드 페이지

맥오에스 운영체제를 포함해서 다른 운영체제의 경우에는 zip 또는 tar.gz 을 선택하여 다운로드하고, 윈도우 운영체제의 경우에는 64-bit Windows.zip 을 선택하고 다운로드하면 된다. 윈도우 운영체제의 경우에 32-bit/64-bit Windows Service Installer 항목을 선택하여 설치 파일을 다운로드하여 설치할 수도 있지만, 우리는 통합 개발 환경 안에서 톰캣 서버를 실행하기 때문에 굳이 톰캣 서버를 윈도우 서비스로 실행할 필요가 없으므로 설치 파일을 사용하지 않아도 된다.

다음에는 통합 개발 환경 안에서 아파치 톰캣 서버를 설정한다. 먼저 인텔리제이에서는 "환경 설정" 대화상자의 왼쪽 목록에서 "빌드, 실행, 배포 > 애플리케이션 서버"를 선택하고 "+" 단추를 클릭하여 "Tomcat 서버"를 선택한다.

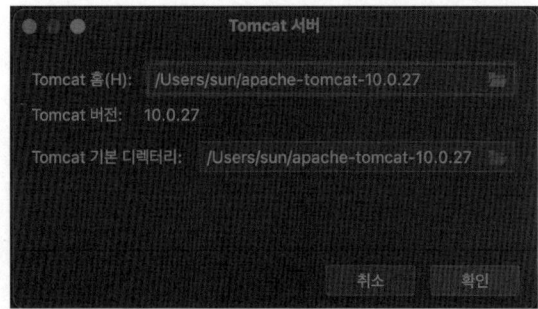

[그림 1-19] Tomcat 서버

"Tomcat 서버" 대화상자에서 Tomcat 홈에 압축을 푼 디렉토리를 설정하고 "확인" 단추를 클릭하여 설정을 완료한다.

다음 그림은 인텔리제이에서 톰캣 서버 설정이 완료된 화면을 보여준다.

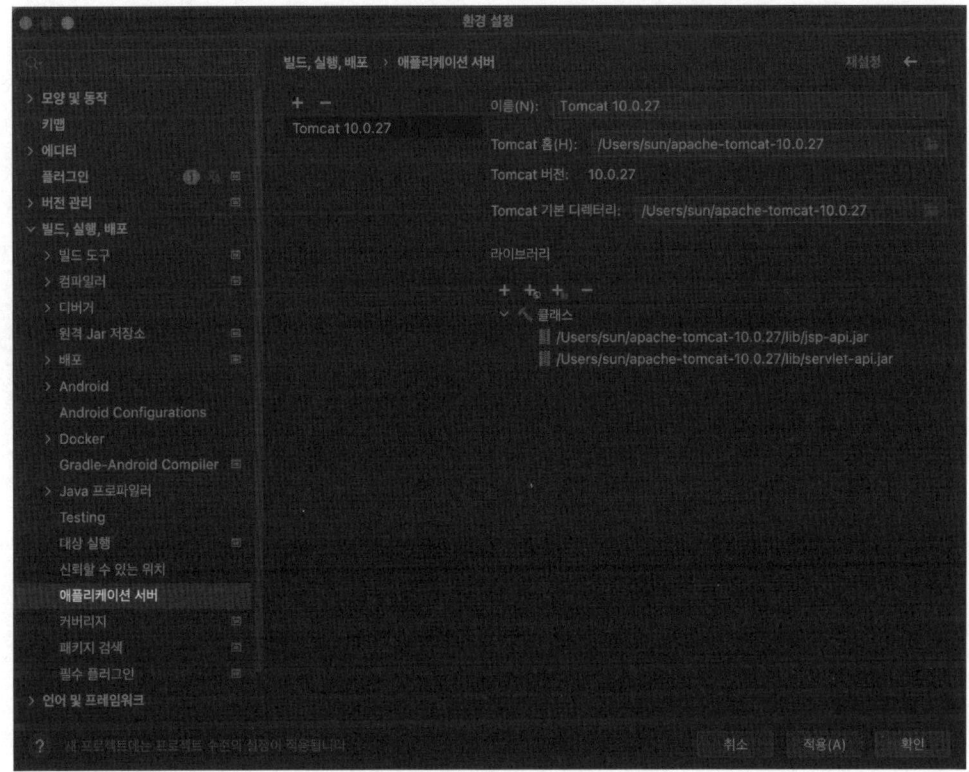

[그림 1-20] 인텔리제이 톰캣 서버 설정

이클립스의 경우에는 "Preference" 대화상자의 왼쪽 목록에서 "Server > Runtime Environment"를 선택하고 "Add" 단추를 클릭하여 "New Server Runtime Environment" 대화상자에서 "Apache > Apache Tomcat v10.0"을 선택한다.

1장 자바 웹 프로그래밍 개요

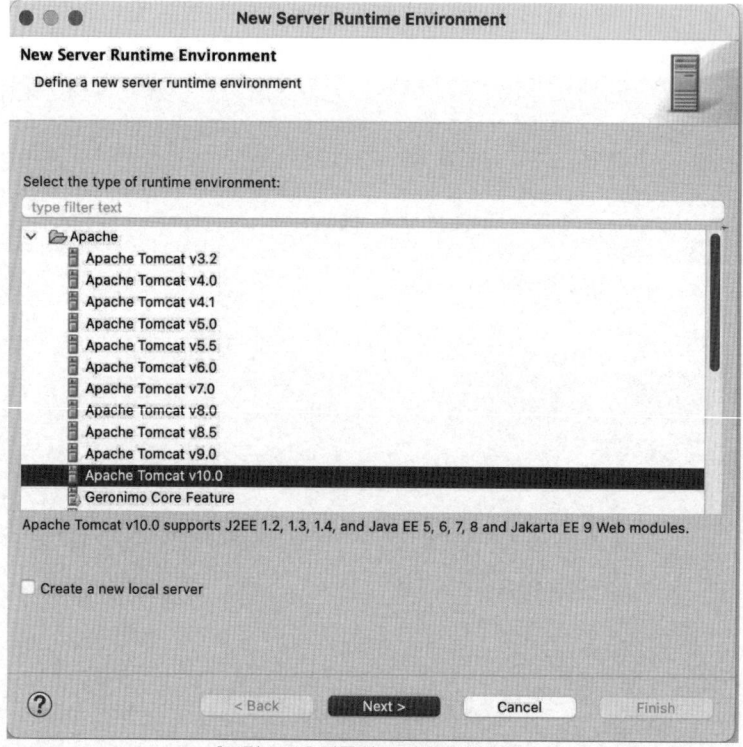

[그림 1-21] 이클립스 서버 실행 환경

　　다음에 "Next" 단추를 클릭하고 "Tomcat Server" 화면에서 Tomcat 홈에 압축을 푼 디렉토리를 설정하고 "Finish" 단추를 클릭하여 설정을 완료한다.

JSP 서블릿 웹 프로그래밍

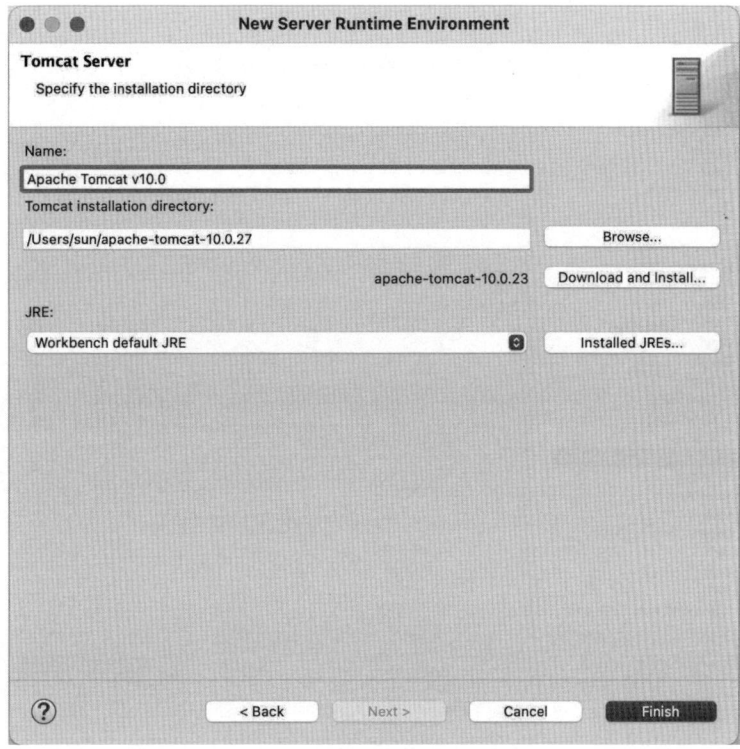

[그림 1-22] 톰캣 홈 디렉터리 설정

다음 그림은 이클립스에서 톰캣 서버 설정이 완료된 화면을 보여준다.

1장 자바 웹 프로그래밍 개요

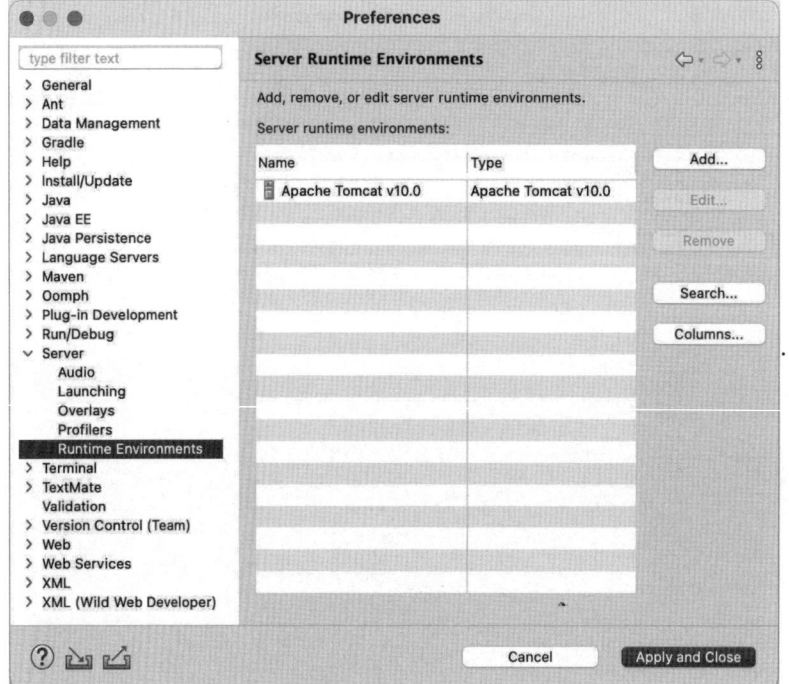

[그림 1-23] 이클립스 톰캣 서버 설정

HTTP 프로토콜

웹 애플리케이션을 개발할 때 HTTP 프로토콜(protocol)에 대한 이해는 필수적이다. HTTP(HyperText Transfer Protocol)은 인터넷 상에서 하이퍼텍스트를 전송하는 표준 프로토콜이다.

웹 컨텐츠는 웹 서버에 위치한다. 웹 서버는 HTTP 프로토콜로 대화할 수 있기 때문에 웹 서버를 HTTP 서버라고도 한다. HTTP 서버는 데이터를 저장하고 있다가 HTTP 클라이언트가 요청하면 데이터를 제공한다. 이때 클라이언트가 HTTP 요청(request)을 서버에게 보내면 서버는 HTTP 응답(response) 안에 요청한 데이터를 반환한다. 가장 일반적인 HTTP 클라이언트는 웹 브라우저다. 웹 브라우저는 HTTP 객체를 서버에 요청하고 응답된 객체를 화면에 표시한다.

[그림 1-24] HTTP 요청 및 응답

웹 서버는 웹 리소스(web resource)를 관리한다. 웹 리소스는 웹 컨텐츠를 제공하는 것으로 가장 단순한 웹 리소스는 웹 서버에 있는 정적 파일이다. 여기에는 텍스트 파일과 HTML 파일, 마이크로소프트 워드 문서, 어도비 PDF 파일, JPEG 이미지 파일, AVI 동영상 파일 등이 포함된다. 그러나 리소스는 이러한 정적 파일 뿐만이 아니다. 리소스를 요청할 때 동적으로 컨텐츠를 생성하는 소프트웨어 프로그램일 수도 있다. 따라서 인터넷 검색 엔진도 리소스가 된다.

인터넷은 수 천 가지의 서로 다른 데이터를 유형을 포함하고 있기 때문에 HTTP는 웹으로 전송되는 각 객체에 MIME이라고 하는 데이터 형식 라벨로 태그를 붙인다. MIME(Multipurpose Internet Mail Extension)은 원래 전자 메일을 보낼 때 사용했지만 HTTP에 적용시켜서 멀티미디어 컨텐츠를 설명하는데 사용하고 있다. 웹 서버는 모든 HTTP 객체 데이터에 MIME 타입을 붙인다. 웹 브라우저가 서버로부터 객체를 수신하면 MIME 타입을 살펴보고 그 객체를 처리하는 방법을 결정한다.

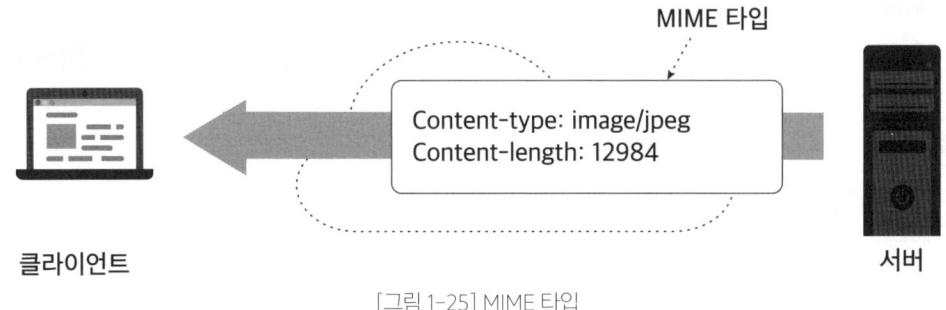

[그림 1-25] MIME 타입

MIME 타입은 기본 객체 타입(primary object type)과 특정한 서브타입(subtype)을 슬래시(/)로 구분하여 표현한다.

- HTML 형식 텍스트 문서 : text/html
- 일반 ASCII 텍스트 문서 : text/plain
- JSON 데이터: application/json
- JPEG 이미지 : image/jpeg
- GIF 이미지 : image/gif

이외에도 수 백 가지의 MIME 타입이 있다.

각 웹 서버 리소스는 이름을 갖고 있으며, 웹 서버 리소스 이름을 URI(Uniform Resource Identifier)라고 한다. URI는 인터넷의 우편 주소와 같아서 전세계적으로 유일하게 식별할 수 있고 접근할 수 있어야 한다.

URI의 가장 일반적인 형식이 URL(Uniform Resource Locator)다. URL은 특정한 서버에 있는 리소스의 특정한 위치를 표현한다. 오늘날 대부분의 모든 URI는 URL이다.

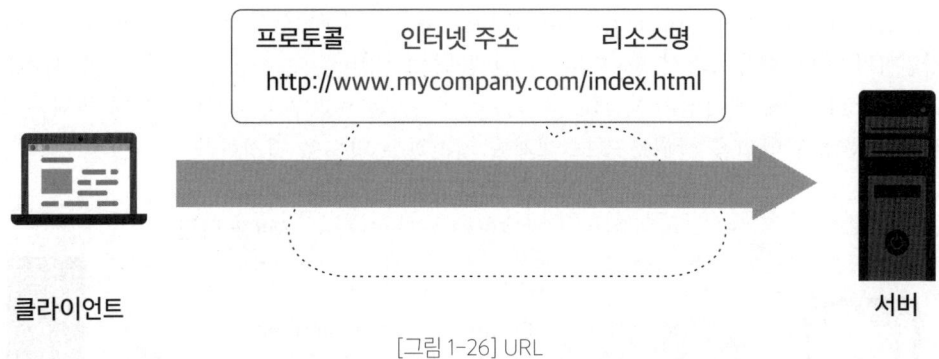

[그림 1-26] URL

대부분의 URL은 다음과 같은 3개의 주요 부분으로 구성된 표준화된 형식을 따른다.

- 프로토콜 : http://
- 서버 인터넷 주소 : www.mycompany.com
- 리소스 이름 : /index.html

클라이언트가 HTTP를 사용해서 웹 서버와 리소스 사이에 상호작용하는 것을 HTTP 트랜잭션(HTTP transaction)이라고 한다. HTTP 트랜잭션은 클라이언트에서 서버로 보내는 요청(request) 명령과 서버에서 클라이언트로 보내는 응답(response) 결과로 구성된다. 이러한 커뮤니케이션은 HTTP 메시지(HTTP message)라고 하는 형식화된 데이터 블럭(data block)과 함께 이루어진다.

HTTP는 HTTP 메서드(HTTP method)라고 하는 여러 요청 명령을 지원한다. 모든 HTTP 요청 메시지는 메서드를 갖고 있으며, 이 메서드는 서버가 수행해야 하는 작업을 알려준다.

HTTP 메서드	설명
GET	서버에서 클라이언트로 리소스를 전송한다
PUT	클라이언트 데이터를 서버 리소스에 저장한다
DELETE	서버에서 리소스를 삭제한다
POST	클라이언트 데이터를 서버 게이트웨이 애플리케이션에 전송한다
HEAD	리소스의 HTTP 헤더만 응답으로 보낸다

[표 1-6] HTTP 메서드

GET 메서드는 서버에게 리소스를 보내달라고 요청할 때 사용한다.

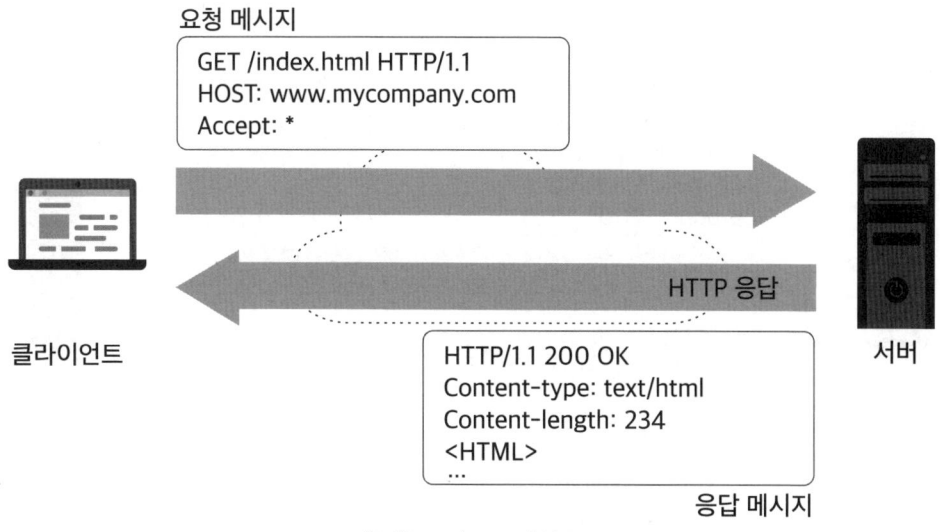

[그림 1-27] GET 메서드

POST 메서드는 입력 데이터(input data)를 서버에 전송할 목적으로 만들어졌으며 HTML 폼을 지원하는데 사용된다. 폼에 채워진 데이터는 서버로 전달되고, 서버는 그 것이 처리되어야 할 곳(서버 게이트웨이 프로그램)으로 보낸다.

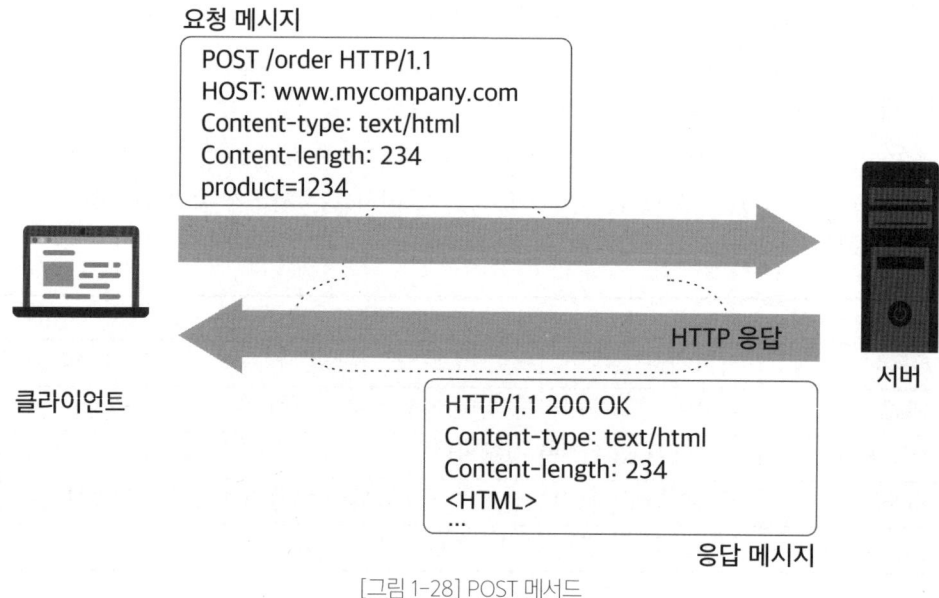

[그림 1-28] POST 메서드

PUT 메서드는 GET 메서드와 반대로 서버에 문서를 저장한다. 웹 서버는 요청 메시지의 본문을 취해서 새로운 문서를 만들거나 기존의 문서를 변경한다.

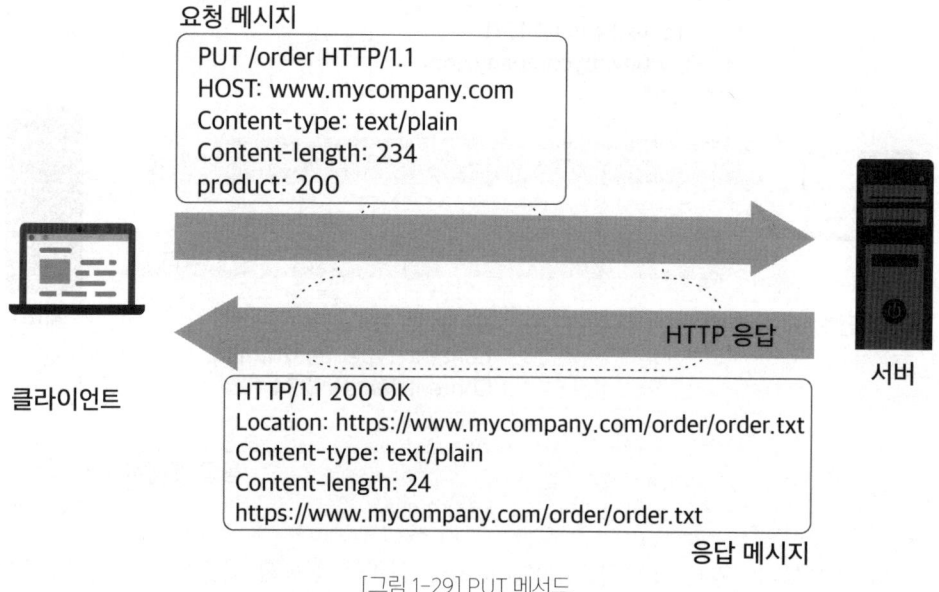

[그림 1-29] PUT 메서드

DELETE 메서드는 서버에게 URL에 지정된 리소스를 삭제해 주기를 요청한다. 그러나 클라이언트 애플리케이션에게 삭제가 수행되었는지는 보장되지 않는다.

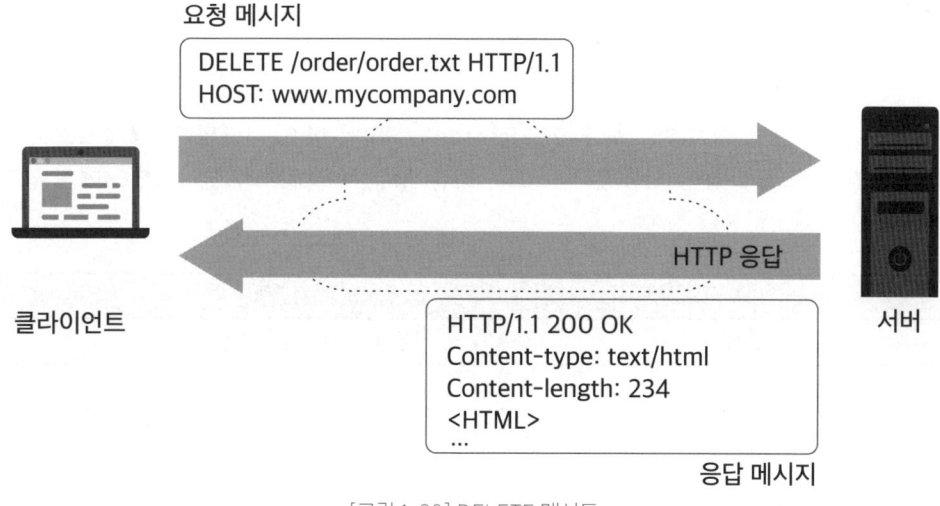

[그림 1-30] DELETE 메서드

HEAD 메서드는 GET 메서드와 유사하지만 단지 헤더(header)만 요청한다. 따라서 메시지 본문에는 아무 것도 없다.

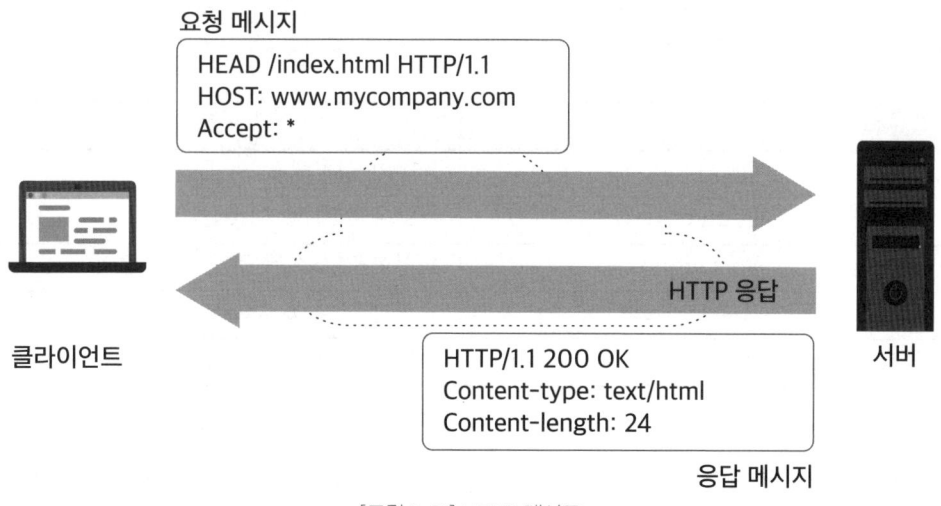

[그림 1-31] HEAD 메서드

우리는 다음과 같은 목적으로 HEAD 메서드를 사용할 수 있다.

1장 자바 웹 프로그래밍 개요

- 리소스를 요청하지 않고도 리소스에 대한 정보(타입 등)를 알고 싶은 경우
- 객체가 존재하는 지 여부(응답 메시지의 상태 코드 확인)
- 리소스가 변경 되었는지 여부(헤더 확인)

모든 HTTP 응답 메시지는 상태 코드(status code)와 함께 전달된다. 상태 코드는 3자리 숫자 코드로 요청이 성공했는지 또는 다른 행위가 필요한지 클라이언트에게 알려준다.

코드	유형	설명
100 - 199	정보	요청이 수신되고 처리되고 있음
200 - 299	성공	요청이 성공함
300 - 399	리다이렉션	요청을 처리하려면 추가적인 행위가 수행되어야 함
400 - 499	클라이언트 에러	클라이언트가 에러를 포함하고 있는 요청을 보냄
500 - 599	서버 에러	서버에서 에러가 발생함

[표 1-7] 상태 코드

이와함께 HTTP는 숫자 코드와 함께 이유를 설명하는 텍스트를 보낸다. 이 텍스트는 설명을 목적으로만 사용된다.

코드	이름	설명
200	OK	요청이 성공함
302	Found	새로운 URL로 이동함
403	Forbidden	요청한 리소스에 접근할 수 없음
404	Not Found	요청한 URL을 찾을 수 없음
500	Internal Server Error	서버에서 에러가 발생함

[표 1-8] 상태 텍스트

HTTP 메시지(message)는 일반 텍스트이기 때문에 쉽게 읽고 쓸 수 있다. 웹 클라이언트에서 웹 서버로 전달되는 HTTP 메시지를 요청 메시지(request message)라고 하며, 서버에서 클라이언트로 전달되는 메시지를 응답 메시지(response message)라고 한다.

```
요청 메시지                          응답 메시지

┌─────────────────────────┐          ┌─────────────────────────┐
│ GET /order.html HTTP/1.1│  시작 행  │ HTTP/1.1 200 OK         │
├─────────────────────────┤          ├─────────────────────────┤
│ Accept: text/html       │          │ Content-type: text/html │
│ Accept-language: kr, en │  헤더     │ Content-length: 234     │
├─────────────────────────┤          ├─────────────────────────┤
│                         │          │ <HTML>                  │
│                         │  본문     │   <HEAD>                │
│                         │          │     <TITLE>주문 현황     │
│                         │          │   <BODY>                │
└─────────────────────────┘          └─────────────────────────┘
```

[그림 1-32] HTTP 메시지

HTTP 메시지는 다음과 같은 3개 부분으로 구성된다.

- 시작 행
- 헤더 필드
- 본문

메시지의 첫 번째 행이 시작 행으로 요청인 경우에는 무엇을 해야 하는 지 또는 응답인 경우에는 어떤 일이 발생했는지를 표시한다. 시작 행 다음에는 헤더 필드가 온다. 헤더는 없을 수도 있고 여러 개일 수도 있다. 각 헤더 필드는 이름과 값을 콜론(:)으로 구분한다. 헤더는 빈 행으로 끝난다. 본문은 전송되는 데이터 즉, 페이로드(payload)를 포함한다. 요청 본문은 웹 서버에 데이터를 전달하며, 응답 본문은 데이터를 클라이언트에 전달한다. 텍스트인 시작 행과 헤더와는 달리, 본문은 이미지와 동영상, 오디오, 소프트웨어 애플리케이션 등 이진 데이터(binary data)를 포함할 수 있다. 물론 텍스트도 포함할 수 있다.

헤더(header)는 메시지의 타입에 특정한 것도 있고 일반적인 것도 있다. 일반적인 헤더는 클라이언트와 서버가 서로에게 정보를 제공하기 위해 사용된다.

예를 들어 Date 헤더는 메시지가 생성된 날짜와 시간을 나타내는 헤더다.

date: Mon 20 Jun 2022 00:21:12 GMT

요청 헤더는 서버에게 추가적인 정보를 제공하기 위해 요청 메시지에 사용된다. 이들 중에서 Accept 헤더는 클라이언트가 서버에게 어떤 MIME 타입을 받을 수 있는 지를

1장 자바 웹 프로그래밍 개요

알려준다. 만약 다음과 같이 Accept 헤더가 지정되었다면

　　Accept: application/json

이것은 클라이언트가 서버에게 자신은 JSON 데이터만 처리할 수 있으니 JSON 형식으로 응답을 해달라는 것과 같다. 하지만 서버는 이것을 지키지 않을 수도 있다.

요청 헤더는 다음과 같다.

헤더	설명
accept	허용하는 MIME 타입 (*/* 타입은 모든 MIME 타입 허용)
accept-charset	허용하는 문자세트
accept-encoding	허용하는 인코딩
accept-language	허용하는 언어(예: ko-kr, en-us)
authorization	권한 수준 (컨테이너 관리 보안 사용 시 서블릿 컨테이너가 자동설정)
connection	브라우저가 사용하는 연결 유형(예: "keep-alive")
cookie	웹 서버가 이전에 전송한 쿠키
host	요청이 전송되는 서버의 호스트명과 포트
pragma	"no-cache" : 캐싱되지 않아야 함
referer	참조하는 웹 페이지의 URL
user-agent	웹 브라우저 유형(예: Mozilla)

[표 1-9] 요청 헤더

응답 헤더는 서버가 클라이언트에게 추가적인 정보를 제공하기 위해 응답 메시지에 사용한다. 예를 들어 Server 헤더는 서버 애플리케이션의 정보를 제공한다.

　　Server: Apache

본문 안에 전송되는 페이로드를 설명하는 헤더도 있다. 이들 중에서 가장 중요한 Content-type 헤더는 페이로드의 MIME 타입과 문자 인코딩 방식을 지정한다. 특별히 이 헤더는 POST나 PUT 메서드로 요청을 할 때 필요하다.

　　Content-type: application/json; charset=UTF-8

위의 Content-type 헤더는 페이로드를 UTF-8로 인코딩된 JSON 형식으로 전송한다는 의미한다. Content-length 헤더는 응답 메시지의 본문의 길이를 지정한다.

헤더	설명
cache-control	브라우저가 페이지를 캐싱하는 때와 방법을 통제함
content-disposition	첨부된 이진 파일을 응답이 포함함
content-length	응답 본문의 길이(바이트)
content-type	응답 문서의 MIME 타입
content-encoding	응답이 사용하는 인코딩 유형
expires	페이지가 더 이상 캐싱되지 않는 시간
last-modified	페이지가 마지막으로 수정된 시간
location	문서의 새로운 위치(300번대의 상태 코드와 함께 사용됨)
pragma	"no-cache"가 지정될 때 이전 브라우저에서 캐싱을 끔
referesh	브라우저가 갱신된 페이지를 요청하는 시간(초)
www-authenticate	인증 유형과 영역(401 상태 코드와 함께 사용됨)

[표 1-10] 페이로드 헤더

cache-control 헤더는 다음과 같은 값을 갖는다.

값	설명
public	공개 공유 캐시에 캐싱됨
private	비공개 단일 사용자 캐시에만 캐싱됨
no-cache	캐싱되지 않음
no-store	캐싱되지도 임시 위치에 저장되지도 않음
must-revalidate	요청 때마다 원래 서버에 다시 유효 확인해야 함
proxy-revalidate	요청 때마다 프록시 서버에 다시 유효 확인해야 함
max-age=x	비공개 캐시가 다시 유효 확인해야 하는 시간
s-max-age=x	공유 캐시가 다시 유효 확인해야 하는 시간

[표 1-11] cache-control 헤더값

사실상 인터넷 상에서 네트워크 통신을 하는 것은 위험한 일이다. 네트워크 통신 중에 데이터가 변형되어 악의적인 공격에 사용될 수도 있다. 따라서 비밀번호와 같은 중요한 정보를 포함하고 있다면 단순히 HTTP 프로토콜만으로는 충분하지 않다. 안전한 HTTP 프로토콜 즉, HTTPS 프로토콜을 사용해야 한다. HTTPS 프로토콜은 "https://" 로 시작하는 URL에서 사용된다. 이 프로토콜은 HTTP로 전송되는 데이터를 읽고 수정하기 어렵도록 암호화한다. 클라이언트와 서버가 데이터를 교환하기 전에 웹 브라우저가 인식할 수 있는 인증 기관이 발급한 암호 인증서를 갖고 있는 지를 서버에게 요청하여 확인한다. 다음부터는 모든 데이터를 암호화하여 데이터를 훼손할 수 없도록 한다. 따라서 HTTPS 프로토콜은 다른 사람이 인증서를 탈취하거나 위조하지 않는 이상 HTTP 프로토콜보다는 훨씬 더 안전하게 네트워크 통신을 할 수 있도록 한다. 현재는 구글 크롬을 비롯한 많은 웹 브라우저에서 HTTPS 프로토콜을 의무화하고 있다. HTTPS 프로토콜에 대해서는 10장 웹 보안에서 살펴보기로 하겠다.

주문 관리 시스템 예제 프로젝트 생성

필자의 저서 "자바 프로그래밍 기초"의 주문 관리 시스템 프로젝트 실습에서 다음과 같은 요구 사항을 갖는 예제 시스템 프로젝트를 순수한 자바 언어를 사용하여 구현하였다.

- 고객이 제품을 주문하고 주문 정보를 조회할 수 있어야 한다.
- 고객은 자신의 정보를 추가, 변경, 삭제, 조회할 수 있어야 한다.
- 관리자는 판매할 제품을 관리할 수 있어야 한다.
- 관리자는 제품의 재고를 관리할 수 있어야 한다.
- 현재는 메모리 안에 고객과 제품, 주문, 재고 정보를 저장하고 읽지만 나중에 데이터베이스 안에 이들 정보를 저장하고 읽어올 수 있어야 한다. 이때 변경하기 쉬워야 한다.
- 고객과 제품, 주문, 재고에 관한 업무 규칙은 자주 변경될 수 있다. 이때 규칙을 변경하기 쉬워야 한다.

이제 우리는 이 책에서 이 예제 프로젝트의 사용자 인터페이스와 데이터베이스 액세스 구현을 자카르타 EE 를 기반으로 서블릿과 JSP, 그리고 JDBC와 JPA를 사용하여 구현하게 될 것이다.

자바 언어로 구현된 도메인 클래스(domain class)는 다음과 같이 레코드(record)로 정의되었다.

```java
public record Customer(long id, String name, String address, String email) {
    // 생략...
}
```

그러나 JSP는 레코드가 요청 애트리뷰트에 객체로 전달될 때 인식하지 못하기 때문에 부득이 다음과 같이 순수한 자바 객체(POJO, Plain Old Java Object) 클래스로 대체하기로 한다.

```java
public class Customer {
    private long id;
    private String name;
    private String address;
    private String email;
    public long getId() {
        return id;
    }
    public void setId(long id) {
        this.id = id;
    }
    public String getName() {
        return name;
    }
    public void setName(String name) {
        this.name = name;
    }
    public String getAddress() {
        return address;
    }
    public void setAddress(String address) {
        this.address = address;
    }
    public String getEmail() {
        return email;
    }
```

```
    public void setEmail(String email) {
        this.email = email;
    }
}
```

  이 책에서 주문 관리 시스템을 구현하기 위한 기반 코드는 예제 코드의 OrderSystem_base 프로젝트 폴더에서 제공하므로 여러분은 미리 제공된 코드를 사용하면 된다.

  또한 필자의 "SQL 프로그래밍" 책에서 이 예제 프로젝트를 기반으로 데이터베이스를 생성하고 SQL 문을 작성하는 방법에 대해 설명하고 있다. 데이터베이스를 생성하는 방법에 대해서는 8장 JDBC에서 설명하기로 한다.

  우리는 주문 관리 시스템의 웹 애플리케이션 프로젝트를 생성하기로 한다. 먼저 인텔리제이를 사용하기로 한다.

  인텔리제이를 실행하고 환영 페이지에서 "새 프로젝트"를 선택한다.

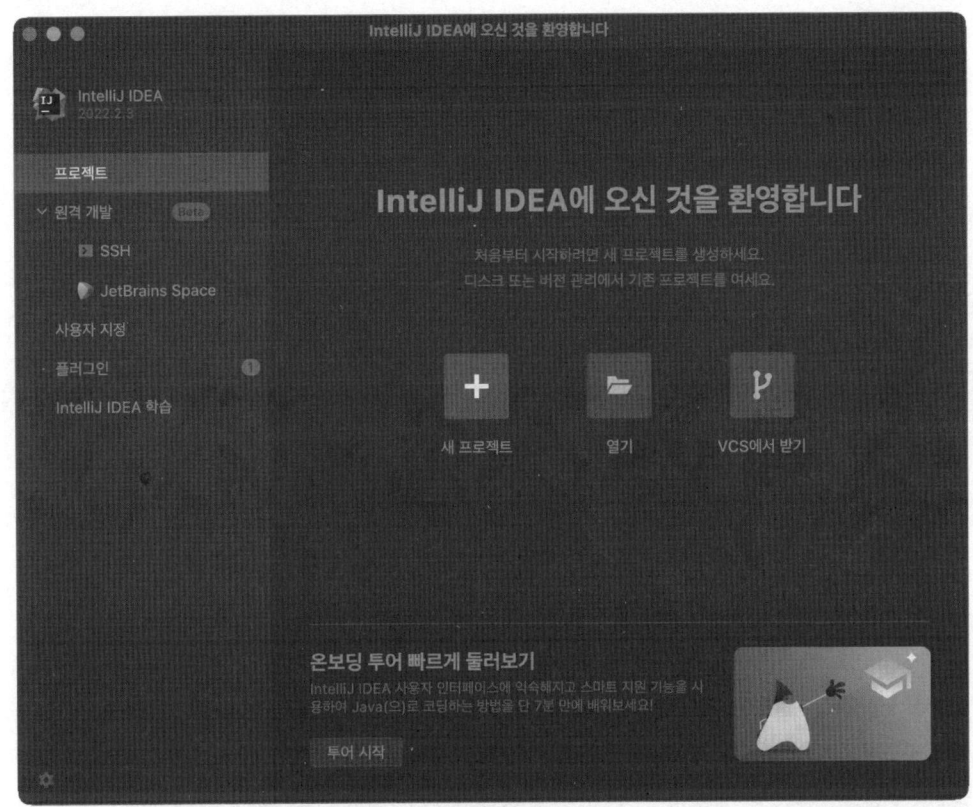

[그림 1-33] 인텔리제이 환경 페이지

새 프로젝트 대화 상자에서 다음과 같이 입력한다.

- 제너레이터 : Maven 원형
- 이름 : orderSystem
- 위치 : 프로젝트 소스 폴더
- JDK : 17
- Archetype : maven-archetype-webapp
- 고급 설정 > 그룹ID : com.mycompany

"생성" 단추를 클릭하여 프로젝트를 생성한다.

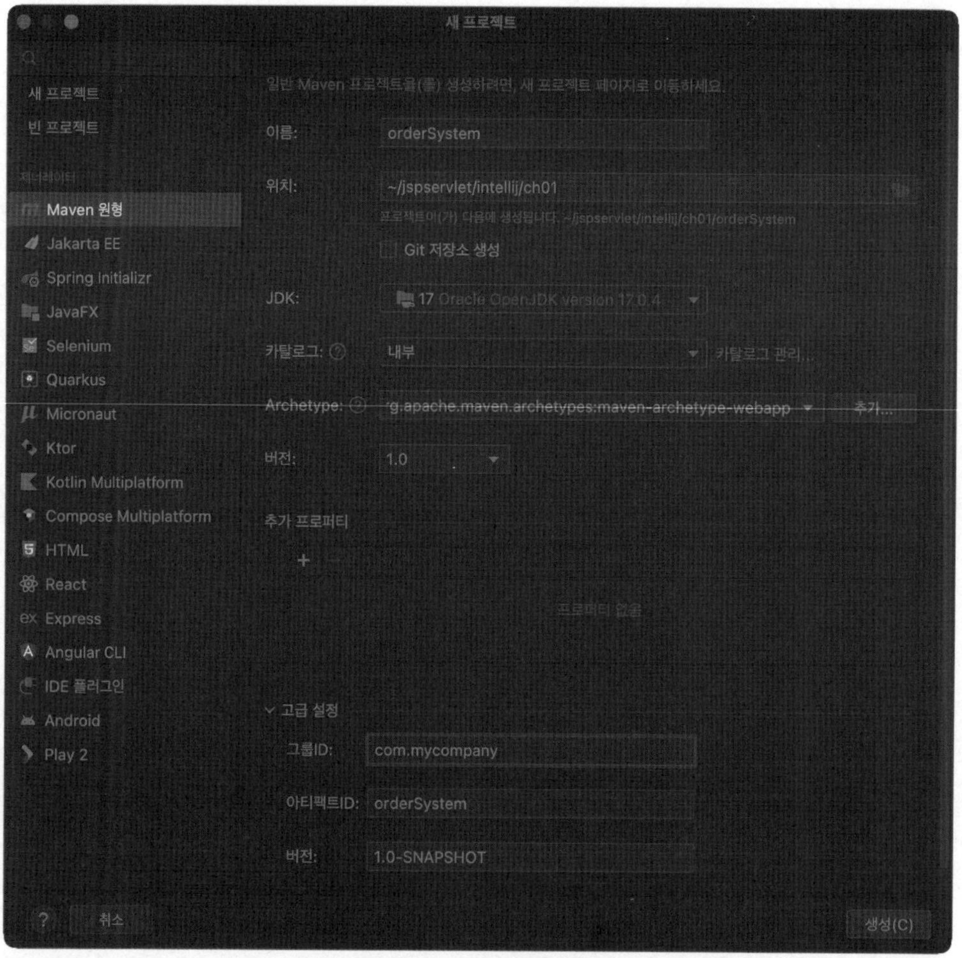

1장 자바 웹 프로그래밍 개요

[그림 1-34] 새 프로젝트 생성

다음에는 src 디렉터리의 main 서브 디렉터리 밑에 새로운 디렉터리를 생성하기 위해 main 서브 디렉터리를 오른쪽 마우스 클릭하고 "경로" 항목을 선택한다.

새 디렉터리 대화 상자에서 "java"를 선택한다.

[그림 1-35] java 디렉터리 생성

파인더 또는 탐색기 창에서 OrderSystemApp_base 폴더에서 src 디렉터리의 main

서브 디렉터리 밑에 있는 java 서브 디렉터리에서 com 폴더를 복사하여 인텔리제이 프로젝트 창의 java 서브 디렉터리 밑에 붙여넣기를 한다.

복사가 완료된 인텔리제이 프로젝트 창의 결과는 다음과 같다.

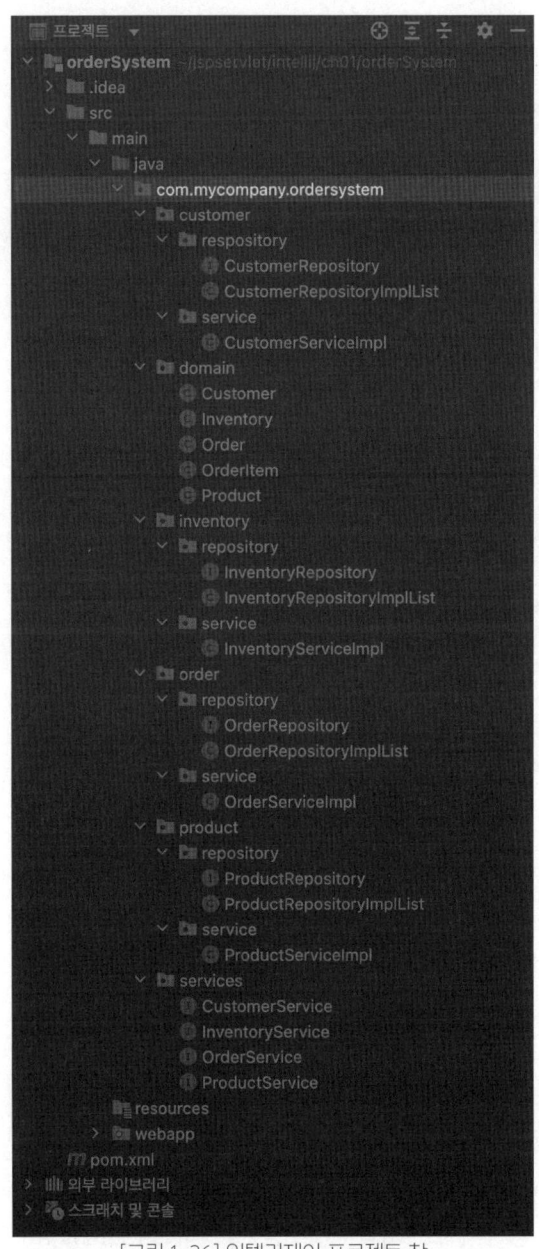

[그림 1-36] 인텔리제이 프로젝트 창

프로젝트의 pom.xml에 다음 속성을 추가한다.

<properties>
  <project.build.sourceEncoding>UTF-8</project.build.sourceEncoding>
  <maven.compiler.source>17</maven.compiler.source>
  <maven.compiler.target>17</maven.compiler.target>
</properties>

또한 〈dependencies〉 〈/dependencies〉 안에 다음 의존성을 추가하고 저장한다.

<dependency>
  <groupId>jakarta.servlet</groupId>
  <artifactId>jakarta.servlet-api</artifactId>
  <version>5.0.0</version>
  <scope>provided</scope>
</dependency>
<dependency>
  <groupId>org.glassfish.web</groupId>
  <artifactId>jakarta.servlet.jsp.jstl</artifactId>
  <version>2.0.0</version>
</dependency>

오른쪽 가장자리의 "Maven" 단추를 클릭하여 Maven 도구 창을 열고 "모든 Maven 프로젝트 다시 로드" 리사이클 아이콘을 클릭하여 의존성 설정을 반영한다.

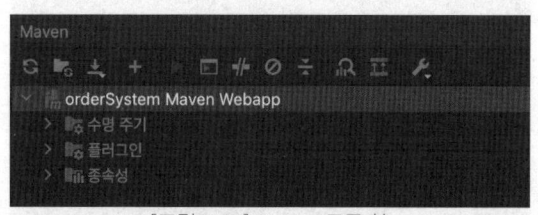

[그림 1-37] Maven 도구 창

이클립스를 사용하는 경우도 유사하다.

이클립스를 실행하고 "File 〉 New 〉 Maven Project" 항목을 선택한다. New Maven Project 대화 상자에서 "Next" 단추를 클릭하고 Select an Archetype 화면에

서 Filter 입력란에 webapp 을 입력하여 필터링한 결과 목록에서 Group id가 "org.apache.maven.achetypes"이고 Aritfact id가 "maven-archetype-webapp" 인 항목을 선택하고 "Next" 단추를 클릭한다.

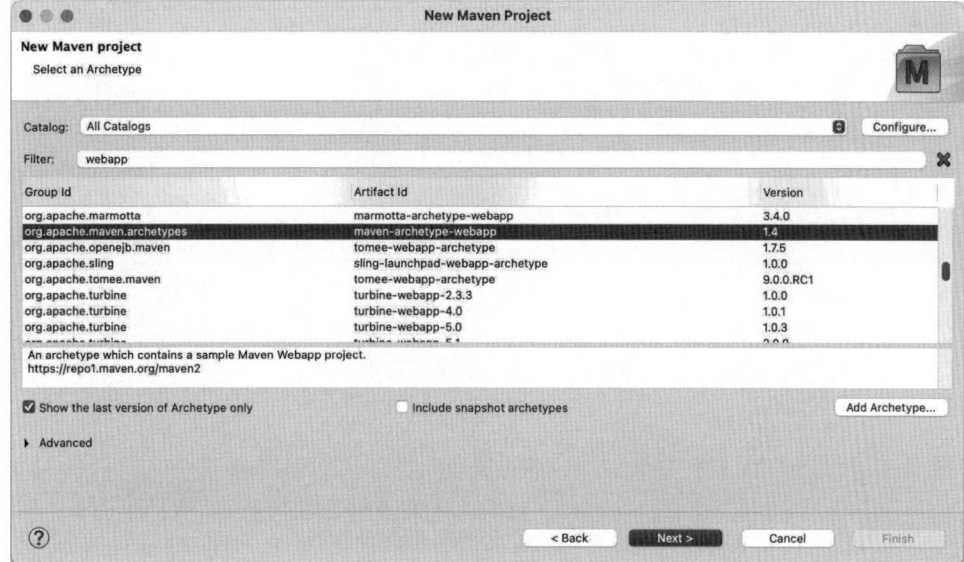

[그림 1-38] 아키타입 선택 화면

Specify Archetype parameters 화면에서 다음 항목을 입력한다.

- Group id : com.mycompany
- Artifact id : orderSystem

"Finish" 단추를 클릭하여 프로젝트를 생성한다.

1장 자바 웹 프로그래밍 개요

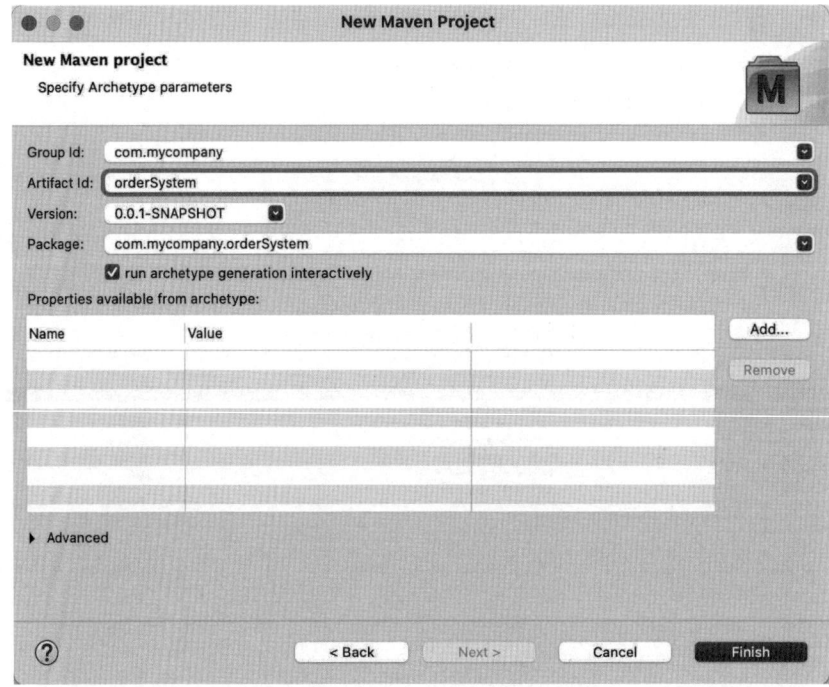

[그림 1-39] 그룹 ID와 아티펙트 ID 입력

다음에는 src 폴더의 main 서브 폴더 밑에 새로운 폴더를 생성하기 위해 main 서브 폴더를 오른쪽 마우스 클릭하고 "New > Folder" 항목을 선택한다.

New Folder 대화 상자의 Folder name 입력란에 "java"를 입력한다.

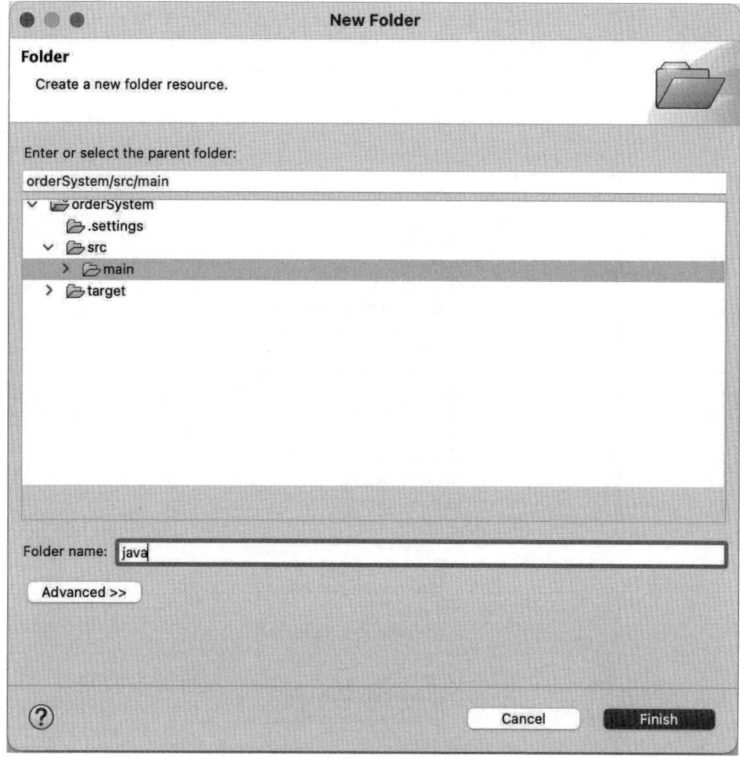

[그림 1-40] java 폴더 생성

파인더 또는 탐색기 창에서 OrderSystem_base 폴더에서 src 디렉터리의 main 서브 폴더 밑에 있는 java 서브 폴더에서 com 폴더를 복사하여 이클립스 프로젝트 익스플로러 창의 java 서브 폴더 밑에 붙여넣기를 한다.

복사가 완료된 이클립스 프로젝트 익스플로러 창의 결과는 다음과 같다.

1장 자바 웹 프로그래밍 개요

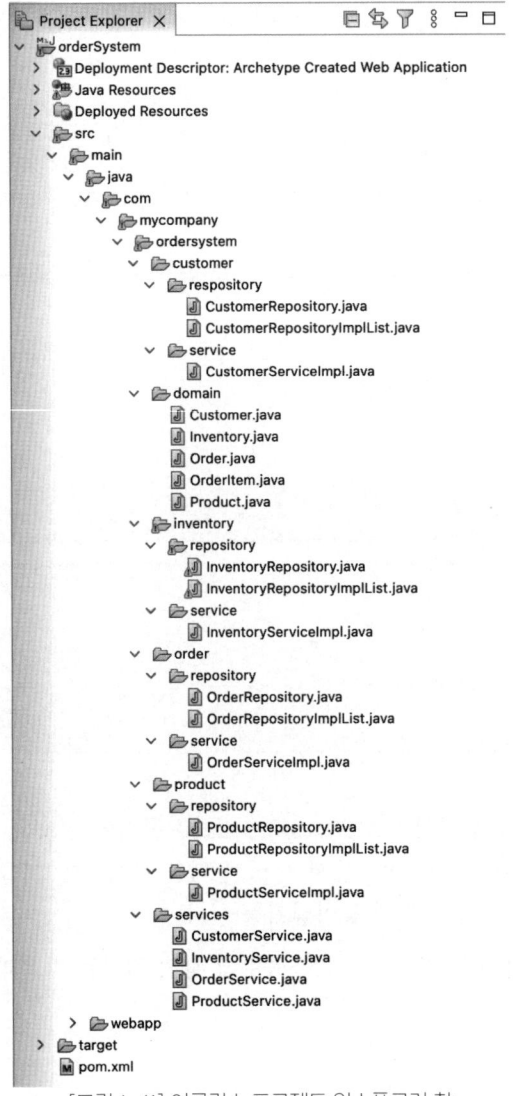

[그림 1-41] 이클립스 프로젝트 익스플로러 창

프로젝트의 pom.xml에서 mave.compiler.source와 target을 "17"로 변경한다.

```
<properties>
    <project.build.sourceEncoding>UTF-8</project.build.sourceEncoding>
    <maven.compiler.source>17</maven.compiler.source>
    <maven.compiler.target>17</maven.compiler.target>
</properties>
```

그리고 〈dependencies〉〈/dependencies〉 안에 다음 의존성을 추가하고 저장한다.

```xml
<dependency>
    <groupId>jakarta.servlet</groupId>
    <artifactId>jakarta.servlet-api</artifactId>
    <version>5.0.0</version>
    <scope>provided</scope>
</dependency>
<dependency>
    <groupId>org.glassfish.web</groupId>
    <artifactId>jakarta.servlet.jsp.jstl</artifactId>
    <version>2.0.0</version>
</dependency>
```

참고로 이클립스에서 한글을 사용할 때 설정해야 하는 중요한 사항 하나는 모든 텍스트 파일의 인코딩을 UTF-8로 변경해야 하는 것이다.

"Preference" 대화상자의 왼쪽 목록에서 "General > Content Types"를 선택한 후에 Content types: 목록에서 "Text"를 선택하고 Default encoding 입력란에 UTF-8을 입력하고 "Update" 단추를 클릭한다.

1장 자바 웹 프로그래밍 개요

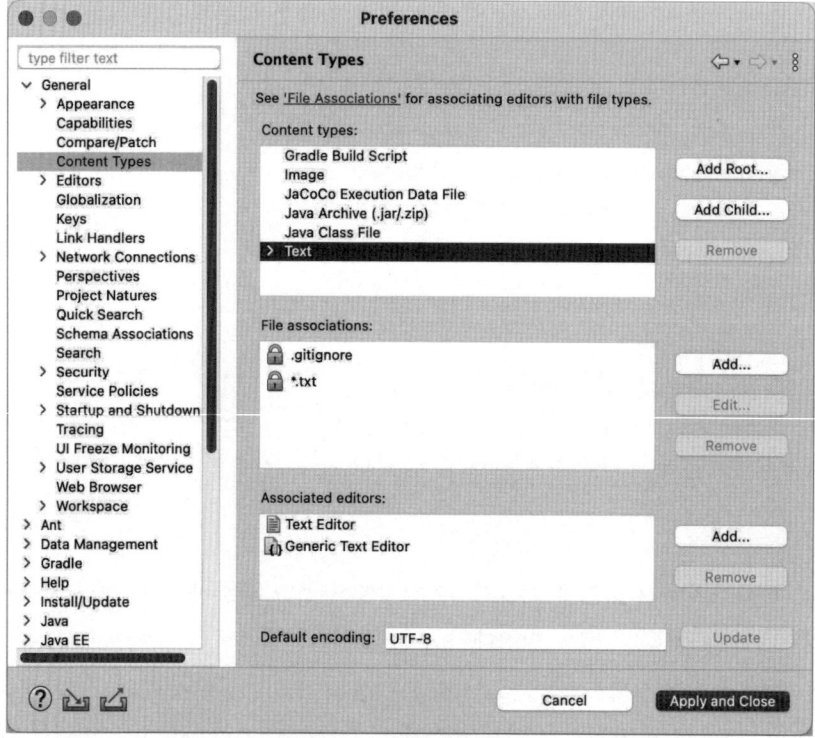

[그림 1-42] Text 파일 UTF-8 설정

또한 "Text"를 펼쳐서 "Java Properties File"과 "JSP"에도 UTF-8을 설정하고 "Apply and Close" 단추를 클릭하여 반영한다.

JSP 서블릿 웹 프로그래밍

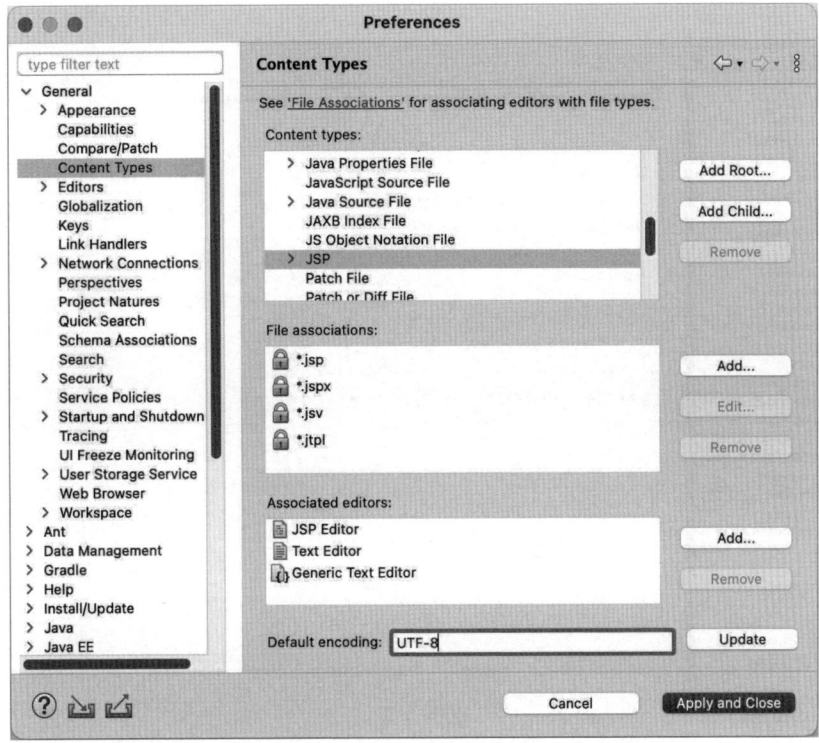

[그림 1-43] Java Properties File과 JSP 파일 UTF-8을 설정

또한 "General 〉 Workspace"를 선택하고 Text file encoding이 "UTF-8"로 설정되어 있는 지 확인한다. 대부분의 경우 디폴트로 UTF-8이 설정되어 있으나 간혹 설정되지 않은 경우도 있으므로 설정되어 있지 않다면 Other 콤보 상자에서 UTF-8을 선택한다.

1장 자바 웹 프로그래밍 개요

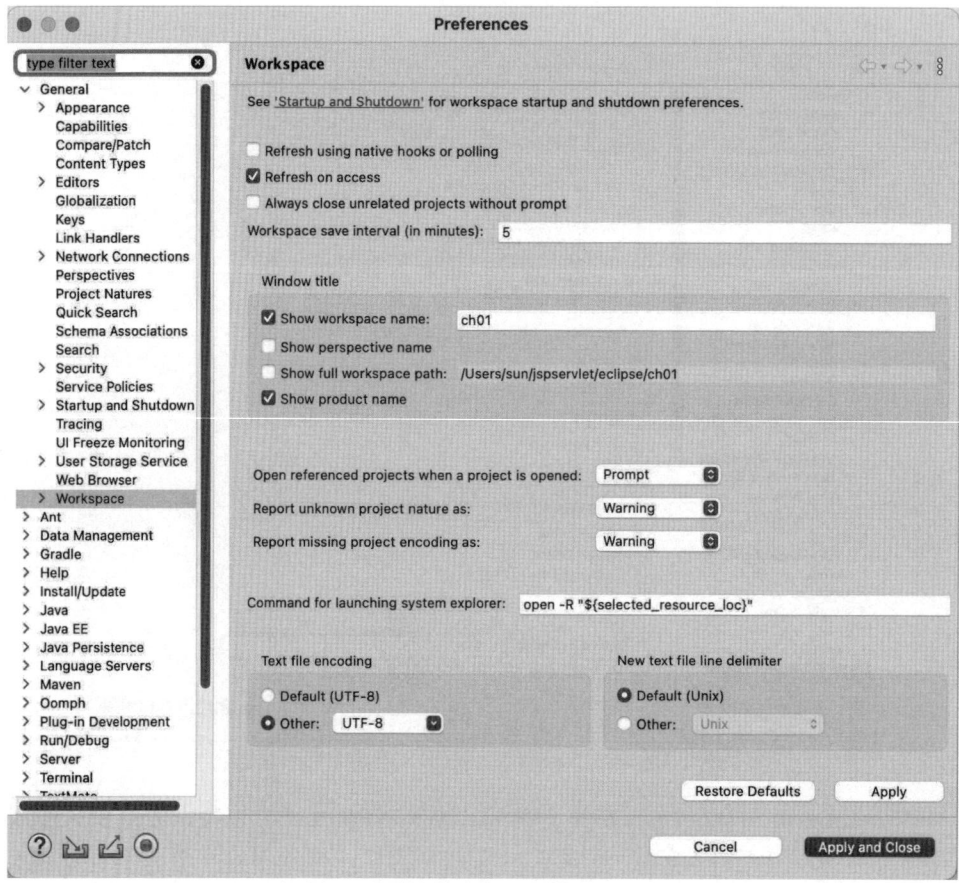

[그림 1-44] 작업 영역 텍스트 파일 인코딩 설정

2장 서블릿

2장
서블릿

- 서블릿 개요
- 서블릿 구현
- 서블릿 배포 설정
- HTTP 요청 메서드 처리
- 서블릿 컨텍스트 초기 매개변수 설정과 읽기
- 서블릿 웹 애플리케이션 구현

서블릿 개요

서블릿(servlet)은 웹 서버 안에서 실행되는 작은 자바 프로그램으로 웹 클라이언트로부터 HTTP 요청을 수신하여 반응하는 프로그램이다. 서블릿은 웹 애플리케이션의 핵심 클래스로, 요청에 대하여 반응하는 작업을 직접 수행하든가 아니면 애플리케이션의 다른 부분에게 작업을 넘겨준다. 애플리케이션을 실행하는 웹 컨테이너는 하나 이상의 내장 서블릿을 갖고 있다. 이들 서블릿은 JSP를 처리하거나 디렉터리 목록을 보여주거나 HTML 페이지와 같은 정적인 리소스에 접근하여 처리한다.

서블릿은 프런트 컨트롤러(Front Controller) 패턴을 따른다. 웹 애플리케이션은 요청 처리(request handling)를 위한 중앙 집중식 접속점이 필요하다. 그렇지 않으면 요청을 처리하는 제어 코드가 여러 뷰에 중복되기 때문에 관리하기 어렵고 변경 사항이 발생할 때 여러 장소에서 코드의 변경이 이루어져야 하는 문제점을 야기시킨다. 이러한 문제점을 해결하기 위하여 우리는 프런트 컨트롤러 패턴을 사용한다. 프런트 컨트롤러 패턴은 요청 처리를 위한 제어 로직을 한 곳에 집중적으로 관리할 수 있게 한다. 프런트 컨트롤러 패턴을 사용할 때의 이점은 다음과 같다.

- 중복적인 제어 로직을 피할 수 있다
- 여러 요청에 공통적인 로직을 적용할 수 있다
- 뷰에서 시스템 처리 로직을 분리할 수 있다
- 시스템의 제어 접속점을 중앙집중화할 수 있다

프런트 컨트롤러 패턴은 요청을 처리하는 시작 접속점(contact point)으로서 컨트롤러(controller)를 사용한다. 컨트롤러는 인증과 권한과 같은 보안 서비스를 호출하고, 업무 처리 위임, 적절한 뷰 선택 관리, 에러 처리, 컨텐츠 생성 전략 선택 관리 등 요청을 처리하는 것을 관리한다. 프런트 컨트롤러 패턴의 컨트롤러를 프런트 컨트롤러(front controller)라고도 한다. 프런트 컨트롤러 패턴의 클래스 다이어그램은 다음과 같다.

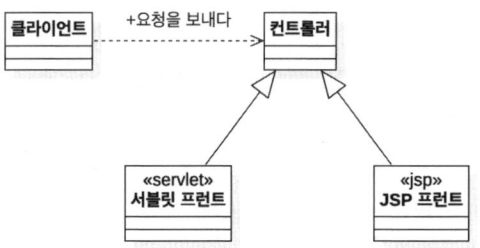

[그림 2-1] 프런트 컨트롤러 패턴 클래스 다이어그램

프런트 컨트롤러의 처리 흐름을 보여준는 시퀀스 다이어그램(sequence diagram)은 다음과 같다.

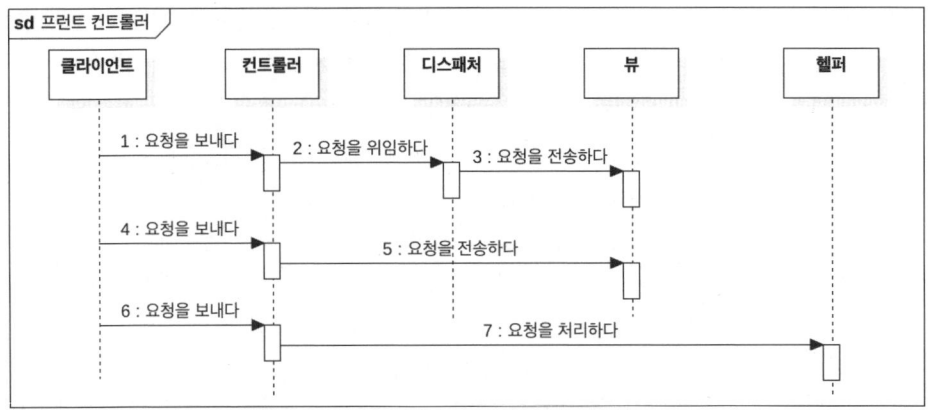

[그림 2-2] 프론트 컨트롤러 패턴 시퀀스 다이어그램

위의 다이어그램에서 컨트롤러(controller)는 모든 요청을 처리하는 시작 접속점이다. 앞에서 클래스 다이어그램에서 볼 수 있는 것처럼 컨트롤러를 구현하는데 두가지 전략이 사용될 수 있다. 그 하나는 서블릿 프런트(ServletFront) 전략으로서 컨트롤러를 서블릿으로 구현하는 것이고, 다른 하나는 JSP 프런트(JSPFront) 전략으로 컨트롤러를 JSP(Jakarta Server Pages)로 구현하는 것이다. 이들 전략에 따라 자카르타 EE에서는 컨트롤러로서 서블릿과 JSP을 제공한다.

디스패처(dispatcher)는 뷰의 관리와 이동(navigation)에 대한 책임을 갖는다. 따라서 사용자에게 다음에 보여줄 뷰의 선택을 관리하며, 이 리소스로 제어를 인도하는 메커니즘을 제공한다. 자카르타 EE에서 제공하는 디스패처가 RequestDispatcher 객체다.

헬퍼(helper)는 뷰나 컨트롤러가 작업 처리를 완료할 수 있도록 도와준다. 따라서 헬퍼는 뷰에서 필요한 데이터를 수집하여 모델에 저장하는 등의 다양한 책임을 갖는다. JSP에서 자바 빈(JavaBeans)이나 커스텀 태그(custom tag)로 구현할 수 있다.

서블릿 구현

모든 서블릿은 jakarta.servlet.Servlet (이전 버전의 경우 javax.servlet.Servlet) 인터페이스를 구현해야 한다. Servlet은 아주 단순한 인터페이스로, 서블릿을 시작하고 소멸시키는 메서드와 요청을 서비스하는 service() 메서드가 포함되어 있다.

대부분 서블릿은 직접 Servlet 인터페이스를 구현하지 않는다. 그보다는 Servlet 인터페이스를 구현한 jakarta.servlet.GenericServlet(이전 버전의 경우 javax.servlet.

GenericServlet) 클래스로부터 상속된다. GenericServlet 클래스는 프로토콜 독립적인 서블릿으로 service() 추상 메서드가 포함되어 있다. 또한 애플리케이션과 서블릿 설정에 관한 정보를 로깅하고 읽어오는 여러 헬퍼 메서드를 포함한다. 하지만 GenericServlet 클래스를 직접 사용하기보다는 주로 GenericServlet 클래스로부터 파생되는 HttpServlet 클래스를 사용한다.

jakarta.servlet.http.HttpServlet (이전 버전의 경우 javax.servlet.http.HttpServlet) 클래스에는 HTTP 요청에 대해서만 반응하는 service() 메서드가 구현되어 있다. 또한 다음과 같은 각 HTTP 메서드 유형에 대응하는 비어있는 메서드 구현을 제공한다.

HTTP 메서드	서블릿 메서드	목적
GET	doGet()	지정된 URL에서 리소스를 가져온다
POST	doPost()	일반적으로 웹 폼 제출 시에 사용된다
PUT	doPut()	URL에 제공된 엔터티를 저장한다
DELETE	doDelete()	URL로 식별된 리소스를 삭제한다
HEAD	doHead()	GET과 동일하지만 헤더만 반환된다
OPTIONS	doOptions()	어떤 HTTP 메서드가 허용되는지를 반환한다
TRACE	doTrace()	진단 목적으로 사용된다

[표 2-1] HTTP 메서드

현재 버전에서는 서블릿 프로토콜이 HTTP만 지원하므로 서블릿 클래스가 HttpServlet 클래스에서 파생하도록 하면 된다. 다음 CustomerServlet 서블릿 클래스는 com.mycompany.ordersystem.controller 패키지 안에 정의되어 있다.

```
public class CustomerServlet extends HttpServlet {
}
```

만약에 서블릿에 서블릿 메서드를 재정의(override)하지 않으면 HTTP 요청을 받아들이지 않게 되고, 이 경우에 HTTP 405 상태 즉, 메서드가 허용되지 않음 에러로 응답하게 된다.

이런 서블릿은 쓸모가 없기 때문에 이제 CustomerServlet이 HTTP GET 메서드 요청을 지원하도록 doGet() 메서드를 재정의할 수 있다.

2장 서블릿

```
@Override
protected void doGet(HttpServletRequest request, HttpServletResponse response)
                throws ServletException, IOException {
    response.setContentType("text/html");
    PrintWriter writer = response.getWriter();
    writer.append("<!DOCTYPE html>\n")
        .append("<html>\n")
        .append("<head>\n")
        .append("<meta charset=\"utf-8\"/>\n")
        .append("<title>고객 정보 입력</title>\n")
        .append("</head>\n")
        .append("<body>\n")
        .append("<h3>고객 정보 입력</h3>\n")
        .append("<fieldset>\n")
        .append("<form action=\"customer\" method=\"POST\">\n")
        .append("<label for=\"name\">이름 : </label>\n")
        .append("<input type=\"text\" name=\"name\" /> <br>\n")
        .append("<label for=\"address\">주소 : </label>\n")
        .append("<input type=\"text\" name=\"address\" /> <br>\n")
        .append("<label for=\"email\">이메일 : </label>\n")
        .append("<input type=\"text\" name=\"email\" /> <br>\n")
        .append("<input type=\"submit\" value=\"저장\"/>\n")
        .append( "</form>\n")
        .append("</fieldset>\n")
        .append("</body>\n")
        .append("</html>");
}
```

이제 CustomerServlet은 HTTP GET 메서드 요청에 응답하여 응답 본문(response body)에 웹 폼을 표시하는 HTML 웹 페이지로 응답을 반환한다. 다른 로우 레벨의 HTTP 요청과 응답의 세부적인 사항에 대해서는 걱정할 필요가 없다. 웹 컨테이너가 소켓(socket)으로부터 요청을 해석하여 헤더와 매개변수를 읽는 작업을 대신해 줄 것이다. 메서드가 반환되면 응답 헤더와 몸체를 구성하고 소켓에 도로 쓰는 작업도 해주게 된다.

만약 이전 버전의 자바 EE를 사용한다면 한글을 출력하기 위해서는 다음과 같이 UTF-8로 인코딩해야 한다.

```
response.setContentType("text/html");
response.setCharacterEncoding("UTF-8");     // UTF-8 인코딩
PrintWriter writer = resp.getWriter();
```

하지만 잠깐! 아직 우리는 서블릿을 실행할 준비가 되어 있지 않다. 서블릿을 실행하기 위해서는 몇 가지 설정이 더 필요하다. 그 전에 서블릿에 대해 좀 더 살펴보기로 한다.

서블릿의 실행이 시작되면 init() 메서드가 호출되고, 실행이 종료될 때 destroy() 메서드가 호출된다. 만약에 이 경우에 어떤 작업이 필요하다면 이들 메서드를 재정의해야 한다.

```
@Override
public void init(ServletConfig config) throws ServletException {
    System.out.println(config.getServletName() + " 서블릿이 시작되었습니다.");
}
@Override
public void destroy() {
    System.out.println("서블릿이 종료되었습니다.");
}
```

init() 메서드는 서블릿이 생성된 후에 첫 번째 요청을 받고 응답하기 전에 호출된다. 대개의 경우에는 설정 파일을 읽거나 JDBC를 사용하여 데이터베이스에 연결하는 등의 작업이 수행된다. destroy() 메서드는 서블릿이 더이상 어떤 요청도 받을 수 없을 때, 예를 들어 웹 애플리케이션이 종료하거나 배포가 해제될 때 또는 웹 컨테이너가 종료될 때 호출된다.

따라서 아직 서블릿을 실행할 수는 없지만 만약 CustomerServlet 서블릿이 시작하면 터미널에는 다음과 같은 문자열을 보여준다.

서버에 연결됨
아티팩트가 성공적으로 배포되었습니다.
CustomerServlet 서블릿이 시작되었습니다.

2장 서블릿

그리고 서블릿이 종료하면 터미널에는 다음과 같은 문자열을 보여준다.

% catalina.sh stop
서블릿이 종료되었습니다.
서버에서 연결 해제됨

서블릿 배포 설정

서블릿을 웹 컨테이너에 배포하기 위해서는 배포 디스크립터(deployment descriptor)가 필요하다. 배포 디스크립터는 애플리케이션이 어떻게 배포되어야 하는지 웹 컨테이너에게 알려주는 역할을 한다. 배포 디스크립터에는 애플리케이션과 함께 배포되어야 하는 모든 서블릿(servlet), 리스너(listener), 필터(filter)와 애플리케이션이 사용하는 설정이 정의된다.

원래 배포 디스크립터는 web.xml 파일에 작성되었지만 현재는 어노테이션(annotation)을 사용하는 추세에 따라서 어노테이션을 사용하는 것이 더 보편적이다. 하지만 web.xml 설정의 구문을 사용하는 것이 배포 디스크립터를 이해하기 더 쉽기 때문에 web.xml부터 시작하기로 한다.

기본적인 web.xml 은 다음과 같다.

```
<?xml version="1.0" encoding="UTF-8"?>
<web-app version="5.0"
    xmlns="https://jakarta.ee/xml/ns/jakartaee"
    xmlns:xsi="http://www.w3.org/2001/XMLSchema-instance"
    xsi:schemaLocation="https://jakarta.ee/xml/ns/jakartaee
        https://jakarta.ee/xml/ns/jakartaee/web-app_5_0.xsd">
</web-app>
```

웹 컨테이너가 서블릿의 인스턴스를 생성하기 하기 위해서는 〈web-app〉 시작과 종료 태그 사이에 〈servlet〉 태그를 추가한다.

```
<servlet>
  <servlet-name>customerServlet</servlet-name>
  <servlet-class>
        com.mycompany.ordersystem.controller.CustomerServlet
  </servlet-class>
  <load-on-startup>1</load-on-startup>
</servlet>
```

앞에서 init() 메서드가 서블릿이 생성된 후에 첫 번째 요청을 받고 응답하기 전에 호출된다고 하였다. 정상적인 경우라면 이것으로도 충분하지만 init() 메서드가 많은 작업으로 인해 실행 시간이 오랜 걸린다고 하면 서블릿이 첫 번째 요청을 받을 때까지 많은 시간이 소요될 것이며 이런 상황은 바람직하지 않다. 따라서 웹 애플리케이션이 시작될 때 서블릿이 즉시 실행되도록 하려면 〈load-on-startup〉 태그의 값을 1로 지정한다. 사실 이값은 서블릿이 실행되는 순서를 나타낸다. 웹 애플리케이션이 여러 서블릿을 포함한다면 각 서블릿이 시작되는 순서를 〈load-on-startup〉 태그에 지정한다. 1이면 가장 먼저 실행되고, 이후 순차적인 값에 따라 순서대로 실행된다.

다음에는 해당 서블릿이 어떤 URL 요청에 대하여 응답을 해야 하는 지를 지정해야 한다. 이것은 〈servlet-mapping〉 태그에 지정한다.

```
<servlet-mapping>
  <servlet-name>customerServlet</servlet-name>
  <url-pattern>/customer</url-pattern>
</servlet-mapping>
```

위의 설정에서 애플리케이션 상대적인 URL인 /customer로부터 오는 요청은 customerServlet이 처리하도록 하고 있다. 〈url-pattern〉 태그로 URL을 서블릿에 매핑하는 설정 방법은 다음과 같다.

- '/' 로 시작하고 '/*' 로 끝나는 패턴은 URL 경로로 인식한다
- '*.' 로 시작하는 경우에는 확장자를 매칭한다
- '/'만 있는 경우에는 디폴트 서블릿을 의미한다
- 그 외의 경우에는 경로와 이름이 정확하게 일치하도록 매칭한다

URL 경로가 /customer/* 인 경우에는 다음 예와 같이 /customer 경로에 있는 모든 리소스가 매칭된다.

/customer/customer.html
/customer/customer.jsp
/customer/hello.jsp
/customer/image.jpg

URL 경로가 *.do 인 경우에는 다음 예와 같이 확장자가 .do 인 모든 리소스를 매칭시킨다.

/index.do
/hello.do
/customer/customer.do
/customer/insert.do

참고로 다음과 같이 경로명과 함께 확장자를 사용하는 것은 허용되지 않는다.

/customer/*.do

/ 인 경우에는 매칭되지 않는 URL에서 오는 모든 리소스 요청을 디폴트 서블릿이 처리한다는 것을 의미한다. 톰캣 서버의 경우에 web.xml 에 다음과 같이 디폴트 서블릿이 설정되어 있다.

```xml
<servlet>
    <servlet-name>default</servlet-name>
    <servlet-class>org.apache.catalina.servlets.DefaultServlet</servlet-class>
    <init-param>
        <param-name>debug</param-name>
        <param-value>0</param-value>
    </init-param>
    <init-param>
        <param-name>listings</param-name>
        <param-value>false</param-value>
    </init-param>
```

```
        <load-on-startup>1</load-on-startup>
    </servlet>
    <servlet-mapping>
        <servlet-name>default</servlet-name>
        <url-pattern>/</url-pattern>
    </servlet-mapping>
```

참고로 URL 경로를 /* 로 지정한 경우에는 / 경로로 오는 모든 리소스 요청을 서블릿이 처리해야 한다. 따라서 이 경우에는 디폴트 서블릿이 처리할 리소스 요청이 없어지게 된다.

이 외의 경우에는 경로명과 리소스 이름이 정확하게 일치해야 한다. 따라서 다음과 같이 우리의 서블릿 설정의 경우에는 반드시 /customer 리소스 요청만 서블릿에서 처리하게 된다.

/customer

앞에서 언급한 것처럼 서블릿 3.0에서부터는 web.xml 파일 대신 어노테이션을 사용하여 설정할 수 있다. 위의 설정과 동일한 설정을 @WebServlet 어노테이션을 사용하여 코드를 작성하면 다음과 같다.

```
@WebServlet(
    name="customerServlet",
    urlPatterns={"/customer"},
    loadOnStartup=1
)
public class CustomerServlet extends HttpServlet {
    // 생략...
```

@WebServlet의 name 속성에는 서블릿의 이름을 지정하며 〈servlet-mapping〉〈servlet-name〉 태그와 대응된다. 기본값은 빈 문자열("")이다.

urlPatterns은 서블릿의 URL 목록을 설정하는 속성이며, 〈servlet-mapping〉〈url-pattern〉과 대응된다. 기본값은 빈 배열({ })이다. 서블릿에 대해 한 개의 URL을 설정하는 경우에는 다음과 같이 지정할 수 있다.

urlPatterns={"/customer"}

또는,

urlPatterns="/customer"

또는 value 속성을 사용할 수도 있다.

value="/customer"

@WebServlet에 value 속성만 지정한다면 value 속성은 생략할 수 있다.

@WebServlet("/customer")

서블릿에 여러 개의 URL을 설정하는 경우에는 다음과 같이 urlPatterns 속성의 배열에 나열하면 된다.

urlPatterns={"/customer", "/customers"}

web.xml 설정과 함께 사용할 수 있고 서블릿 이름이 다른 경우 각각의 서블릿 인스턴스가 생성된다.

HTTP 요청 메서드 처리

앞에서 HttpServlet 클래스에 모든 HTTP 요청에 대해서 반응하는 service() 메서드가 구현되어 있다고 하였다. 그러나 여러분이 이 메서드를 재정의(override)하여 구현할 필요는 없다. 그보다는 우리가 앞에서 doGet() 메서드를 재정의한 것과 같이 각 HTTP 요청 메서드에 해당하는 HttpServlet 클래스 메서드를 재정의하면 된다. 이들 메서드에 대해 살펴보기 전에, 이들 메서드에 공통적으로 매개변수로 전달되는 HttpServletRequest와 HttpServletResponse에 대해서 먼저 살펴보기로 하자.

HttpServletRequest 인터페이스는 ServletRequest의 확장으로 수신된 HTTP 요청(request)에 대한 추가적인 HTTP 프로토콜 정보를 제공한다. HttpServletRequest의 가장 중요한 기능은 클라이언트에서 전달된 요청 매개변수(request parameter)를 가져오는 것이다. 요청 매개변수는 두가지 서로 다른 형태로 전달된다. 질의 매개변수

(query parameter)로 전달될 때 HTTP 요청의 첫 번째 행에 다음 예와 같이 포함된다.

GET /customer?name=김일&address=서울시&email=kim1@gmail.com HTTP/1.1

위의 예에서는 name 질의 매개변수의 값은 "김일"이고, address 질의 매개변수의 값은 "서울시", 그리고 email 질의 매개변수의 값은 "kim1@gmail.com"이 된다. 질의 매개변수는 모든 종류의 HTTP 요청 메서드를 지원한다.

또한 요청 매개변수가 요청 몸체(request body)에 인코딩되어 전달될 수 있다. 일반적으로 웹 폼에서 HTTP POST 요청 시에 폼 변수가 요청 몸체에 저장되어 전달된다.

```
POST /hello HTTP/1.1
Host : localhost
Content-Length : 12
Context-Type : application/x-www-form-urlencoded
name=김일
address=서울시
email=kim1@gmail.com
```

이들 요청 매개변수는 doGet()과 doPost() 등의 메서드에 HttpServletRequest 인터페이스 타입의 매개변수로 전달된다.

```
protected void doGet(HttpServletRequest request, HttpServletResponse response)
              throws ServletException, IOException {
    // 생략...
```

그리고 이들 두 유형의 요청 매개변수의 전달 방식이 다르더라도 서블릿 API는 이것을 구분하지 않는다. HttpServletRequest 인터페이스의 getParameter() 메서드는 특정 매개변수의 단일값을 반환한다. 만약 매개변수가 여러 값을 갖고 있다면 첫 번째 값만 반환한다.

```
String name = request.getParameter("name");
String address = request.getParameter("address");
String email = reqquest.getParameter("email");
```

2장 서블릿

getParameters() 메서드는 특정 매개변수의 값의 배열을 반환한다. 매개변수가 하나의 값을 갖는다면 배열 요소가 하나인 배열을 반환한다.

getParameterMap() 메서드는 모든 매개변수와 값을 포함하는 java.util.Map<String, String[]>을 반환한다. 또한 getParameterNames() 메서드는 모든 매개변수 이름의 열거자를 반환한다. 그리고 getParameterValues() 메서드는 모든 매개변수의 값의 배열을 반환한다.

이외에도 요청한 URL을 반환하는 getRequestURL() 메서드와 요청 헤더(request header)의 값을 읽어오는 getHeader() 메서드, 세션 정보를 읽어오는 getSession() 메서드, 쿠키 정보를 읽어오는 getCookies() 메서드, 등 다양한 메서드가 있다.

예를 들어 헤더 정보를 읽어오기 위해 다음과 같이 코드를 작성할 수 있다.

```
for(Enumeration<String> e = request.getHeaderNames();
    e.hasMoreElements();) {
  String header = e.nextElement();
  System.out.println(header + " : " + request.getHeader(header));
}
```

위 코드는 다음과 같은 결과를 보여준다.

```
host : localhost:8080
connection : keep-alive
sec-ch-ua : "Chromium";v="106", "Google Chrome";v="106", "Not;A=Brand";v="99"
sec-ch-ua-mobile : ?0
sec-ch-ua-platform : "macOS"
upgrade-insecure-requests : 1
user-agent : Mozilla/5.0 (Macintosh; Intel Mac OS X 10_15_7) AppleWebKit/537.36 (KHTML, like Gecko) Chrome/106.0.0.0 Safari/537.36
accept : text/html,application/xhtml+xml,application/xml;q=0.9,image/avif,image/webp,image/apng,*/*;q=0.8,application/signed-exchange;v=b3;q=0.9
sec-fetch-site : none
sec-fetch-mode : navigate
```

sec-fetch-user : ?1
sec-fetch-dest : document
accept-encoding : gzip, deflate, br
accept-language : ko-KR,ko;q=0.9,en-US;q=0.8,en;q=0.7
cookie : JSESSIONID=0692C556972C67A54E05342EFA9215A8

　　HttpServletResponse 인터페이스는 ServletResponse의 확장으로 HTTP 응답(response)에 대한 HTTP 프로토콜 속성에 접근할 수 있는 기능을 제공한다. 응답 객체를 사용하는 가장 일반적인 작업은 응답 몸체(response body)에 컨텐츠를 작성하는 것이다. 브라우저에서 표시되는 HTML이나 이미지일 수도 있고, 클라이언트가 다운로드하는 파일일 수도 있다. HttpServletResponse 인터페이스의 getWriter() 메서드는 java.io.PrintWriter를 반환하고, getOutputStream() 메서드는 javax.servlet.ServletOutputStream을 반환한다. 우리는 이들을 사용하여 응답 객체에 데이터를 쓸 수 있다. HTML이나 텍스트를 쓸 때는 PrintWriter를 사용하고, 이진 데이터(binary data)를 반환할 때는 ServletOutputStream을 사용하여 응답 바이트(response byte)를 보낸다. 같은 응답 객체에 대해 이 둘을 함께 사용할 수는 없다. 응답 몸체를 작성할 때 컨텐츠 유형(content type)이나 인코딩(encoding)을 설정해야 할 필요가 있다. 이 경우에는 setContentType() 메서드와 setCharacterEncoding() 메서드를 사용한다. 이들 메서드는 getWriter() 메서드를 호출하기 전에 사용해야 한다. getWriter() 메서드를 호출한 후에 이들 메서드에 대한 호출은 무시되며, 이들 메서드를 호출하지 않았다면 컨테이너의 디폴트 인코딩이 사용된다. 이 외에도 HttpServeltResponse 인터페이스의 setHeader() 메서드를 사용하여 응답 헤더(response header)를 설정할 수 있으며, setStatus() 메서드를 사용하여 HTTP 응답 상태 코드를 설정하고, sendRedirect() 메서드를 사용하여 클라이언트가 다른 URL로 이동(redirect)하도록 할 수 있다.

　　HTTP 응답 객체도 doGet()과 doPost() 등의 메서드에 HttpServletResponse 인터페이스 타입의 매개변수로 전달된다.

```
protected void doPost(HttpServletRequest request, HttpServletResponse response)
              throws ServletException, IOException {
    // 생략...
```

　　앞에서 CustomerServlet의 HTTP GET 메서드 요청에 대하여 표시된 웹 폼에서 각 항목의 값을 입력하고 "저장" 단추를 누르면 HTTP POST 메서드가 요청된다. 이 요청은 다음과 같이 재정의된 doPost() 메서드에서 처리할 수 있다.

```java
@Override
protected void doPost(HttpServletRequest request, HttpServletResponse response)
                throws ServletException, IOException {
    String name = request.getParameter("name");
    String address = request.getParameter("address");
    String email = request.getParameter("email");
    response.setContentType("text/html");
    PrintWriter writer = response.getWriter();
    writer.append("<!DOCTYPE html>\n")
       .append("<html>\n")
       .append("<head>\n")
       .append("<meta charset=\"utf-8\"/>\n")
       .append("<title>고객 등록 정보</title>\n")
       .append("</head>\n")
       .append("<body>\n")
       .append("<h1>고객 등록 정보</h1>\n")
       .append("이름 : ").append(name).append("<br>\n")
       .append("주소 : ").append(address).append("<br>\n")
       .append("이메일 : ").append(email).append("<br>\n")
       .append("<p>\n")
       .append("<a href=\"customer\">고객정보 입력</a>\n")
       .append("</body>\n")
       .append("</html>");
}
```

doPost() 메서드에서는 요청 객체의 getParameter() 메서드를 호출하여 웹 폼에서 폼 매개변수로 전달한 name 폼 변수의 값을 읽어서 인사하는 HTML을 응답 객체에 작성한다. 만약 이전 버전의 자바 EE를 사용한다면 getParameter() 메서드를 호출하기 전에 setCharacterEncoding() 메서드를 호출하여 UTF-8로 인코딩하여 한글이 출력되도록 해야 한다.

```java
request.setCharacterEncoding("UTF-8");
```

서블릿 컨텍스트 초기 매개변수 설정과 읽기

만약 서블릿에서 데이터베이스 설정을 읽어들여 처리해야 한다고 하면 우리는 서블릿 컨텍스트 초기 매개변수(servlet context init parameter)를 사용할 수 있다. 컨텍스트 초기 매개변수는 web.xml 서블릿 설정에 다음과 같이 〈init-param〉 태그를 사용하여 설정할 수 있다. 다음 코드에서는 데이터베이스와 연결하기 위한 JDBC 드라이버 클래스 이름과 URL, 사용자 이름과 비밀번호 등의 컨텍스트 초기 매개변수를 설정하고 있다.

```xml
<servlet>
    <servlet-name>customerServlet</servlet-name>
    <servlet-class>
        com.mycompany.orderystem.controller.CustomerServlet
    </servlet-class>
    <init-param>
        <param-name>driverClassName</param-name>
        <param-value>com.mysql.jdbc.Driver</param-value>
    </init-param>
    <init-param>
        <param-name>url</param-name>
        <param-value>
            jdbc:mysql://localhost:3306/order_system
        </param-value>
    </init-param>
    <init-param>
        <param-name>username</param-name>
        <param-value>root</param-value>
    </init-param>
    <init-param>
        <param-name>password</param-name>
        <param-value>1234</param-value>
    </init-param>
    <load-on-startup>1</load-on-startup>
```

2장 서블릿

```
</servlet>
```

또는, 다음과 같이 @WebInitParam 어노테이션을 사용하여 컨텍스트 초기 매개변수를 설정할 수 있다.

```
@WebServlet(
    name="customerServlet",
    urlPatterns={"/customer"},
    loadOnStartup=1,
    initParams={
            @WebInitParam(name="driverClassName", value="com.mysql.jdbc.Driver"),
            @WebInitParam(name="url",
                    value="jdbc:mysql://localhost:3306/order_system"),
            @WebInitParam(name="username", value="root"),
            @WebInitParam(name="password", value="1234")
    }
)
```

설정된 컨텍스트 초기 매개변수는 다음과 같이 init() 메서드에서 매개변수로 전달된 ServletConfig 인터페이스의 getInitParameter() 메서드를 사용하여 읽을 수 있다.

```
private String driverClassName = null;
private String url = null;
private String username = null;
private String password = null;
@Override
public void init(ServletConfig config) throws ServletException {
    System.out.println(config.getServletName() + " 서블릿이 시작되었습니다.");
    driverClassName = config.getInitParameter("driverClassName");
    url = config.getInitParameter("url");
    username = config.getInitParameter("username");
    password = config.getInitParameter("password");
}
```

위의 코드에서는 데이터베이스와 연결하기 위한 JDBC 드라이버 클래스 이름과 URL, 사용자 이름과 비밀번호 등의 컨텍스트 초기 매개변수를 읽어 각 필드에 저장한다. 이렇게 저장된 컨텍스트 초기 매개변수값은 doPost() 또는 doGet() 메서드에서 사용할 수 있다.

```java
@Override
protected void doPost(HttpServletRequest request, HttpServletResponse response)
        throws ServletException, IOException {
    // 생략...
    writer.append("<!DOCTYPE html>\n")
        .append("<html>\n")
        .append("<head>\n")
        .append("<meta charset=\"utf-8\"/>\n")
        .append("<title>고객 등록 정보</title>\n")
        .append("</head>\n")
        .append("<body>\n")
        .append("<h1>고객 등록 정보</h1>\n")
        .append("이름 : ").append(name).append("<br>\n")
        .append("주소 : ").append(address).append("<br>\n")
        .append("이메일 : ").append(email).append("<br>\n")
        .append("<p>\n")
        .append("<a href=\"customer\">고객정보 입력</a>\n")
        .append("<h3>데이터베이스 설정</h3>\n")
        .append("driverClassName : " )
        .append(driverClassName).append("<br/>\n")
        .append("url : ").append(url).append("<br/>\n")
        .append("username : ").append(username).append("<br/>\n")
        .append("password : ").append(password).append("<br/>\n")
        .append("</body>\n")
        .append("</html>");
}
```

위의 코드에서는 단순히 저장된 컨텍스트 초기 매개변수값을 웹 페이지에 표시한다. 그 결과는 다음과 같다.

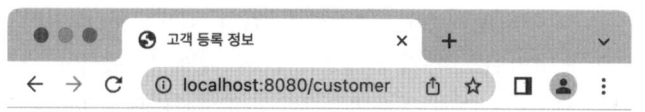

[그림 2-3] 컨텍스트 초기 매개변수

    그러나 이처럼 doGet()과 doPost() 메서드에서 PrintWriter를 사용하여 웹 페이지를 일일이 생성하는 것은 번거롭고 시간이 많이 걸리는 작업이다. 이것을 손쉽게 할 수 있게 하는 것이 바로 이전 버전의 자바 서버 페이지(JSP, JavaServer Pages)라는 이름에서 변경된 자카르타 서버 페이지(JSP, Jakarata Server Pages)다. 다음 장에서부터 JSP에 대해 살펴보기로 한다. 그 전에 처음부터 서블릿 웹 애플리케이션을 차근차근 구현해보기로 한다.

서블릿 웹 애플리케이션 구현

    이제 첫 번째 서블릿 웹 애플리케이션을 구현하기로 한다. 여러분은 1장에서 생성했던 프로젝트를 복사하여 새로운 프로젝트를 생성하거나 그대로 프로젝트를 사용하여 서블릿 웹 애플리케이션 구현을 시작할 수 있다. 인텔리제이의 경우에는 복사한 프로젝트 폴더를 그대로 열면 된다. 하지만 이클립스의 경우 1장에서 생성했던 프로젝트를 기반으로 새로운 프로젝트를 생성하고 싶다면 "File" 메뉴에서 "Switch Workspace 〉 other..." 메뉴 항목을 선택하고 새로운 작업 영역 폴더를 생성하는 것이 편리하다.

[그림 2-4] 새로운 작업 영역 생성

새로 이클립스가 시작되면 "File" 메뉴에서 "Import" 메뉴 항목을 선택하고 Import 대화 상자에서 "General 〉 Existing Projects into Workspace" 항목을 선택한다.

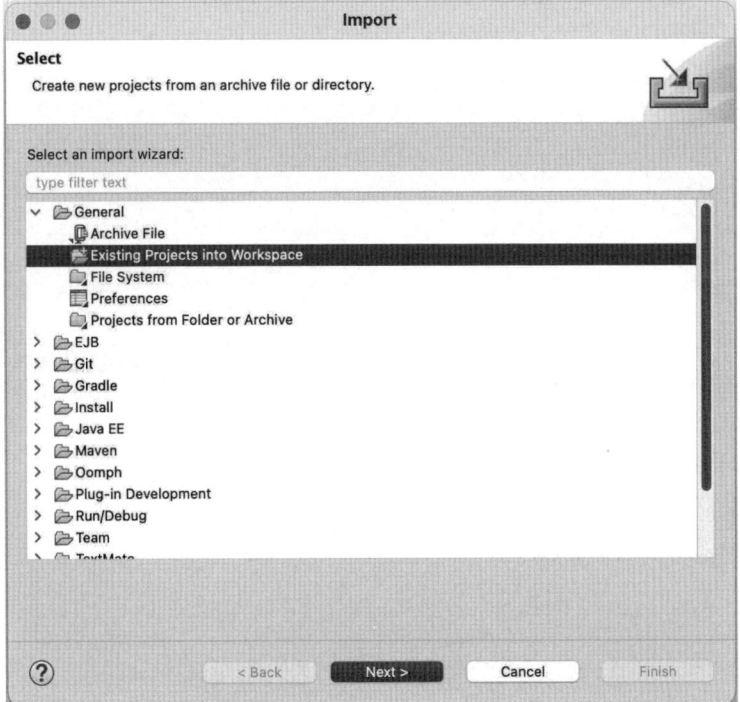

[그림 2-5] 기존 프로젝트 임포트

다음에 Import Projects 화면에서 Select root directory 항목에 1장에서 생성했던 프로젝트를 선택하고, Options에서 Copy projects into workspace 체크 상자를 클릭하여 체크 상태로 하여 프로젝트를 복사하도록 한 다음 "Finish" 단추를 클릭하여 임포트한다.

2장 서블릿

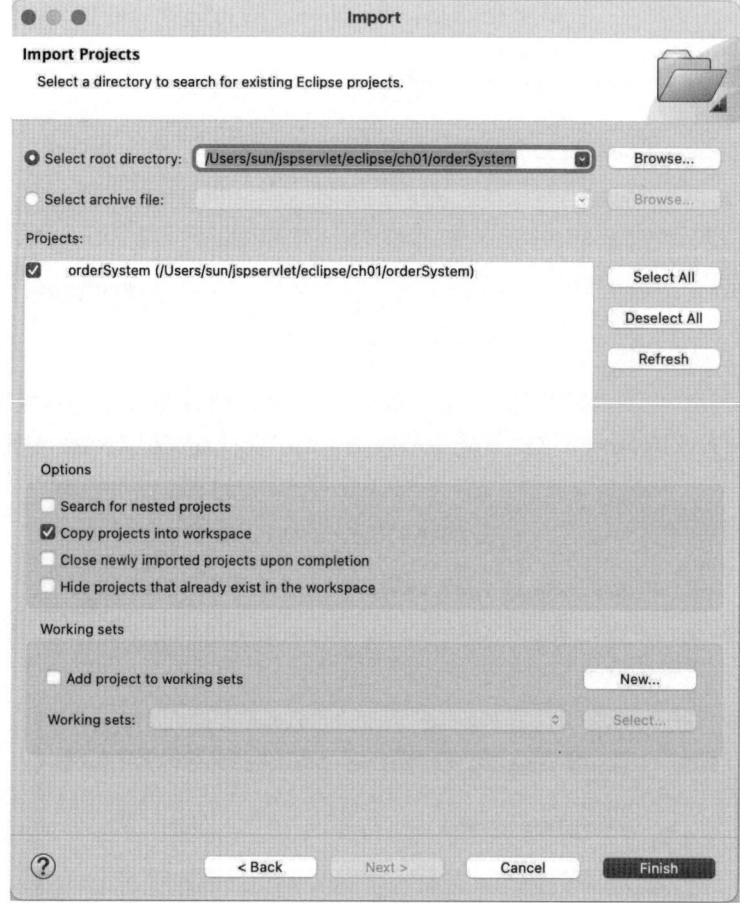

[그림 2-6] orderSystem 프로젝트 임포트

이제 우리는 인텔리제이 또는 이클립스에서 com.mycompany.ordersystem 패키지 밑에 controller 패키지를 추가한다. 그리고 controller 패키지 안에 CustomerServlet 클래스를 추가한 후에 다음과 같이 코드를 작성한다.

    package com.mycompany.ordersystem.controller;
    import jakarta.servlet.ServletException;
    import jakarta.servlet.annotation.WebServlet;
    import jakarta.servlet.http.HttpServlet;
    import jakarta.servlet.http.HttpServletRequest;
    import jakarta.servlet.http.HttpServletResponse;
    import java.io.IOException;

```java
import java.io.PrintWriter;
import java.util.Enumeration;

@WebServlet(name = "customerServlet", value = "/customer")
public class CustomerServlet extends HttpServlet {
    @Override
    protected void doGet(HttpServletRequest request,
                         HttpServletResponse response)
                            throws ServletException, IOException {
        response.setContentType("text/html");
        PrintWriter writer = response.getWriter();
        writer.append("<!DOCTYPE html>\n")
              .append("<html>\n")
              .append("<head>\n")
              .append("<meta charset=\"utf-8\"/>\n")
              .append("<title>고객 정보 입력</title>\n")
              .append("</head>\n")
              .append("<body>\n")
              .append("<h3>고객 정보 입력</h3>\n")
              .append("<fieldset>\n")
              .append("<form action=\"customer\" method=\"POST\">\n")
              .append("<label for=\"name\">이름 : </label>\n")
              .append("<input type=\"text\" name=\"name\" /> <br>\n")
              .append("<label for=\"address\">주소 : </label>\n")
              .append("<input type=\"text\" name=\"address\" /> <br>\n")
              .append("<label for=\"email\">이메일 : </label>\n")
              .append("<input type=\"text\" name=\"email\" /> <br>\n")
              .append("<input type=\"submit\" value=\"저장\"/>\n")
              .append( "</form>\n")
              .append("</fieldset>\n")
              .append("</body>\n")
              .append("</html>");
    }
    @Override
```

2장 서블릿

```java
        protected void doPost(HttpServletRequest request,
                              HttpServletResponse response)
                    throws ServletException, IOException {
            String name = request.getParameter("name");
            String address = request.getParameter("address");
            String email = request.getParameter("email");
            response.setContentType("text/html");
            PrintWriter writer = response.getWriter();
            writer.append("<!DOCTYPE html>\n")
                    .append("<html>\n")
                    .append("<head>\n")
                    .append("<meta charset=\"utf-8\"/>\n")
                    .append("<title>고객 등록 정보</title>\n")
                    .append("</head>\n")
                    .append("<body>\n")
                    .append("<h1>고객 등록 정보</h1>\n")
                    .append("이름 : ").append(name).append("<br>\n")
                    .append("주소 : ").append(address).append("<br>\n")
                    .append("이메일 : ").append(email).append("<br>\n")
                    .append("<p>\n")
                    .append("<a href=\"customer\">고객정보 입력</a>\n")
                    .append("</body>\n")
                    .append("</html>");
        }
    }
```

이제 우리는 웹 애플리케이션을 실행할 수 있다.

먼저 인텔리제이에서 "실행" 메뉴에서 "구성 편집" 메뉴 항목을 선택한다.

"실행/디버그 구성" 대화 상자에서 "새 실행 구성 추가..."를 클릭하고 "새 구성 추가" 항목에서 "Tomcat 서버 > 로컬" 항목을 선택한다.

JSP 서블릿 웹 프로그래밍

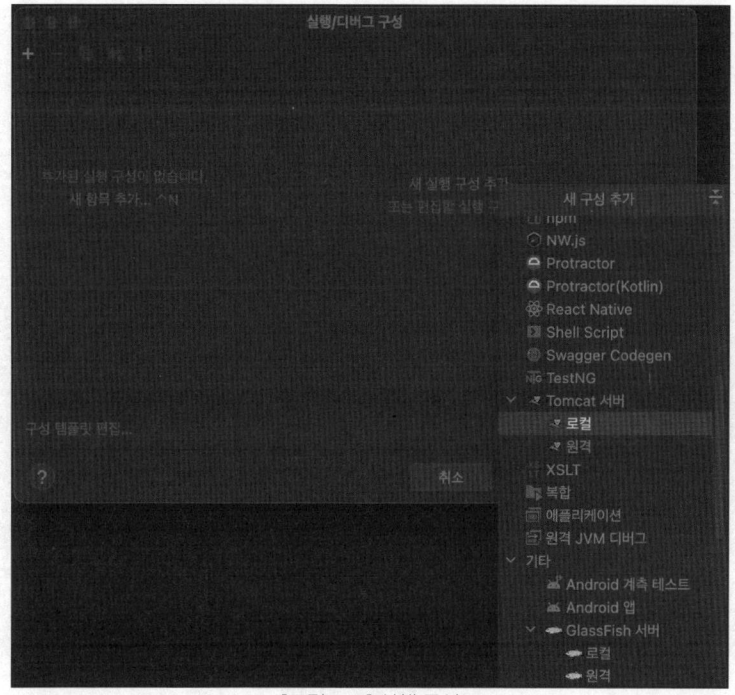

[그림 2-7] 실행 구성

이때 다음과 같이 우리가 1장 자바 애플리케이션 개요에서 설정한 톰캣 서버 정보를 보여준다.

2장 서블릿

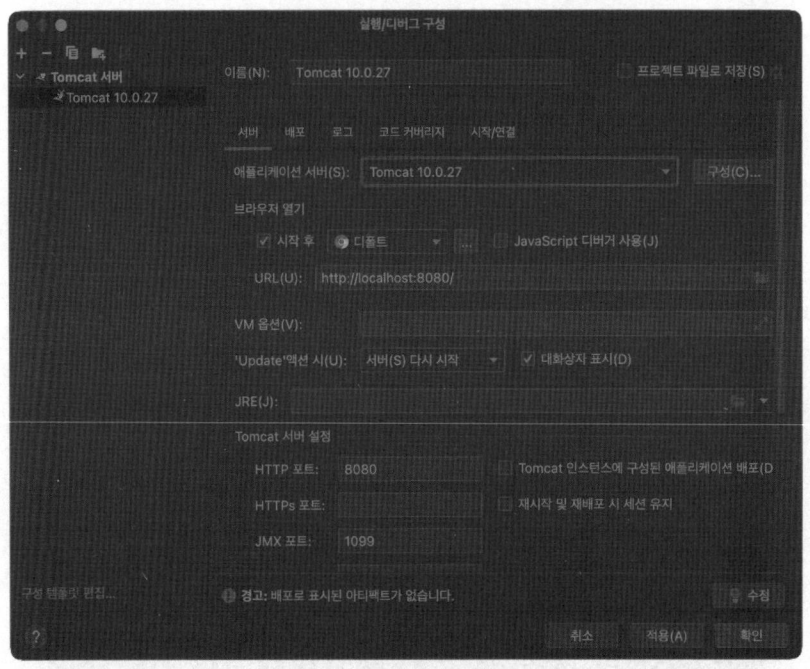

[그림 2-8] 톰캣 서버 설정

그리고 브라우저 열기 항목에서 톰캣 서버를 시작한 후에 실행할 웹 브라우저를 선택할 수 있다. 어떤 웹 브라우저라도 사용할 수 있지만 이 책에서는 구글 크롬(Chrome) 브라우저를 사용하기로 한다. 여러분의 시스템에 크롬 브라우저가 디폴트 웹 브라우저로 설정되어 있다면 "디폴트"을 항목을 그대로 선택할 수 있고, 그렇지 않으면 "Chrome" 항목을 선택한다.

JSP 서블릿 웹 프로그래밍

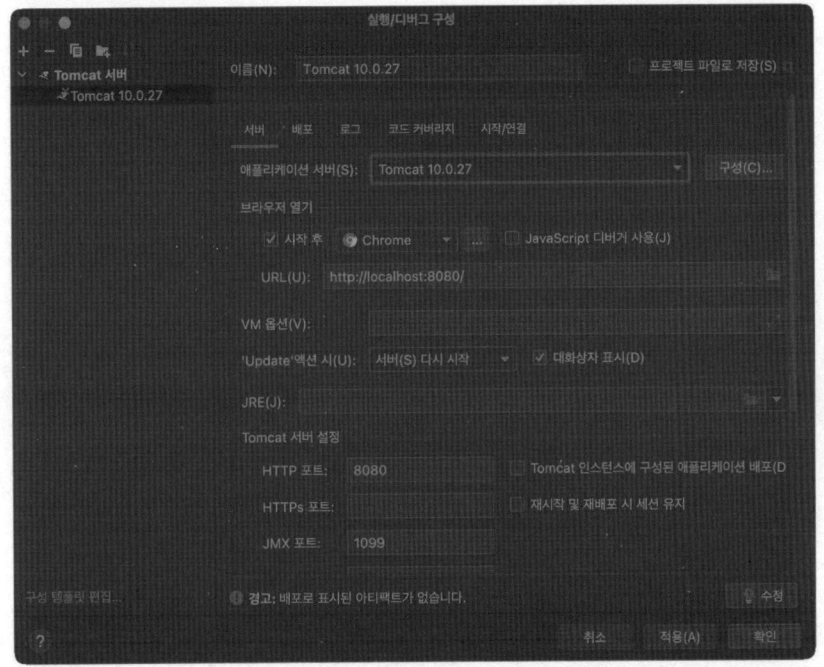

[그림 2-9] 크롬 브라우저 선택

다음에는 "배포" 탭을 선택하고 "서버 시작 시 배포" 항목에서 "+" 단추를 클릭하여 "아티팩트" 항목을 선택한다.

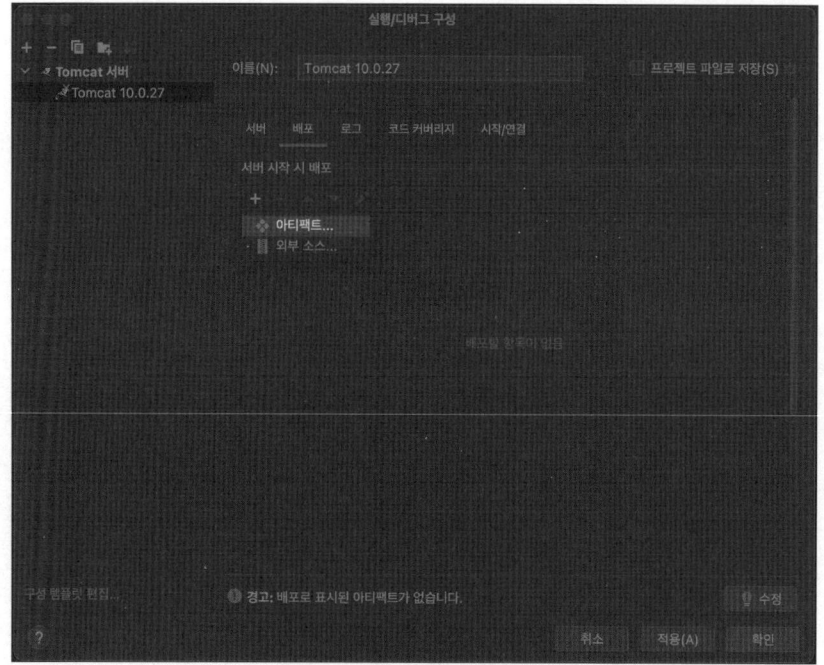

[그림 2-10] 배포 아티팩트 추가

우리는 두가지 유형의 아티팩트 중에서 선택할 수 있다.

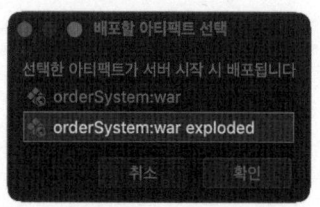

[그림 2-11] 아티팩트 배포

"orderSystem:war"는 .war 확장자를 갖는 WAR 파일로 압축하여 orderSystem 웹 애플리케이션을 배포하는 것을 말하고, "orderSystem:war exploded"는 압축하지 않은 상태로 orderSystem 웹 애플리케이션을 배포하는 것을 말한다. 어느 유형의 아티팩트도 상관없지만 개발 중에는 "orderSystem:war exploded"를 선택하는 것이 더 좋다. 물론 개발이 완료된 후에는 WAR 파일로 배포해야 하기 때문에 "orderSystem:war"를 선택해야 한다. 우리는 orderSystem:war exploded"을 선택하기로 한다.

그리고 애플리케이션 컨텍스트를 웹 애플리케이션 루트인 "/"로 설정한다.

JSP 서블릿 웹 프로그래밍

[그림 2-12] 애플리케이션 컨텍스트 설정

이제 "실행" 메뉴에서 "실행" 메뉴 항목을 선택하여 톰캣을 실행함으로써 웹 애플리케이션을 실행할 수 있다. 웹 브라우저가 실행되면 다음 URL로 이동하여 [그림 2-21]과 같은 결과를 얻을 수 있다.

    localhost:8080/customer

참고로 맥오에스 운영체제나 리눅스 운영체제에서 처음 톰캣을 실행할 때 다음과 같이 실행 에러를 만날 수 있다.

[그림 2-13] 톰캣 서버 실행 에러

이 경우에는 해당 톰캣 서버의 bin 디렉터리로 이동하여 다음과 같이 명령을 입력하

79

2장 서블릿

여 catalina.sh를 실행할 수 있도록 하면 된다.

% chmod 755 catalina.sh

이클립스에서는 먼저 "Servers" 뷰 창에서 "No servers are available. click this link to create a new server..." 하이퍼링크를 클릭한다.

[그림 2-14] 이클립스 Servers 뷰

New Server 대화 상자에서 "Apache 〉 Tomcat v10.0 Server"를 선택하면 우리가 1장 자바 애플리케이션 개요에서 설정한 톰캣 서버 정보를 가져와 설정한다.

JSP 서블릿 웹 프로그래밍

[그림 2-15] 새 서버 설정

이제 프로젝트 익스플로러 창에서 프로젝트를 오른쪽 마우스 클릭하고 "Run As 〉 Run on Server" 메뉴 항목을 선택한다.

Run On Server 대화 상자에서 "Choose an existing server" 옵션을 선택하고 Server 목록에서 "Tomcat v10.0 Server at localhost" 항목을 선택한다. 그리고 "Always use this server when running this project" 체크 상자를 클릭하여 체크 상태로 하여 프로젝트를 실행할 때 항상 이 서버를 사용하도록 설정하고 "Finish" 단추를 클릭하여 톰캣 서버를 실행한다.

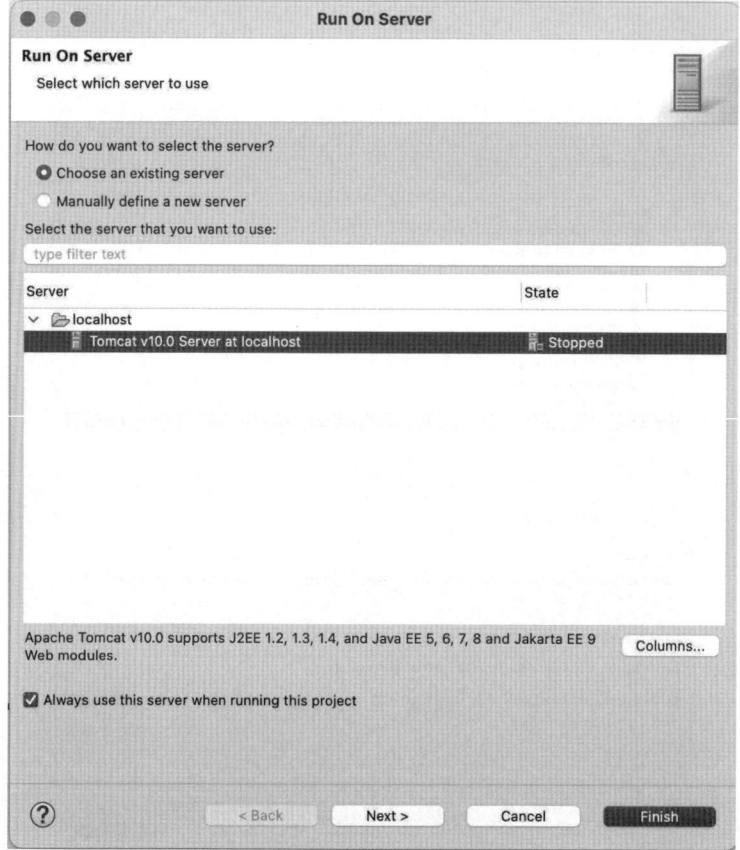

[그림 2-16] 서버 실행 설정

웹 브라우저가 실행되면 다음 URL로 이동하여 [그림 2-21]과 같은 결과를 얻을 수 있다.

    localhost:8080/orderSystem/customer

참고로 이클립스에서 웹 애플리케이션을 실행할 때 사용할 웹 브라우저를 구글 크롬 브라우저로 변경하려면 "Eclipse" 메뉴 (윈도우 운영체제의 경우 "Window" 메뉴)에서 "Preferences" 메뉴 항목을 선택한다. Preferences 대화 상자에서 왼쪽 목록에서 "General 〉 Web Browser" 을 선택하고 Web Browser 화면에서 "New" 단추를 클릭하여 다음 그림과 같이 크롬 브라우저를 추가하고 선택한다.

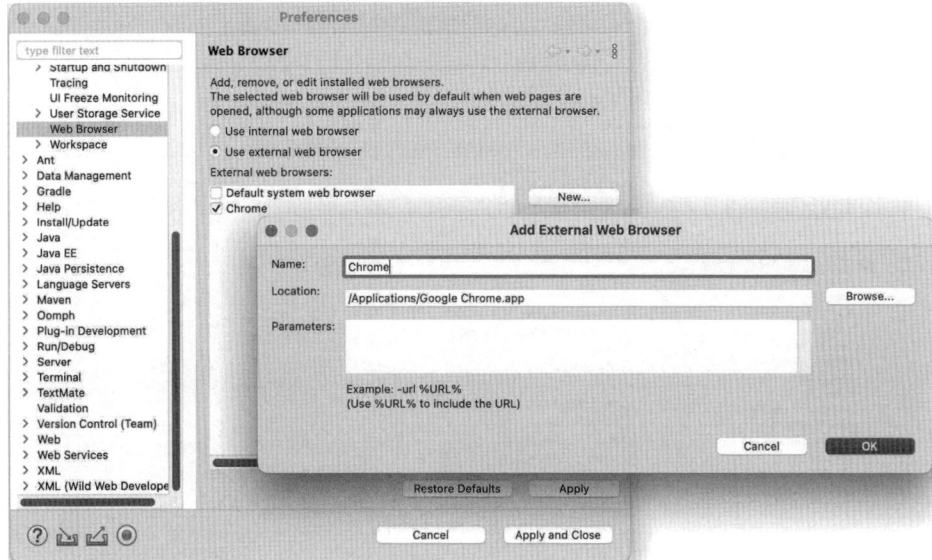

[그림 2-17] 크롬 브라우저 추가

또한 JSP 파일에서 에러를 표시하는 빨강색 "X" 아이콘이 나타나면 프로젝트 익스플로러 창에서 orderSystem 프로젝트를 오른쪽 마우스로 클릭한 후 "Properties" 메뉴 항목을 선택한다.

Properties for orderSystem 대화 상자의 왼쪽 목록에서 "Project Facets"를 선택하고 Project Facets 화면에서 다음과 같이 Dynamic Web Module 항목은 "5.0", Java 항목은 "17"로 변경한다.

2장 서블릿

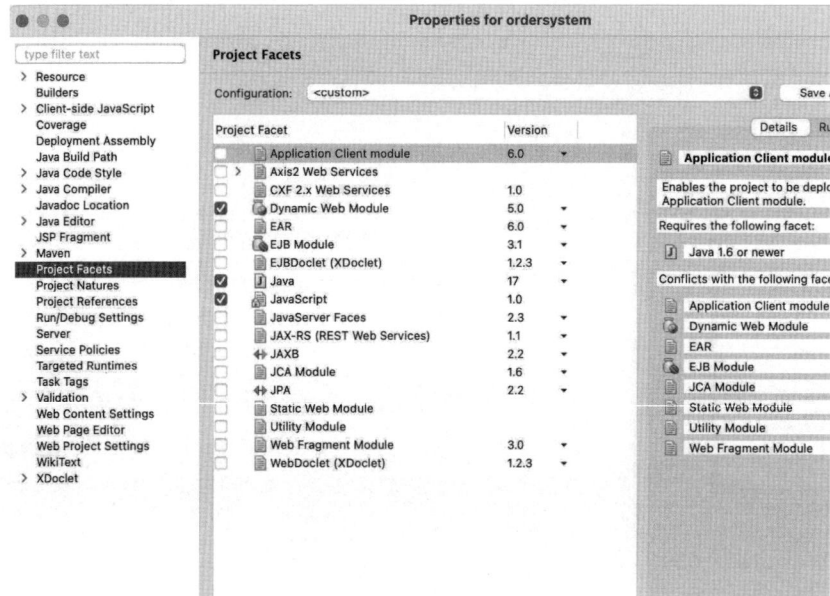

[그림 2-18] Project Facets 변경

그리고 웹 애플리케이션의 루트를 "/"로 변경하려면 Properties for orderSystem 대화 상자의 왼쪽 목록에서 "Web Project Settings"를 선택하고 Web Project Setting 화면에서 Context root를 "/" 로 지정한다.

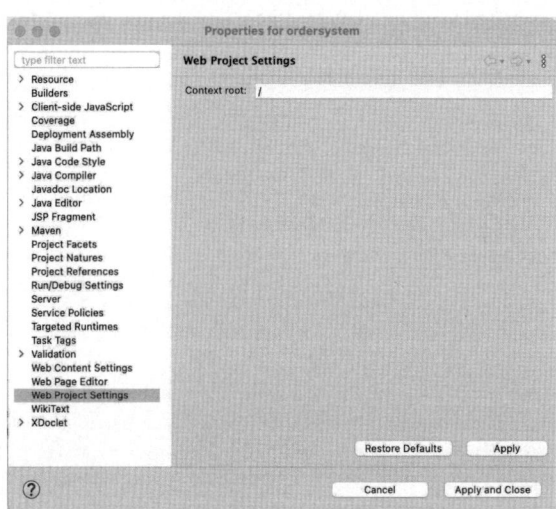

[그림 2-19] Web Project Settings

또한 "Servers" 뷰 창에서 "Tomcat v10.0 Server at localhost"를 더블 클릭하고

Module 탭에서 "ordersystem" 모듈을 선택한 후 "Edit" 단추를 클릭하여 Path 를 "/" 로 변경한다.

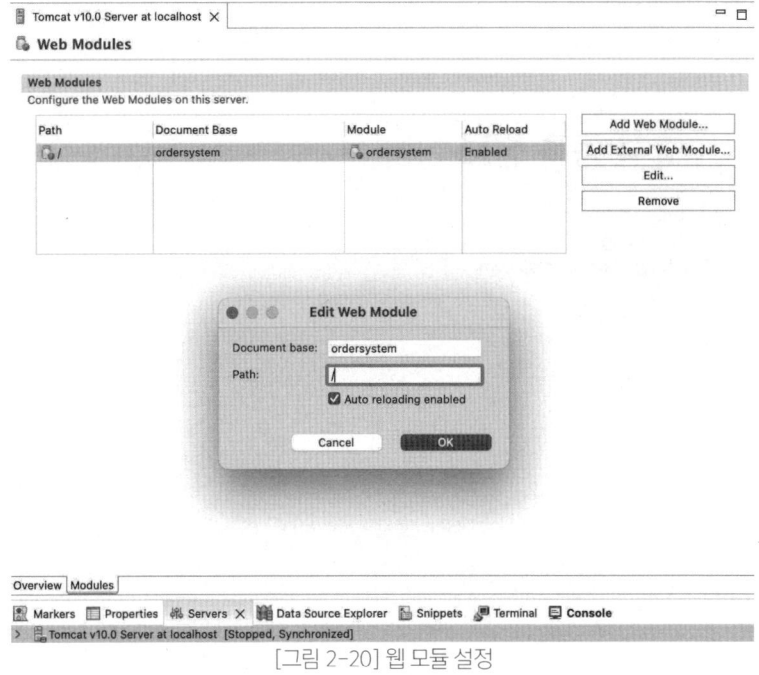

[그림 2-20] 웹 모듈 설정

이제 웹 애플리케이션을 실행하면 다음 URL로 이동하여 [그림 2-21]과 같은 결과를 얻을 수 있다.

    localhost:8080/customer

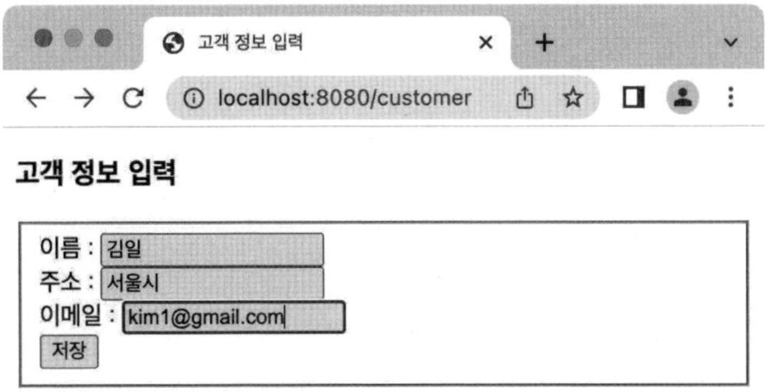

[그림 2-21] doGet() 메서드 실행 결과

이제 고객 정보를 입력하고 "저장" 단추를 클릭하여 doPost() 메서드를 실행한 결과는 다음과 같다.

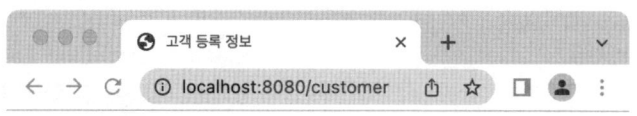

[그림 2-22] doPost() 메서드 실행 결과

3장 자카르타 서버 페이지

3장
자카르타 서버 페이지

- JSP 개요
- JSP 구문 개요
- 지시어
- 액션 태그
- 내장 객체
- 모델 1 방식 웹 애플리케이션 구현

JSP 개요

자카르타 서버 페이지(JSP, Jakarta Server Pages)는 HTML의 정적인 컨텐츠와 서블릿의 동적인 컨텐츠 생성 기능이 결합된 기술이다. JSP의 최대의 장점은 단순함이다. JSP 페이지는 일종의 서블릿이지만 서블릿이라기보다는 마치 HTML처럼 보인다. 그러나 막후에서 JSP 페이지는 자동적으로 서블릿으로 변환되고, 정적인 HTML은 서블릿의 service() 메서드에서 출력 스트림으로 출력된다. 이러한 변환은 JSP 페이지가 처음 요청될 때만 수행된다. 다음부터는 컴파일된 JSP 페이지가 실행되어 실행 속도를 빠르게 한다.

우리는 단순히 HTML 문서를 작성한 다음에, <% 와 %> JSP 태그 사이에 동적인 컨텐츠를 생성하기 위한 코드를 작성하면 된다. JSP 파일은 .jsp 확장자를 가지며 다음과 같은 구조를 갖는다.

```jsp
<%@ page language="java" contentType="text/html;charset=UTF-8"%>
<!DOCTYPE html>
<html>
<head>
<title>타이틀</title>
</head>
<body>
</body>
</html>
```

JSP 파일은 일반 HTML과 동일하다. 다만 첫 번째 행만 다르다. 첫 행은 JSP 지시어다. 우리가 서블릿에서 HttpSevletResponse 인터페이스의 setContentType()과 setCharacterEncoding() 메서드를 사용하여 컨텐츠 유형과 인코딩을 지정한 것과 같다. CustomerServlet의 doGet() 메서드에서 구현한 코드를 JSP로 작성하면 다음과 같다.

```jsp
<%@ page language="java" contentType="text/html;charset=UTF-8"%>
<!DOCTYPE html >
<html>
<head>
    <meta charset="utf-8"/>
    <title>고객 정보 입력</title>
</head>
<body>
    <h3>고객 정보 입력</h3>
    <fieldset>
    <form method="post" action="result.jsp">
        <label for="name">이름 : </label>
        <input type="text" name="name" /> <br>
        <label for="address">주소 : </label>
        <input type="text" name="address" /> <br>
        <label for="email">이메일 : </label>
        <input type="text" name="email" /> <br>
        <input type="submit" value="저장" />
```

3장 자카르타 서버 페이지

```
        </form>
    </fieldset>
</body>
</html>
```

위의 코드는 첫 행을 제외하고는 완전히 HTML과 동일하다. 서블릿에서 response.getWriter().append() 메서드를 호출하는 것보다는 아주 쉽다. CustomerServlet의 doPost() 메서드에서 구현한 코드도 JSP로 쉽게 작성할 수 있다.

```
<%@ page language="java" contentType="text/html;charset=UTF-8"%>
<!DOCTYPE html>
<html>
<head>
    <meta charset="utf-8"/>
    <title>고객 등록 정보</title>
</head>
<body>
    <%
        String name = request.getParameter("name");
        String address = request.getParameter("address");
        String email = request.getParameter("email");
    %>
    <h1>고객 등록 정보</h1>
    이름 : <%= name %><br>
    주소 : <%= address %><br>
    이메일 : <%= email %>
</body>
</html>
```

참고로 JSP 대신에 사용할 수 있는 자카르타 EE 기술이 자카르타 서버 페이스(JSF, Jakarta Server Faces)다. JSF는 컴포넌트 기반(component-based)의 웹 애플리케이션 사용자 인터페이스를 제공하는 프레임워크(framework)다. JSF는 JSP보다 더 선진적으로 이벤트 주도적 프로그래밍(event-driven programming) 모델을 제공하지만, 우리나라의 실무 프로젝트 환경에서는 JSF보다는 JSP를 더 선호한다.

JSP 구문 개요

JSP에서는 다음과 같은 구문을 제공한다.

- 지시어(directive)
- 선언문(declaration)
- 스크립트릿(scriptlet)
- 표현식(expression)

지시어(directive)는 JSP 인터프리터(interpreter)에게 어떤 작업을 수행할 것을 지시하는 구문이다. 지시어는 〈%@ %〉 안에 온다. 위의 예에서 다음 코드가 지시어다.

```
<%@ page language="java"
        contentType="text/html; charset=UTF-8"
        pageEncoding="UTF-8"%>
```

선언문(declaration)은 JSP 안에서 사용되는 인스턴스(instance) 변수나 메서드 또는 클래스를 선언한다. 선언문은 〈%! %〉 안에 온다. 위의 예에서 다음 코드가 선언문이다.

```
<%!
    String name = null;
    String address = null;
    String email = null;
%>
```

스크립트릿(scriptlet)는 자바 코드를 실행하는 코드 블럭이다. 선언문과 유사하지만 마치 서블릿의 service() 메서드 안에서 지역 변수(local variable)를 선언하고 메서드를 실행하는 것과 같다. 스크립트릿은 〈% %〉 사이에 온다. 위의 예에서 다음 코드가 스크립트릿이다.

```
<%
    name = request.getParameter("name");
    address = request.getParameter("address");
    email = request.getParameter("email");
%>
```

표현식(expression)은 클라이언트에 결과로 작성할 수 있는 것을 반환한다. 일반적으로 문자열이나 숫자 등의 결과를 출력하는데 사용한다. 표현식은 스크립틀릿과 같은 영역을 가지며, <%= %> 안에 온다. 표현식에는 세미콜론(;)을 붙이지 않는다. 위의 예에서 다음 코드가 표현식이다.

```
<%= name %>
```

JSP 코드에서 다음과 같은 세 가지 유형의 주석을 달 수 있다.

- HTML 주석문
- 자바 언어 주석문
- JSP 주석문

HTML 주석문은 <!-- --> 구문을 사용한다.

```
<!-- 이것은 HTML 주석문입니다.. <%= name %> -->
```

HTML 주석문을 사용할 때는 주석 안의 JSP 코드는 실행되어 HTML 코드를 생성한다. 다만 HTML 주석문 안에 있기 때문에 결과가 표시되지는 않는다.

선언문이나 스크립틀릿으로 구현된 자바 코드에 자바 언어 주석문을 사용할 수 있다.

```
<%
    // 이것은 주석문입니다.
    /* 여러 행에 걸쳐
       주석문을 사용합니다. */
%>
```

JSP 주석문은 HTML 주석문과 유사하지만 %가 더 붙어 〈%-- --%〉 구문을 사용한다. JSP 주석문을 사용하면 JSP 코드가 실행되지도 않고, HTML 코드를 생성하지도 않는다. JSP 인터프리터가 JSP 주석문을 컴파일하지 않기 때문이다.

    <%-- 이것은 JSP 주석문입니다.. <%= name %> --%>

이제 이들 구문에 대해 좀 더 자세히 살펴보기로 하자.

지시어(directives)

JSP에는 3가지 유형의 지시어가 있다.

- 페이지 속성 변경
- 다른 JSP 포함
- 태그 라이브러리 포함

JSP 페이지의 속성을 변경시키는 지시어는 〈%@ page %〉 구문을 사용한다. 우리는 앞의 예에서 language, contentType, pageEncoding과 같은 페이지 속성을 지정하였다. language 속성은 JSP가 사용하는 JSP 스크립트 언어를 웹 컨테이너에게 알려준다. 현재로서는 자바 언어가 지원되는 유일한 스크립팅 언어다. 그래서 이 속성은 생략되는 경우가 많다. contentType 속성은 응답 객체로 반환되어야 하는 Content-Type 헤더의 값을 웹 컨테이너에게 알려준다. 한글이 출력되게 하기 위해서는 다음과 같은 설정이 필요하다.

    contentType="text/html; charset=UTF-8"

pageEncoding 속성은 JSP에서 사용하는 문자 인코딩 방식을 지정한다. 한글이 출력되게 하려면 다음과 같은 설정이 필요하다.

    pageEncoding="UTF-8"

pageEncoding 속성을 사용하면 contentType 속성에 charset으로 인코딩 방식을 지정할 필요는 없다. 두 방법 중에 하나만 사용하면 된다.

우리는 대부분의 경우에 관습적으로 JSP 페이지의 첫 문장의 상용구로서 다음과 같이 페이지 속성을 지정한다.

```
<%@ page language="java" contentType="text/html;charset=UTF-8"%>
```

이들 속성 외에 비교적 자주 사용되는 속성은 session과 errorPage, isErrorPage 속성이다. session 속성은 JSP가 HTTP 세션(session)에 참여하는 지 여부를 지시한다. 디폴트 값은 true로 세션에 참여하여 JSP 안에서 session 객체를 사용하여 세션 객체에 접근할 수 있다. false 이면 세션에 참여하지 않으므로 session 객체를 사용할 수 없게 된다. errorPage 속성은 JSP를 실행 중에 에러가 발생했을 때 요청을 전송할 JSP를 지정하고, isErrorPage 속성은 해당 JSP가 에러 페이지로서 사용되는 지 여부를 지정한다. isErrorPage 디폴트 속성값은 false다. true를 지정하면 exception 변수를 사용할 수 있다.

페이지 속성 지시어와 관련된 또 하나 많이 사용되는 또 다른 속성은 import다. import 속성은 클래스를 임포트(import) 하는 기능을 제공한다.

```
<%@ page import="java.unitl.List" %>
<%@ page import="java.io.IOException" %>
```

다른 JSP를 포함시키는 지시어는 <%@ include %> 구문을 사용한다. file 속성에 포함시킬 JSP 파일을 지정하면 된다.

```
<%@ include file="/footer.jsp" %>
```

위의 예와 같이 절대 경로명이 사용되면 웹 애플리케이션의 루트(root) 즉, webapp 폴더에서부터 시작하는 경로에서 JSP 파일을 찾아 포함시킨다. 상대 경로명이 사용되면 해당 JSP 페이지와 같은 디렉터리에서 시작하는 경로에서 JSP 파일을 찾아 포함시킨다. 포함되는 JSP 파일에는 웹 애플리케이션에서 공통적으로 사용하는 JSP 코드를 작성한다. 이때 포함하는 JSP 파일의 컨텐츠 유형과 인코딩 방식이 같아야 한다.

```
<!-- footer.jsp 파일 -->
<%@ page language="java" contentType="text/html;charset=UTF-8"%>
<%@ page import="java.util.GregorianCalendar, java.util.Calendar" %>
<p>
  <a href="/index.jsp">홈으로</a>
```

```
</p>
<%
    GregorianCalendar currentDate = new GregorianCalendar();
    int currentYear = currentDate.get(Calendar.YEAR);
%>
<p>&copy; 저작권 <%= currentYear %> 우리 회사 &amp; Inc.</p>
```

다른 JSP 파일을 포함시키는 또 다른 방법은 잠시 후에 살펴보게 될 액션 태그라고 하는 〈jsp〉 태그를 사용하는 것이다.

```
<jsp:include page="/footer.jsp" />
```

이들 두 방법은 서로 장단점이 있다. include 지시어는 한번만 평가되기 때문에 빠르다. 그러나 include 지시어를 사용하면 JSP 파일을 더 크게 만들 수 있다. 〈jsp:include〉 태그는 이런 문제를 만들지 않는다. 하지만 include 지시어를 사용할 때처럼 빠르지 않다. JSP 페이지가 로드될 때마다 평가되기 때문에 속도가 느리다. 또한 포함하고 있는 JSP 안에 정의된 모든 변수를 포함되는 JSP에서 접근할 수 없다. 따라서 대부분 include 지시어를 사용한다.

태그 라이브러리(tag library)를 포함시키는 지시어는 〈%@ taglib %〉 구문을 사용한다. uri 속성에는 태그 라이브러리가 정의되는 URI 네임스페이스를 지정하고, prefix 속성에는 해당 라이브러리에서 태그를 참조할 때 사용하는 별명(alias)을 지정한다.

```
<%@ taglib prefix="c" uri="http://java.sun.com/jsp/jstl/core" %>
```

태그 라이브러리 지시어를 사용하여 태그 라이브러리를 사용하는 방법에 대해서는 6장 JSTL에서 살펴보기로 한다.

액션(action) 태그

JSP 태그(tag)는 일반적인 HTML 태그처럼 보이게 하는 JSP 기술의 특별한 구문으로, 어떤 작업을 수행하기 때문에 액션(action) 태그라고도 한다. JSP 태그는 출력을 생성하거나 제한하는 등의 어떤 작업을 수행한다. 우리는 앞에서 다른 JSP 파일을 포

3장 자카르타 서버 페이지

함시키는데 〈jsp:include /〉 태그를 사용하였다. 이 태그가 액션 태그다.

또 다른 액션 태그로 〈jsp:forward /〉 태그가 있다. 이 태그는 page 속성에 지정된 JSP로 포워드(forward) 즉, 이동시켜준다.

```
<jsp:forward page="new.jsp" />
```

위의 태그를 만나면 내부적으로 new.jsp 로 이동한다. 따라서 이 태그 다음의 코드는 실행되지 않는다.

웹 개발에 많이 사용되는 태그는 〈jsp:useBean /〉 태그다. 이 태그는 자바 클래스 즉, 자바빈(java bean) 객체를 생성한다.

```
<jsp:useBean id="customer"
    class="com.mycompany.ordersystem.domain.Customer" scope="page"/>
```

id 속성에는 자바빈 객체명을 지정하고 class 속성에는 자바빈 클래스 이름을 패키지를 포함한 전체 경로와 함께 지정한다. scope 속성에는 자바빈의 사용 범위 즉, request, page, session, application을 지정한다. 디폴트 값은 page로, 현재 페이지에서만 사용할 수 있다.

scope	설명
page	pageContext 객체에 저장되어 현재 페이지에서만 사용할 수 있음 (디폴트)
request	HttpServletRequest 객체에 저장되어 현재 요청 객체에 접근할 수 있는 모든 JSP와 서블릿에서 사용할 수 있음
session	HttpSession 객체에 저장되어 이 세션 객체에 접근할 수 있는 모든 JSP와 서블릿에서 사용할 수 있음
application	ServletContext 객체에 저장되어 이 객체에 접근할 수 있는 모든 JSP와 서블릿에서 사용할 수 있음

[표 3-1] 자바빈 사용 범위

일반적으로 웹 애플리케이션은 그래픽 디자이너와 프로그래머가 협력하여 개발하기 마련이다. 자바빈은 JSP의 디자인 부분과 로직 부분을 분리하여 JSP로부터 복잡한 코드를 줄이고 재사용성을 증가시킬 목적으로 사용한다. 자바빈 클래스는 반드시 매개변수가 없는 디폴트 생성자와 함께, 비공개(private) 필드와 공개(public) 게터/세터

(getter/setter) 메서드를 포함하는 자바 클래스로 정의한다.

```java
package com.mycompany.ordersystem.domain;
public class Customer {
    private long id;
    private String name;
    private String address;
    private String email;
    public long getId() {
        return id;
    }
    public void setId(long id) {
        this.id = id;
    }
    public String getName() {
        return name;
    }
    public void setName(String name) {
        this.name = name;
    }
    public String getAddress() {
        return address;
    }
    public void setAddress(String address) {
        this.address = address;
    }
    public String getEmail() {
        return email;
    }
    public void setEmail(String email) {
        this.email = email;
    }
}
```

사용자가 정의한 클래스 외에도 표준 라이브러리의 클래스의 자바빈 객체도 생성할 수 있다. 다음은 Date 클래스의 사용 예이다.

    <jsp:useBean id="time" class="java.util.Date" scope="page" />

〈jsp:useBean /〉 태그는 〈jsp:setProperty /〉와 〈jsp:getProperty /〉 태그와 함께 사용된다. 〈jsp:setProperty /〉 태그는 자바빈에 속성값을 저장하기 위한 태그다. 웹 폼으로부터 전달된 폼 매개변수를 저장하는데 아주 유용하게 사용될 수 있다.

    <jsp:setProperty name="customer" property="name" />

name 속성은 속성값을 저장할 자바빈 객체명을 지정하고, property 속성에는 저장할 자바빈 객체 필드명을 지정한다. "*"을 지정하면 요청 매개변수명과 일치하는 모든 필드에 속성값을 저장하게 된다. 자바빈 필드에 속성값을 저장할 때 자바빈 클래스의 세터(setter) 메서드가 호출된다.

    <jsp:setProperty name="customer" property="*" />

요청 매개변수명과 자바빈 객체의 필드명이 일치하지 않는다면 param 속성에 요청 매개변수명을 지정한다.

    <jsp:setProperty name="customer" property="name" param="param_name"/>

지정된 요청 매개변수가 없을 때 자바빈 객체의 필드에 저장할 값은 value 속성에 지정한다.

    <jsp:setProperty name="customer" property="name" value="김일" />

자바빈 객체에 저장된 속성값을 읽을 때는 두가지 방법을 사용할 수 있다. 하나는 직접 자바빈 객체의 게터(getter) 메서드를 호출하는 것이다.

    <%= customer.getName() %>

또 다른 방법은 〈jsp:getProperty /〉 태그를 사용하는 것이다.

    <jsp:getProperty name="customer" property="name" />

name 속성은 속성값을 읽을 자바빈 객체명을 지정하고, property 속성에는 읽을 자바빈 객체 속성 이름을 지정한다. 자바빈 객체의 속성을 읽을 때 자바빈 클래스의 게터(getter) 메서드가 호출된다. 따라서 위의 두가지 코드 예는 같은 결과를 보여준다.

자바빈 객체로부터 다른 메서드를 호출할 수도 있다. 다음 코드는 Date 클래스의 time 자바빈 객체에서 현재 시간을 읽어와 표시하는 코드의 예이다.

현재 시간 : <%= time.toLocaleString() %>

내장 객체

JSP 파일의 스크립트릿과 표현식 안에서 사용할 수 있는 다음과 같은 내장 객체가 있다. 암시적으로 사용할 수 있기 때문에 암시적 객체(implicit object)라고도 한다.

객체	타입	설명
request	HttpServletRequest	웹 브라우저의 요청 정보를 저장하는 객체
response	HttpServletResponse	웹 브라우저의 요청에 대한 응답 정보를 저장하는 객체
session	HttpSession	하나의 웹 브라우저에서 정보를 유지하기 위한 세션 정보를 저장하는 객체
out	JspWriter	JSP 페이지의 출력 내용을 포함하는 출력 스트림 객체
application	ServletContext	웹 애플리케이션의 컨텍스트 정보를 저장하는 객체
config	ServletConfig	JSP 페이지 설정 정보를 포함하는 객체
exception	Throwable	JSP 페이지에서 예외가 발생한 경우에 사용하는 객체
page	Object	JSP 페이지를 구현한 자바 클래스 객체
pageContext	PageContext	JSP 페이지 정보를 저장하는 객체

[표 3-2] 내장 객체

request 객체는 HttpServletRequest 인스턴스이고, response 객체는 HttpServletResponse 인스턴스다. 따라서 서블릿에서 살펴보았던 것과 동일하게 사용할 수 있다. 다만 응답 객체에 출력하기 위해 getWriter() 나 getOutputStream() 메서드를 사용할 필요는 없다. JSP가 이미 편리한 기능을 제공하기 때문이다. 또한 컨텐츠 유형이나 문자 인코딩 등을 설정하지 말아야 한다. 이것도 JSP가 이미 기능을 제공하고 있기 때문이다.

request 객체에서 가장 많이 사용되는 메서드는 getParameter()와 getAttribute()다. getParameter() 메서드는 우리가 서블릿을 구현할 때 doPost() 메서드에서 사용한 것과 동일하게 요청 매개변수로부터 값을 읽어온다.

```
<%
    name = request.getParameter("name");
    address = request.getParameter("address");
    email = request.getParameter("email");
%>
```

하지만 모델 2 방식에서는 서블릿의 doGet() 또는 doPost() 메서드에서 요청 매개변수를 읽기 때문에 JSP 페이지에서 직접 request 객체의 getParameter() 메서드를 사용할 기회는 많지 않다. 그보다는 애트리뷰트(attribute)의 값을 읽는 기능을 제공하는 getAttribute() 메서드가 많이 사용된다. 이 메서드에 대해서는 4장 서블릿 + JSP에서 살펴보기로 한다.

session 객체는 HttpSession 인스턴스로 하나의 웹 브라우저에서 정보를 유지하기 위한 세션 정보를 저장한다. 세션에 대해서는 7장 세션과 쿠키에서 살펴보기로 한다.

out 객체는 JspWriter 인스턴스로서 HttpServletResponse 인터페이스의 get-Writer() 메서드로 구한 것과 같다. 만약에 직접적으로 응답 객체에 출력해야 할 일이 있다면 out 객체를 사용하면 된다.

application 객체는 ServletContext 인스턴스로, 우리가 앞에서 살펴본 서블릿 컨텍스트에 대한 정보에 접근할 수 있게 한다.

config 객체는 ServletConfig 인스턴스로 JSP 서블릿 설정에 접근할 수 있게 한다.

exception 객체는 page 지시어의 isErrorPage 속성을 true로 지정했을 때 JSP 페이지에서 예외가 발생한 경우에 사용할 수 있는 객체다.

page 객체는 JSP 페이지를 구현한 자바 클래스 객체로 JSP 서블릿의 this 변수다. Servlet 인터페이스나 JspPage, HttpJspPage 인터페이스로 타입 변환을 하여 이들 인터페이스의 메서드를 사용할 수 있지만 직접 사용할 일은 거의 없다.

pageContext 객체는 PageContext 인스턴스로 request와 response 객체에 접근할 수 있는 기능을 제공한다. 그러나 여러분이 직접 JSP 태그를 만들 때 외에는 사용할 일이 거의 없다.

우리는 앞에서 구현한 서블릿 컨텍스트 초기 매개변수를 읽는 코드를 application 객체를 사용하여 구현할 수 있다. 다만 서블릿을 사용하지 않기 때문에 web.xml 설정 파일에는 다음과 같이 〈context-param〉 태그를 사용하여 정의해야 한다.

```xml
<?xml version="1.0" encoding="UTF-8"?>
<web-app version="5.0"
    xmlns="https://jakarta.ee/xml/ns/jakartaee"
    xmlns:xsi="http://www.w3.org/2001/XMLSchema-instance"
    xsi:schemaLocation="https://jakarta.ee/xml/ns/jakartaee
    https://jakarta.ee/xml/ns/jakartaee/web-app_5_0.xsd">
  <context-param>
    <param-name>driverClassName</param-name>
    <param-value>com.mysql.jdbc.Driver</param-value>
  </context-param>
  <context-param>
    <param-name>url</param-name>
    <param-value>jdbc:mysql://localhost:3306/order_system</param-value>
  </context-param>
  <context-param>
    <param-name>username</param-name>
    <param-value>root</param-value>
  </context-param>
  <context-param>
    <param-name>password</param-name>
    <param-value>1234</param-value>
  </context-param>
</web-app>
```

JSP에서 이 컨텍스트 정보를 읽기 위해서 application 객체의 getInitParameter()

메서드를 사용한다.

```jsp
<!-- demo1.jsp 파일 -->
<%@ page language="java" contentType="text/html;charset=UTF-8"%>
<html>
<head>
    <title>데모1</title>
</head>
<body>
  <h1>서블릿 컨텍스트</h1>
  <h3>데이터베이스 설정</h3>
  driverClassName :
      <%= application.getInitParameter("driverClassName") %><br/>
  url : <%= application.getInitParameter("url") %><br/>
  username : <%= application.getInitParameter("username") %><br/>
  password : <%= application.getInitParameter("password") %>
</body>
</html>
```

위 코드의 실행 결과는 다음과 같다.

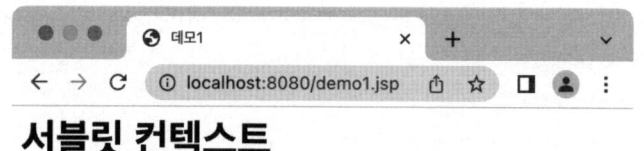

[그림 3-1] 서블릿 컨텍스트 정보 읽기

스크립트릿과 HTML을 혼합하여 작성할 수도 있다. 다음 예와 같이 목록을 표시할 때 유용하게 사용할 수 있다.

```html
<!-- demo2.jsp 파일 -->
<%@ page language="java" contentType="text/html;charset=UTF-8"%>
<html>
<head>
   <title>데모2</title>
    <style>
      table {
        width: 100%;
        border: 1px solid #444444;
        border-collapse: collapse;
      }
      th, td {
        border: 1px solid #444444;
      }
    </style>
</head>
<body>
    <h1>스크립트릿과 HTML</h1>
  <table>
    <tr>
     <th>행</th>
     <th>값</th>
    </tr>
    <%
     for ( int i = 0; i < 10; i++ ) {
    %>
    <tr>
     <td><%= i+1 %></td>
     <td>값<%= i+1 %></td>
    </tr>
    <%
     }
    %>
  </table>
```

```
        </body>
</html>
```

위 코드의 실행 결과는 다음과 같다.

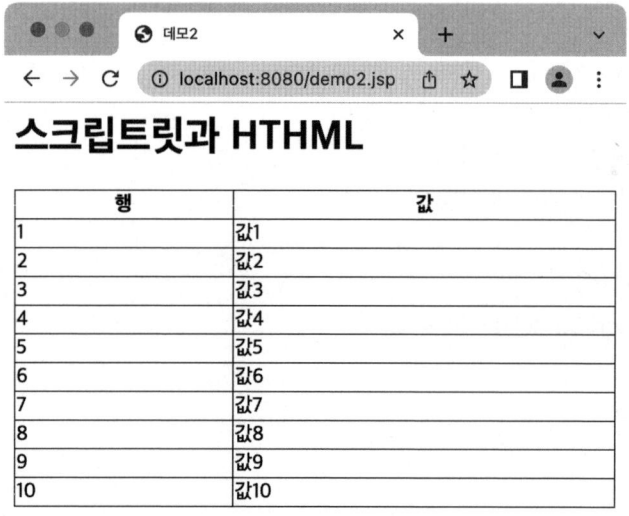

[그림 3-2] 스크립트릿과 HTML

모델 1 방식 웹 애플리케이션 구현

이번에는 추천하는 방식은 아니지만 JSP에 대한 이해를 돕기 위해 서블릿을 사용하지 않고 JSP 페이지만 사용하는 모델 1 방식으로 웹 애플리케이션을 구현하면서 지금까지 살펴본 JSP의 기능을 실제로 구현하기로 한다.

여러분은 1장에서 생성했던 프로젝트를 복사하여 새로운 프로젝트를 생성함으로써 모델 1 방식의 웹 애플리케이션 구현을 시작할 수 있다.

먼저 webapp 폴더 밑에 index.jsp 파일을 다음과 같이 수정한다.

```
<%@ page language="java" contentType="text/html;charset=UTF-8"%>
<!DOCTYPE html>
<html>
<head>
```

```
<title>주문 예제 시스템</title>
</head>
<body>
<h1><%= "주문 예제 시스템" %>
</h1>
<br/>
<p>
<h2>고객 정보 관리</h2>
<a href="/edit.jsp">고객 정보 입력</a><br>
</p>
</body>
</html>
```

다음에는 webapp 폴더 밑에 edit.jsp 파일을 생성하고 다음과 같이 코드를 작성한다.

```
<%@ page language="java" contentType="text/html;charset=UTF-8"%>
<!DOCTYPE html>
<html>
<head>
    <title>고객 정보 등록</title>
    <link rel="stylesheet" href="./styles/main.css" type="text/css"/>
</head>
<body>
    <h1>고객 정보 등록</h1>
    <form action="/result.jsp">
        <input type="hidden" name="action" value="save">
        <label>ID: </label>
        <input type="text" name="id" readonly><br>
        <label>이름: </label>
        <input type="text" name="name" ><br>
        <label>주소: </label>
        <input type="text" name="address"><br>
        <label>이메일: </label>
```

```
            <input type="text" name="email"><br>
            <input type="submit" value="저장">
        </form>
        <%@ include file="/footer.jsp" %>
    </body>
</html>
```

마찬가지로 result.jsp 파일을 생성하고 다음과 같이 코드를 작성한다.

```
<%@ page language="java" contentType="text/html;charset=UTF-8"%>
<!DOCTYPE html>
<html>
<head>
    <title>고객 등록 정보</title>
</head>
<body>
    <%
        String name = request.getParameter("name");
        String address = request.getParameter("address");
        String email = request.getParameter("email");
    %>
    <h1>고객 등록 정보</h1>
    이름 : <%= name %><br>
    주소 : <%= address %><br>
    이메일 : <%= email %>
    <%@ include file="/footer.jsp" %>
</body>
</html>
```

webapp 폴더 밑에 "styles" 서브 폴더를 생성한다. 다음에 styles 폴더 안에 main.css 파일을 생성하고 다음과 같이 코드를 작성한다.

```
body {
    font-family: Arial, Helvetica, sans-serif;
```

```css
    font-size: 85%;
    margin-left: 2em;
    margin-right: 2em;
    width: 400px;
}
h1 {
    font-size: 140%;
    color: teal;
    margin-bottom: .5em;
}
h2 {
    font-size: 120%;
    color: tan;
    margin-bottom: .5em;
}
label {
    float: left;
    width: 7em;
    margin-bottom: 0.5em;
    font-weight: bold;
}
input [type="text"] [type="email"] {
    width: 15em;
    margin-left: 0.5em;
    margin-bottom: 0.5em;
}
.quantity {
    width: 5em;
    text-align: right;
    margin-left: 0.5em;
    margin-bottom: 0.5em;
}
select {
    width: 16em;
```

3장 자카르타 서버 페이지

```
    }
    span {
        margin-left: 0.5em;
        margin-bottom: 0.5em;
    }
    br {
        clear: both;
    }
    .pad_top {
        padding-top: 0.25em;
    }
    .margin_left {
        margin-left: 0.5em;
    }
    table {
        border: 1px solid black;
        border-collapse: collapse;
        width: 50em;
    }
    th, td {
        border: 1px solid black;
        text-align: left;
        padding: .5em;
    }
    .right {
        text-align: right;
    }
```

마지막으로 webapp 폴더 밑에 footer.jsp 파일을 생성하고 다음과 같이 코드를 작성한다.

```
<%@ page language="java" contentType="text/html;charset=UTF-8"%>
<%@ page import="java.util.GregorianCalendar, java.util.Calendar" %>
<p>
```

```
    <a href="/index.jsp">홈으로</a>
  </p>
  <%
    GregorianCalendar currentDate = new GregorianCalendar();
    int currentYear = currentDate.get(Calendar.YEAR);
  %>
  <p>&copy; 저작권 <%= currentYear %> 우리 회사 &amp; Inc.</p>
```

이제 웹 애플리케이션을 실행하면 index.jsp가 실행되면서 다음과 같은 화면을 보여준다.

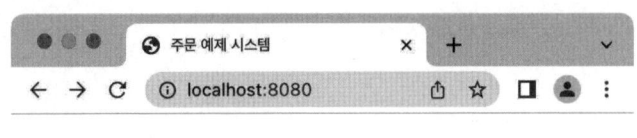

[그림 3-3] index.jsp 실행 화면

이제 "고객 정보 입력" 하이퍼링크를 클릭하면 edit.jsp가 실행되어 다음과 같이 고객 정보를 등록하는 화면을 보여준다.

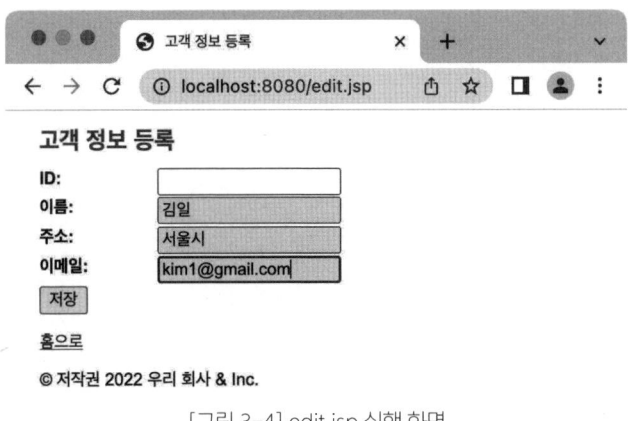

[그림 3-4] edit.jsp 실행 화면

3장 자카르타 서버 페이지

고객 정보를 입력하고 "저장" 단추를 클릭하면 result.jsp가 실행되어 다음과 같이 고객 등록 정보 화면을 보여준다.

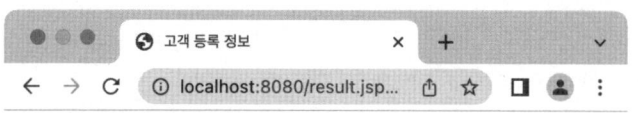

[그림 3-5] result.jsp 실행 화면

4장 서블릿 + JSP

4장
서블릿 + JSP

☐ 서블릿과 JSP 결합
☐ 모델 2 방식 웹 애플리케이션 구현
☐ 실습1: 고객 관리 구현

서블릿과 JSP 결합

  웹 애플리케이션의 일반적인 패턴은 클라이언트가 HTTP 요청을 하면 서블릿이 해당 요청을 받아서 요청에 따른 업무 로직을 처리한 후에 JSP에서 사용하기 쉽도록 데이터 객체를 만들고 그 객체를 JSP에 전달하여 화면에 표시하도록 하는 것이다. 이것이 모델 2 방식에서 사용되는 MVC(Model-View-Controller) 패턴의 기본 골격이다. 여기에서 서블릿은 컨트롤러(controller)이고, 데이터 객체가 모델(model)이며, JSP가 뷰(view)가 된다. MVC 패턴에 대해서는 별도의 스프링 웹 프로그래밍 책에서 좀 더 자세히 살펴보기로 하고, 여기에서는 서블릿과 JSP를 결합하여 모델 2 방식으로 웹 애플리케이션을 구현하는 방법에 대해 살펴보기로 한다.

  서블릿이 HTTP 요청을 받으면 HTTP 요청 메서드에 따라 서블릿의 doGet() 또는 doPost() 메서드가 호출된다. 우리는 이들 메서드에서 JSP로 요청을 전송(redirect)하는 코드를 구현할 수 있다.

```
@Override
protected void doGet(HttpServletRequest request, HttpServletResponse response)
                throws ServletException, IOException {
    final String pre = "/customer/";
    final String post = ".jsp";
    String uri;
    String action = request.getParameter("action");
    uri = pre + action + post;
    request.getRequestDispatcher(uri).forward(request, response);
}
```

위의 코드에서 doGet() 메서드는 HttpServletRequest 인터페이스의 getParameter() 메서드로 "action" 요청 매개변수값을 구하여 action 변수에 저장한다. 그리고 pre와 post 최종 변수와 action 변수에 저장된 "action" 요청 매개변수의 값을 결합하여 JSP 파일의 위치를 uri 변수에 저장한 후 이 변수값을 인수로 getRequestDispatcher() 메서드를 호출한다. 이때 이 메서드는 요청 발송자 즉, RequestDispacher 객체의 jakarta.servlet.RequestDispatcher 인터페이스를 반환한다.

또는 다음과 같이 getServletContext() 메서드를 호출하여 반환된 웹 애플리케이션 컨텍스트 객체 즉, ServletContext 객체의 getRequestDispatcher() 메서드를 호출할 수도 있다.

```
getServletContext().getRequestDispatcher(uri).forward(request, response);
```

다음에는 이 RequestDispacher 인터페이스의 forward() 메서드를 사용하여 내부적으로 action 매개변수에 따라 웹 애플리케이션 루트의 /customer 서브 디렉터리에 있는 JSP로 발송하는 처리를 하고 있다.

요청을 JSP로 전송하기 전에 업무 로직을 처리하는 코드를 추가할 수 있다. 우리는 HTTP POST 요청을 받을 때 호출되는 doPost() 메서드를 다음과 같이 구현할 수 있다.

```
@Override
protected void doPost(HttpServletRequest request, HttpServletResponse response)
                throws ServletException, IOException {
    String uri = "/result.jsp";
```

```
String name = request.getParameter("name");
String address = request.getParameter("address");
String email = request.getParameter("email");
Customer customer = new Customer();
customer.setName(name);
customer.setAddress(address);
customer.setEmail(email);
request.setAttribute("customer", customer);
request.getRequestDispatcher(uri).forward(request, response);
}
```

위의 코드에서는 요청 객체의 getParameter() 메서드를 호출하여 웹 폼에서 폼 매개변수로 전달한 name과 address, email 폼 필드의 값을 읽는다. 다음에는 Customer 클래스의 인스턴스를 생성하고 각 필드에 폼 필드의 값을 저장한다. 이때 Customer 클래스의 인스턴스가 모델(model)이다. 그리고 HttpServletRequest 클래스의 setAttribute() 메서드를 사용하여 "customer"라고 하는 이름을 갖는 애트리뷰트를 HTTP 요청 객체에 생성하여 추가하고 새로 생성된 Customer 클래스의 인스턴스를 저장한다.

그리고 이 애트리뷰트를 uri 변수에 초기화된 웹 애플리케이션 루트에 있는 result.jsp로 전송한다.

이제 result.jsp에서는 request 객체의 getAttribute() 메서드를 사용하여 요청 객체에서 customer 애트리뷰트의 값을 읽어 사용할 수 있게 된다.

```
<%
    Customer customer = (Customer)request.getAttribute("customer");
%>
이름 : <%= customer.getName() %><br>
주소 : <%= customer.getAddress() %><br>
이메일 : <%= customer.getEmail() %>
```

이처럼 요청 객체의 getAttribute()와 setAttribute() 메서드를 사용하여 서블릿과 JSP 페이지, 그리고 JSP 페이지 사이에 애트리뷰트 데이터를 전송시킬 수 있다. 이때 result.jsp 파일에 Customer 클래스를 임포트해야 한다.

```
<%@ page import="com.mycompany.ordersystem.domain.Customer" %>
```

모델 2 방식 웹 애플리케이션 구현

이번에는 서블릿과 함께 JSP 페이지를 사용하는 모델 2 방식으로 웹 애플리케이션을 구현하면서 서블릿과 JSP를 연동하는 코드를 구현하기로 한다.

먼저 com.mycompany.ordersystem.controller 패키지를 추가하고 패키지 안에 CustomerServlet 클래스를 생성한다. CustomerServlet 클래스를 다음과 같이 구현한다. 지면 관계로 package 문과 import 문은 생략한다.

```java
@WebServlet(name = "customerServlet", value = "/customer")
public class CustomerServlet extends HttpServlet {
    @Override
    protected void doGet(HttpServletRequest request,
                         HttpServletResponse response)
                    throws ServletException, IOException {
        final String pre = "/customer/";
        final String post = ".jsp";
        String uri;
        String action = request.getParameter("action");
        uri = pre + action + post;
        request.getRequestDispatcher(uri).forward(request, response);
    }
    @Override
    protected void doPost(HttpServletRequest request,
                          HttpServletResponse response)
                    throws ServletException, IOException {
        String uri = "/result.jsp";
        String name = request.getParameter("name");
        String address = request.getParameter("address");
        String email = request.getParameter("email");
        Customer customer = new Customer();
```

4장 서블릿 + JSP

```
            customer.setName(name);
            customer.setAddress(address);
            customer.setEmail(email);
            request.setAttribute("customer", customer);
            request.getRequestDispatcher(uri).forward(request, response);
        }
    }
```

다음에는 webapp 폴더 밑에 index.jsp 파일을 다음과 같이 수정한다.

```
<%@ page language="java" contentType="text/html;charset=UTF-8"%>
<!DOCTYPE html>
<html>
<head>
    <title>주문 예제 시스템</title>
</head>
<body>
<h1><%= "주문 예제 시스템" %>
</h1>
<br/>
<p>
<h2>고객 정보 관리</h2>
<a href="/customer?action=edit">고객 정보 입력</a><br>
</p>
</body>
</html>
```

다음에는 webapp 폴더 밑에 customer 서브 폴더를 생성한다. customer 서브 폴더에 edit.jsp 파일을 생성하고 다음과 같이 코드를 작성한다.

```
<%@ page language="java" contentType="text/html;charset=UTF-8"%>
<!DOCTYPE html>
<html>
<head>
```

```
    <title>고객 정보 등록</title>
    <link rel="stylesheet" href="../styles/main.css" type="text/css"/>
</head>
<body>
    <h1>고객 정보 등록</h1>
    <form action="/customer" method="post">
        <input type="hidden" name="action" value="save">
        <label>ID: </label>
        <input type="text" name="id" readonly><br>
        <label>이름: </label>
        <input type="text" name="name"><br>
        <label>주소: </label>
        <input type="text" name="address"><br>
        <label>이메일: </label>
        <input type="text" name="email"><br>
        <input type="submit" value="저장">
    </form>
    <%@ include file="/footer.jsp" %>
</body>
</html>
```

webapp 폴더 밑에 result.jsp 파일을 생성하고 다음과 같이 코드를 작성한다.

```
<%@ page language="java" contentType="text/html;charset=UTF-8"%>
<%@ page import="com.mycompany.ordersystem.domain.Customer" %>
<!DOCTYPE html>
<html>
<head>
    <title>고객 등록</title>
</head>
<body>
    <h1>고객 등록</h1>
    <h2>고객이 등록되었습니다.</h2>
    <%
```

```
        Customer customer = (Customer)request.getAttribute("customer");
    %>
    이름 : <%= customer.getName() %><br>
    주소 : <%= customer.getAddress() %><br>
    이메일 : <%= customer.getEmail() %>
    <%@ include file="/footer.jsp" %>
</body>
</html>
```

webapp 폴더 밑에 "styles" 서브 폴더를 생성한다. 다음에 styles 폴더 안에 main.css 파일을 생성하고 다음과 같이 코드를 작성한다.

```css
body {
    font-family: Arial, Helvetica, sans-serif;
    font-size: 85%;
    margin-left: 2em;
    margin-right: 2em;
    width: 400px;
}
h1 {
    font-size: 140%;
    color: teal;
    margin-bottom: .5em;
}
h2 {
    font-size: 120%;
    color: tan;
    margin-bottom: .5em;
}
label {
    float: left;
    width: 7em;
    margin-bottom: 0.5em;
    font-weight: bold;
```

```css
}
input [type="text"] [type="email"] {
    width: 15em;
    margin-left: 0.5em;
    margin-bottom: 0.5em;
}
.quantity {
    width: 5em;
    text-align: right;
    margin-left: 0.5em;
    margin-bottom: 0.5em;
}
select {
    width: 16em;
}
span {
    margin-left: 0.5em;
    margin-bottom: 0.5em;
}
br {
    clear: both;
}
.pad_top {
    padding-top: 0.25em;
}
.margin_left {
    margin-left: 0.5em;
}

table {
    border: 1px solid black;
    border-collapse: collapse;
    width: 50em;
}
```

4장 서블릿 + JSP

```css
th, td {
   border: 1px solid black;
   text-align: left;
   padding: .5em;
}
.right {
   text-align: right;
}
```

마지막으로 webapp 폴더 밑에 footer.jsp 파일을 생성하고 다음과 같이 코드를 작성한다.

```jsp
<%@ page language="java" contentType="text/html;charset=UTF-8"%>
<%@ page import="java.util.GregorianCalendar, java.util.Calendar" %>
<p>
   <a href="/index.jsp">홈으로</a>
</p>
<%
   GregorianCalendar currentDate = new GregorianCalendar();
   int currentYear = currentDate.get(Calendar.YEAR);
%>
<p>&copy; 저작권 <%= currentYear %> 우리 회사 &amp; Inc.</p>
```

이제 웹 애플리케이션을 실행하면 index.jsp가 로드되면서 다음과 같은 화면을 보여준다.

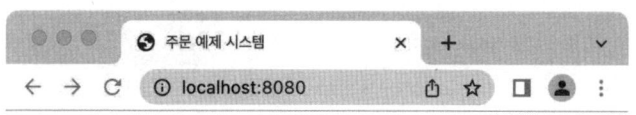

[그림 4-1] 초기 화면

이제 "고객 정보 입력" 하이퍼링크를 클릭하면 edit.jsp가 로드되어 다음과 같이 고객 정보를 등록하는 화면을 보여준다.

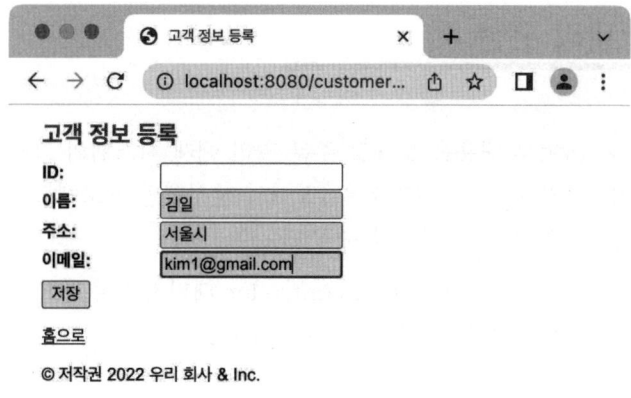

[그림 4-2] 고객 정보 등록 화면

고객 정보를 입력하고 "저장" 단추를 클릭하면 result.jsp가 로드되어 다음과 같이 고객 등록 정보 화면을 보여준다.

4장 서블릿 + JSP

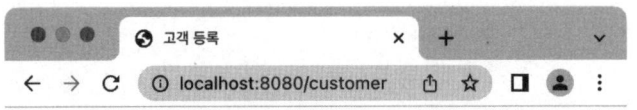

[그림 4-3] 고객 등록 정보 화면

실습1: 고객 관리 구현

그러면 지금까지 살펴본 내용을 토대로 주문 관리 예제 시스템의 고객 관리를 구현하는 첫 번째 실습을 하기로 한다. 여러분은 1장에서 생성했던 프로젝트를 복사하여 새로운 프로젝트를 생성하여 실습을 시작할 수 있다.

먼저 com.mycompany.ordersystem.controller 패키지를 추가한다. controller 패키지에 CustomerServlet 서블릿 클래스를 추가한다.

```
public class CustomerServlet extends HttpServlet {
}
```

@WebServlet 어노테이션으로 서블릿을 설정한다.

```
@WebServlet(name = "customerServlet", value = "/customer")
public class CustomerServlet extends HttpServlet {
}
```

CustomerServlet 서블릿 클래스에 HTTP GET 요청 메서드를 처리하는 doGet() 메서드를 재정의(override)한다.

```
@Override
protected void doGet(HttpServletRequest request, HttpServletResponse response)
                    throws ServletException, IOException {
}
```

doGet() 메서드 안에 서블릿 요청을 JSP로 발송하는 골격 코드를 다음과 같이 작성한다.

```
final String pre = "/customer/";
final String post = ".jsp";
String uri;
// 업무 로직
uri = pre + action + post;
request.getRequestDispatcher(uri).forward(request, response);
```

CustomerServlet 서블릿은 고객 정보를 생성하고 읽고, 갱신하고 삭제하는 전형적인 CRUD(Create, Read, Update, Delete) 로직을 처리한다. 그리고 이들 행위는 다음과 같이 action 요청 매개변수로 전달된다.

action 매개변수	행위
"edit"	새로운 고객을 등록할 수 있도록 고객 등록 웹 폼을 요청한다
"list"	전체 고객 목록의 조회를 요청한다
"update"	특정한 고객의 정보를 변경할 수 있도록 고객 등록 웹 폼을 요청한다
"delete"	특정한 고객의 정보를 삭제하도록 요청한다

[표 4-1] HTTP GET 요청 action 매개변수값

이제 다음과 같이 action 요청 매개변수의 값을 읽어온다.

```
String action = request.getParameter("action");
```

만약 action 요청 매개변수의 값이 null 이라면 전체 고객 목록을 조회할 수 있도록 action 변수에 "list"를 저장한다.

4장 서블릿 + JSP

```
if(action == null)
    action = "list";
```

다음에는 switch 문을 사용하여 action 변수값에 따라 행위를 수행할 수 있도록 골격 코드를 작성한다.

```
switch(action) {
    case "list":
        break;
    case "edit":
        break;
    case "update":
        break;
    case "delete":
        break;
    default:
        return;
}
```

전체 고객의 목록 또는 특정한 고객의 정보를 조회하기 위해서 다음과 같이 CustomerService 컴포넌트를 구한다.

```
public class CustomerServlet extends HttpServlet {
    private CustomerService customerService =
        OrderSystemService.createInstance().getCustomerService();
    // 생략..
}
```

참고로 OrderSystemService 클래스는 싱글톤(singleton) 패턴을 사용하여 다음과 같이 구현되어 있다.

```
public class OrderSystemService {
    private CustomerService customerService;
    private ProductService productService;
    private InventoryService inventoryService;
```

```java
    private OrderService orderService;
    private OrderSystemService() {
        CustomerRepository customerRepository;
        ProductRepository productRepository;
        InventoryRepository inventoryRepository;
        OrderRepository orderRepository;
        customerRepository = new CustomerRepositoryImplList();
        productRepository = new ProductRepositoryImplList();
        inventoryRepository = new InventoryRepositoryImplList();
        orderRepository = new OrderRepositoryImplList();
        customerService = new CustomerServiceImpl(customerRepository);
        productService = new ProductServiceImpl(productRepository);
        inventoryService = new InventoryServiceImpl(inventoryRepository,
                                                    productService);
        orderService = new OrderServiceImpl(orderRepository, inventoryService);
    }
    private static class Singleton {
        static final OrderSystemService instance = new OrderSystemService();
    }
    public static OrderSystemService createInstance() {
        return Singleton.instance;
    }
    public CustomerService getCustomerService() {
        return this.customerService;
    }
    public ProductService getProductService() {
        return this.productService;
    }
    public InventoryService getInventoryService() {
        return this.inventoryService;
    }
    public OrderService getOrderService() {
        return this.orderService;
    }
```

}
```

구현 세부 사항에 대해서는 필자의 "자바 프로그래밍 기초" 책을 참고하기 바란다.

action이 "list" 인 경우에 다음과 같이 customerService의 getCustomers() 메서드를 호출하여 고객 목록을 List<Customer> 타입으로 반환한 다음, customers 애트리뷰트에 저장하여 list.jsp 로 전송할 수 있게 한다.

```
List<Customer> customers;
switch(action) {
  case "list":
    customers = customerService.getCustomers();
    request.setAttribute("customers", customers);
    break;
// 생략...
}
```

action이 "edit" 이면 새로운 Customer 클래스의 인스턴스를 생성하고 customer 애트리뷰트에 저장하여 edit.jsp 로 전송할 수 있게 한다.

```
Customer customer;
switch(action) {
  case "edit":
    customer = new Customer();
    request.setAttribute("customer", customer);
    break;
// 생략..
}
```

action이 "update"인 경우와 "delete" 인 경우는 애트리뷰트를 전송할 JSP 페이지만 다르고 id 요청 매개변수로 전송된 고객의 ID 정보로 고객 정보를 가져와 customer 애트리뷰트에 저장하는 행위는 같으므로 다음과 같이 구현한다.

```
switch(action) {
  case "update":
```
```

```
            action = "edit";
            // break;
        case "delete":
            String id = request.getParameter("id");
            customer = customerService.getCustomer(Integer.valueOf(id));
            request.setAttribute("customer", customer);
            break;
    // 생략..
    }
```

"update" 의 경우 edit.jsp 를 사용하기 때문에 action 변수의 값을 "edit"로 변경하고 이하 case 문을 그대로 수행하도록 break 문을 주석 처리한다.

이제 HTTP GET 요청 메서드를 처리하는 doGet() 메서드의 구현이 끝났다.

그러면 이들 각각의 요청에 대하여 웹 애플리케이션 루트의 customer 서브 폴더에 있는 list.jsp와 edit.jsp, delete.jsp JSP 파일을 로드하게 될 것이므로 이들 JSP 파일을 구현하기로 한다.

먼저 웹 애플리케이션 루트 즉, webapp 폴더 밑에 customer 서브 폴더를 생성한다. 그리고 edit.jsp 파일을 생성하고 다음과 같이 골격이 되는 HTML 코드를 작성한다.

```
<%@ page language="java" contentType="text/html;charset=UTF-8"%>
<!DOCTYPE html>
<html>
<head>
    <title>고객 정보 등록</title>
    <link rel="stylesheet" href="../styles/main.css" type="text/css"/>
</head>
<body>
    <h1>고객 정보 등록</h1>
    <form action="/customer" method="post">
        <input type="hidden" name="action" value="save">
        <label>ID: </label>
        <input type="text" name="id" value="" readonly><br>
        <label>이름: </label>
```

4장 서블릿 + JSP

```
        <input type="text" name="name" value=""><br>
        <label>주소: </label>
        <input type="text" name="address" value=""><br>
        <label>이메일: </label>
        <input type="text" name="email" value=""><br>
        <input type="submit" value="저장">
    </form>
    <%@ include file="/footer.jsp" %>
  </body>
</html>
```

일반적인 HTML 코드를 포함하기 때문에 특별히 설명할 것은 없다. 다만 웹 폼이 /customer URL로 HTTP POST 메서드 요청을 할 때 고객 정보와 함께 감추어진 action 필드의 "save" 값이 함께 전송된다는 점을 기억하기 바란다. 그리고 각 JSP 페이지의 마지막 부분에는 include 지시어를 사용하여 footer.jsp JSP 파일을 포함한다.

edit.jsp 파일을 실행될 때 customer 애트리뷰트에 Customer 타입의 고객 정보가 전달된다. 따라서 다음과 같이 customer 애트리뷰트를 읽는 스크립트릿 코드를 추가한다.

```
  <body>
    <%
      Customer customer = (Customer)request.getAttribute("customer");
    %>
    // 생략...
```

또한 Customer 클래스를 사용하도록 다음과 같이 임포트한다.

```
    <%@ page import="com.mycompany.ordersystem.domain.Customer" %>
```

그리고 각 폼 필드의 값을 customer 애트리뷰트의 각 속성으로 초기화하는 표현식 코드를 추가한다.

```
        <input type="text" name="id" value="<%= customer.getId()%>"readonly><br>
        <input type="text" name="name" value="<%= customer.getName()%>"><br>
        <input type="text" name="address" value="<%= customer.getAddress()%>"><br>
```

```
<input type="text" name="email" value="<%= customer.getEmail()%>"><br>
```

다음에는 list.jsp 파일을 생성하고 다음과 같이 골격이 되는 HTML 코드를 작성한다.

```
<%@ page language="java" contentType="text/html;charset=UTF-8"%>
<!DOCTYPE html>
<html>
<head>
    <title>고객 목록 조회</title>
    <link rel="stylesheet" href="../styles/main.css" type="text/css"/>
</head>
<body>
    <h1>고객 목록 조회</h1>
    <table>
        <tr><th>이름</th><th>주소</th><th>이메일</th></tr>
        <tr>
            <td></td>
            <td></td>
            <td></td>
            <td>
                <a href="/customer?action=update&id=">변경</a>
                <a href="/customer?action=delete&id=">삭제</a>
            </td>
        </tr>
    </table>
    <%@ include file="/footer.jsp" %>
</body>
</html>
```

list.jsp JSP 파일이 실행될 때 customers 애트리뷰트에 전체 고객 목록이 List〈-Customer〉 타입으로 전달된다. 따라서 다음과 같이 customers 애트리뷰트를 읽는 스크립트릿 코드를 추가한다.

4장 서블릿 + JSP

```
<body>
  <%
     List<Customer> customers = (List<Customer>)request.getAttribute("customers");
  %>
  // 생략...
```

그리고 Customer 클래스와 List 인터페이스를 사용하도록 다음과 같이 임포트한다.

```
<%@ page import="com.mycompany.ordersystem.domain.Customer" %>
<%@ page import="java.util.List" %>
```

이제 이 고객 목록을 테이블에 표시하기 위해 테이블 헤더가 포함된 〈tr〉 태그 밑에 다음과 같이 스크립트릿 코드를 추가한다.

```
<table>
    <tr><th>이름</th><th>주소</th><th>이메일</th></tr>
    <%
       for(Customer customer : customers) {
    %>
    // 생략...
```

그리고 각 테이블 행의 〈td〉 태그에 다음과 같이 각 고객 정보를 읽어 표시하는 표현식를 추가한다.

```
<tr>
  <td><%= customer.getName() %></td>
  <td><%= customer.getAddress() %></td>
  <td><%= customer.getEmail() %></td>
  <td>
    <a href="/customer?action=update&id=<%= customer.getId() %>">변경</a>
    <a href="/customer?action=delete&id=<%= customer.getId() %>">삭제</a>
  </td>
</tr>
```

마지막으로 for 문을 닫는 중괄호를 추가하는 스크립트릿 코드를 추가한다.

```
<%
    }
%>
</table>
```

다음에는 delete.jsp 파일을 추가하고 다음과 같이 골격 HTML 코드를 작성한다.

```
<%@ page language="java" contentType="text/html;charset=UTF-8"%>
<!DOCTYPE html>
<html>
<head>
    <title>고객 정보 삭제</title>
    <link rel="stylesheet" href="../styles/main.css" type="text/css"/>
</head>
<body>
    <h1>고객 정보 삭제</h1>
    <p>
    ID:  <br>
    고객명 : <br>
    주소: <br>
    이메일: <br>
    </p>
    <p>
    삭제하시겠습니까?
    <form action="/customer" method="post">
        <input type="hidden" name="action" value="delete">
        <input type="hidden" name="id" value="">
        <input type="submit" value="삭제">
    </form>
    </p>
    <%@ include file="/footer.jsp" %>
</body>
</html>
```

4장 서블릿 + JSP

delete.jsp JSP 파일을 실행될 때 customer 애트리뷰트에 Customer 타입의 고객 정보가 전달된다. 따라서 다음과 같이 customer 애트리뷰트를 읽는 스크립트릿 코드를 추가한다.

```
<body>
  <%
    Customer customer = (Customer)request.getAttribute("customer");
  %>
  // 생략...
```

그리고 Customer 클래스를 사용하도록 다음과 같이 임포트한다.

```
<%@ page import="com.mycompany.ordersystem.domain.Customer" %>
```

여기에서는 먼저 삭제할 고객 정보를 보여주기 위해 다음과 같이 표현식을 추가한다.

```
ID: <%= customer.getId() %> <br>
고객명 : <%= customer.getName() %> <br>
주소: <%= customer.getAddress() %> <br>
이메일: <%= customer.getEmail() %> <br>
```

그리고 "삭제" 단추가 클릭되어 웹 폼이 /customer URL로 HTTP POST 메서드 요청을 할 때 "delete" 값을 갖는 action과 함께 삭제할 고객의 ID를 폼 매개변수로 전달하게 하기 위해 다음과 같이 표현식을 추가한다.

```
<input type="hidden" name="id" value="<%= customer.getId() %>">
```

이제 webapp 폴더 밑에 index.jsp 파일을 생성하고 다음과 같이 코드를 작성한다.

```
<%@ page language="java" contentType="text/html;charset=UTF-8"%>
<!DOCTYPE html>
<html>
<head>
  <title>주문 예제 시스템</title>
</head>
```

```
<body>
<h1><%= "주문 예제 시스템" %>
</h1>
<br/>
<p>
<h2>고객 정보 관리</h2>
<a href="/customer?action=edit">고객 정보 입력</a><br>
<a href="/customer?action=list">고객 정보 조회</a><br>
</p>
</body>
</html>
```

이제 모든 JSP 작업은 끝났다. 마무리하기 전에 webapp 폴더 밑에 "styles" 서브 폴더를 생성하고 styles 폴더 안에 main.css 파일을 추가한다. main.css 파일의 코드는 앞에 제시된 것을 그대로 사용한다. 그리고 webapp 폴더 밑에 footer.jsp 파일을 생성하고 마찬가지로 앞에 제시된 코드를 사용한다.

그러면 우리는 HTTP POST 메서드 요청을 처리할 모든 준비가 끝났다. 이제 CustomerServlet 서블릿 클래스에 doPost() 메서드를 재정의(override)한다.

```
@Override
protected void doPost(HttpServletRequest request, HttpServletResponse response)
                throws ServletException, IOException {

}
```

doPost() 메서드 안에 서블릿 요청에 대한 업무 로직을 처리하고 index.jsp JSP 페이지로 이동하는 골격 코드를 다음과 같이 작성한다.

```
String uri = "/index.jsp";
// 업무 처리 로직
request.getRequestDispatcher(uri).forward(request, response);
```

CustomerServlet 서블릿은 다음과 같이 action 폼 매개변수와 함께 전달되는 HTTP POST 메서드 요청을 처리한다.

4장 서블릿 + JSP

action 매개변수	행위
"save"	폼 매개변수 정보로 새로운 고객을 추가하거나 기존 고객 정보를 변경한다
"delete"	id 폼 매개변수 정보로 전달된 고객을 삭제한다

[표 4-2] HTTP POST 메서드 action 매개변수값

먼저 action 폼 매개변수를 읽는다.

    String action = request.getParameter("action");

다음에는 switch 문을 사용하여 action 변수값에 따라 행위를 수행할 수 있도록 골격 코드를 작성한다.

```
switch(action) {
  case "save":
    break;
  case "delete":
    break;
  default:
    ;
}
```

이 두 행위의 경우 모두 id 폼 매개변수를 읽어야 하므로 다음과 같이 코드를 작성한다.

    String id, name, address, email;
    id = request.getParameter("id");
    // 생략...

action이 "save" 인 경우에 다음과 같이 name과 address, email 폼 매개변수를 읽어 새로운 Customer 클래스의 인스턴스를 생성한 후 이 객체를 인수로 customer-Service의 saveCustomer() 메서드를 호출하여 새로운 고객 정보를 저장하거나 변경한다.

```
switch(action) {
    case "save":
        name = request.getParameter("name");
        address = request.getParameter("address");
        email = request.getParameter("email");
        Customer customer = new Customer();
        customer.setId(Long.valueOf(id));
        customer.setName(name);
        customer.setAddress(address);
        customer.setEmail(email);
        customerService.saveCustomer(customer);
        break;
    // 생략...
```

action이 "delete" 인 경우에는 id 폼 매개변수값을 인수로 customerService의 getCustomer() 메서드를 호출하여 해당 고객 정보를 구한 후에 null 이 아니면, deleteCustomer() 메서드를 호출하여 고객 정보를 삭제하는 코드를 작성한다.

```
switch(action) {
    case "delete":
        Customer old = customerService.getCustomer(Long.valueOf(id));
        if(old != null)
            customerService.deleteCustomer(old.getId());
        break;
    // 생략...
```

이제 모든 구현 작업이 끝났다. 이제 우리의 첫 번째 주문 관리 예제 시스템 애플리케이션을 실행하기로 한다.

애플리케이션이 실행되면 다음과 같이 초기 화면이 나타난다.

4장 서블릿 + JSP

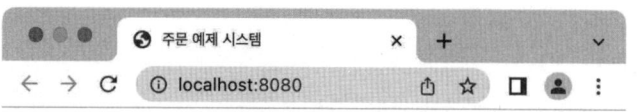

[그림 4-4] 주문 시스템 초기 화면

이제 "고객 정보 입력" 하이퍼링크를 클릭하면 다음과 같이 "고객 정보 등록" 화면이 나타난다. ID 필드는 읽기 전용 필드이므로 이 필드를 제외한 나머지 필드에 데이터를 입력하고 "저장" 단추를 클릭하여 새로운 고객 정보를 저장한다.

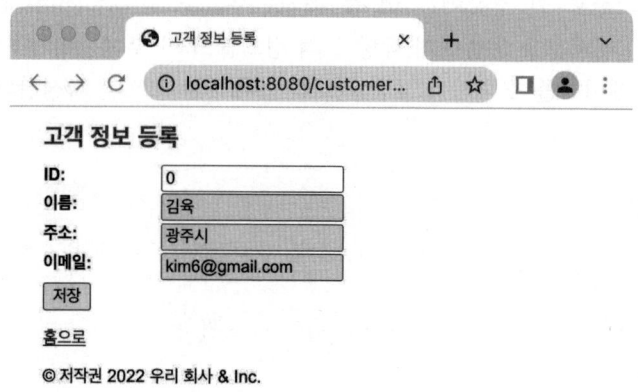

[그림 4-5] 고객 정보 등록 화면

다시 초기 화면에서 "고객 정보 조회" 하이퍼링크를 클릭하면 다음과 같이 "고객 목록 조회" 화면에서 새로 추가된 고객이 포함되어 있는 것을 확인할 수 있다.

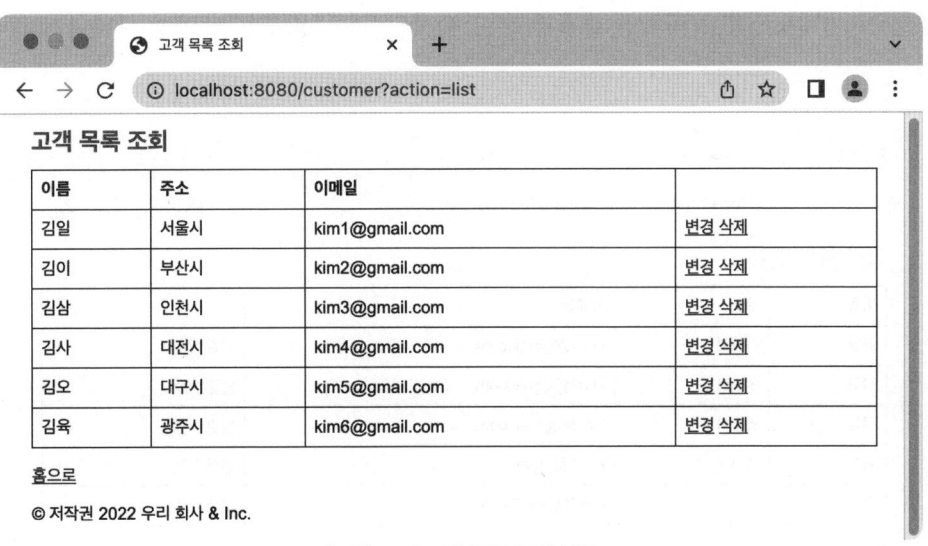

[그림 4-6] 고객 목록 조회 화면

그리고 "변경" 하이퍼링크를 클릭하면 다시 "고객 정보 등록" 화면으로 이동하여 이번에는 선택된 고객의 정보를 보여준다. 고객 정보를 변경하고 "저장" 단추를 클릭하면 해당 고객의 정보가 변경되고, 초기 화면에서 다시 "고객 정보 조회" 하이퍼링크를 클릭하면 변경된 고객 정보가 반영된다.

그리고 "삭제" 하이퍼링크를 클릭하면 다음과 같이 "고객 정보 삭제" 화면이 나타나고 삭제할 고객 정보를 표시한다.

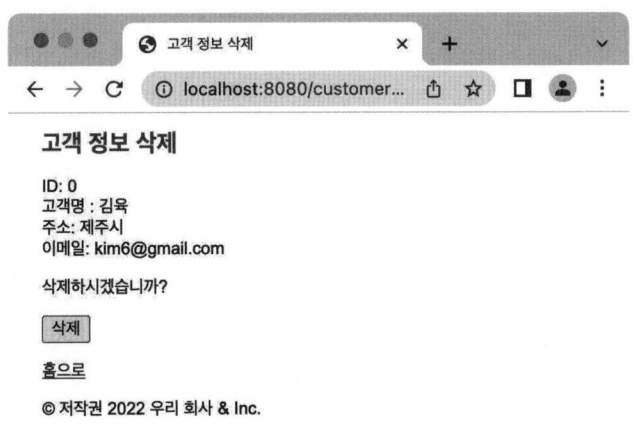

[그림 4-7] 고객 정보 삭제 화면

이때 "삭제" 단추를 클릭하면 해당 고객이 삭제되고, 초기 화면에서 다시 "고객 정보

4장 서블릿 + JSP

조회" 하이퍼링크를 클릭하면 다음과 같이 삭제된 고객 정보가 더 이상 나타나지 않는다.

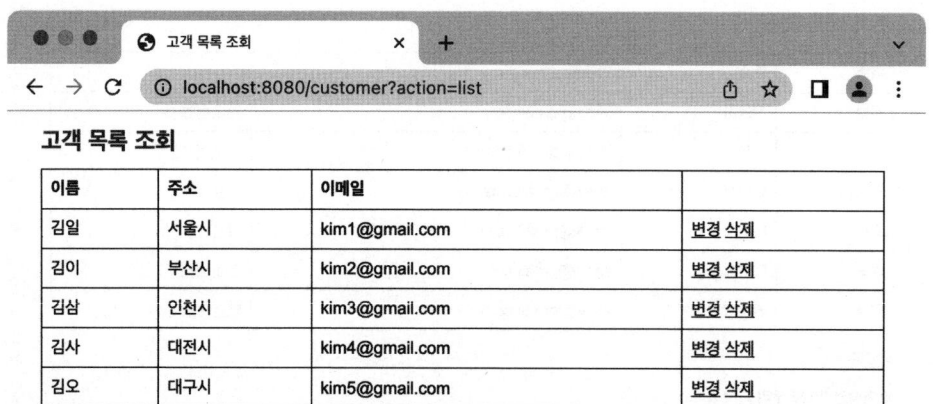

[그림 4-8] 고객 정보 삭제

5장 표현식 언어

5장
표현식 언어

☐ 표현식 언어 구문
☐ 표현식 언어 활용

표현식 언어 구문

EL(Expression Language) 즉, 표현식 언어는 단순한 표현식(expression)으로 자바빈 데이터에 동적으로 접근하는데 사용한다. EL의 구문은 다음과 같다.

   ${expr}

여기에서 expr은 표현식이다. 가장 단순한 표현식은 요청 객체의 애트리뷰트 이름을 지정하는 것이다.

   ${name}

또는 자바빈 객체의 속성을 지정하여 다음과 같이 EL을 사용하여 간단히 코드를 작성할 수 있다. 예를 들어 서블릿에서 다음과 같이 제품 정보를 product 애트리뷰트에 저장했다고 하면,

```
Product product = productService.getProduct(1);
request.setAttribute("product", product);
```

다음과 같이 product 애트리뷰트에 저장된 자바빈 객체의 속성값을 읽을 수 있다.

```
제품명 : ${product.name}
설명 : ${product.description}
가격 : ${product.price}
```

위의 코드는 서블릿에서 저장한 요청 객체의 product 애트리뷰트의 name, description, price 필드값을 각각 읽어서 그 결과를 표시하게 된다. 위의 표현식으로 Product 클래스의 getName(), getDescription(), getPrice() 메서드가 호출되어 각 필드값을 반환한다. JSP에 Product 클래스를 임포트할 필요도 없다.

참고로 Product 클래스는 다음과 같이 정의되어 있다.

```java
public class Product {
    private long id;
    private String name;
    private String description;
    private long price;
    public long getId() {
        return id;
    }
    public String getName() {
        return name;
    }
    public String getDescription() {
        return description;
    }
    public long getPrice() {
        return price;
    }
    // 생략...
}
```

5장 표현식 언어

또한 배열 기호를 사용하여 다음과 같이 작성할 수도 있다.

    ${product["name"]}

또는, 직접 메서드를 호출할 수도 있다.

    ${product.getName()}

이처럼 EL은 우리가 지금까지 살펴 본 JSP 태그보다 더 나은 몇가지 장점을 갖는다. 먼저 앞에서 볼 수 있듯이 EL은 구문이 더 간단해서 작성하고 읽기 쉽다.

JSP 태그는 자바빈에만 접근할 수 있으나 EL은 배열이나 맵, 리스트와 같은 컬렉션(collection)에도 접근할 수 있다. 예를 들어 서블릿에서 다음과 같이 colors 배열을 colors 애트리뷰트에 저장했다고 하면,

    String [] colors = {"빨강", "초록", "파랑"};
    request.setAttribute("colors", colors);

다음과 같이 배열 기호를 사용하여 colors 애트리뷰트에 접근할 수 있다. 인덱스는 항상 0에서부터 시작한다.

    첫 번째 색상 : ${colors[0]}
    두 번째 색상 : ${colors[1]}
    세 번째 색상 : ${colors[2]}

또는 다음과 같이 인덱스를 문자열로 지정할 수도 있다.

    첫 번째 색상 : ${colors["0"]}
    두 번째 색상 : ${colors["1"]}
    세 번째 색상 : ${colors["2"]}

또한 서블릿에서 다음과 같이 제품 목록을 products 애트리뷰트에 저장했다고 하면,

    List<Product> products = productService.getProducts();
    request.setAttribute("products", products);

다음과 같이 배열 기호를 사용해서 제품 목록의 각 제품의 속성에 접근할 수 있다.

    첫 번째 제품의 제품명 : ${products[0].name}, 가격 : ${products[0].price}
    두 번째 제품의 제품명 : ${products[1].name}, 가격 : ${products[1].price}
    세 번째 제품의 제품명 : ${products[2].name}, 가격 : ${products[2].price}

마찬가지로 인덱스를 문자열로 지정할 수도 있다.

    첫 번째 제품의 제품명 : ${products["0"].name}, 가격 : ${products["0"].price}
    두 번째 제품의 제품명 : ${products["1"].name}, 가격 : ${products["1"].price}
    세 번째 제품의 제품명 : ${products["2"].name}, 가격 : ${products["2"].price}

또한 내포된 속성에도 쉽게 접근할 수 있다. 예를 들어, 주문 항목을 나타내는 OrderItem 클래스는 다음과 같이 Product 클래스 타입의 product 필드를 포함한다.

```java
public class OrderItem {
    private long id;
    private Product product;
    private long quantity;
    private long order;
    // 생략...
}
```

만약 서블릿에서 다음과 같이 주문 항목을 item 애트리뷰트에 저장했다고 하면,

```java
OrderItem item = new OrderItem(product, 10);
request.setAttribute("item", item);
```

다음과 같이 item 애트리뷰트를 통해서 OrderItem 객체의 product 필드에 저장된 제품의 가격을 읽을 수 있다.

    주문 제품 가격 : ${item.product.price}

또는 배열 기호를 사용해서 다음과 같이 접근할 수 있다.

5장 표현식 언어

주문 제품 가격 : ${item["product"].price}

위의 코드는 주문 항목 객체의 product 속성에 저장된 제품 객체의 price 속성에 접근한다는 것을 나타낸다.

그리고 EL은 JSP 태그보다 null 처리가 쉽다. 예를 들어 문자열 변수에 null을 반환하는 대신에 빈 문자열을 반환한다. 4장 서블릿 + JSP에서 우리는 새로운 고객을 등록할 때 서블릿에서 다음과 같이 새로운 Customer 클래스의 인스턴스를 생성해서 customer 애트리뷰트에 저장하고 edit.jsp로 애트리뷰트를 전달하였다.

```
Customer customer = new Customer();
request.setAttriibute("customer", customer);
```

그리고 edit.jsp에서는 다음과 같이 JSP 표현식으로 customer 애트리뷰트의 값으로 폼 필드를 초기화하였다.

```
<%
    Customer customer = (Customer)request.getAttribute("customer");
%>
<h1>고객 정보 등록</h1>
<form action="/customer" method="post">
    <input type="hidden" name="action" value="save">
    <label>ID: </label>
    <input type="text" name="id" value="<%= customer.getId()%>"readonly><br>
    <label>이름: </label>
    <input type="text" name="name" value="<%= customer.getName()%>"><br>
    <label>주소: </label>
    <input type="text" name="address"value="<%= customer.getAddress()%>"><br>
    <label>이메일: </label>
    <input type="text" name="email" value="<%= customer.getEmail()%>"><br>
    <input type="submit" value="저장">
</form>
```

이때 edit.jsp 파일이 로드되면 다음과 같이 이름과, 주소, 이메일 필드는 "null" 값이 표시된다.

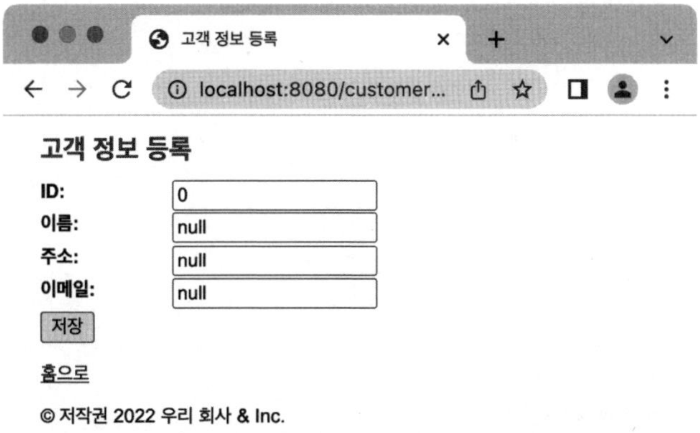

[그림 5-1] null 표시

그러나 다음과 같이 EL을 사용하여 폼 필드를 초기화하면 null 대신에 빈 문자열을 반환한다.

```
<form action="/customer" method="post">
    <input type="hidden" name="action" value="save">
    <label>ID: </label>
    <input type="text" name="id" value="${customer.id}"readonly><br>
    <label>이름: </label>
    <input type="text" name="name" value="${customer.name}"><br>
    <label>주소: </label>
    <input type="text" name="address" value="${customer.address}"><br>
    <label>이메일: </label>
    <input type="text" name="email" value="${customer.email}"><br>
    <input type="submit" value="저장">
</form>
```

따라서 다음과 같이 우리가 원하는 대로 빈 문자열이 표시된다.

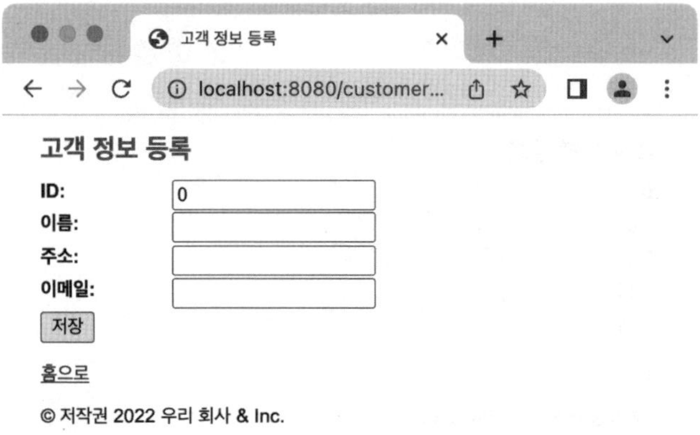

[그림 5-2] 빈 문자열 표시

또한 JSP 태그에서 제공하지 않는 기능을 제공한다. EL은 다음과 같이 암시적인 객체를 지원함으로써 HTTP 헤더나 쿠키, 컨텍스트 초기화 매개변수를 다룰 수 있게 한다.

객체	설명
pageScope	페이지 범위에 저장된 애트리뷰트에 접근
requestScope	요청 범위에 저장된 애트리뷰트에 접근
sessionScope	세션 범위에 저장된 애트리뷰트에 접근
applicationScope	애플리케이션 범위에 저장된 애트리뷰트에 접근
param	요청 매개변수 문자열
paramValues	요청 매개변수 문자열 컬렉션
header	요청 헤더 문자열
headerValues	요청 헤더 문자열 컬렉션
initParam	컨텍스트 초기화 매개변수
cookie	쿠키값
pageContext	JSP PageContext 객체

[표 5-1] EL 암시적인 객체

먼저 pageScope와 requestScope, sessionScope, applicationScope 객체는 각각 페이지 범위와 요청 범위, 세션 범위, 애플리케이션 범위에 저장된 애트리뷰트에 접근할 수 있게 한다. 만약 EL에서 이들 객체를 사용하지 않고 애트리뷰트에 접근할 때는 페이지 범위와 요청 범위, 세션 범위, 애플리케이션 범위 순으로 각 범위에서 애트리뷰트를 찾게 된다.

그리고 param과 paramValues 객체는 애트리뷰트가 아닌 요청 객체에 접근할 수 있는 기능을 제공한다. 예를 들어 다음 HTML 코드의 경우에,

```
<form action="/result2.jsp">
    <input type="hidden" name="action" value="save">
    <label>ID: </label>
    <input type="text" name="id" readonly><br>
    <label>제품명: </label>
    <input type="text" name="name"><br>
    <label>설명1: </label>
    <input type="text" name="description"><br>
    <label>설명2: </label>
    <input type="text" name="description"><br>
    <label>가격: </label>
    <input type="text" name="price"><br>
    <input type="submit" value="저장">
</form>
```

"설명1"과 "설명2" 폼 필드의 name 애트리뷰트가 "description"으로 같다. 이 경우에 다른 필드는 param 객체로 요청 매개변수에 접근할 수 있지만, name 애트리뷰트가 같은 필드는 paramValues 객체로 다음과 같이 접근할 수 있다.

```
제품명 : ${param.name}
설명1: ${paramValues.description[0]}
설명2: ${paramValues.description[1]}
가격: ${param.price}
```

이와 같이 name 요청 매개변수의 값을 읽을 때 다음과 같이 param 객체를 사용한다.

```
${param.name }
```

description 요청 매개변수의 값을 읽을 때는 다음과 같이 paramValues 객체를 사용한다.

5장 표현식 언어

${paramValues.description[0]}
${paramValues.description[1]}

또한 다음과 같이 header 객체를 사용하여 요청 헤더의 정보를 읽을 수 있다.

MIME 타입: ${header.accept}
인코딩: ${header["accept-encoding"]}

이 경우에 웹 브라우저에 다음과 같이 출력한다.

MIME 타입: text/html,application/xhtml+xml,application/xml;q=0.9,
image/avif,image/webp,image/apng,*/*;
q=0.8,application/signed-exchange;v=b3;q=0.9
인코딩: gzip, deflate, br

pageContext 객체를 사용하여 다음과 같이 질의 문자열에 접근할 수 있다.

${pageContext.request.queryString}

쿠키를 사용하는 방법에 대해서는 7장 세션과 쿠키에서 설명하기로 한다.
EL에서는 . 과 [] 외에도 다음과 같은 연산자를 표현식에 사용할 수 있다.

유형	연산자	대체	설명
산술 연산자	+		더하기
	−		빼기
	*		곱하기
	/	div	나누기
	%	mod	모듈러스(나머지)
비교 연산자	==	eq	같다
	!=	ne	다르다
	<	lt	작다
	>	gt	크다

JSP 서블릿 웹 프로그래밍

유형	연산자	대체	설명
비교 연산자	<=	le	작거나 같다
	>=	ge	크거나 같다
논리 연산자	&&	and	논리곱
	||	or	논리합
	!	not	논리 부정
기타	empty		변수의 값이 null이거나 빈 문자열이면 true를 반환한다 예: empty x
	? :		? 앞의 표현식을 평가하여 참이면 : 앞의 값을 반환하고 거짓이면 : 뒤의 값을 반환한다 예: x ? y : z
예약어	null		널
	true		참
	false		거짓

[표 5-2] EL 연산자

산술 연산자를 사용하는 예는 다음과 같다.

$\{100 + 10\}$

$\{12.3 + 10\}$

$\{1.2E3\}$

$\{1.23 + 45.6\}$

$\{200 - 100\}$

$\{9 * 9\}$

$\{10 / 2\}$

$\{10 \text{ div } 2\}$

$\{5 \% 2\}$

$\{5 \text{ mod } 2\}$

$\{1 + 2 * 3\}$

$\{(1 + 2) * 3\}$

$\{param.price * 1.1\}$

5장 표현식 언어

비교 연산자를 사용하는 예는 다음과 같다.

```
${"문자열" == "문자열"}
${"문자열" eq "문자열"}
${1 == 1}
${2 != 2}
${2 ne 2}
${3 < 4}
${3 lt 4}
${4 > 5}
${4 gt 5}
${5 <= 6}
${6 >= 7}
${paramValues.description[0] == paramValues.description[0]}
${param.name == ""}
${flag == true}
```

논리 연산자를 사용하는 예는 다음과 같다.

```
${"문자열" == "문자열" && 4 > 5}
${"문자열" == "문자열" and 4 > 5}
${"문자열" == "문자열" || 4 > 5}
${"문자열" == "문자열" or 4 > 5}
${!true}
${not true}
```

기타 연산자를 사용하는 예는 다음과 같다.

```
${empty param.name ? "제품명" : param.name}
```

이와 같이 EL은 JSP 태그보다 더 많은 장점을 제공하지만 그렇다고 EL이 장점만 있는 것은 아니다. 자바빈이 애트리뷰트에 저장되어 있지 않다면 EL은 자바빈을 생성할 수 없다. 또한 자바빈의 속성에 값을 저장할 수도 없다. 그러나 우리가 모델 2 방식으로 서블릿을 사용한다면 서블릿이 자바빈을 생성해서 속성에 값을 저장하고 애트리뷰트에 저장하기 때문에 이것은 문제가 되지 않는다. 오히려 JSP 페이지에서 자바빈을 생성하고 자바빈 속성에 값을 직접 저장하는 것은 모델 2 방식의 원칙을 깨뜨리는 일이 되므로 바람직하지 않다.

표현식 언어 활용

이번에는 JSP 태그 대신에 EL을 사용하여 제품 관리를 위한 코드를 작성하기로 한다. 여러분은 4장에서 작성했던 프로젝트를 복사하여 새로운 프로젝트를 생성함으로써 구현을 시작할 수 있다.

먼저 com.mycomapy.ordersystem.controller 패키지 안에 ProductServlet 클래스를 추가하고 다음과 같이 구현한다.

```java
@WebServlet(name = "productServlet", value = "/product")
public class ProductServlet extends HttpServlet {
    @Override
    protected void doGet(HttpServletRequest request,
                        HttpServletResponse response)
                    throws ServletException, IOException {
        final String pre = "/product/";
        final String post = ".jsp";
        String uri;
        String action = request.getParameter("action");
        Product product = new Product();
        request.setAttribute("product", product);
        uri = pre + action + post;
        request.getRequestDispatcher(uri).forward(request, response);
    }

    @Override
    protected void doPost(HttpServletRequest request,
                        HttpServletResponse response)
                    throws ServletException, IOException {
        String uri = "/result.jsp";
```

5장 표현식 언어

```java
        String name = request.getParameter("name");
        String description = request.getParameter("description");
        String price = request.getParameter("price");
        Product product = new Product();
        product.setName(name);
        product.setDescription(description);
        product.setPrice(Long.valueOf(price));
        request.setAttribute("product", product);
        request.getRequestDispatcher(uri).forward(request, response);
    }
}
```

다음에는 webapp 폴더 밑에 index.jsp 파일을 다음과 같이 수정한다.

```jsp
<%@ page language="java" contentType="text/html;charset=UTF-8"%>
<!DOCTYPE html>
<html>
<head>
    <title>주문 예제 시스템</title>
</head>
<body>
<h1><%= "주문 예제 시스템" %>
</h1>
<br/>
<p>
<h2>고객 정보 관리</h2>
<a href="/customer?action=edit">고객 정보 입력</a><br>
<a href="/customer?action=list">고객 정보 조회</a><br>
</p>
<p>
<h2>제품 정보 관리</h2>
<a href="/product?action=edit">제품 정보 입력</a><br>
</p>
</body>
```

```
</html>
```

다음에는 webapp 폴더 밑에 product 서브 폴더를 생성한다. product 서브 폴더에 edit.jsp 파일을 생성하고 다음과 같이 코드를 작성한다.

```
<%@ page language="java" contentType="text/html;charset=UTF-8"%>
<!DOCTYPE html>
<html>
<head>
    <title>제품 정보 등록</title>
    <link rel="stylesheet" href="../styles/main.css" type="text/css"/>
</head>
<body>
    <h1>제품 정보 등록</h1>
    <form action="/product" method="post">
        <label>ID: </label>
        <input type="text" name="id" value="${product.id}" readonly><br>
        <label>제품명: </label>
        <input type="text" name="name" value="${product.name}"><br>
        <label>설명: </label>
        <input type="text" name="description" value="${product.description}"><br>
        <label>가격: </label>
        <input type="text" name="price" value="${product.price}"><br>
        <input type="submit" value="저장">
    </form>
    <%@ include file="/footer.jsp" %>
</body>
</html>
```

webapp 폴더 밑에 result.jsp 파일을 다음과 같이 변경한다.

```
<%@ page language="java" contentType="text/html;charset=UTF-8"%>
<!DOCTYPE html>
<html>
```

```
<head>
    <title>제품 등록</title>
</head>
<body>
    <h1>제품 등록</h1>
    <h2>제품이 등록되었습니다.</h2>
    제품명 : ${product.name} <br>
    설명: ${product.description} <br>
    가격: ${product.price} <br>
    <%@ include file="/footer.jsp" %>
</body>
</html>
```

이제 웹 애플리케이션을 실행하면 index.jsp가 로드되면서 다음과 같은 화면을 보여준다.

[그림 5-3] 초기 화면

이제 "제품 정보 입력" 하이퍼링크를 클릭하면 edit.jsp가 로드되어 다음과 같이 제품 정보를 등록하는 화면을 보여준다.

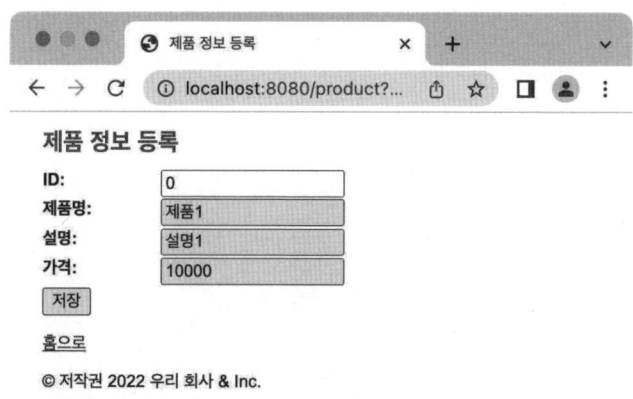

[그림 5-4] 제품 정보 등록 화면

    제품 정보를 입력하고 "저장" 단추를 클릭하면 result.jsp가 로드되어 다음과 같이 제품 등록 정보 화면을 보여준다.

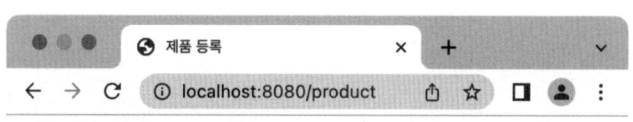

제품 등록

제품이 등록되었습니다.

제품명 : 제품1
설명: 설명1
가격: 10000

홈으로

© 저작권 2022 우리 회사 & Inc.

[그림 5-5] 제품 등록 정보 화면

빈 페이지

6장 JSTL

6장
JSTL

- JSTL 구문
- Core 태그 라이브러리
- 형식화 태그 라이브러리
- XML 태그 라이브러리
- 함수 태그 라이브러리
- 실습2: 제품 및 재고 관리 구현

JSTL 구문

JSP 태그(tag)는 일반적인 HTML 태그처럼 보이게 하는 JSP 기술의 특별한 구문이며, 이러한 JSP 태그들이 모여있는 태그 라이브러리를 JSTL(Jakarta Standard Tag Library)이라고 한다. JSTL 사양에는 다음과 같은 5개의 태그 라이브러리를 정의하고 있다.

- Core (c)
- 형식화 (fmt)
- XML (x)
- 함수 (fn)

- SQL (sql)

이들 태그 라이브러리 중에서 중요한 몇가지 태그에 대해서만 살펴보기로 한다. 특히 여기에서는 JSP 파일에서 데이터베이스에 직접 접근하는 것을 권장하지 않으므로 SQL 태그 라이브러리에 대한 설명은 하지 않는다. 우리는 8장 JDBC와 9장 JPA에서 데이터베이스에 접근하는 방법에 대해서 살펴보게 될 것이다. 참고로 톰캣(Tomcat)은 웹 컨테이너이긴 하지만 JSTL 구현체를 제공하지 않는다. 따라서 다음과 같이 메이븐 종속성을 추가해야 한다.

```
<dependency>
    <groupId>org.glassfish.web</groupId>
    <artifactId>jakarta.servlet.jsp.jstl</artifactId>
    <version>2.0.0</version>
</dependency>
```

이전의 버전의 자바 EE에서는 다음과 같이 1.x 버전의 메이븐 종속성을 추가한다.

```
<dependency>
    <groupId>jstl</groupId>
    <artifactId>jstl</artifactId>
    <version>1.2</version>
</dependency>
```

JSP 태그 구문은 JSP를 좀 더 쉽게 작성하기 위한 단축 기능을 제공한다. 그 첫 번째 기능이 앞에서 잠깐 언급한 taglib 지시어다.

```
<%@ taglib prefix="c" uri="http://java.sun.com/jsp/jstl/core" %>
```

taglib 지시어의 prefix 애트리뷰트는 JSP 페이지에서 태그 라이브러리를 참조할 때 사용되는 네임스페이스(namespace)다. 이 태그 prefix는 해당 태그 라이브러리의 TLD(Tag Library Descriptor) 파일에 제시되어 있지만 어떤 것이든 사용할 수는 있다. 그러나 다른 개발자에게 혼란을 주지 않기 위해서는 TLD에 제시된 것을 사용하는 것이 좋다. uri 애트리뷰트는 해당 태그 라이브러리의 TLD에 정의된 URI를 지정한다.

모든 JSP 태그는 다음과 같은 기본적인 구문을 갖는다.

6장 JSTL

<prefix:tagname[attribute=value[attribute=value[...]]] />
<prefix:tagname[attribute=value[attribute=value[...]]]>
</prefix:tagname>

위의 구문에서 prefix는 태그 라이브러리의 prefix이며, tagname은 TLD에 정의된 태그 이름이다. attribute는 태그의 애트리뷰트이며 value는 애트리뷰트값이다. 애트리뷰트값은 항상 홑따옴표 또는 쌍따옴표로 둘러싼다.

참고로 자카르타 EE 버전 10에서 사용되는 JSTL 3.0에서 uri 애트리뷰트가 "jakarta.tags.core" 와 같이 "jakarta.tags."로 시작하는 문자열로 변경된다. 그러나 우리가 사용하는 자카르타 EE 버전 9에서 사용되는 JSTL 2.0은 이전 버전과 동일한 uri 애트리뷰트를 갖기 때문에 이전 버전의 코드와 호환성을 갖는다는 점에서 오히려 더 좋다.

Core 태그 라이브러리

Core 태그 라이브러리는 JSP 파일에서 자바 코드를 대체할 수 있는 대부분의 핵심 기능을 포함한다. Core 태그 라이브러리를 사용하기 위해서는 다음과 같이 taglib 지시어를 사용한다.

<%@ taglib prefix="c" uri="http://java.sun.com/jsp/jstl/core" %>

〈c:out〉 태그는 가장 일반적으로 많이 사용하는 태그지만 오해의 소지가 많은 태그이기도 하다. 이 태그의 목적은 JSP에 컨텐츠를 출력하는 것이다. 그런데 이 태그를 사용하지 않고도 우리는 표현식을 사용하여 똑같이 컨텐츠를 출력할 수 있다. 더군다나 이 태그에 출력할 값을 지정할 때 표현식을 많이 사용한다. 왜 〈c:out〉 태그는 중복되는 기능을 제공할까? 먼저 〈c:out〉 태그의 사용 예를 보자.

<c:out value="${localvar}"/>

위의 코드는 value 애트리뷰트에 지정된 ${localvar} 표현식의 컨텐츠를 JSP에 출력한다. 만약 이 표현식이 일반적인 텍스트를 포함한다면 그냥 표현식을 사용하는 것과 동일한 결과를 보여준다.

${localvar}

그러나 이 표현식이 태그를 포함하는 문자열이라면 두 결과는 다르다. 예를 들어 ${localvar} 표현식의 텍스트가 <h1>제품 목록 조회</h1> 라면 그냥 표현식만 사용할 때는 <h1> 태그가 적용된다. 그러나 <c:out> 태그를 사용한 경우에는 <h1> 태그가 무시된다. 이러한 기능을 이스케이프 XML(escapeXml)이라고 한다. 만약에 <c:out> 태그를 사용할 때 <h1> 태그를 표시하고 싶다면 다음과 같이 escapeXml 애트리뷰트에 false를 지정해야 한다.

    <c:out value="${localvar}" escapeXml="false"/>

<c:out> 태그의 또 다른 이점은 value 애트리뷰트에 지정된 값이 null 인 경우에 디폴트 값을 지정할 수 있다는 것이다. default 애트리뷰트에 값을 지정하면 된다.

    <c:out value="${localvar}" escapeXml="false" default="<h1>제품 목록 조회</h1>"/>

또는 default 애트리뷰트 대신에 태그 컨텐츠를 사용할 수 있다.

    <c:out value="${localvar}" escapeXml="false">
        <h1>제품 목록 조회</h1>
    </c:out>

그러나 <c:out/> 태그의 이스케이프 XML 기능을 사용하는 것이 보안을 강화하는데 아주 유용하다. 만약 ${localvar} 표현식의 컨텐츠에 다음과 같이 스크립트 코드가 포함되는 경우에,

    String localvar = "<script>alert('쉿! 조심하세요~')</script>";
    request.setAttribute("localvar", localvar);

이스케이프 XML이 적용된 <c:out/> 태그에서는 <script> 태그를 실행하지 않고 "<script>alert('쉿! 조심하세요~')</script>" 문자열을 그대로 출력하지만, 표현식 언어를 사용한 경우와 이스케이프 XML가 적용되지 않은 <c:out/> 태그에서는 다음과 같이 스크립트를 실행한다.

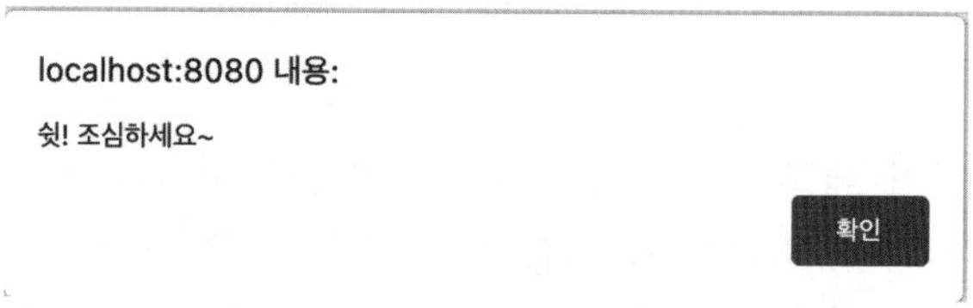

6장 JSTL

[그림 6-1] 스크립트 실행

만약 외부에서 강제로 localvar 변수의 값을 변경시켜서 스크립트 코드를 주입시킨다면 웹 서버 안에서 스크립트 코드가 실행된다. 이러한 보안 공격을 XSS(Cross-Site Scripting)이라고 하는데, JSP에서 이러한 XSS 공격을 방지하기 위해서는 이스케이프 XML이 적용된 〈c:out/〉 태그를 사용하는 것이 좋다.

〈c:set〉 태그는 변수를 생성하고 변수에 값을 저장할 때 사용한다. var 애트리뷰트에는 변수명을 지정하고 value 애트리뷰트에는 변수값을 지정한다. 표현식을 사용할 수 있다. 그리고 scope 애트리뷰트에는 변수가 생성될 영역을 지정한다. 디폴트 값은 page로 해당 웹 페이지 영역이고, request이면 요청 영역, session 이면 세션 영역, application이면 애플리케이션 영역이 된다.

```
<c:set var="requestVar" value="${3 + 1}" scope="request"/>
```

생성된 변수를 삭제할 때는 〈c:remove〉 태그를 사용한다. 이때 삭제할 변수는 지정된 영역 안에 있어야 한다.

```
<c:remove var="requestVar" scope="request" />
```

〈c:if〉 태그는 자바 언어의 if 문과 마찬가지로 test 애트리뷰트에 지정된 표현식에서 조건을 테스트하여 참이면 어떤 작업을 수행할 수 있게 한다.

```
<c:if test="${requestScope.requestVar == null}">
    <c:set var="requestVar" value="${3 + 1}" scope="request"/>
</c:if>
```

위의 코드에서는 요청 영역에 requestVar 변수가 없을 때 requestVar 변수를 생성한다.

불행하게도 자바 언어의 else에 해당하는 태그는 없다. 다중 조건을 테스트하기 위해서는 〈c:chosse〉 태그를 사용해야 한다. 이 태그는 자바 언어의 switch...case 문과 유사하다. 각 조건은 〈c:when〉 태그를 사용한다. 자바 언어의 default 에 해당하는 태그는 〈c:otherwise〉 다.

```
<c:choose>
    <c:when test="${requestScope.requestVar == 0}">
        0입니다.
    </c:when>
    <c:when test="${requestScope.requestVar == 1}">
        1입니다.
    </c:when>
    <c:otherwise>
        ${requestScope.requestVar} 입니다.
    </c:otherwise>
</c:choose>
```

자바 언어의 for 문과 같이 반복적인 작업을 처리할 때 〈c:forEach〉 태그를 사용한다. 이 태그는 for 문과 마찬가지로 두가지 버젼이 있다.

```
<table>
    <tr><th>제품명</th><th>설명</th><th>가격</th></tr>
    <c:forEach var="i" begin="0" end="4">
    <tr>
        <td>${products[i].name}</td>
        <td>${products[i].description}</td>
        <td>${products[i].price }</td>
    </tr>
    </c:forEach>
</table>
```

위의 코드는 자바 언어에서 for(int i = 0; i <= 4; ++i) {} 구문과 같다. 다음과 같은 결과를 보여준다.

6장 JSTL

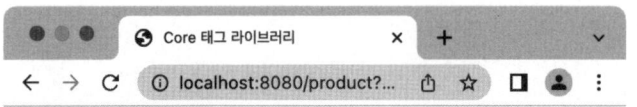

[그림 6-2] <c:forEach> 태그

자바 언어의 for 문과 마찬가지로 컬렉션 구문을 사용할 수도 있다.

<c:forEach var="product" items="${products}">
<tr>
  <td>${product.name }</td>
  <td>${product.description}</td>
  <td>${product.price }</td>
</tr>
</c:forEach>

위의 코드는 자바 언어에서 for(Product product : products) {} 구문과 같다.

〈c:forEach〉 태그에 varStatus 애트리뷰트값을 지정하면 각 항목의 상태 정보를 얻을 수 있다.

<c:forEach var="i" begin="0" end="4" step="1" varStatus="status">
  status.begin : ${status.begin}
  status.end : ${status.end}
  status.step : ${status.step }
  status.count : ${status.count }
  status.current : ${status.current }
  status.index : ${status.index }
  status.first : ${status.first }
  status.last : ${status.last }

</c:forEach>

각 상태 정보의 의미는 다음과 같다.

- ${status.begin} : for 문의 시작값
- ${status.end} : for 문의 끝값
- ${status.step} : for 문의 증가값
- ${status.count} : 1부터의 순서
- ${status.current} : 현재 항목의 값
- ${status.index} : 0부터의 순서
- ${status.first} : 현재 항목이 시작인지 여부(true/false)
- ${status.last} : 현재 항목이 마지막인지 여부(true/false)

위 코드의 실행 결과는 다음과 같다.

```
status.begin : 0
status.end : 4
status.step : 1
status.count : 1
status.current : 0
status.index : 0
status.first : true
status.last : false
[중간 생략..]
status.begin : 0
status.end : 4
status.step : 1
status.count : 5
status.current : 4
status.index : 4
status.first : false
status.last : true
```

6장 JSTL

〈c:forTokens〉 태그는 〈c:forEach〉 태그와 유사하다. 다만 delims 애트리뷰트에는 항목을 구별할 수 있는 토큰(token)을 지정한다.

```
<ul>
<c:forTokens items="제품1,제품2,제품3,제품4,제품5" delims="," var="word">
    <li>${word} </li>
</c:forTokens>
</ul>
```

위 코드는 다음과 같은 결과를 보여준다.

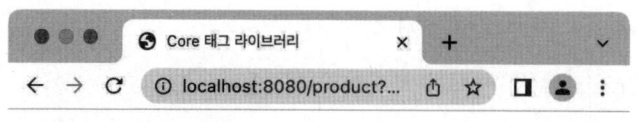

[그림 6-3] <c:forTokens> 태그

〈c:import〉 태그는 앞에서 다루었던 〈%@ include〉 지시어나 〈jsp:include〉 태그와 같은 기능을 제공한다.

```
<c:import url="/footer.jsp"/>
```

또한, 〈c:redirect〉 태그는 〈jsp:forward〉 태그와 같은 기능을 제공한다.

```
<c:redirect url="/new.jsp"/>
```

그러나 이들 태그는 포함 또는 전송하는 웹 페이지에 〈c:param〉 태그를 사용하여 매개변수를 넘겨줄 수 있다.

```
<c:redirect url="/new.jsp">
    <c:param name="name" value="제품1"/>
</c:redirect>
```

〈c:url〉 태그를 사용해서 URL을 지정할 수 있다.

예를 들어 〈a〉 태그의 href 애트리뷰트에 다음과 같이 〈c:url〉 태그를 사용할 수 있다.

```
<a href="<c:url value='/index.jsp'/>">홈으로</a>
```

〈c:url〉 태그의 value 애트리뷰트에 URL을 지정하면 된다.

질의 매개변수를 포함하는 경우에도 다음과 같이 작성할 수 있다.

```
<a href="<c:url value = '/product?action=update&id=${product.id}'/>">
    변경
</a>
```

그러나 이 경우에는 〈c:param〉 태그를 사용하여 질의 매개변수를 지정하는 것이 더 이해하기 쉽다.

```
<a href="<c:url value ='/product'>
            <c:param name = 'action' value ='delete'/>
            <c:param name = 'id' value = '${product.id}'/>
        </c:url>">
    삭제
</a>
```

형식화 태그 라이브러리

형식화 태그 라이브러리는 국제화, 지역화 태그로 다국어 문서를 처리할 때 유용하며 날짜와 숫자 형식을 다룰 때 사용된다. fmt 태그 라이브러리를 사용하려면 JSP 페이지에 다음과 같이 taglib 지시어를 사용해야 한다.

```
<%@ taglib prefix="fmt" uri="http://java.sun.com/jsp/jstl/fmt" %>
```

형식화 태그 라이브러리는 기능별로 다음과 같이 3가지 유형으로 분류된다.

6장 JSTL

- 로케일 설정
- 국제화
- 숫자, 날짜 형식

로케일(locale) 설정에는 〈fmt:setLocale〉 태그를 사용한다. value 애트리뷰트에 "-" 또는 "_" 로 연결된 언어 코드와 국가 코드를 지정한다. 한국어와 한국인 경우에는 "ko_KR 을 지정한다. 디폴트는 한국어와 한국이다.

    <fmt:setLocale value="ko_KR"/>

영어와 미국인 경우에는 "en_US"를 지정한다.

    <fmt:setLocale value="en_US"/>

인코딩을 설정할 때는 〈fmt:requestEncoding〉 태그를 사용한다. value 애트리뷰트에 인코딩값을 지정하면 된다.

    <fmt:requestEncoding value="UTF-8"/>

국제화(internalization)를 지원하기 위한 메시지는 확장자가 .properties인 리소스 파일에 저장한다. 리소스 파일은 WEB-INF/classes 폴더 또는 resources 폴더에 저장한다. 로케일이 ko인 경우에는 파일명 다음에 "_ko"를 붙인다. 영어인 경우에는 "_en"을 붙인다. 리소스 파일명이 message 라면 한국어 메시지는 message_ko.properties 파일에, 영어 메시지는 message_en.properties 파일에 저장한다.

.properites 리소스 파일은 유니코드를 지원하지 않는다. 따라서 한글 메시지를 저장하기 위해서는 native2ascii와 같은 자바 도구를 사용하여 변환해서 저장해야 한다. 이 작업이 불편하기 때문에 우리는 인텔리제이와 이클립스에서 제공하는 플러그인을 활용할 수 있다.

인텔리제이는 .properties 확장자를 갖는 파일을 열 때 다음과 같이 Resource Bundle Editor 플러그인을 추천해준다.

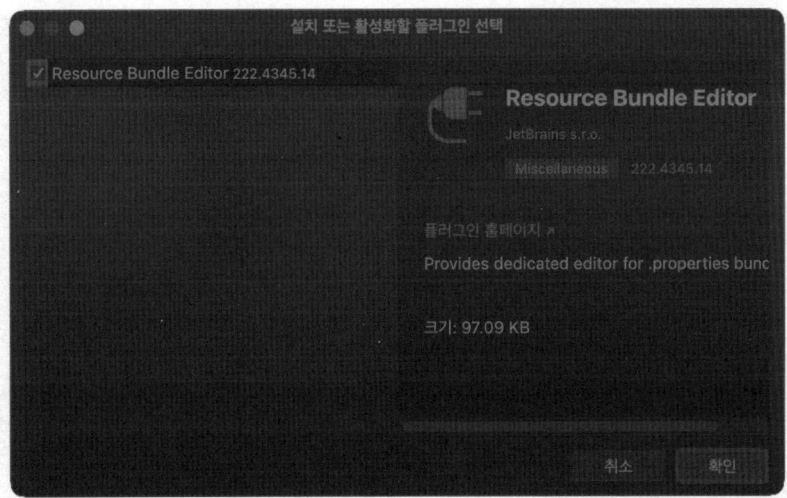

[그림 6-4] Resource Bundle Editor 플러그인 추천

또는 환경 설정 대화상자의 왼쪽 목록에서 "플러그인"을 선택하고 "resource bundle editor"를 검색해서 설치할 수 있다.

6장 JSTL

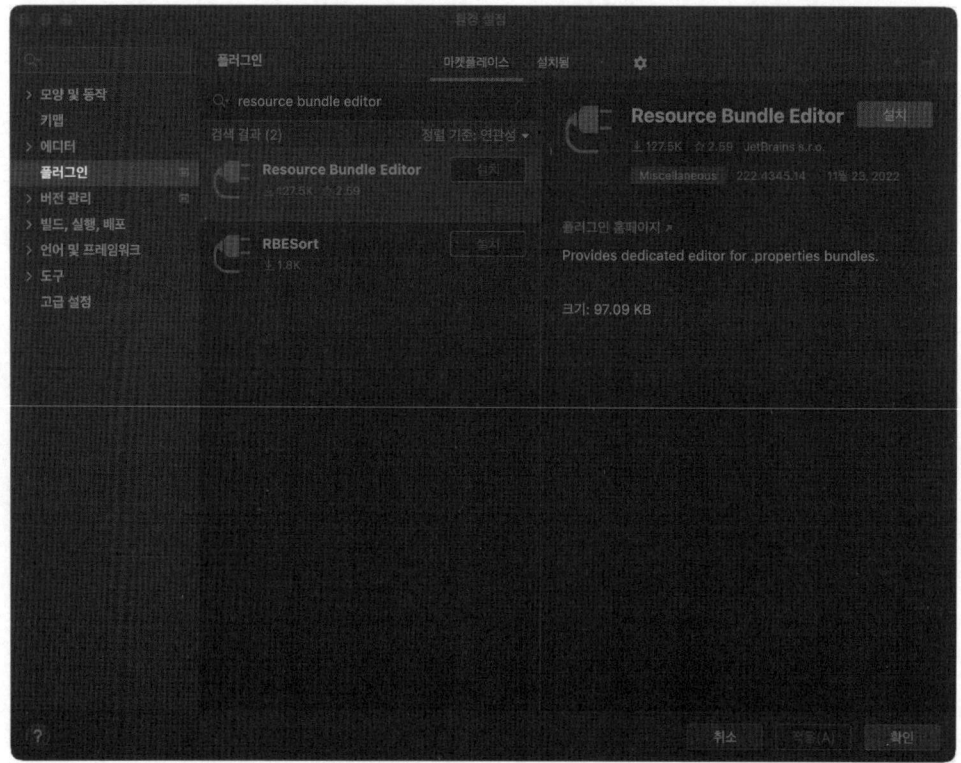

[그림 6-5] Resource Bundle Editor 플러그인 설치

다음에는 왼쪽 목록에서 "에디터 > 파일 인코딩"을 선택한 후에 프로퍼티 파일 (*.properties) 항목에서 "프로퍼티 파일에 대한 디폴트 인코딩"에 "UTF-8"을 지장하고, "명확한 Native에서 ASCII로의 변환" 체크 상자를 클릭하여 체크 상태로 한다. 그러면 한글 .properties 리소스 파일을 열 때 유니코드값으로 보이지 않고 한글로 제대로 표시된다.

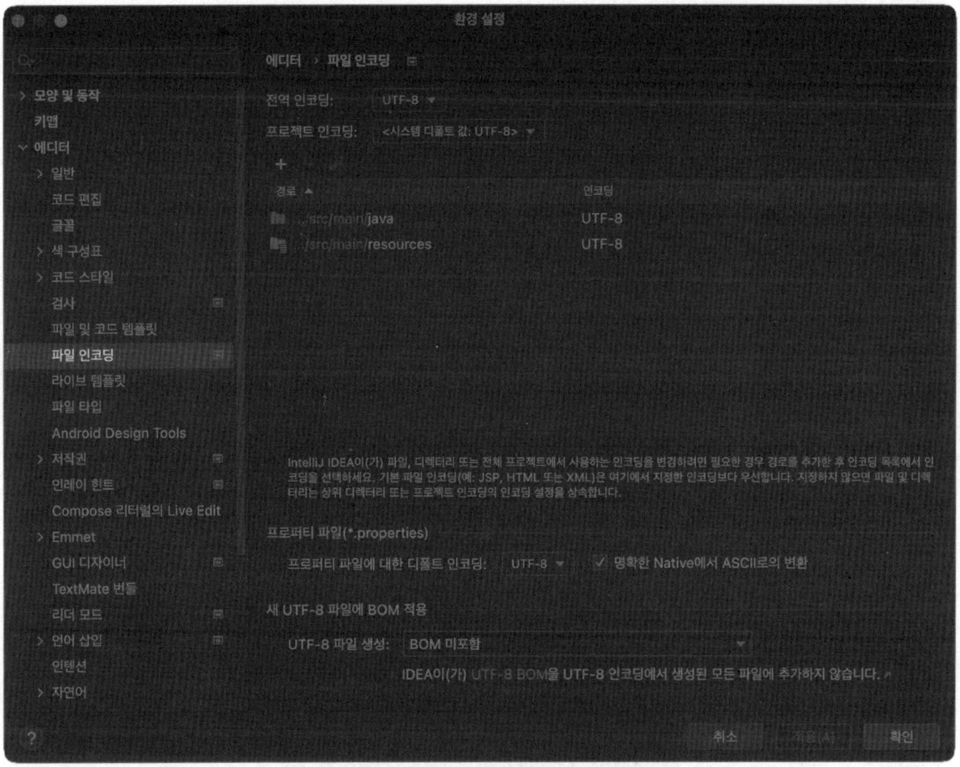

JSP 서블릿 웹 프로그래밍

[그림 6-6] 파일 인코딩 설정

.properties 리소스 파일을 리소스 번들로 생성하기 위해 "파일" 메뉴에서 "새로 만들기 > 리소스 번들" 메뉴 항목을 선택한다. 리소스 번들 생성 대화 상자에서 리소스 번들 기본 이름 항목에 "message"라고 입력하고, 추가할 로케일 밑에 있는 "기본 로케일"을 선택하고 "-" 아이콘을 클릭하여 삭제한다. 그리고 "+" 아이콘을 클릭하여 한국어 로케일 코드 "ko"를 입력한다.

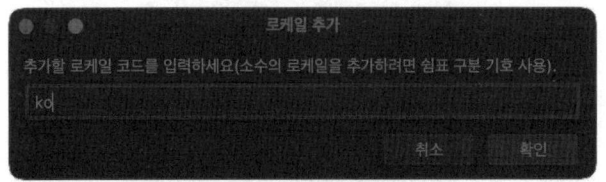

[그림 6-7] 로케일 추가

마찬가지 방법으로 영어 로케일 코드 "en"을 추가한다.

171

6장 JSTL

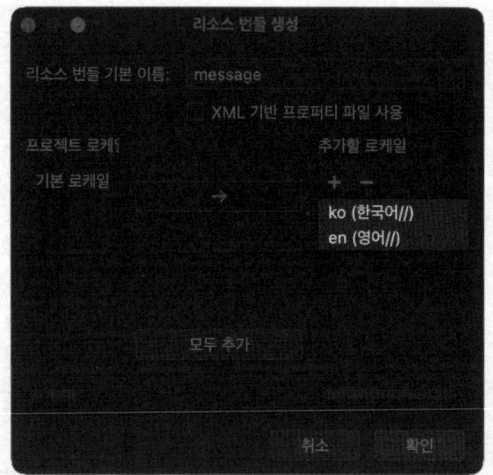

[그림 6-8] 리소스 번들 생성

이제 "확인" 단추를 클릭하면 다음과 같이 프로젝트의 resources 폴더에 message 리소스 번들이 생성된다.

[그림 6-9] message 리소스 번들

다음에는 .properties 리소스 파일을 열고 편집기 창에서 "리소스 번들" 탭을 선택한다.

편집기 창 좌측 상단의 "+" 아이콘을 클릭하고 새 프로퍼티 키 대화 상자에서 새 프로퍼티 키 이름 입력 항목에 "product.info"라고 입력하고 "확인" 단추를 클릭한다.

[그림 6-10] 새 프로퍼티 키 입력

편집기 창에서 영어 입력 창에는 다음과 같이 입력한다.

A product which name is {0}, description is {1}, and price is {2} is added.

한글 입력 창에는 다음과 같이 입력한다.

제품명 : {0}, 설명 : {1}, 가격 : {2} 원 제품이 등록되었습니다.

마찬가지 방법으로 product.name과 product.description, product.price 프로퍼티 키를 추가하고 영문 텍스트로 "product name", "description", "price" 를 입력하고, 한글 텍스트로 "제품명", "설명", "가격"을 입력한다.

다음은 한글 .properties 리소스 파일 message_ko.properties 파일의 내용을 보여준다.

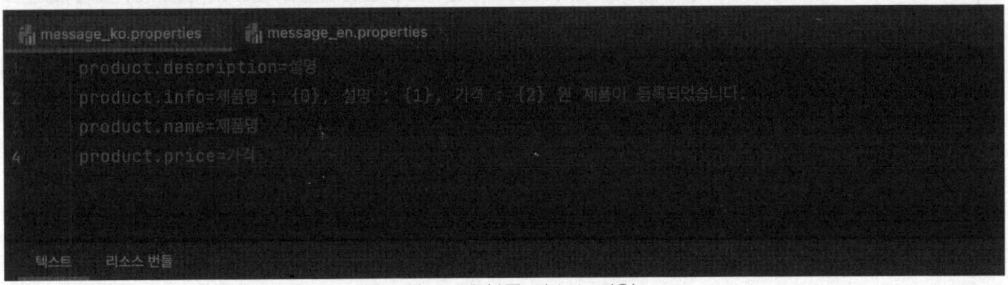

[그림 6-11] 한글 리소스 파일

다음은 영어 .properties 리소스 파일 message_en.properties 파일의 내용을 보여준다.

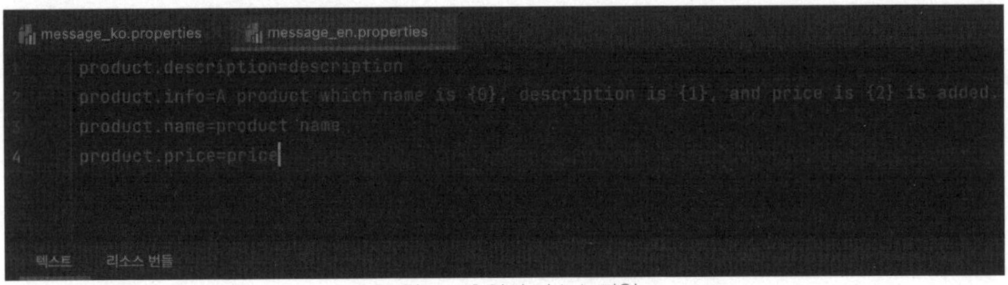

[그림 6-12] 영어 리소스 파일

다음은 완료된 message 리소스 번들의 결과를 보여준다.

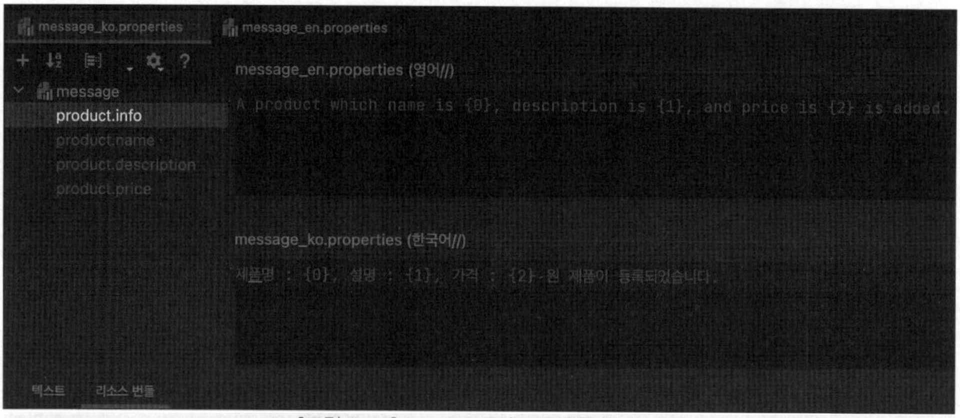

6장 JSTL

[그림 6-13] message 리소스 번들 텍스트

이클립스에서는 ResourceBundle Editor 플러그인을 사용할 수 있다. 먼저 "Help" 메뉴에서 "Eclipse Marketplace" 메뉴 항목을 선택한다. Eclipse Marketplace 대화 상자에서 Find 입력란에 "properties editor"를 검색하여 "ResourceBundle Editor" 를 찾아 "install" 단추를 클릭하여 설치한다.

JSP 서블릿 웹 프로그래밍

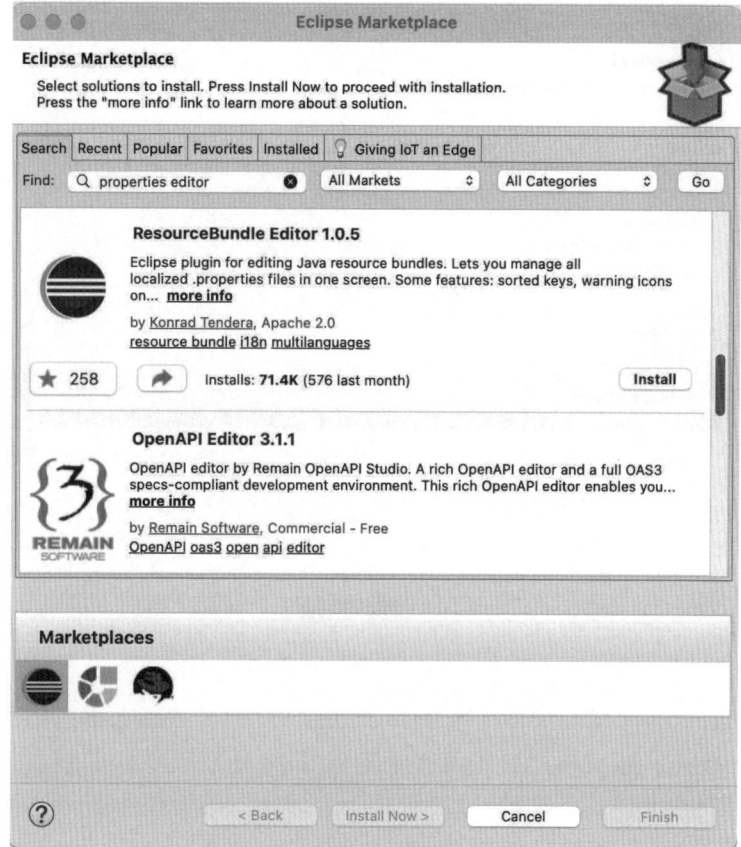

[그림 6-14] ResourceBundle Editor 설치

다음에는 프로젝트 익스플로러 창에서 main 폴더 밑에 resources 폴더를 추가한다.

추가된 resources 폴더를 선택하고 오른쪽 마우스 클릭하여 "New > Others" 메뉴 항목을 선택한다. Select a wizard 대화 상자에서 ResourceBundle 밑에 있는 ResourceBundle 항목을 선택한다.

175

6장 JSTL

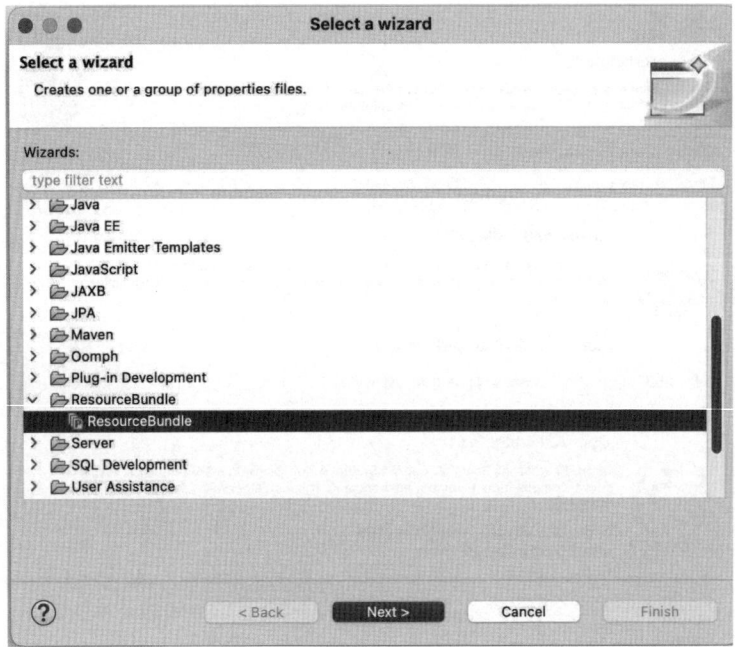

[그림 6-15] ResourceBundle 선택

ResourceBundle 대화 상자에서 Base Name 입력란에 "message"라고 입력한다. Choose or type a Locale 콤보 상자에서 "한국어"을 선택하고 "Add" 단추를 클릭하여 로케일을 추가한다.

이번에는 콤보 상자에서 "영어"를 선택하고 "Add" 단추를 클릭하여 로케일을 추가한다.

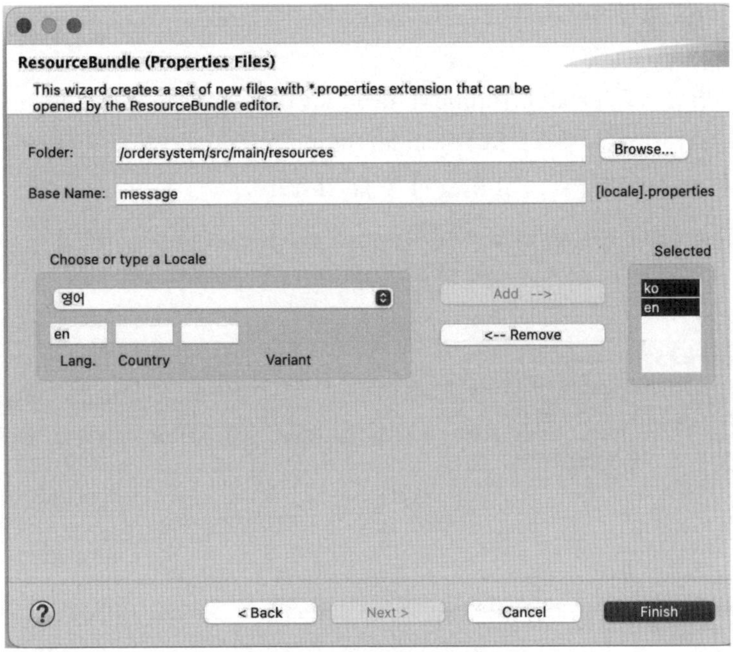

JSP 서블릿 웹 프로그래밍

[그림 6-16] message 리소스 생성

"Finish" 단추를 클릭하면 다음과 같이 프로젝트의 resources 폴더에 message 리소스 파일이 생성된다.

[그림 6-17] message 리소스 파일

다음에는 .properties 리소스 파일을 선택하고 오른쪽 마우스 클릭하여 "Open with > ResourceBundle Editor" 메뉴 항목을 선택한다.

편집기 창 좌측 하단의 입력 창에 "product.info"라고 입력하고 "Add" 단추를 클릭한다.

편집기 창에서 영어 입력 창에는 다음과 같이 입력한다.

A product which name is {0}, description is {1}, and price is {2} is added.

한글 입력 창에는 다음과 같이 입력한다.

6장 JSTL

제품명 : {0}, 설명 : {1}, 가격 : {2} 원 제품이 등록되었습니다.

마찬가지 방법으로 product.name과 product.description, product.price 프로퍼티 키를 추가하고 영문 텍스트로 "product name", "description", "price" 를 입력하고, 한글 텍스트로 "제품명", "설명", "가격"을 입력한다.

다음은 한글 .properties 리소스 파일 message_ko.properties 파일의 내용을 보여준다. 한글이 2 바이트 아스키 코드값으로 표현된다.

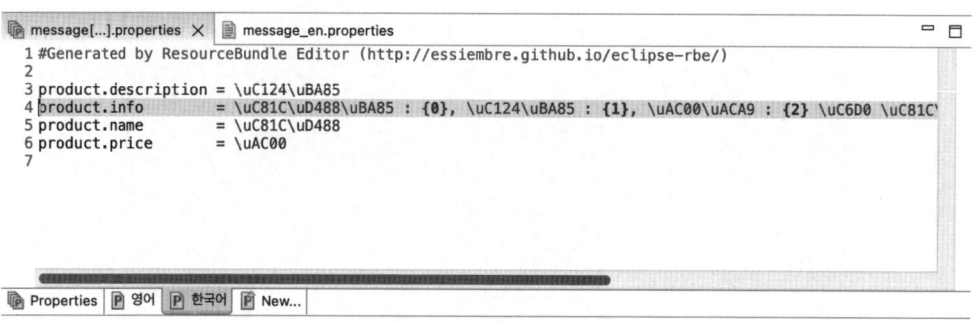

[그림 6-18] 한글 리소스 파일

다음은 영어 .properties 리소스 파일 message_en.properties 파일의 내용을 보여준다.

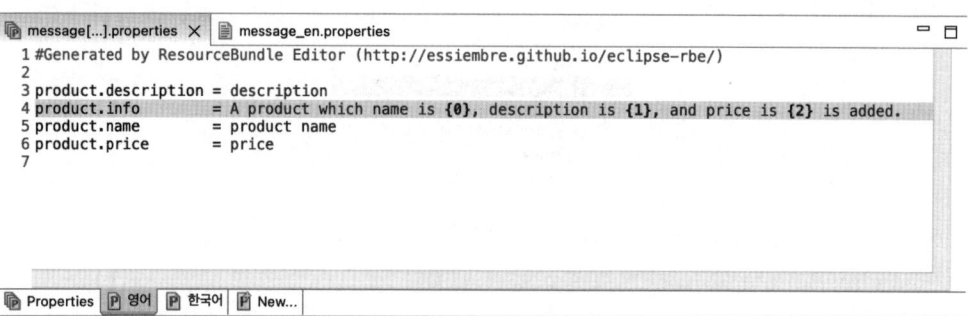

[그림 6-19] 영어 리소스 파일

다음은 완료된 message 리소스의 결과를 보여준다. 여기에서는 한글이 제대로 표시된다.

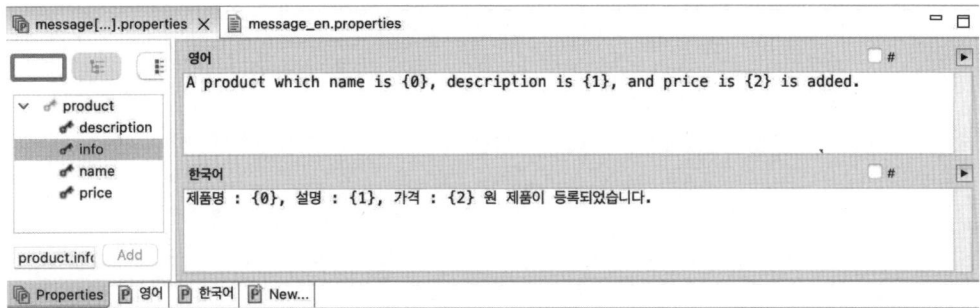

[그림 6-20] message 리소스 텍스트

〈fmt:bundle〉 태그는 리소스 파일을 읽어오는 역할을 한다. basename 애트리뷰트에 로케일 코드와 .properties 확장자를 제외한 리소스 파일명을 지정한다. 로케일이 ko 라면 message_ko.properties 파일을 읽어 오며, 로케일이 맞지 않으면 로케일 코드가 붙지 않은 파일을 읽어온다.

```
<fmt:bundle basename="message" >
</fmt:bundle>
```

읽어온 리소스 파일에서 메시지를 가져오기 위해서는 〈fmt:message〉 태그를 사용한다. key 애트리뷰트에는 읽어올 메시지의 프로퍼티 키를 지정한다. 메시지 매개변수가 있다면 〈fmt:param〉 태그를 사용하여 전달한다. 〈fmt:message〉 태그는 〈fmt:bundle〉 태그 안에 포함된다.

```
<fmt:bundle basename="message" >
    <fmt:message key="product.info">
        <fmt:param>${product.name}</fmt:param>
        <fmt:param>${product.description}</fmt:param>
        <fmt:param>${product.price}</fmt:param>
    </fmt:message>
</fmt:bundle>
```

위의 코드는 한국어 로케일 설정인 경우에 다음과 같은 결과를 표시한다.

제품명 : 제품1, 설명 : 제품1설명, 가격 : 10000 원 제품이 등록되었습니다.

영어 로케일 설정인 경우에 다음과 같은 결과를 표시한다.

A product which name is 제품1, description is 제품1설명, and price is 10000 is added

메시지를 표시할 때마다 〈fmt:bundle〉과 〈fmt:message〉 태그를 같이 사용하는 것이 불편하므로 〈fmt:setBudle〉 태그를 사용하여 리소스 파일을 로드한 후에 필요할 때마다 〈fmt:message〉 태그를 사용하는 것이 좋다.

```
<fmt:setBundle basename="message"/>
<table>
   <tr>
      <th><fmt:message key="product.name"/></th>
      <th><fmt:message key="product.description"/></th>
      <th><fmt:message key="product.price"/></th>
   </tr>
<c:forEach var="product" items="${products}">
   <tr>
      <td>${product.name }</td>
      <td>${product.description}</td>
      <td>${product.price }</td>
   </tr>
</c:forEach>
</table>
```

숫자 또는 화폐 형식을 표시할 때 〈fmt:formatNumber〉 태그를 사용할 수 있다. value 애트리뷰트에는 숫자값 또는 표현식을 지정하며, type 애트리뷰트에는 숫자인 경우 "number", 화폐인 경우에는 "currency", 퍼센트인 경우에는 "percent"를 지정한다.

```
<c:set var="numericvalue" value="${product.price}"/>
숫자 : <fmt:formatNumber value="${numericvalue}" type="number"/> <br>
화폐 : <fmt:formatNumber value="${numericvalue}" type="currency" /> <br>
```

위의 코드는 한국 로케일 설정인 경우에 다음 결과를 보여준다.

숫자 : 10,000
화폐 : ₩10,000

⟨fmt:parseNumber⟩ 태그는 문자열을 숫자로 파싱할 때 사용한다. value 애트리뷰트에는 숫자값을 갖는 문자열 또는 표현식을 지정하며, pattern 애트리뷰트에는 파싱할 때 사용하는 형식을 지정한다. 그리고 var 애트리뷰트에는 파싱한 결과를 저장하는 변수를 지정한다.

```
<fmt:parseNumber value="1,234.56" pattern="0,000.00" var="num"/>
${num}
```

⟨fmt:formatDate⟩ 태그는 날짜 형식을 표시할 때 사용한다. value 애트리뷰트에는 Date 객체를 지정하고, type 애트리뷰트에는 날짜 또는 시간 형식을 지정한다. 날짜인 경우에는 "date", 시간인 경우에는 "time", 그리고 둘 다 표시하고 싶은 경우에는 "both"를 지정한다.

```
<jsp:useBean id="now" class="java.util.Date" />
현재시간 : <c:out value="${now}" />
날짜 : <fmt:formatDate value="${now}" type="date"/>
시간 : <fmt:formatDate value="${now}" type="time"/>
둘다 표시 : <fmt:formatDate value="${now}" type="both"/>
```

위의 코드는 한국 로케일 설정인 경우에 다음 결과를 보여준다.

현재시간 : Sat Nov 26 14:57:59 KST 2022
날짜 : 2022. 11. 26.
시간 : 오후 2:57:59
둘다 표시 : 2022. 11. 26. 오후 2:57:59

⟨fmt:parseDate⟩ 태그는 문자열에서 날짜를 파싱할 때 사용한다. 또한 ⟨fmt:tiemZone⟩과 ⟨fmt:setTimeZone⟩ 태그는 시간대를 설정할 때 사용할 수 있다.

XML 태그 라이브러리

XML 태그 라이브러리는 XML 처리를 위한 것으로 XML 출력, 흐름 제어, XML 변환 등의 작업에 사용된다. XML 태그 라이브러리를 사용하려면 JSP 페이지에 다음과 같이 taglib 지시어를 사용해야 한다.

6장 JSTL

```
<%@ taglib prefix="x" uri="http://java.sun.com/jsp/jstl/xml" %>
```

XML 태그 라이브러리를 사용하여 XML 문서를 파싱하여 내용을 읽어들이기 위해서는 먼저 〈c:import〉 태그를 사용하여 XML 문서를 로드해야 한다. 이때 한글 인코딩을 위해 charEncoding 애트리뷰트의 값을 UTF-8로 지정한다.

```
<c:import url="http://localhost:8080/products.xml" var="xml"
    charEncoding="UTF-8"/>
```

다음에는 〈x:parse〉 태그를 사용하여 로드한 XML 문서를 파싱한다. var 애트리뷰트에는 변수명을 지정한다.

```
<x:parse xml="${xml}" var="productsDoc" />
```

다음에는 〈c:forEach〉 태그를 사용하여 XML 태그 경로(XPath)에 따라서 해당하는 요소 수만큼 반복해서 작업을 수행한다. 이때 〈x:out〉 태그를 사용하여 XML 태그 경로의 요소의 내용을 출력한다.

```
<x:forEach select="$productsDoc/products/product">
    <x:out select="name"/>
    <x:out select="description" />
    <x:out select="price" />
</x:forEach>
```

다음 코드는 products.xml 파일의 내용을 테이블로 표시하는 예를 보여준다.

```
<table>

    <tr><th>제품명</th><th>설명</th><th>가격</th></tr>
    <c:import url="http://localhost:8080/products.xml"
            var="xml" charEncoding="UTF-8"/>
    <x:parse xml="${xml}" var="productsDoc" />
    <x:forEach select="$productsDoc/products/product">
      <tr>
        <td><x:out select="name"/> </td>
        <td><x:out select="description" /></td>
```

```
            <td><x:out select="price" /> </td>
        </tr>
    </x:forEach>
</table>
```

products.xml 파일은 다음과 같은 내용을 포함한다. 그리고 웹 애플리케이션 루트 즉, webapp 폴더 밑에 둔다.

```xml
<?xml version="1.0" encoding="UTF-8"?>
<products>
    <product>
        <name>제품1</name>
        <description>설명1</description>
        <price>10000</price>
    </product>
    <product>
        <name>제품2</name>
        <description>설명2</description>
        <price>20000</price>
    </product>
    <product>
        <name>제품3</name>
        <description>설명3</description>
        <price>30000</price>
    </product>
    <product>
        <name>제품4</name>
        <description>설명4</description>
        <price>40000</price>
    </product>
    <product>
        <name>제품5</name>
        <description>설명5</description>
        <price>50000</price>
    </product>
```

```
    </product>
</products>
```

이때 실행 결과는 다음과 같다.

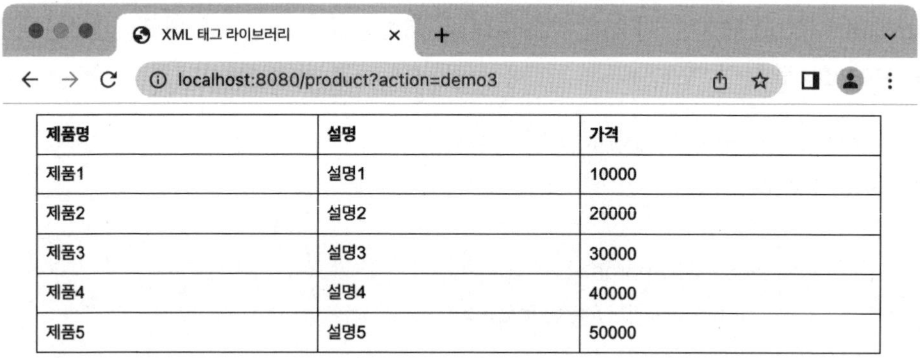

제품명	설명	가격
제품1	설명1	10000
제품2	설명2	20000
제품3	설명3	30000
제품4	설명4	40000
제품5	설명5	50000

[그림 6-21] XML 파일 읽기

이외에도 XML 태그 라이브러리는 Core 태그 라이브러리와 유사한 기능을 제공하는 〈x:choose〉와 〈x:when〉, 〈x:otherwise〉 태그와 〈x:if〉 태그 등을 제공한다.

함수 태그 라이브러리

함수 태그 라이브러리는 유용한 기능의 함수를 제공한다. 함수 태그 라이브러리를 사용하려면 JSP 페이지에 다음과 같이 taglib 지시어를 사용해야 한다.

```
<%@ taglib prefix="fn" uri="http://java.sun.com/jsp/jstl/functions" %>
```

함수 태그 라이브러리에서 제공하는 함수는 다음과 같다.

함수	설명
fn:contains(string, substring)	string이 substring을 포함하면 true를 반환한다
fn:containsIgnoreCase(string,substring)	대소문자에 관계없이 string이 substring을 포함하면 true를 반환한다

함수	설명
fn:endsWith(string, suffix)	string이 suffix로 끝나면 true를 반환한다
fn:escapeXml(string)	string에서 XML과 HTML태그를 제외한 문자열을 반환한다
fn:indexOf(string, substring)	string에서 substring이 처음으로 나타나는 인덱스를 반환한다
fn:join(array, separator)	array(배열) 요소들을 separator를 구분자로 하여 연결해서 반환한다
fn:length(item)	item 이 배열이나 컬렉션이면 요소의 갯수를, 문자열이면 문자의 갯수를 반환한다
fn:replace(string, before, after)	string 내에 있는 before 문자열을 after 문자열로 모두 바꿔서 반환한다
fn:split(string, separator)	string 내의 문자열을 separator에 따라 나누어서 배열로 구성해 반환한다
fn:startsWith(string, prefix)	string이 prefix로 시작하면 true를 반환한다
fn:substring(string, begin, end)	string에서 begin 인덱스에서 시작해서 end 인덱스에 끝나는 부분(end 인덱스에 있는 문자 포함)의 문자열을 반환한다
fn:substringAfter(string, substring)	string에서 substring이 나타나는 이후의 부분에 있는 문자열을 반환한다
fn:substringBefore(string, substring)	string에서 substring이 나타나기 이전의 부분에 있는 문자열을 반환한다
fn:toLowerCase(string)	string을 모두 소문자로 바꿔 반환한다
fn:toUpperCase(string)	string을 모두 대문자로 바꿔 반환한다
fn:trim(string)	string 앞뒤의 공백(whitespace)을 모두 제거하여 반환한다

[표 6-1] 태그 함수

다음은 함수 태그 라이브러리의 fn:length() 함수를 사용하여 제품 목록이 비어있는지의 여부를 체크하는 코드의 예를 보여준다.

6장 JSTL

```
<c:choose>
  <c:when test="${fn:length(products) == 0}">
    <i>제품 목록이 없습니다.</i>
  </c:when>
  <c:otherwise>
    <table>
      <tr><th>제품명</th><th>설명</th><th>가격</th></tr>
      <c:forEach var="product" items="${products}">
        <tr>
          <td>${product.name }</td>
          <td>${product.description}</td>
          <td>${product.price }</td>
        </tr>
      </c:forEach>
    </table>
  </c:otherwise>
</c:choose>
```

실습2: 제품 및 재고 관리 구현

그러면 지금까지 살펴본 내용을 토대로 주문 관리 예제 시스템의 제품 관리와 재고 관리를 구현하는 두 번째 실습을 하기로 한다. 제품 관리는 고객 관리와 아주 유사하다. 다만 이번에는 JSP 태그 대신에 표현식 언어와 JSTL을 사용하여 구현하기로 한다. 여러분은 4장의 실습1: 고객 관리 구현에서 생성했던 프로젝트를 복사하여 새로운 프로젝트를 생성하여 실습을 시작할 수 있다.

먼저 com.mycompany.ordersystem.controller 패키지에 ProductServlet 서블릿 클래스를 추가한다.

```
public class ProductServlet extends HttpServlet {
}
```

@WebServlet 어노테이션으로 서블릿을 설정한다.

```
@WebServlet(name = "productServlet", value = "/product")
public class ProductServlet extends HttpServlet {
}
```

ProductServlet 서블릿 클래스에 HTTP GET 요청 메서드를 처리하는 doGet() 메서드를 재정의(override)한다.

```
@Override
protected void doGet(HttpServletRequest request, HttpServletResponse response)
                    throws ServletException, IOException {
}
```

doGet() 메서드 안에 서블릿 요청을 JSP로 발송하는 골격 코드를 다음과 같이 작성한다.

```
final String pre = "/product/";
final String post = ".jsp";
String uri;
// 업무 로직
uri = pre + action + post;
request.getRequestDispatcher(uri).forward(request, response);
```

ProductServlet 서블릿은 제품 정보를 생성하고 읽고, 갱신하고 삭제하는 전형적인 CRUD(Create, Read, Update, Delete) 로직을 처리한다. 그리고 이들 행위는 다음과 같이 action 요청 매개변수로 전달된다.

action 매개변수	행위
"edit"	새로운 제품을 등록할 수 있도록 제품 등록 웹 폼을 요청한다
"list"	전체 제품 목록의 조회를 요청한다
"update"	특정한 제품의 정보를 변경할 수 있도록 제품 등록 웹 폼을 요청한다
"delete"	특정한 제품의 정보를 삭제하도록 요청한다

[표 6-2] ProductServelt HTTP GET 메서드 action 매개변수

이제 다음과 같이 action 요청 매개변수의 값을 읽어온다.

6장 JSTL

```
String action = request.getParameter("action");
```

만약 action 요청 매개변수의 값이 null 이라면 전체 제품 목록을 조회할 수 있도록 action 변수에 "list"를 저장한다.

```
if(action == null)
    action = "list";
```

다음에는 switch 문을 사용하여 action 변수값에 따라 행위를 수행할 수 있도록 골격 코드를 작성한다.

```
switch(action) {
    case "list":
        break;
    case "edit":
        break;
    case "update":
        break;
    case "delete":
        break;
    default:
        return;
}
```

전체 제품의 목록 또는 특정 제품 정보를 조회하기 위해서 다음과 같이 ProductService 컴포넌트를 구한다.

```
public class ProductServlet extends HttpServlet {
    private ProductService productService =
            OrderSystemService.createInstance().getProductService();
    // 생략..
}
```

action이 "list" 인 경우에 다음과 같이 productService의 getProducts() 메서드를

호출하여 제품 목록을 List〈Product〉 타입으로 반환한 다음, products 애트리뷰트에 저장하여 list.jsp 로 전송할 수 있게 한다.

```
    List<Product> products;
    switch(action) {
        case "list":
            products = productService.getProducts();
            request.setAttribute("products", products);
            break;
        // 생략...
    }
```

action이 "edit" 이면 새로운 Product 클래스의 인스턴스를 생성하고 product 애트리뷰트에 저장하여 edit.jsp 로 전송할 수 있게 한다.

```
    Product product;
    switch(action) {
        case "edit":
            product = new Product();
            request.setAttribute("product", product);
            break;
        // 생략..
    }
```

action이 "update"인 경우와 "delete" 인 경우는 애트리뷰트를 전송할 JSP 페이지만 다르고 id 요청 매개변수로 전송된 제품의 ID 정보로 제품 정보를 가져와 product 애트리뷰트에 저장하는 행위는 같으므로 다음과 같이 구현한다.

```
    switch(action) {
        case "update":
            action = "edit";
            // break;
        case "delete":
            String id = request.getParameter("id");
```

6장 JSTL

```
            product = productService.getProduct(Long.valueOf(id));
            request.setAttribute("product", product);
            break;
    // 생략..
    }
```

"update" 의 경우 edit.jsp 를 사용하기 때문에 action 변수의 값을 "edit"로 변경하고 이하 case 문을 그대로 수행하도록 break 문을 주석 처리한다.

이제 HTTP GET 요청 메서드를 처리하는 doGet() 메서드의 구현이 끝났다.

그러면 이들 각각의 요청에 대하여 웹 애플리케이션 루트의 product 서브 폴더에 있는 list.jsp와 edit.jsp, delete.jsp JSP 파일을 로드하게 될 것이므로 이들 JSP 파일을 구현하기로 한다.

먼저 웹 애플리케이션 루트 즉, webapp 폴더 밑에 product 서브 폴더를 생성한다.

그리고 edit.jsp 파일을 생성하고 다음과 같이 골격이 되는 HTML 코드를 작성한다.

```
<%@ page language="java" contentType="text/html;charset=UTF-8"%>
<!DOCTYPE html>
<html>
<head>
    <title>제품 정보 등록</title>
    <link rel="stylesheet" href="../styles/main.css" type="text/css"/>
</head>
<body>
    <h1>제품 정보 등록</h1>
    <form action="/product" method="post">
        <input type="hidden" name="action" value="save">
        <label>ID: </label>
        <input type="text" name="id" value="" readonly><br>
        <label>제품명: </label>
        <input type="text" name="name" value=""><br>
        <label>설명: </label>
        <input type="text" name="description" value=""><br>
        <label>가격: </label>
```

```
            <input type="text" name="price" value=""><br>
            <input type="submit" value="저장">
        </form>
    </body>
</html>
```

일반적인 HTML 코드를 포함하기 때문에 특별히 설명할 것은 없다. 다만 웹 폼이 /product URL로 HTTP POST 메서드 요청을 할 때 제품 정보와 함께 감추어진 action 필드의 "save" 값이 함께 전송된다는 점을 기억하기 바란다.

edit.jsp 파일을 실행될 때 product 애트리뷰트에 Product 타입의 제품 정보가 전달된다. 따라서 다음과 같이 각 폼 필드의 값을 product 애트리뷰트의 각 속성으로 초기화하는 EL 표현식을 추가한다.

```
<input type="text" name="id" value="${product.id}" readonly><br>
<input type="text" name="name" value="${product.name}"><br>
<input type="text" name="description" value="${product.description}"><br>
<input type="text" name="price" value="${product.price}"><br>
```

각 JSP 페이지의 마지막 부분에는 footer.jsp JSP 파일을 임포트하는 코드로 대체한다. 따라서 다음과 같이 Core 태그 라이브러리를 사용할 수 있도록 다음과 같이 taglib 지시어를 추가한다.

```
<%@ page language="java" contentType="text/html;charset=UTF-8"%>
<%@ taglib prefix="c" uri="http://java.sun.com/jsp/jstl/core" %>
```

그리고 다음과 같이 <c:import> 태그로 footer.jsp 파일을 임포트한다.

```
        <c:import url="/footer.jsp" />
    </body>
```

다음에는 list.jsp 파일을 생성하고 다음과 같이 골격이 되는 HTML 코드를 작성한다.

```
<%@ page language="java" contentType="text/html;charset=UTF-8"%>
<!DOCTYPE html>
```

6장 JSTL

```html
<html>
<head>
    <title>제품 목록 조회</title>
    <link rel="stylesheet" href="../styles/main.css" type="text/css"/>
</head>
<body>
    <h1>제품 목록 조회</h1>
    <table>
        <tr><th>제품명</th><th>제품 설명</th><th>가격</th></tr>
         <tr>
           <td></td>
           <td></td>
           <td></td>
           <td>
             <a href="/product?action=update&id=">변경</a>
             <a href="/product?action=delete&id=">삭제</a>
           </td>
         </tr>
    </table>
    <c:import url="/footer.jsp" />
</body>
</html>
```

list.jsp JSP 파일을 실행될 때 products 애트리뷰트에 전체 제품 목록이 List<Product> 타입으로 전달된다. 이제 이 제품 목록을 테이블에 표시하기 위해 Core 태그 라이브러리의 〈c:forEach〉 태그를 사용하기 위해 다음과 같이 taglib 지시어를 추가한다.

```
<%@ page language="java" contentType="text/html;charset=UTF-8"%>
<%@ taglib prefix="c" uri="http://java.sun.com/jsp/jstl/core" %>
```

그리고 테이블 헤더가 포함된 〈tr〉 태그 밑에 〈c:forEach〉 태그를 추가한다.

```
<table>
    <tr><th>제품명</th><th>제품 설명</th><th>가격</th></tr>
    <c:forEach var="product" items="${products}">
// 생략...
```

그리고 각 테이블 행의 〈td〉 태그에 다음과 같이 각 제품 정보를 읽어 표시하는 EL 표현식을 추가한다.

```
<tr>
  <td>${product.name }</td>
  <td>${product.description}</td>
  <td>${product.price }</td>
  <td>
    <a href="<c:url value = '/product?action=update&id=${product.id}'/>">
        변경
    </a>
    <a href="<c:url value ='/product'>
            <c:param name = 'action' value ='delete'/>
            <c:param name = 'id' value = '${product.id}'/>
        </c:url>">
        삭제
    </a>
  </td>
</tr>
```

마지막으로 〈c:forEach〉 태그를 닫는다.

```
    </c:forEach>
</table>
```

다음에는 delete.jsp 파일을 추가하고 다음과 같이 골격 HTML 코드를 작성한다.

```
<%@ page language="java" contentType="text/html;charset=UTF-8"%>
<%@ taglib prefix="c" uri="http://java.sun.com/jsp/jstl/core" %>
<!DOCTYPE html>
```

6장 JSTL

```html
<html>
<head>
    <title>제품 정보 삭제</title>
    <link rel="stylesheet" href="../styles/main.css" type="text/css"/>
</head>
<body>
    <h1>제품 정보 삭제</h1>
    <p>
    ID: <br>
    제품명 : <br>
    설명: <br>
    가격: <br>
    </p>
    <p>
    삭제하시겠습니까?
    <form action="/product" method="post">
        <input type="hidden" name="action" value="delete">
        <input type="hidden" name="id" value="">
        <input type="submit" value="삭제">
    </form>
    </p>
    <c:import url="/footer.jsp" />
</body>
</html>
```

delete.jsp JSP 파일을 실행될 때 product 애트리뷰트에 Product 타입의 제품 정보가 전달된다. 여기에서는 먼저 삭제할 제품 정보를 보여주기 위해 다음과 같이 EL 표현식을 추가한다.

```
ID: ${product.id} <br>
제품명 : ${product.name} <br>
설명: ${product.description} <br>
가격: ${product.price} <br>
```

그리고 "삭제" 단추가 클릭되어 웹 폼이 /product URL로 HTTP POST 메서드 요청을 할 때 "delete" 값을 갖는 action과 함께 삭제할 제품 ID를 폼 매개변수로 전달하게 하기 위해 다음과 같이 EL 표현식을 추가한다.

```
<input type="hidden" name="id" value="${product.id}">
```

이제 webapp 폴더 밑에 index.jsp 파일에 다음과 같이 코드를 추가한다.

```
<p>
<h2>제품 정보 관리</h2>
<a href="<c:url value = '/product'>
        <c:param name = 'action' value = 'edit'/>
      </c:url>">
   제품 정보 입력
</a><br>
<a href="<c:url value = '/product'>
        <c:param name = 'action' value = 'list'/>
      </c:url>">
   제품 정보 조회
</a><br>
</p>
</body>
```

그리고 footer.jsp 파일을 다음과 같이 변경한다.

```
<p>
  <a href="<c:url value='/index.jsp'/>">홈으로</a>
</p>
```

또한 Core 태그 라이브러리를 사용할 수 있도록 taglib 지시어를 추가한다.

```
<%@ page import="java.util.GregorianCalendar, java.util.Calendar" %>
<%@ taglib prefix="c" uri="http://java.sun.com/jsp/jstl/core" %>
```

이제 모든 JSP 작업은 끝나고 HTTP POST 메서드 요청을 처리할 모든 준비가 끝났

6장 JSTL

다. 이제 ProductServlet 서블릿 클래스에 doPost() 메서드를 재정의(override)한다.

```
@Override
protected void doPost(HttpServletRequest request, HttpServletResponse response)
                throws ServletException, IOException {
}
```

doPost() 메서드 안에 서블릿 요청에 대한 업무 로직을 처리하고 index.jsp JSP 페이지로 이동하는 골격 코드를 다음과 같이 작성한다.

```
String uri = "/index.jsp";
// 업무 처리 로직
request.getRequestDispatcher(uri).forward(request, response);
```

ProductServlet 서블릿은 다음과 같이 action 폼 매개변수와 함께 전달되는 HTTP POST 메서드 요청을 처리한다.

action 매개변수	행위
"save"	폼 매개변수 정보로 새로운 제품을 추가하거나 기존 제품 정보를 변경한다
"delete"	id 폼 매개변수 정보로 전달된 제품을 삭제한다

[표 6-3] ProductServelt HTTP POST 메서드 action 매개변수

먼저 action 폼 매개변수를 읽는다.

```
String action = request.getParameter("action");
```

다음에는 switch 문을 사용하여 action 변수값에 따라 행위를 수행할 수 있도록 골격 코드를 작성한다.

```
switch(action) {
   case "save":
      break;
   case "delete":
      break;
```

```
        default:
            ;
}
```

이 두 행위의 경우 모두 id 폼 매개변수를 읽어야 하므로 다음과 같이 코드를 작성한다.

```
String id, name, description, price;
id = request.getParameter("id");
// 생략...
```

action이 "save" 인 경우에 다음과 같이 name과 description, price 폼 매개변수를 읽어 새로운 Product 클래스의 인스턴스를 생성한 후 이 객체를 인수로 productService의 saveProduct() 메서드를 호출하여 새로운 제품 정보를 저장하거나 변경한다.

```
switch(action) {
    case "save":
        id = request.getParameter("id");
        name = request.getParameter("name");
        description = request.getParameter("description");
        price = request.getParameter("price");
        Product product = new Product();
        product.setId(Long.valueOf(id));
        product.setName(name);
        product.setDescription(description);
        product.setPrice(Long.valueOf(price));
        productService.saveProduct(product);
        break;
// 생략...
```

action이 "delete" 인 경우에는 id 폼 매개변수값을 인수로 productService의 getProduct() 메서드를 호출하여 해당 제품 정보를 구한 후에 null 이 아니면, deleteProduct() 메서드를 호출하여 제품 정보를 삭제하는 코드를 작성한다.

6장 JSTL

```
switch(action) {
  case "delete":
    Product old = productService.getProduct(Long.valueOf(id));
    if(old != null)
      productService.deleteProduct(old.getId());
    break;
// 생략...
```

이제 모든 구현 작업이 끝났다. 마지막으로 web.xml 파일을 다음과 같이 서블릿 5.0을 사용하도록 설정한다.

```
<?xml version="1.0" encoding="UTF-8"?>
<web-app version="5.0"
    xmlns="https://jakarta.ee/xml/ns/jakartaee"
    xmlns:xsi="http://www.w3.org/2001/XMLSchema-instance"
    xsi:schemaLocation="https://jakarta.ee/xml/ns/jakartaee
        https://jakarta.ee/xml/ns/jakartaee/web-app_5_0.xsd">
</web-app>
```

이제 우리의 제품 관리가 추가된 주문 관리 예제 시스템 애플리케이션을 실행하기로 한다.

애플리케이션이 실행되면 다음과 같이 초기 화면이 나타난다.

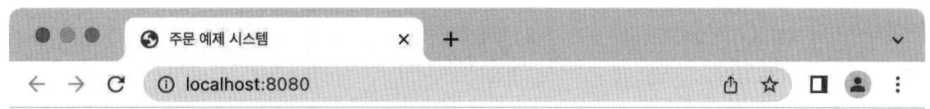

[그림 6-22] 주문 시스템 초기 화면

이제 "제품 정보 입력" 하이퍼링크를 클릭하면 다음과 같이 "제품 정보 등록" 화면이 나타난다. ID 필드는 읽기 전용 필드이므로 이 필드를 제외한 나머지 필드에 데이터를 입력하고 "저장" 단추를 클릭하여 새로운 제품정보를 저장한다.

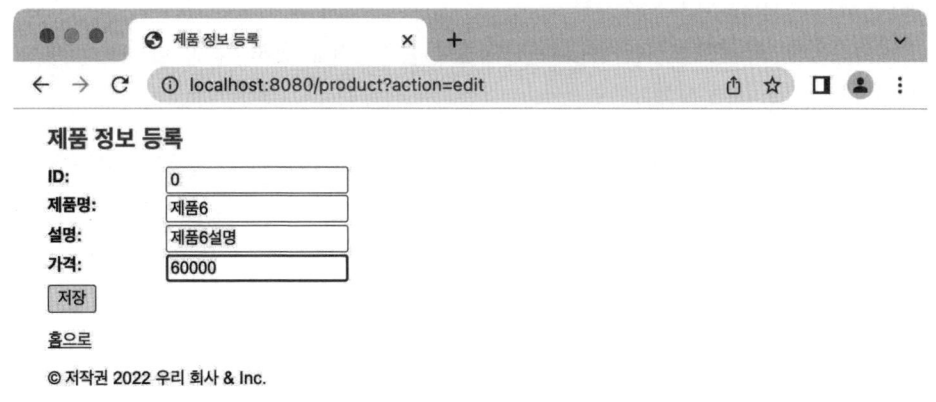

[그림 6-23] 제품정보 등록 화면

다시 초기 화면에서 "제품 정보 조회" 하이퍼링크를 클릭하면 다음과 같이 "제품 목록 조회" 화면에서 새로 추가된 제품이 포함되어 있는 것을 확인할 수 있다.

6장 JSTL

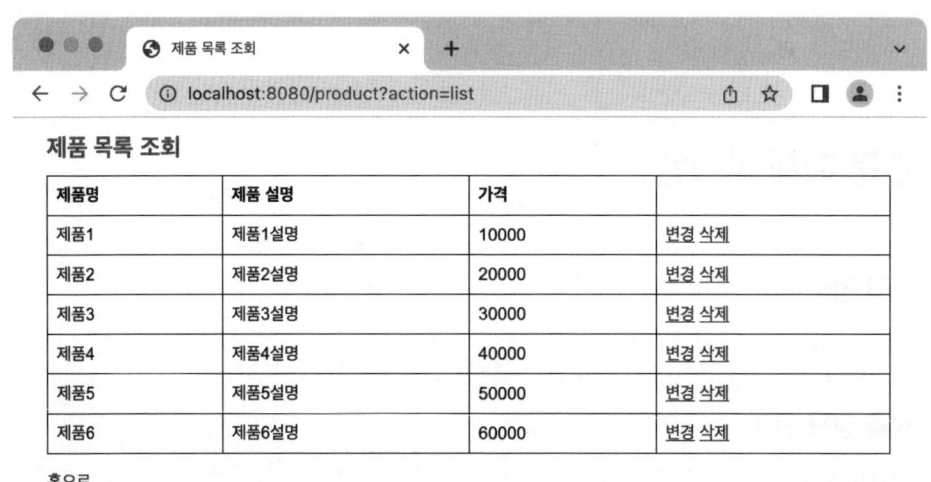

[그림 6-24] 제품 목록 조회 화면

그리고 "변경" 하이퍼링크를 클릭하면 다시 "제품 정보 등록" 화면으로 이동하여 이번에는 선택된 제품의 정보를 보여준다. 제품 정보를 변경하고 "저장" 단추를 클릭하면 해당 제품 정보가 변경되고, 초기 화면에서 다시 "제품 정보 조회" 하이퍼링크를 클릭하면 변경된 제품 정보가 반영된다.

그리고 "삭제" 하이퍼링크를 클릭하면 다음과 같이 "제품 정보 삭제" 화면이 나타나고 삭제할 제품 정보를 표시한다.

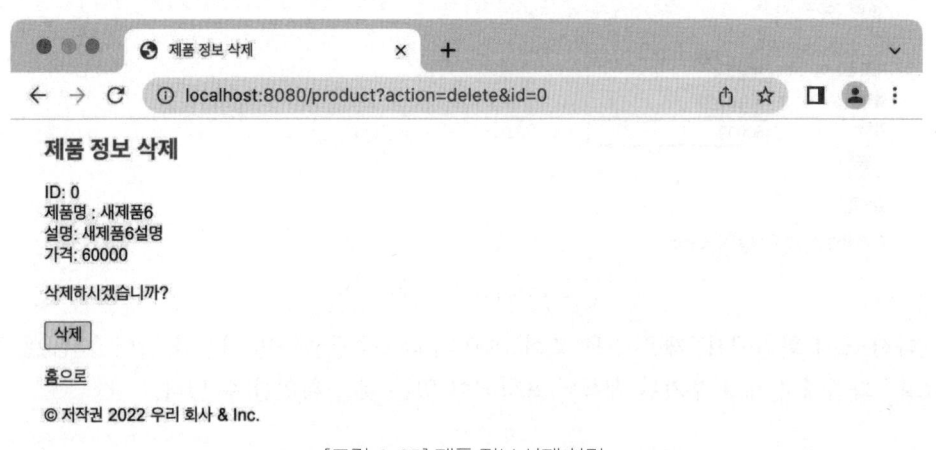

[그림 6-25] 제품 정보 삭제 화면

이때 "삭제" 단추를 클릭하면 해당 제품이 삭제되고, 초기 화면에서 다시 "제품 정보 조회" 하이퍼링크를 클릭하면 다음과 같이 삭제된 제품 정보가 더 이상 나타나지 않는다.

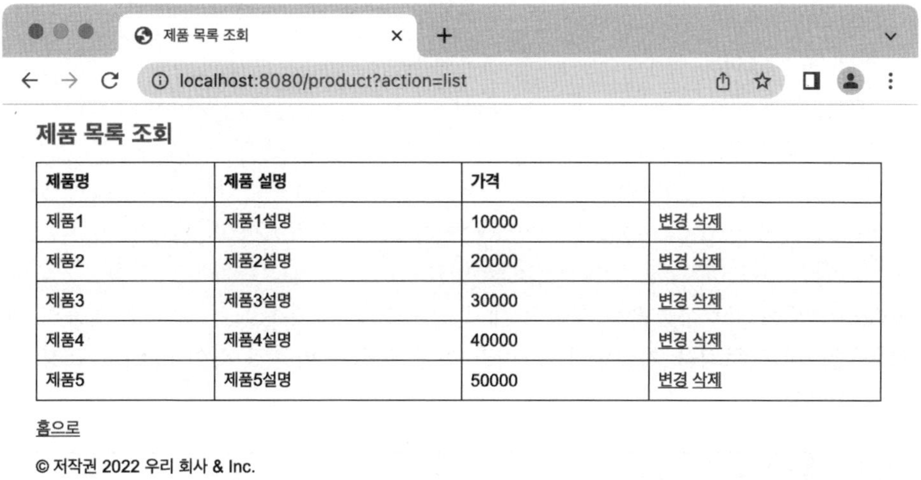

[그림 6-26] 제품 정보 삭제

이번에는 재고 정보 관리 기능을 추가하기로 한다.

먼저 com.mycompany.ordersystem.controller 패키지에 InventoryServlet 서블릿 클래스를 추가한다.

```
public class InventoryServlet extends HttpServlet {
}
```

@WebServlet 어노테이션으로 서블릿을 설정한다.

```
@WebServlet(name = "inventoryServlet", value = "/inventory")
public class InventoryServlet extends HttpServlet {
```

InventoryServlet 서블릿 클래스에 HTTP GET 요청 메서드를 처리하는 doGet() 메서드를 재정의(override)한다.

```
@Override
protected void doGet(HttpServletRequest request, HttpServletResponse response)
            throws ServletException, IOException {
}
```

6장 JSTL

doGet() 메서드 안에 서블릿 요청을 JSP로 발송하는 골격 코드를 다음과 같이 작성한다.

```
final String pre = "/inventory/";
final String post = ".jsp";
String uri;
// 업무 로직
uri = pre + action + post;
request.getRequestDispatcher(uri).forward(request, response);
```

InventoryServlet 서블릿은 제품의 재고 정보를 읽고 기존 또는 새로운 제품의 재고 정보를 갱신하는 로직을 처리한다. 그리고 이들 행위는 다음과 같이 action 요청 매개변수로 전달된다.

action 매개변수	행위
"list"	전체 제품 목록의 재고 현황 조회를 요청한다
"stock"	특정한 제품의 입고 정보를 추가하여 재고 수량을 변경할 수 있도록 제품 입고 웹 폼을 요청한다

[표 6-4] InventoryServelt HTTP GET 메서드 action 매개변수

이제 다음과 같이 action 요청 매개변수의 값을 읽어온다.

```
String action = request.getParameter("action");
```

만약 action 요청 매개변수의 값이 null 이라면 전체 제품 재고 목록을 조회할 수 있도록 action 변수에 "list"를 저장한다.

```
if(action == null)
    action = "list";
```

다음에는 switch 문을 사용하여 action 변수값에 따라 행위를 수행할 수 있도록 골격 코드를 작성한다.

```
switch(action) {
    case "list":
```

```
            break;
        case "stock":
            break;
        default:
            return;
}
```

전체 제품의 재고 목록 또는 특정한 제품의 재고 정보를 조회하기 위해서 다음과 같이 InventoryService 컴포넌트를 구한다.

```
public class InventoryServlet extends HttpServlet {
    private InventoryService inventoryService =
            OrderSystemService.createInstance().getInventoryService();
    // 생략..
}
```

action이 "list" 인 경우에 다음과 같이 inventoryService의 getInventories() 메서드를 호출하여 재고 목록을 List〈Inventory〉 타입으로 반환한 다음, inventories 애트리뷰트에 저장하여 list.jsp 로 전송할 수 있게 한다.

```
List<Inventory> inventories;
switch(action) {
    case "list":
        inventories = inventoryService.getInventories();
        request.setAttribute("inventories", inventories);
        break;
// 생략...
}
```

action이 "stock" 이면 id 요청 매개변수로 전송된 제품의 ID 정보로 재고 정보를 가져와 inventory 애트리뷰트에 저장하여 stock.jsp로 전송할 수 있게 한다.

```
Inventory inventory;
switch(action) {
    case "stock":
```

6장 JSTL

```
        String id = request.getParameter("id");
        inventory = inventoryService.getInventory(Integer.valueOf(id));
        request.setAttribute("inventory", inventory);
        break;
    // 생략..
    }
```

이제 HTTP GET 요청 메서드를 처리하는 doGet() 메서드의 구현이 끝났다.

그러면 이들 각각의 요청에 대하여 웹 애플리케이션 루트의 inventory 서브 폴더에 있는 list.jsp와 stock.jsp JSP 파일을 로드하게 될 것이므로 이들 JSP 파일을 구현하기로 한다.

먼저 웹 애플리케이션 루트 즉, webapp 폴더 밑에 inventory 서브 폴더를 생성한다.

그리고 stock.jsp 파일을 생성하고 다음과 같이 골격이 되는 HTML 코드를 작성한다.

```
<%@ page language="java" contentType="text/html;charset=UTF-8"%>
<%@ taglib prefix="c" uri="http://java.sun.com/jsp/jstl/core" %>
<!DOCTYPE html>
<html>
<head>
    <title>제품 입고</title>
    <link rel="stylesheet" href="../styles/main.css" type="text/css"/>
</head>
<body>
    <h1>제품 입고</h1>
    <form action="/inventory" method="post">
        <input type="hidden" name="action" value="stock">
        <label>ID: </label>
        <input type="text" name="id" value="" readonly><br>
        <label>제품명: </label>
        <input type="text" name="name" value="" readonly><br>
        <label>가격: </label>
```

```
            <input type="text" name="price" value="" readonly><br>
            <label>재고 수량: </label>
            <input type="text" name="quantity" value="" readonly><br>
            <label>입고 수량: </label>
            <input type="text" name="stock" value="0"><br>
            <input type="submit" value="입고">
        </form>
        <c:import url="/footer.jsp" />
    </body>
</html>
```

일반적인 HTML 코드를 포함하기 때문에 특별히 설명할 것은 없다. 다만 웹 폼이 /inventory URL로 HTTP POST 메서드 요청을 할 때 재고 정보와 함께 감추어진 action 필드의 "stock" 값이 함께 전송된다는 점을 기억하기 바란다..

stock.jsp 파일이 실행될 때 inventory 애트리뷰트에 Inventory 타입의 재고 정보가 전달된다. 따라서 다음과 같이 각 폼 필드의 값을 inventory 애트리뷰트의 각 속성으로 초기화하는 EL 표현식을 추가한다.

```
<input type="text" name="id" value="${inventory.id}" readonly><br>
<input type="text" name="name" value="${inventory.name}" readonly><br>
<input type="text" name="price" value="${inventory.price}" readonly><br>
<input type="text" name="quantity" value="${inventory.quantity}" readonly><br>
```

다음에는 list.jsp 파일을 생성하고 다음과 같이 골격이 되는 HTML 코드를 작성한다.

```
<%@ page language="java" contentType="text/html;charset=UTF-8"%>
<!DOCTYPE html>
<html>
<head>
    <title>제품 재고 조회</title>
    <link rel="stylesheet" href="../styles/main.css" type="text/css"/>
</head>
<body>
```

6장 JSTL

```
        <h1>제품 재고 조회</h1>
        <table>
            <tr><th>제품명</th><th>가격</th><th>재고 수량</th></tr>
              <tr>
                <td></td>
                <td></td>
                <td></td>
                <td>
                    <a href="/inventory?action=stock&id=">입고</a>
                </td>
              </tr>
        </table>
        <c:import url="/footer.jsp" />
    </body>
</html>
```

list.jsp JSP 파일이 실행될 때 품 애트리뷰트에 전체 제품의 재고 목록이 List〈Inventory〉 타입으로 전달된다. 이제 이 재고 목록을 테이블에 표시하기 위해서 Core 태그 라이브러리의 〈c:forEach〉 태그를 사용하기 위해 다음과 같이 taglib 지시어를 추가한다.

```
<%@ page language="java" contentType="text/html;charset=UTF-8"%>
<%@ taglib prefix="c" uri="http://java.sun.com/jsp/jstl/core" %>
```

그리고 테이블 헤더가 포함된 〈tr〉 태그 밑에 〈c:forEach〉 태그를 추가한다.

```
<table>
    <tr><th>제품명</th><th>가격</th><th>재고 수량</th></tr>
    <c:forEach var="inventory" items="${inventories}">
    // 생략...
```

그리고 각 테이블 행의 〈td〉 태그에 다음과 같이 각 재고 정보를 읽어 표시하는 EL 표현식을 추가한다.

```
<tr>
  <td>${inventory.name}</td>
  <td>${inventory.price}</td>
  <td>${inventory.quantity }</td>
  <td>
    <a href="<c:url value ='/inventory'>
          <c:param name = 'action' value ='stock'/>
          <c:param name = 'id' value = '${inventory.id}'/>
        </c:url>">
      입고
    </a>
  </td>
</tr>
```

마지막으로 <c:forEach> 태그를 닫는다.

```
    </c:forEach>
</table>
```

이제 webapp 폴더 밑에 index.jsp 파일에 다음과 같이 코드를 추가한다.

```
<a href="<c:url value = '/inventory'>
        <c:param name = 'action' value = 'list'/>
      </c:url>">
  재고 정보 조회
</a><br>
</p>
</body>
```

이제 모든 JSP 작업은 끝나고 HTTP POST 메서드 요청을 처리할 모든 준비가 끝났다. 이제 InventoryServlet 서블릿 클래스에 doPost() 메서드를 재정의(override)한다.

```
@Override
protected void doPost(HttpServletRequest request, HttpServletResponse response)
```

6장 JSTL

```
                    throws ServletException, IOException {
}
```

doPost() 메서드 안에 서블릿 요청에 대한 업무 로직을 처리하고 index.jsp JSP 페이지로 이동하는 골격 코드를 다음과 같이 작성한다.

```
String uri = "/index.jsp";
// 업무 처리 로직
request.getRequestDispatcher(uri).forward(request, response);
```

InventoryServlet 서블릿은 다음과 같이 action 폼 매개변수와 함께 전달되는 HTTP POST 메서드 요청을 처리한다.

action 매개변수	행위
"stock"	폼 매개변수 정보로 제품의 재고 정보를 변경한다

[표 6-5] InventoryServelt HTTP POSST 메서드 action 매개변수

먼저 action 폼 매개변수를 읽는다.

```
String action = request.getParameter("action");
```

다음에는 switch 문을 사용하여 action 변수값에 따라 행위를 수행할 수 있도록 골격 코드를 작성한다.

```
switch(action) {
    case "stock":
        break;
    default:
        ;
}
```

id 폼 매개변수를 읽기 위해 다음과 같이 코드를 작성한다.

```
String id, stock;
id = request.getParameter("id");
```

// 생략...

action이 "stock" 인 경우에 다음과 같이 stock 폼 매개변수를 읽어 id와 함께 이값을 인수로 inventoryService의 stockInventory() 메서드를 호출하여 제품의 재고 정보를 변경한다.

```
switch(action) {
    case "stock":
        id = request.getParameter("id");
        stock = request.getParameter("stock");
        inventoryService.stockInventory(Long.valueOf(id), Long.valueOf(stock));
        break;
// 생략...
```

이제 모든 구현 작업이 끝났다. 이제 우리의 재고 관리가 추가된 주문 관리 예제 시스템 애플리케이션을 실행하기로 한다.

애플리케이션이 실행되면 다음과 같이 초기 화면이 나타난다.

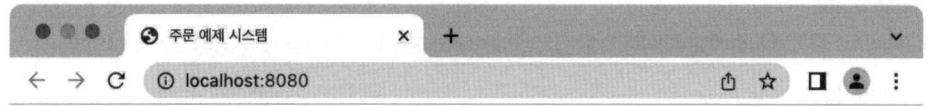

주문 예제 시스템

고객 정보 관리

고객 정보 입력
고객 정보 조회

제품 정보 관리

제품 정보 입력
제품 정보 조회
재고 정보 조회

[그림 6-27] 주문 시스템 초기 화면

초기 화면에서 "재고 정보 조회" 하이퍼링크를 클릭하면 다음과 같이 "제품 재고 조회" 화면에서 모든 제품의 재고 정보를 조회할 수 있다.

6장 JSTL

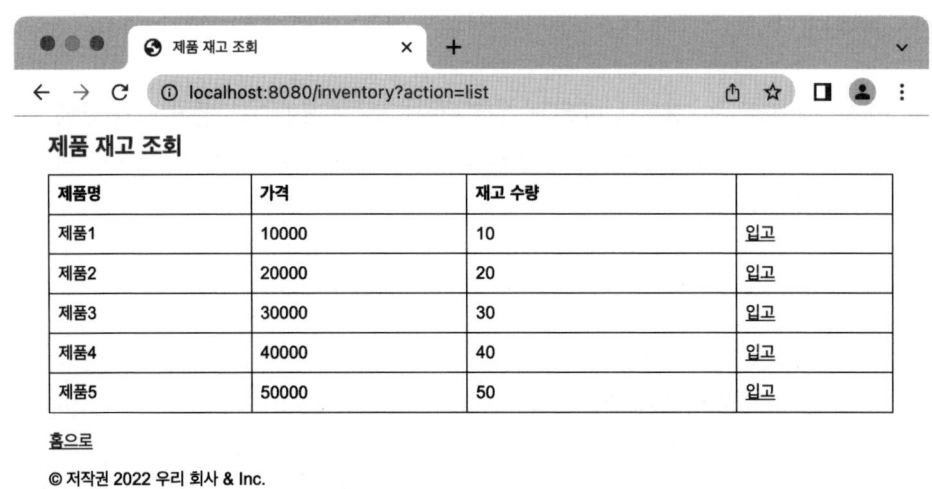

[그림 6-28] 제품 재고 조회 화면

그리고 "입고" 하이퍼링크를 클릭하면 "제품 입고" 화면으로 이동하여 이번에는 선택된 제품의 재고 정보를 보여준다. 입고 수량를 입력하고 "입고" 단추를 클릭하면 해당 제품의 재고 정보를 변경한다.

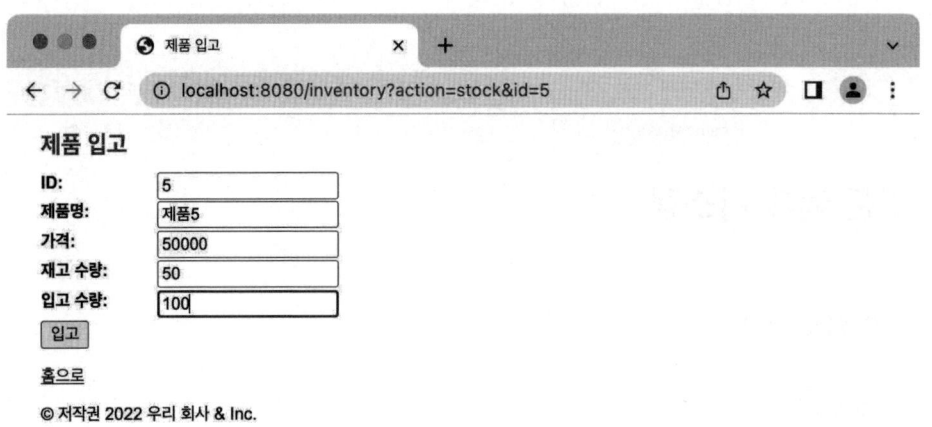

[그림 6-29] 제품 입고 화면

초기 화면에서 다시 "재고 정보 조회" 하이퍼링크를 클릭하면 다음과 같이 변경된 재고 정보를 확인할 수 있다.

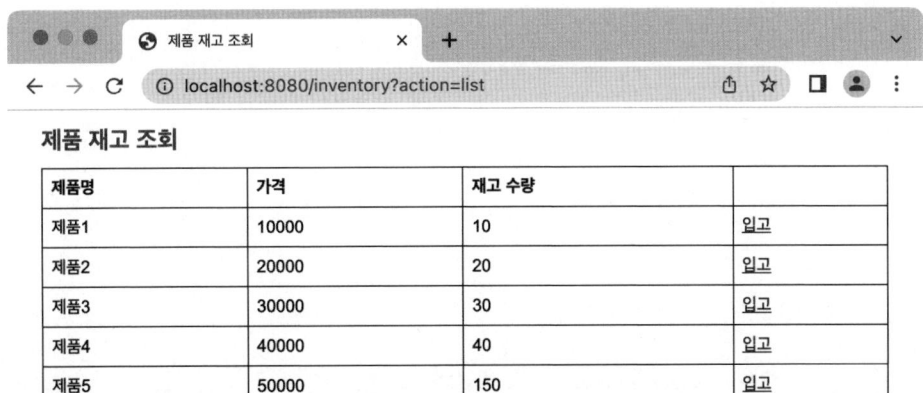

[그림 6-30] 재고 정보 변경 확인

빈 페이지

7장 세션과 쿠키

7장
세션과 쿠키

☐ 세션
☐ 쿠키
☐ 실습3: 주문 처리 구현
☐ 실습4: 주문 조회 구현

세션

    HTTP는 상태없는 프로토콜(stateless protocol)이다. 즉, 웹 브라우저가 HTTP 요청을 하면 웹 서버는 요청된 웹 리소스를 반환하고 연결을 끊는다. 그리고 다음에 다시 웹 브라우저가 HTTP 요청을 할 때 웹 브라우저의 이전 요청에 대한 어떤 정보도 남아 있지 않게 된다. 이와 같은 HTTP 상태없는 프로토콜은 지금까지의 우리의 작업에서는 아무런 문제가 없지만 우리의 주문 관리 예제 시스템에서 주문을 처리할 때는 이야기가 달라진다. 주문 처리 과정은 다음 UML(Unified Modeling Language)로 작성된 시퀀스 다이어그램(sequence diagram)과 같다. UML은 모델링 언어로서, 시퀀스 다이어그램은 업무의 처리 흐름을 소프트웨어 구성 요소들이 서로 상호 작용하는 과정을 순서대로 표현하는 다이어그램이다. UML 모델링에 대해서는 필자의 저서인 "컴포넌트 기반 UML 모델링"에서 상세히 설명하겠지만, 이 정도의 다이어그램은 직관적으로 이해할 수 있을 것이다.

JSP 서블릿 웹 프로그래밍

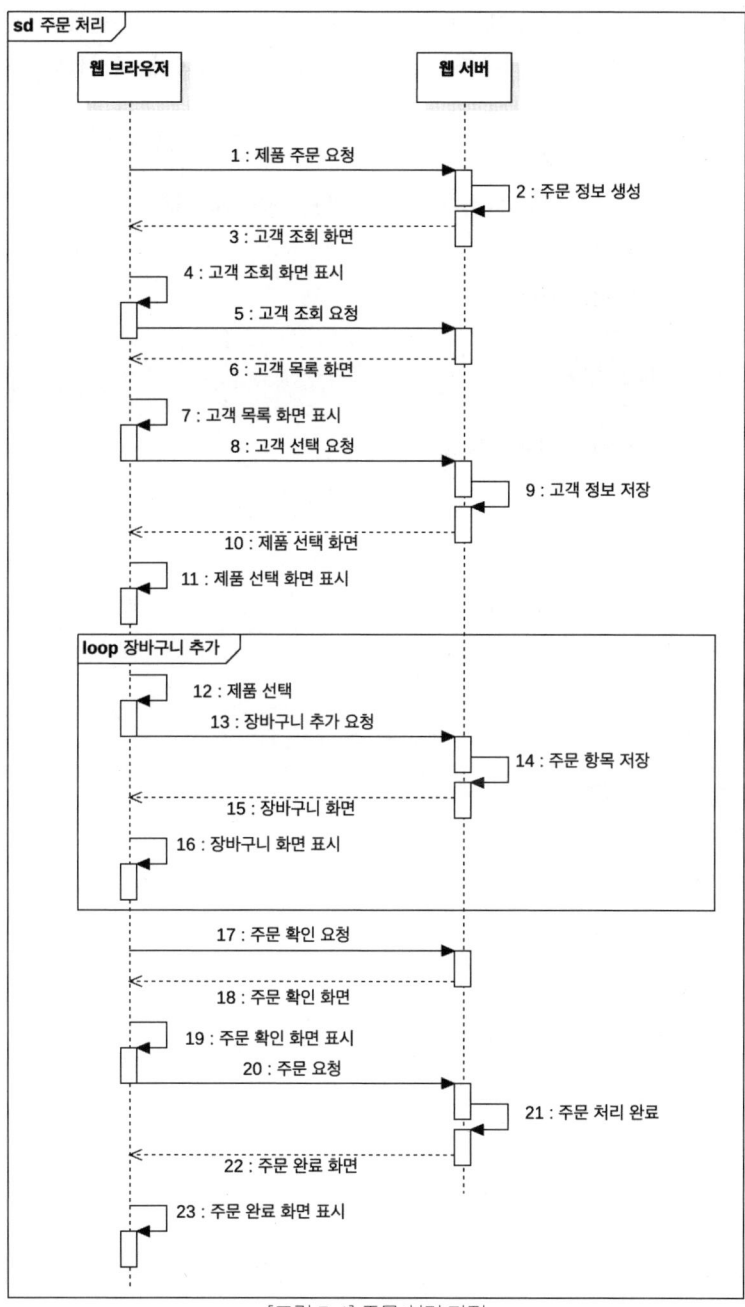

[그림 7-1] 주문 처리 과정

위의 시퀀스 다이어그램에서 사용자가 웹 브라우저에서 '1: 제품 주문 요청'을 하면 웹 서버는 '2: 주문 정보 생성'에서 새로운 주문 정보를 생성하여 웹 서버에 저장해야 한다. 그렇지 않으면 다음 요청에 이 정보는 사라지게 된다. 그리고 고객 조회 화면을 웹 브라우저로 전송하면 웹 브라우저는 고객 조회 화면을 화면에 표시한다.

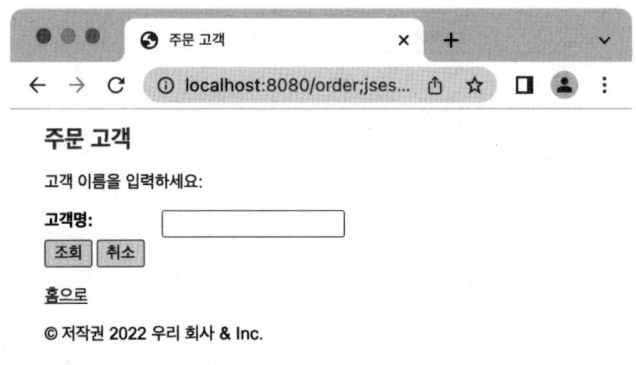

[그림 7-2] 고객 조회 화면

다음에 사용자가 고객 이름을 입력하고 '5: 고객 조회 요청'을 하면 웹 서버는 요청된 이름을 갖는 고객 목록 화면을 웹 브라우저로 전송한다. 그러면 웹 브라우저는 고객 목록 화면을 화면에 표시한다.

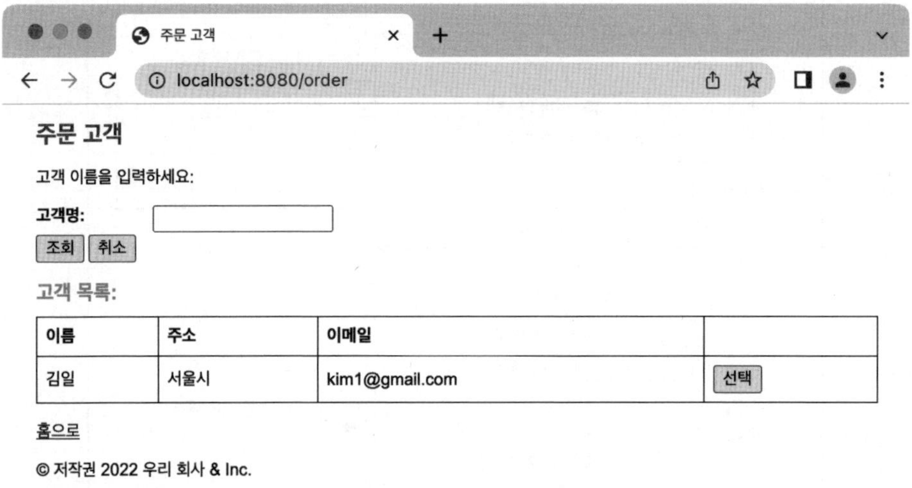

[그림 7-3] 고객 목록 화면

그리고 사용자가 고객을 선택하여 '8: 고객 선택 요청'을 하면 웹 서버는 '9: 고객 정보 저장'에서 선택된 고객에 대한 정보를 주문 정보에 추가하고 웹 서버에 저장해야 한다. 그렇지 않으면 다음 요청에 이 정보는 사라지게 된다. 그리고 제품 선택 화면을 웹 브라우저로 전송하면 웹 브라우저는 제품 선택 화면을 화면에 표시한다.

JSP 서블릿 웹 프로그래밍

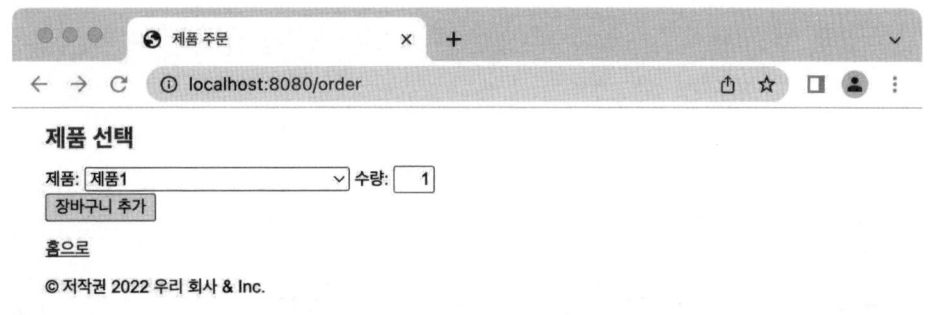

[그림 7-4] 제품 선택 화면

이제 사용자가 제품을 선택하고 수량을 입력한 후에 '13: 장바구니 추가 요청'을 하면 웹 서버는 '14: 주문 항목 저장'에서 이 주문 항목도 주문 정보에 추가하고 웹 서버에 저장해야 한다. 그렇지 않으면 다음 요청에 이 정보도 사라지게 된다. 그리고 이 주문 항목이 포함된 장바구니 화면을 웹 브라우저로 전송하고 웹 브라우저는 장바구니 화면을 화면에 표시한다.

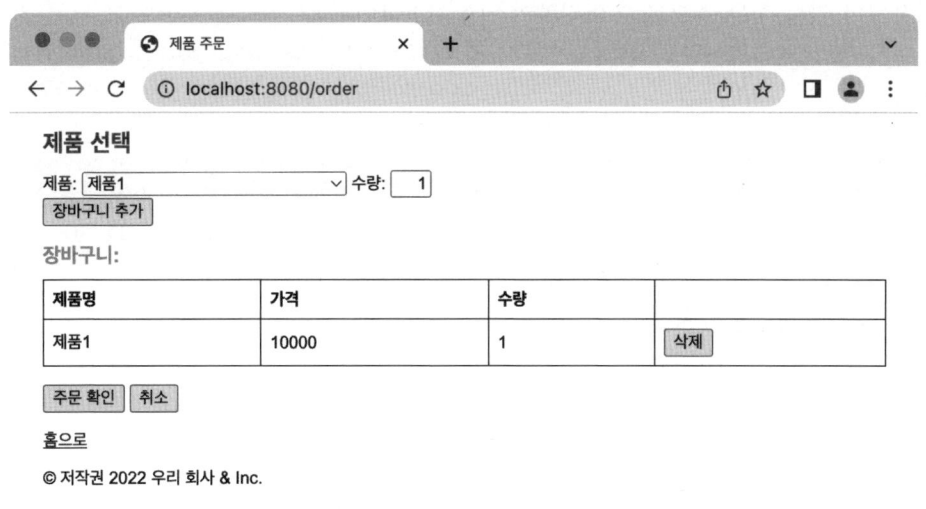

[그림 7-5] 장바구니 화면

그리고 이 과정을 반복한 후에 사용자가 '17: 주문 확인 요청'을 하면 웹 서버는 웹 서버에 저장되어 있는 주문 정보를 사용하여 고객 정보와 주문 항목을 포함하는 주문 확인 화면을 구성하고 웹 브라우저를 전송한다. 그러면 웹 브라우저는 주문 확인 화면을 화면에 표시한다.

7장 세션과 쿠키

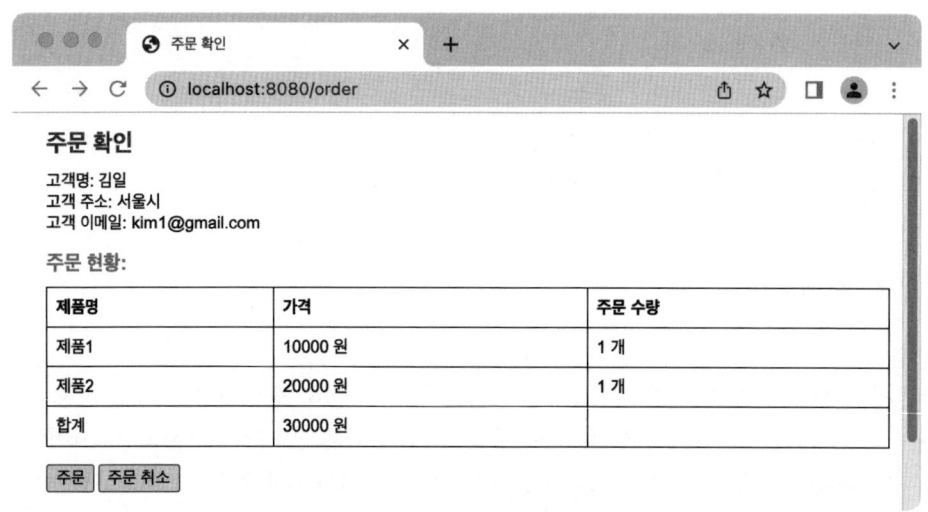

[그림 7-6] 주문 확인 화면

이제 사용자가 '20: 주문 요청'을 하면 웹 서버는 '21: 주문 처리 완료'에서 웹 서버에 저장되어 있는 주문 정보를 데이터베이스에 저장하여 주문 처리를 완료하고 주문 완료 화면을 웹 브라우저에 전송한다. 그러면 웹 브라우저는 주문 완료 화면을 화면에 표시한다.

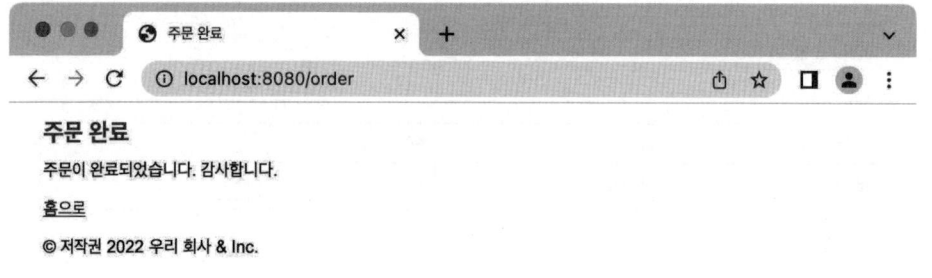

[그림 7-7] 주문 완료 화면

이와 같은 주문 처리 과정에서 '2: 주문 정보 생성'과 '9: 고객 정보 저장', '14: 주문 항목 저장'에서 각각 주문 정보와 고객 정보, 주문 항목 정보를 웹 서버에 임시로 저장해야 한다. 이와 같은 정보를 상태(state)라고 한다. 하지만 웹 서버는 기본적으로 상태 없는 프로토콜로 웹 브라우저와 통신하기 때문에 상태를 저장하지 않으면 각각 다음 요청에서 해당 상태 정보가 사라지게 된다.

또한 사용자가 웹 브라우저로 웹 서버에 접속하여 '1: 제품 주문 요청'에서부터 '23: 주문 완료 화면 표시'까지의 과정을 여러 요청이 연결된 하나의 흐름으로 이해할 수 있으며 이것을 세션(session)이라고 부른다. 그리고 이 세션 동안에 계속해서 유지해야 할 상태 정보는 웹 서버의 세션 안에 저장되고 관리되어야 한다. 하나의 세션이 끝나면 세션에 유지되었던 상태 정보는 데이터베이스와 같은 지속적인 저장소(persistent data storage)로 저장되어 나중에 해당 정보가 필요할 때 다시 읽을 수 있어야 한다. 그리고 세션에 유지되었던 상태 정보를 삭제할 수 있다.

서블릿에서 세션은 HttpSession 클래스로 표현되며, 세션 객체를 구하기 위해서는 다음과 같이 요청 객체의 getSession() 메서드를 호출한다.

```
HttpSession session = request.getSession();
```

그리고 상태 정보를 세션에 저장할 때는 요청 객체의 경우와 마찬가지로 setAttribute() 메서드를 사용한다.

```
customer = new Customer();
List<OrderItem> items = new ArrayList<>();
order = new Order(customer, items);
session.setAttribute("order", order);
```

위의 코드는 Order 클래스로 표현되는 새로운 주문 정보를 생성하여 세션 객체에 "order" 애트리뷰트를 저장하는 예를 보여준다.

그리고 세션 객체에 저장되어 있는 애트리뷰트를 읽을 때에도 요청 객체와 마찬가지로 getAttribute() 메서드를 사용한다.

```
Order order = (Order)session.getAttribute("order");
```

또한 세션 객체에 저장된 애트리뷰트를 삭제하려면 removeAttribute() 메서드를 사용한다.

```
session.removeAttribute("order");
```

또는 세션 객체에 저장된 모든 애트리뷰트를 일괄적으로 삭제할 때는 invalidate() 메서드를 사용할 수 있다.

```
session.invalidate();
```

7장 세션과 쿠키

그리고 참고로 세션 객체에 저장된 모든 애트리뷰트의 목록을 구할 때 getAttributeNames() 메서드를 사용한다.

```
Enumeration attributes = session.getAttributeNames();
while(attributes.hasMoreElements()) {
    System.out.println((String)attributes.nextElement());
}
```

웹 서버에는 여러 사용자가 동시에 자신의 세션을 생성할 수 있으며, 이들 각각의 세션은 세션 ID로 식별된다. 세션 ID를 구하기 위해서는 getId() 메서드를 사용한다.

```
String jsessionId = session.getId();
```

세션 ID는 다음과 같은 문자열을 갖는다.

```
ABC35D76A25FD11651C09416B5DC77D9
```

웹 서버에서 각 세션은 제한된 리소스이기 때문에 여러 사용자가 동시에 여러 세션을 생성한다면 웹 서버는 곧 리소스 고갈 상태가 될 것이다. 따라서 각 세션이 유지되는 시간을 setMaxInactiveInterval() 메서드를 사용하여 지정할 수 있다. 이 메서드의 인수에는 세션이 유지되는 시간을 초 단위로 지정한다.

```
session.setMaxInactiveInterval(60 * 60 * 24);    // 하루
```

만약 인수값으로 -1을 지정하면 웹 브라우저가 닫힐 때까지 세션이 유지된다.

```
session.setMaxInactiveInterval(-1);              // 웹 브라우저를 닫을 때까지
```

JSP의 스크립트릿에서 세션 애트리뷰트의 값을 읽을 때 session 객체의 getAttribute() 메서드를 사용한다.

```
<%
    Order order = (Order)session.getAttribute("order");
%>
```

위의 코드는 세션 객체의 "order" 애트리뷰트에 저장된 주문 객체를 읽어온다. 그리고 이 주문 객체에서 장바구니 정보를 읽어서 테이블에 표현하는 코드의 예다.

```jsp
<%
    Order order = (Order)session.getAttribute("order");
    List<OrderItem> items = order.getItems();
    if(items != null && items.size() > 0) {
%>
<h2>장바구니:</h2>
    <table>
        <tr>
            <th>제품명</th>
            <th>가격</th>
            <th>수량</th>
            <th></th>
        </tr>
<%
        for(int i = 0; i < items.size(); i++) {
            Product product = items.get(i).getProduct();
            long quantity = items.get(i).getQuantity();
%>
        <tr>
            <form action="/order" method="POST">
                <input type="hidden" name="action" value="remove_from_cart">
                <input type="hidden" name="index" value="<%=i%>">
                <td><%=product.getName()%></td>
                <td><%=product.getPrice()%></td>
                <td><%=quantity%></td>
                <td><input type="submit" value="삭제"></td>
            </form>
        </tr>
<%
        }
%>
```

7장 세션과 쿠키

```
    </table>
```

이 코드에서는 "order" 애트리뷰트에 저장된 주문 정보에서 getItems() 메서드를 호출하여 주문 항목 목록(List<OrderItem> items)을 구하고, 주문 항목 목록에 주문 항목이 있으면 for 문을 사용하여 각 주문 항목을 읽어 장바구니 테이블에 각각 제품명과 가격, 수량을 표시한다. 또한 각 주문 항목에 "삭제" 단추를 추가해서 해당 주문 항목을 삭제할 수 있게 한다.

참고로 JSP가 HTTP 세션(session)에 참여하는 지 여부를 지시하는 session 속성을 포함하는 <%@ page %> 지시어를 지정할 수 있다. 그러나 디폴트 값이 true로 세션에 참여하여 JSP 안에서 session 객체를 사용하여 세션 객체에 접근할 수 있기 때문에 굳이 사용할 필요는 없다.

```
<%@ page session="true" %>
```

EL을 사용할 때는 요청 객체의 애트리뷰트와 세션 객체의 애트리뷰트를 구별하지 않고 동일하게 접근할 수 있다.

```
${order}
```

이 경우 페이지 범위와 요청 범위, 세션 범위, 애플리케이션 범위 순으로 각 범위에서 애트리뷰트를 찾기 때문에 같은 이름을 갖는 애트리뷰트가 요청 객체와 세션 객체에 저장되어 있다면 요청 객체의 애트리뷰트를 읽게 되지만 세션 객체에만 저장되어 있다면 세션 객체의 애트리뷰트를 읽는다.

바로 앞에서 JSP 스크립트릿을 사용하여 작성한 코드를 EL과 JSTL을 사용하여 다시 작성하면 다음과 같다.

```
<c:choose>
  <c:when test="${fn:length(order.items) != 0}">
    <h2>장바구니:</h2>
    <table>
      <tr>
        <th>제품명</th>
        <th>가격</th>
        <th>수량</th>
```

```
                <th></th>
            </tr>
            <c:forEach var="item" items="${order.items}" varStatus="status">
                <tr>
                    <form action="/order" method="POST">
                        <input type="hidden" name="action" value="remove_from_cart">
                        <input type="hidden" name="index" value="${status.index}">
                        <td>${item.product.name}</td>
                        <td>${item.product.price}</td>
                        <td>${item.quantity}</td>
                        <td><input type="submit" value="삭제"></td>
                    </form>
                </tr>
            </c:forEach>
        </table>
    </c:when>
</c:choose>
```

위의 코드에서는 〈c:choose〉와 〈c:when〉 태그, 그리고 〈fn:length〉 함수를 사용하여 주문 항목 목록(order.item)에 주문 항목이 있으면 〈c:forEach〉 태그를 사용하여 각 주문 항목을 읽어 장바구니 테이블에 각각 제품명과 가격, 수량을 표시한다. 마찬가지로 각 주문 항목에 "삭제" 단추를 추가해서 해당 주문 항목을 삭제할 수 있게 한다.

이들 코드의 실행 결과는 [그림 7-5]에서 볼 수 있다.

쿠키

쿠키(cookie)는 클라이언트 저장소로서 사용자의 컴퓨터에 데이터를 저장한다. 쿠키는 원래 JSP와 같은 서버 측 스크립트(server-side script)에서 사용하도록 고안된 오래된 클라이언트 저장소 방식이다. 쿠키는 소량의 데이터를 저장하는데 적당하며, HTTP 요청을 할 때마다 쿠키로 저장된 모든 데이터가 항상 서버로 전송된다.

쿠키는 "이름=값" 쌍으로 구성되고 각 쌍은 세미콜론(;)으로 구분된다. 이때 쌍 하나는 하나의 독립된 쿠키를 나타낸다. 쿠키에 값을 지정하면 웹 브라우저는 이값으로 해당 쿠키를 갱신한다. 이때 다른 쿠키의 값은 변경되지 않는다.

    jsessionid=6C142901B18C925F0606E5C692726D14;order_id=123;

  웹 브라우저가 웹 서버의 서블릿 엔진에 HTTP 요청을 할 때 서블릿 엔진은 요청에 세션 ID가 포함되어 있는 지를 검사한다. 만약 세션 ID가 없다면 서블릿 엔진은 고유한 세션 ID와 함께 세션 객체를 생성한다. 이후부터 웹 서버는 세션 ID를 사용하여 각 웹 브라우저의 요청을 세션 객체에 연계시킨다. 이것을 세션 트래킹(session tracking)이라고 한다.

  디폴트로 서블릿 엔진은 웹 브라우저 안에 세션 ID를 저장하기 위해 쿠키를 사용한다. 따라서 웹 브라우저가 다음에 HTTP 요청을 하게 되면 요청에 쿠키가 포함되어 쿠키에 저장된 세션 ID로 세션 객체로 연계시킬 수 있게 된다. 그러나 만약 웹 브라우저가 쿠키를 사용할 수 없게 설정되어 있다면 세션 트래킹은 작동하지 않게 된다. 이 문제를 해결하기 위해 서블릿 엔진은 다음과 같이 URL에 세션 ID를 포함시킨다.

    http://localhost:8080/order;
       jsessionid=6C142901B18C925F0606E5C692726D14?action=create_order

  이것을 URL 인코딩(encoding)이라고 한다. 그러나 이 접근 방법은 세션 하이재킹(session hijacking)과 같은 보안 문제를 야기시킬 수도 있으며, 사용자가 세션 ID를 포함하는 페이지를 북마크할 때 잘못 작동할 수 있는 위험성도 있다.

  그러나 다행히 대부분의 사용자가 쿠키를 허용하고 있고, 또한 쿠키를 허용해 달라고 사용자에게 알려주는 메시지를 표시함으로써 이런 문제를 해결할 수 있다.

  서블릿에서 쿠키를 생성할 때 Cookie 클래스를 사용한다.

    Cookie cookie = new Cookie("order_id", order.getId());

  쿠키의 만료 기간을 지정하는 max-age 옵션은 setMaxAge() 메서드로 설정한다. 현재부터 만료 일시까지의 시간을 초 단위로 인수를 지정한다. 0 이나 음수값을 지정하면 해당 쿠키는 삭제된다.

    cookie.setMaxAge(60*60*24);   // 하루

  전체 애플리케이션이 쿠키에 접근하게 하기 위해서는 setPath() 메서드를 사용하여

쿠키의 경로를 "/"로 지정한다.

```
cookie.setPath("/");
```

그리고 생성한 쿠키를 HTTP 응답 객체에 저장하기 위해서는 응답 객체의 addCookie() 메서드를 사용한다.

```
response.addCookie(cookie);
```

또한 HTTP 요청 객체에서 쿠키를 읽기 위해서는 요청 객체의 getCookies() 메서드를 사용한다.

```
Cookie [] cookies = request.getCookies();
String value;
for(Cookie cookie : cookies) {
    if("order_id".equals(cookie.getName()) {
        value = cookie.getValue();
        break;
    }
}
```

실습3: 주문 처리 구현

그러면 지금까지 살펴본 내용을 토대로 세션을 사용하여 주문 관리 예제 시스템의 주문 관리 중에서 주문 처리를 구현하는 세 번째 실습을 하기로 한다. 여러분은 6장의 실습2: 제품 및 재고 관리 구현에서 생성했던 프로젝트를 복사함으로써 새로운 프로젝트를 생성하여 실습을 시작할 수 있다.

먼저 com.mycompany.ordersystem.controller 패키지에 OrderServlet 서블릿 클래스를 추가한다.

```
public class OrderServlet extends HttpServlet {
}
```

7장 세션과 쿠키

@WebServlet 어노테이션으로 서블릿을 설정한다.

```
@WebServlet(name = "orderServlet", value = "/order")
public class OrderServlet extends HttpServlet {
}
```

OrderServlet 서블릿 클래스에 주문 처리를 수행하는 OrderService를 포함하여 주문에 사용되는 CustomerService와 ProductService 컴포넌트를 구하는 코드를 추가한다.

```
public class OrderServlet extends HttpServlet {
    private OrderService orderService =
        OrderSystemService.createInstance().getOrderService();
    private CustomerService customerService =
        OrderSystemService.createInstance().getCustomerService();
    private ProductService productService =
        OrderSystemService.createInstance().getProductService();
```

그리고 HTTP GET와 POST 요청 메서드를 처리하는 doGet()과 doPost() 메서드를 재정의(override)한다.

```
    @Override
    protected void doGet(HttpServletRequest request, HttpServletResponse response)
                throws ServletException, IOException {
    }
    @Override
    protected void doPost(HttpServletRequest request, HttpServletResponse response)
                throws ServletException, IOException {
    }
```

doGet() 메서드에서는 모든 서블릿 요청을 doPost() 메서드로 이관시킨다.

```
    @Override
    protected void doGet(HttpServletRequest request, HttpServletResponse response)
                throws ServletException, IOException {
```

```
    doPost(request, response);
}
```

doPost() 메서드 안에 서블릿 요청을 JSP로 발송하는 골격 코드를 다음과 같이 작성한다.

```
final String pre = "/order/";
final String post = ".jsp";
String uri;
String action = request.getParameter("action");
// 업무 로직
uri = pre + action + post;
request.getRequestDispatcher(uri).forward(request, response);
```

그리고 다음과 같이 세션 객체를 구하는 코드를 추가한다.

```
HttpSession session = request.getSession();
String action = request.getParameter("action");
```

먼저 사용자가 [그림 7-1]의 '1: 제품 주문 요청'을 할 수 있도록 index.jsp 파일에 다음과 같이 코드를 추가한다.

```
<p>
<h2>주문 관리</h2>
<a href="<c:url value = '/order'>
            <c:param name = 'action' value = 'create_order'/>
        </c:url>">
   제품 주문
</a><br/>
</p>
</body>
```

이때 action 매개변수에는 "create_order"가 전달된다. 따라서 OrderServlet 클래스의 doPost() 메서드에 다음과 같이 switch 문을 추가하여 새로운 주문 객체를 생성하고, 세션 객체에 "order" 애트리뷰트를 추가한다. 또한 ProductService 컴포넌트의

7장 세션과 쿠키

getProducts() 메서드를 호출하여 전체 제품 목록을 가져와 세션 객체의 "products" 애트리뷰트에 저장한다.

```java
Customer customer;
Order order;
List<Product> products;
Product product;
switch(action) {
    case "create_order":
        customer = new Customer();
        List<OrderItem> items = new ArrayList<>();
        order = new Order(customer, items);
        session.setAttribute("order", order);
        products = productService.getProducts();
        session.setAttribute("products", products);
        break;
    // 생략...
```

다음에는 웹 애플리케이션 루트 즉, webapp 폴더 밑에 order 서브 폴더를 생성한다. 그리고 create_order.jsp 파일을 생성하고 다음과 같이 골격이 되는 HTML 코드를 작성한다.

```jsp
<%@ page language="java" contentType="text/html;charset=UTF-8"%>
<%@ taglib prefix="c" uri="http://java.sun.com/jsp/jstl/core" %>
<!DOCTYPE html>
<html>
<head>
    <title>주문 고객</title>
    <link rel="stylesheet" href="../styles/main.css" type="text/css"/>
</head>
<body>
    <h1>주문 고객</h1>
    <p>고객 이름을 입력하세요:</p>
    <form action="/order" method="post">
```

```
            <input type="hidden" name="action" id="action"
                            value="input_customer">
        <label>고객명: </label>
        <input type="text" name="customer_name" value=""><br>
        <input type="submit" value="조회">
        <input type="submit" onclick="" value="취소">
    </form>
    <h2>고객 목록:</h2>
        <table>
            <tr>
                <th>이름</th>
                <th>주소</th>
                <th>이메일</th>
                <th></th>
            </tr>
            <tr>
                <td></td>
                <td></td>
                <td></td>
                <td>
                    <form action="/order" method="POST">
                        <input type="hidden" name="customer_id" value="">
                        <input type="hidden" name="action" value="select_customer">
                        <input type="submit" value="선택">
                    </form>
                </td>
            </tr>
        </table>
    <c:import url="/footer.jsp" />
</body>
</html>
```

위의 코드에서 고객 이름을 입력할 때 "취소" 단추를 클릭하면 "cancel_order" 값이 action 매개변수에 저장되어 주문을 취소할 수 있도록 자바스크립트 코드를 다음과 같

7장 세션과 쿠키

이 추가하였다.

```html
<form action="/order" method="post">
    // 생략...
    <input type="submit" onclick="setActionValue('cancel_order')" value="취소">
</form>
<script>
    function setActionValue(event) {
        let action = document.getElementById("action");
        action.value = event;
    }
</script>
```

이제 고객 이름을 입력하는 폼의 "customer_name" 필드의 값을 다음과 같이 초기화한다.

```html
<form action="/order" method="post">
    <input type="hidden" name="action" id="action" value="input_customer">
    <label>고객명: </label>
    <input type="text" name="customer_name"
                    value="${order.customer.name}"><br>
    <input type="submit" value="조회">
    <input type="submit" onclick="setActionValue('cancel_order')" value="취소">
</form>
```

사용자가 고객 이름을 입력하고 "조회" 단추를 클릭하면 "customer_name" 필드의 값과 "input_customer" 값을 포함하는 action 폼 매개변수가 orderServlet 서블릿에 HTTP POST 메서드 요청으로 전달된다.

그러면 OrderServlet 클래스의 doPost() 메서드에 다음과 같이 switch 문에 case 구를 추가하여 action이 "input_customer"인 경우에 customer_name 폼 매개변수를 읽어서 이값을 인수로 CustomerService의 getCustomersByName() 메서드를 호출하여 같은 이름을 갖는 모든 고객 목록을 읽어와 요청 객체의 "customers" 애트리뷰트에 고객 목록을 저장한다.

```
        List<Customer> customers;
        String customer_name;
        switch(action) {
            case "input_customer":
                customer_name = request.getParameter("customer_name");
                customers = customerService.getCustomersByName(customer_name);
                request.setAttribute("customers", customers);
                action = "create_order";
                break;
        // 생략...
```

그리고 action 변수의 값을 "create_order"로 변경하여 다시 create_order.jsp가 로드되도록 한다.

다시 create_order.jsp 파일에 고객 목록을 표시하고 선택하는 코드를 추가한다. 이번에는 JSP 스크립트릿을 사용해보기로 한다. 먼저 첫 번째 고객 이름 입력 폼 태그 다음에 다음과 같이 스크립트릿을 추가한다.

```
    <%
        List<Customer> customers = (List<Customer>)request.getAttribute("customers");
        if(customers != null && customers.size() > 0) {
    %>
    <h2>고객 목록:</h2>
```

위 코드에서는 요청 객체의 "customers" 애트리뷰트에 저장된 고객 목록을 가져온다. 그리고 고객 목록이 null이 아니면서 고객 목록에 항목이 있는 경우에는 고객 목록 테이블을 표시하도록 한다.

따라서 고객 목록 테이블 헤더 행 태그 밑에 다음과 같이 스크립트릿을 추가한다.

```
    <%
        for(int i = 0; i < customers.size(); i++) {
            Customer customer = customers.get(i);
    %>
```

또는 다음과 같이 작성할 수도 있다.

7장 세션과 쿠키

```
<%
    for(Customer customer : customers) {
%>
```

다음에는 page 지시어를 추가하여 Customer 클래스와 List 인터페이스를 임포트한다.

```
<%@ page import="com.mycompany.ordersystem.domain.Customer" %>
<%@ page import="java.util.List" %>
<!DOCTYPE html>
```

그리고 각 테이블 행의 〈td〉 태그에 다음과 같이 각 고객 정보를 읽어 표시하는 표현식을 추가한다.

```
<tr>
    <td><%=customer.getName()%></td>
    <td><%=customer.getAddress()%></td>
    <td><%=customer.getEmail()%></td>
    <td>
      <form action="/order" method="POST">
        <input type="hidden" name="customer_id"
                            value="<%=customer.getId()%>">
        <input type="hidden" name="action" value="select_customer">
        <input type="submit" value="선택">
      </form>
    </td>
</tr>
```

다음에는 for 문을 닫는 중괄호와 if 문을 닫는 중괄호를 추가한다.

```
<%
    }
%>
  </table>
<%
```

```
    }
%>
```

이제 사용자가 특정한 고객 항목의 "선택" 단추를 클릭하게 되면 고객 ID를 포함하는 customer_id와 "select_customer" 값을 포함하는 action 폼 매개변수가 HTTP POST 메서드 요청으로 orderServlet 서블릿으로 전달된다.

그러면 OrderServlet 클래스의 doPost() 메서드에 다음과 같이 switch 문에 case 구를 추가하여 action이 "select_customer"인 경우에 customer_id 폼 매개변수를 읽어서 이값을 인수로 CustomerService의 getCustomer() 메서드를 호출하여 해당 고객 정보를 읽어온다. 그리고 세션 객체의 getAttribute() 메서드를 호출하여 "order" 애트리뷰트를 읽어와 주문 객체에 해당 고객을 지정한다.

```
String customer_id;
switch(action) {
   case "select_customer":
      customer_id = request.getParameter("customer_id");
      customer = customerService.getCustomer(Long.valueOf(customer_id));
      order = (Order)session.getAttribute("order");
      order.setCustomer(customer);
      action = "add_to_cart";
      break;
// 생략...
```

그리고 action 변수를 "add_to_cart"로 변경하여 add_to_cart.jsp 가 로드되도록 한다. 따라서 애플리케이션 루트 밑에 있는 order 서브 폴더에 add_to_cart.jsp 파일을 생성하고 다음과 같이 골격이 되는 HTML 코드를 작성한다.

```
<%@ page language="java" contentType="text/html;charset=UTF-8"%>
<%@ taglib prefix="c" uri="http://java.sun.com/jsp/jstl/core" %>
<!DOCTYPE html>
<html>
<head>
   <title>제품 주문</title>
   <link rel="stylesheet" href="../styles/main.css" type="text/css"/>
```

7장 세션과 쿠키

```html
</head>
<body>
  <h1>제품 선택</h1>
    <form action="/order" method="POST">
      <input type="hidden" name="action" value="add_to_cart">
      제품:
      <select name="product">
      </select>
      수량:
      <input class="right" type="text" name="quantity" size="3" value="1">
      <input type="submit" value="장바구니 추가">
    </form>
    <p/>
    <h2>장바구니:</h2>
    <table>
      <tr>
        <th>제품명</th>
        <th>가격</th>
        <th>수량</th>
        <th></th>
      </tr>
      <tr>
        <form action="/order" method="POST">
          <input type="hidden" name="action" value="remove_from_cart">
          <input type="hidden" name="index" value="">
          <td></td>
          <td></td>
          <td></td>
          <td><input type="submit" value="삭제"></td>
        </form>
      </tr>
    </table>
  <p/>
  <form action="/order" method="POST">
```

```
        <input type="hidden" name="action" id="action" value="place_order">
        <input type="submit" value="주문 확인">
        <input type="submit" onclick="setActionValue('cancel_order')" value="취소">
    </form>
    <c:import url="/footer.jsp" />
    <script>
        function setActionValue(event) {
            let action = document.getElementById("action");
            action.value = event;
        }
    </script>
</body>
</html>
```

가장 먼저 해야 할 일은 사용자가 제품을 선택할 수 있도록 제품 콤보 상자에 제품 목록을 저장하는 것이다. 따라서 다음과 같이 세션 객체에서 "products" 애트리뷰트를 읽어온다.

```
    <h1>제품 선택</h1>
    <%
        List<Product> products = (List<Product>) session.getAttribute("products");
        if(products == null) {
            response.sendRedirect("/");
        }
        else {
    %>
```

위의 코드에서 제품 목록이 null 이라면 응답 객체의 sendRedirect() 메서드로 "/" 즉, index.jsp 페이지로 이동하게 한다.

또한 page 지시어를 추가하여 Product 클래스와 List 인터페이스를 임포트한다.

```
    <%@ page import="java.util.List" %>
    <%@ page import="com.mycompany.ordersystem.domain.Product" %>
    <!DOCTYPE html>
```

제품 목록이 null 아니라면 〈select〉 태그 안에서 〈option〉 태그로 목록을 추가하는 다음 코드를 작성한다.

```
        <select name="product">
<%
        for(Product product : products) {
            out.println("<option value='" + product.getId + "'>" +
                        product.getName() + "</option>");
        }
%>
        </select>
```

그리고 if 문을 닫는 중괄호를 추가한다.

```
    </form>
    <p/>
<%
    }
%>
```

이제 사용자는 제품 콤보 상자에서 제품을 선택한 후에 수량을 입력하고 "장바구니 추가" 단추를 클릭하여 장바구니에 제품을 추가하는 행위를 할 수 있다. 이때 해당 제품 ID가 저장된 product 와 주문 수량이 저장된 quantity 폼 매개변수, 그리고 "add_to_cart" 값이 저장된 action 폼 매개변수가 HTTP POST 메서드 요청과 함께 order-Servlet 서블릿에 전달된다.

그러면 OrderServlet 클래스의 doPost() 메서드에 다음과 같이 switch 문에 case 구를 추가하여 action이 "add_to_cart"인 경우에 product 폼 매개변수를 읽어서 이값을 인수로 ProductService의 getProduct() 메서드를 호출하여 해당 제품 정보를 읽어 온다. 그리고 quantity 폼 매개변수를 읽어서 이값과 제품 정보를 인수로 OrderItem 클래스로 표현되는 새로운 주문 항목 객체를 생성한다. 다음에는 세션 객체의 getAttribute() 메서드를 호출하여 "order" 애트리뷰트를 읽어와 주문 객체에 해당 주문 항목을 추가한다.

```
switch(action) {
    case "add_to_cart":
        String product_id = request.getParameter("product");
        long quantity = Long.valueOf(request.getParameter("quantity"));
        product = productService.getProduct(Long.valueOf(product_id));
        OrderItem orderItem = new OrderItem(product, quantity);
        order = (Order)session.getAttribute("order");
        order.getItems().add(orderItem);
        break;
    // 생략...
```

이번에는 action 변수의 값이 변경되지 않았기 때문에 다시 add_to_cart.jsp가 로드된다. 따라서 add_to_cart.jsp에 주문 객체에 저장된 주문 항목 즉, 장바구니 정보를 화면에 출력하는 코드를 추가해야 한다. 이번에는 EL과 JSTL을 사용하여 이 기능을 구현하기로 한다. 이 코드는 이미 앞에서 우리가 살펴본 경험이 있다.

먼저 함수 태그 라이브러리를 사용할 수 있도록 다음과 같이 taglib 지시어를 추가한다.

```
<%@ taglib prefix="fn" uri="http://java.sun.com/jsp/jstl/functions" %>
```

다음에는 〈c:choose〉와 〈c:when〉 태그, 그리고 〈fn:length〉 함수를 사용하여 주문 객체의 주문 항목이 포함되어 있는 지 여부를 검사한다.

```
<c:choose>
    <c:when test="${fn:length(order.items) != 0}">
        <h2>장바구니:</h2>
```

그리고 〈c:forEach〉 태그를 사용하여 각 주문 항목을 읽어 장바구니 테이블에 각각 제품명과 가격, 수량을 표시한다.

```
<c:forEach var="item" items="${order.items}" varStatus="status">
    <tr>
        <form action="/order" method="POST">
            <input type="hidden" name="action" value="remove_from_cart">
```

```
                <input type="hidden" name="index" value="${status.index}">
                <td>${item.product.name}</td>
                <td>${item.product.price}</td>
                <td>${item.quantity}</td>
                <td><input type="submit" value="삭제"></td>
            </form>
        </tr>
    </c:forEach>
```

마지막으로 닫는 〈/c:when〉와 〈/c:choose〉 태그를 추가한다.

```
        </table>
    </c:when>
</c:choose>
<p/>
```

이제 사용자는 계속해서 제품을 선택하고 수량을 입력한 후 장바구니에 주문 항목을 추가하는 작업을 할 수도 있고, 장바구니의 주문 항목에서 "삭제" 단추를 클릭하여 장바구니에서 주문 항목을 삭제하거나, 또는 "주문 확인" 단추를 클릭하여 주문 사항을 확인하는 행위를 할 수 있다.

장바구니에 주문 항목을 추가하는 것은 이미 구현했으므로 이번에는 주문 항목을 삭제하는 기능을 구현하기로 한다. "삭제" 단추가 클릭되면 주문 항목 목록의 인덱스값이 저장된 index와 "remove_from_cart" 값이 저장된 action 폼 매개변수가 HTTP POST 메서드 요청과 함께 orderServlet 서블릿에 전달된다.

그러면 OrderServlet 클래스의 doPost() 메서드에 다음과 같이 switch 문에 case 구를 추가하여 action이 "remove_from_cart"인 경우에 index 폼 매개변수를 읽어서 정수로 변환한다. 다음에는 세션 객체의 getAttribute() 메서드를 호출하여 "order" 애트리뷰트를 읽어와 주문 객체의 주문 항목에서 해당 주문 항목을 삭제한다.

```
switch(action) {
    case "remove_from_cart":
        int index = Integer.valueOf(request.getParameter("index"));
        order = (Order)session.getAttribute("order");
        order.getItems().remove(index);
```

```
        action = "add_to_cart";
        break;
    // 생략...
```

그리고 action 변수를 "add_to_cart"로 변경하여 add_to_cart.jsp 가 로드되도록 한다. 그러면 add_to_cart.jsp에서는 삭제된 주문 항목을 제외한 목록을 화면에 출력하게 된다.

이제 이번에는 "주문 확인" 단추를 클릭하여 주문 사항을 확인하는 기능을 구현하기로 한다. "주문 확인" 단추가 클릭되면 action 매개변수의 값이 "place_order"인 HTTP POST 메서드 요청이 orderServlet 서블릿에 전달된다.

그러면 OrderServlet 클래스의 doPost() 메서드에 다음과 같이 switch 문에 case 구를 추가한다. 이번에는 처리해야 할 업무 로직이 없기 때문에 그대로 place_order.jsp가 로드되도록 하면 된다.

```
switch(action) {
    case "place_order":
        break;
    // 생략...
```

따라서 애플리케이션 루트 밑에 있는 order 서브 폴더에 place_order.jsp 파일을 생성하고 다음과 같이 골격이 되는 HTML 코드를 작성한다.

```
<%@ page language="java" contentType="text/html;charset=UTF-8"%>
<%@ taglib prefix="c" uri="http://java.sun.com/jsp/jstl/core" %>
<!DOCTYPE html>
<html>
<head>
    <title>주문 확인</title>
    <link rel="stylesheet" href="../styles/main.css" type="text/css"/>
</head>
<body>
    <h1>주문 확인</h1>
    고객명: <br/>
    고객 주소: <br/>
```

```
            고객 이메일: <br/>
        <h2>주문 현황:</h2>
            <table>
                <tr>
                    <th>제품명</th>
                    <th>가격</th>
                    <th>주문 수량</th>
                </tr>
                <tr>
                    <td></td>
                    <td>원</td>
                    <td>개</td>
                </tr>
                <tr>
                    <td>합계</td>
                    <td>원</td>
                </tr>
            </table>
        <p/>
        <form action="/order" method="POST">
            <input type="hidden" name="action" id="action" value="confirm_order">
            <input type="submit" value="주문">
            <input type="submit" onclick="setActionValue('cancel_order')" value="주문 취소">
        </form>
    <%
        }
    %>
    <c:import url="/footer.jsp" />
    <script>
        function setActionValue(event) {
            let action = document.getElementById("action");
            action.value = event;
        }
```

```
        </script>
    </body>
</html>
```

이번에는 JSP 스크립트릿을 사용하여 구현하기로 한다. 여러분은 EL과 JSTL을 사용해서 구현할 수 있다.

먼저 세션 객체의 "order" 애트리뷰트를 읽는다.

```
<%
    Order order = (Order)session.getAttribute("order");
    if(order == null) {
        response.sendRedirect("/");
    }
    else {
%>
```

위의 코드에서 주문 객체가 null 이라면 응답 객체의 sendRedirect() 메서드로 "/" 즉, index.jsp 페이지로 이동하게 한다.

또한 page 지시어를 추가하여 Order 클래스를 임포트한다.

```
<%@ page import="com.mycompany.ordersystem.domain.Order" %>
<!DOCTYPE html>
```

주문 객체가 null 아니라면 주문 객체에서 고객 정보를 읽어 고객 정보를 화면에 출력한다.

```
        고객명: <%=order.getCustomer().getName()%><br/>
        고객 주소: <%=order.getCustomer().getAddress()%><br/>
        고객 이메일: <%=order.getCustomer().getEmail()%><br/>
    <h2>주문 현황:</h2>
```

그리고 주문 항목 목록을 출력하기 위해 다음과 같이 주문 객체에서 주문 항목 목록을 가져온다.

7장 세션과 쿠키

```
    <table>
      <tr>
        <th>제품명</th>
        <th>가격</th>
        <th>주문 수량</th>
      </tr>
<%
   List<OrderItem> items = order.getItems();
   for(OrderItem item : items) {
%>
```

또한 page 지시어를 추가하여 List 인터페이스와 OrderItem 클래스를 임포트한다.

```
<%@ page import="java.util.List" %>
<%@ page import="com.mycompany.ordersystem.domain.OrderItem" %>
<!DOCTYPE html>
```

for 문 바로 다음에 각 주문 항목의 제품 정보와 주문 수량을 출력한다.

```
    <tr>
      <td><%=item.getProduct().getName()%></td>
      <td><%=item.getProduct().getPrice()%> 원</td>
      <td><%=item.getQuantity()%> 개</td>
    </tr>
```

다음에는 for 문을 닫는 중괄호를 추가한다.

```
<%
   }
%>
```

마지막으로 주문 합계 금액을 출력한다.

```
    <tr>
      <td>합계</td>
```

```
        <td><%=order.getTotal()%> 원</td>
    </tr>
</table>
```

이제 사용자가 "주문" 단추를 클릭하여 주문을 실행하는 기능을 구현하기로 한다. "주문" 단추가 클릭되면 action 매개변수의 값이 "confirm_order"인 HTTP POST 메서드 요청이 orderServlet 서블릿에 전달된다.

그러면 OrderServlet 클래스의 doPost() 메서드에 다음과 같이 switch 문에 case 구를 추가한다. 이제 세션 객체에서 "order" 애트리뷰트를 읽어와 주문 객체를 인수로 OrderService 컴포넌트의 purhcaseOrder() 메서드를 호출하여 데이터베이스와 같은 지속적인 저장소에 주문 정보를 저장하고, 세션 객체의 invalidate() 메서드를 호출하여 모든 세션 애트리뷰트를 삭제한다.

```
switch(action) {
    case "confirm_order":
        order = (Order)session.getAttribute("order");
        orderService.purchaseOrder(order);
        session.invalidate();
        break;
    // 생략...
```

그리고 confirm_order.jsp가 로드되기 때문에 애플리케이션 루트 밑에 있는 order 서브 폴더에 confirm_order.jsp 파일을 생성하고 다음과 같이 코드를 작성한다

```
<%@ page language="java" contentType="text/html;charset=UTF-8"%>
<%@ taglib prefix="c" uri="http://java.sun.com/jsp/jstl/core" %>
<!DOCTYPE html>
<html>
<head>
    <title>주문 완료</title>
    <link rel="stylesheet" href="../styles/main.css" type="text/css"/>
</head>
<body>
    <h1>주문 완료</h1>
```

7장 세션과 쿠키

```
        주문이 완료되었습니다. 감사합니다.
        <c:import url="/footer.jsp" />
    </body>
</html>
```

주문 처리 구현을 마치기 전에 한가지 해야 할 작업이 남아있다. 주문 처리 각 화면에는 다음과 같이 중간에 주문을 취소할 수 있는 "취소" 또는 "주문 취소" 단추를 포함한다.

```
<form action="/order" method="POST">
    <input type="hidden" name="action" id="action" value="place_order">
    <input type="submit" value="주문 확인">
    <input type="submit" onclick="setActionValue('cancel_order')" value="취소">
</form>
<c:import url="/footer.jsp" />
<script>
    function setActionValue(event) {
        let action = document.getElementById("action");
        action.value = event;
    }
</script>
```

"취소" 또는 "주문 취소" 단추가 클릭될 때 action 매개변수의 값이 "cancel_order"인 HTTP POST 메서드 요청이 orderServlet 서블릿에 전달된다.

그러면 OrderServlet 클래스의 doPost() 메서드에 다음과 같이 switch 문에 case 구를 추가한다. 이제 세션 객체에서 "order" 애트리뷰트를 읽어와서 다음과 같이 주문 객체를 초기화하는 작업을 수행한다.

```
switch(action) {
    case "cancel_order":
        order = (Order)session.getAttribute("order");
        order.setCustomer(new Customer());
        order.getItems().clear();
        break;
```

// 생략..

그리고 cancel_order.jsp가 로드되기 때문에 애플리케이션 루트 밑에 있는 order 서 브 폴더에 cancel_order.jsp 파일을 생성하고 다음과 같이 코드를 작성한다.

```jsp
<%@ page language="java" contentType="text/html;charset=UTF-8"%>
<%@ taglib prefix="c" uri="http://java.sun.com/jsp/jstl/core" %>
<!DOCTYPE html>
<html>
<head>
    <title>주문 취소</title>
    <link rel="stylesheet" href="../styles/main.css" type="text/css">
</head>
<body>
    <h1>주문 취소</h1>
    주문이 취소되었습니다. 감사합니다.
    <c:import url="/footer.jsp" />
</body>
</html>
```

이것으로 주문 처리 기능의 모든 구현이 끝났다. 여러분은 [그림 7-2]에서 [그림 7-7]까지 결과와 동일한 결과를 얻을 수 있어야 한다. 이제 곧바로 주문 조회 기능으로 넘어가기로 한다.

실습4: 주문 조회 구현

그러면 지금까지 살펴본 내용을 토대로 세션을 사용하여 주문 관리 예제 시스템의 주문 관리 중에서 주문 조회를 구현하는 네 번째 실습을 하기로 한다. 여러분은 실습3: 주문 처리 구현에서 생성했던 프로젝트를 그대로 사용하여 실습을 시작할 수 있다.

주문 조회 과정은 다음 UML로 작성된 시퀀스 다이어그램과 같다.

7장 세션과 쿠키

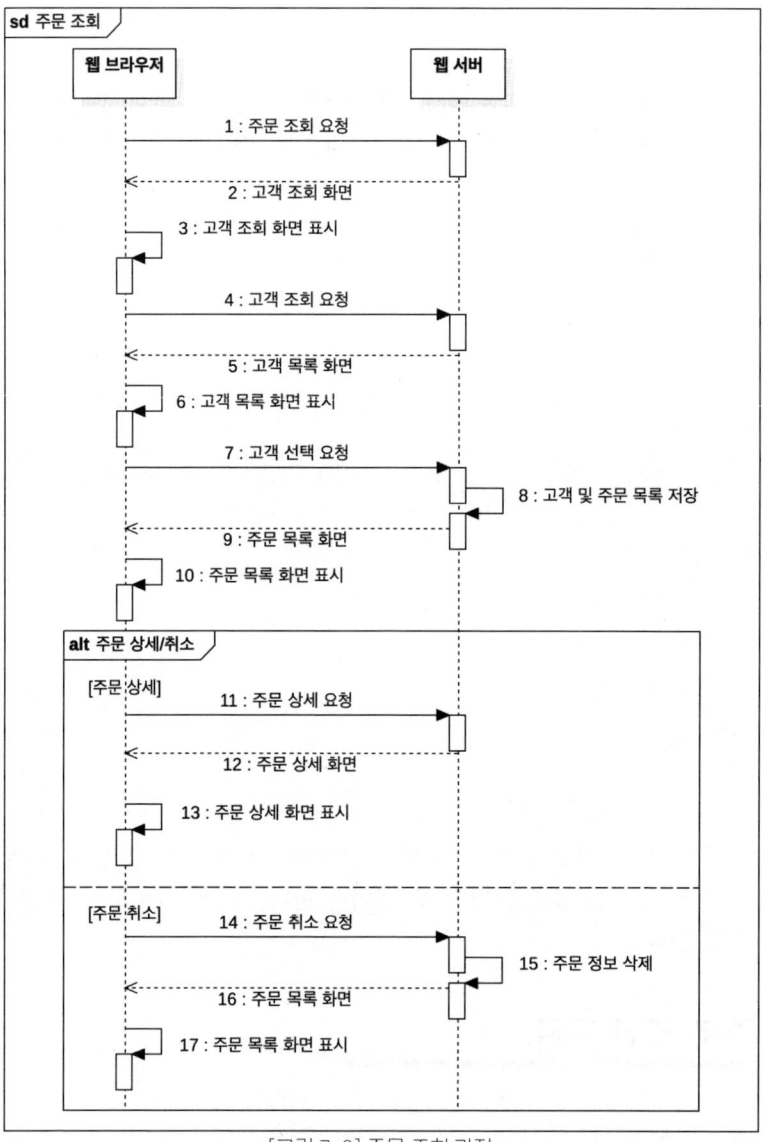

[그림 7-8] 주문 조회 과정

위의 시퀀스 다이어그램에서 사용자가 웹 브라우저에서 '1: 주문 조회 요청'을 하면 웹 서버는 고객 조회 화면을 웹 브라우저로 전송하고 웹 브라우저는 고객 조회 화면을 화면에 표시한다.

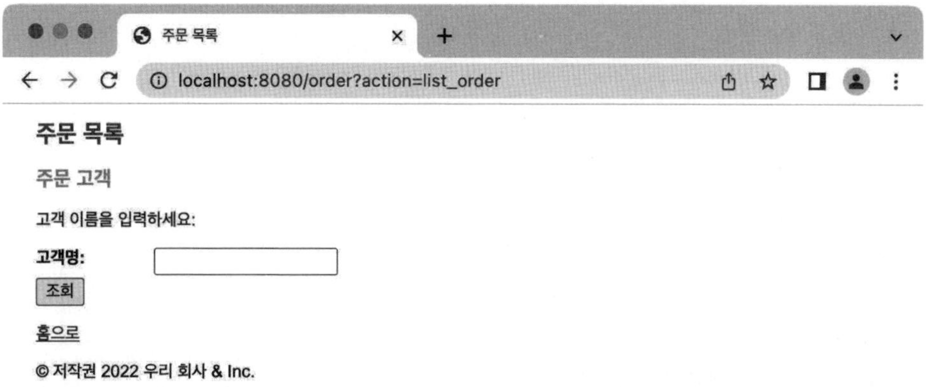

[그림 7-9] 고객 조회 화면

다음에 사용자가 고객 이름을 입력하고 '4: 고객 조회 요청'을 하면 웹 서버는 요청된 이름을 갖는 고객 목록 화면을 웹 브라우저로 전송한다. 그러면 웹 브라우저는 고객 목록 화면을 화면에 표시한다.

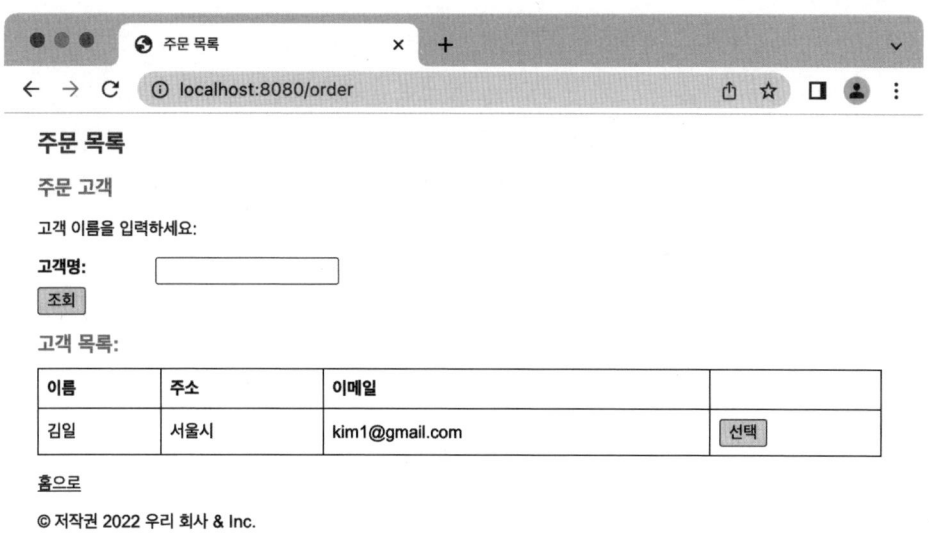

[그림 7-10] 고객 목록 화면

그리고 사용자가 고객을 선택하여 '7: 고객 선택 요청'을 하면 웹 서버는 '8: 고객 및 주문 목록 저장'에서 데이터베이스와 같은 지속적인 저장소에서 선택된 고객에 대한 정보와 해당 고객의 주문 목록을 읽어와서 고객과 주문 목록 정보에 추가하고 웹 서버에 저장해야 한다. 그렇지 않으면 다음 요청에 이 정보는 사라지게 된다. 그리고 주문 목록 화면을 웹 브라우저로 전송하면 웹 브라우저는 주문 목록 화면을 화면에 표시한다.

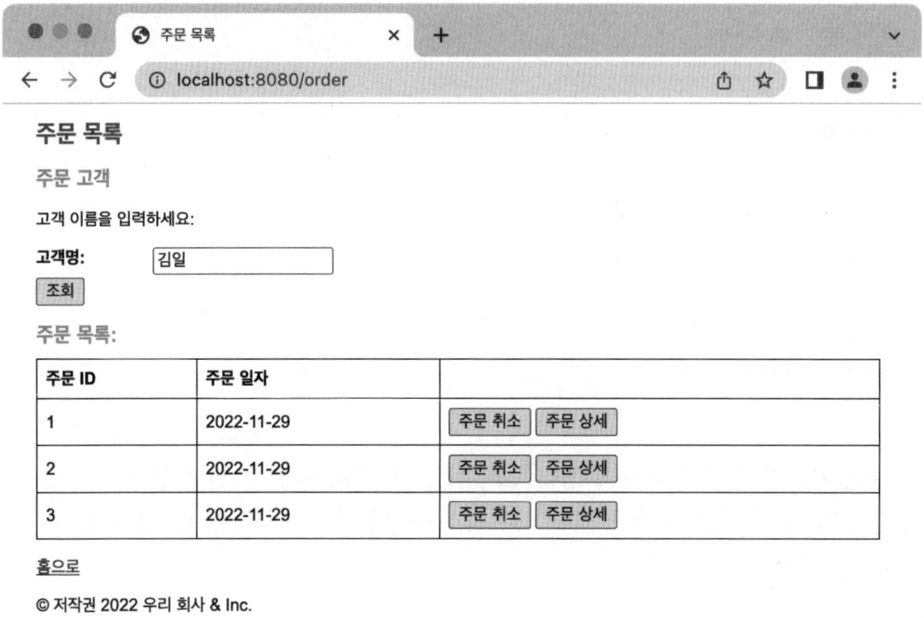

7장 세션과 쿠키

```
● ● ●         🌐 주문 목록         ×    +
← → C    ⓘ localhost:8080/order                    ⬆  ☆  □  👤  ⋮
```

주문 목록

주문 고객

고객 이름을 입력하세요:

고객명: [김일]

[조회]

주문 목록:

주문 ID	주문 일자	
1	2022-11-29	[주문 취소] [주문 상세]
2	2022-11-29	[주문 취소] [주문 상세]
3	2022-11-29	[주문 취소] [주문 상세]

<u>홈으로</u>

© 저작권 2022 우리 회사 & Inc.

[그림 7-11] 주문 목록 화면

 다음에 사용자는 주문 목록 화면에서 각 주문에 대하여 주문 상세 현황을 조회하거나 주문을 취소할 수 있다. 주문 상세를 선택하여 '11: 주문 상세 요청'을 하면 웹 서버는 웹 서버에 저장된 주문 목록 정보에서 해당 주문을 읽어 주문 상세 화면을 생성하여 웹 브라우저로 전송하고 웹 브라우저는 주문 상세 화면을 화면에 표시한다.

JSP 서블릿 웹 프로그래밍

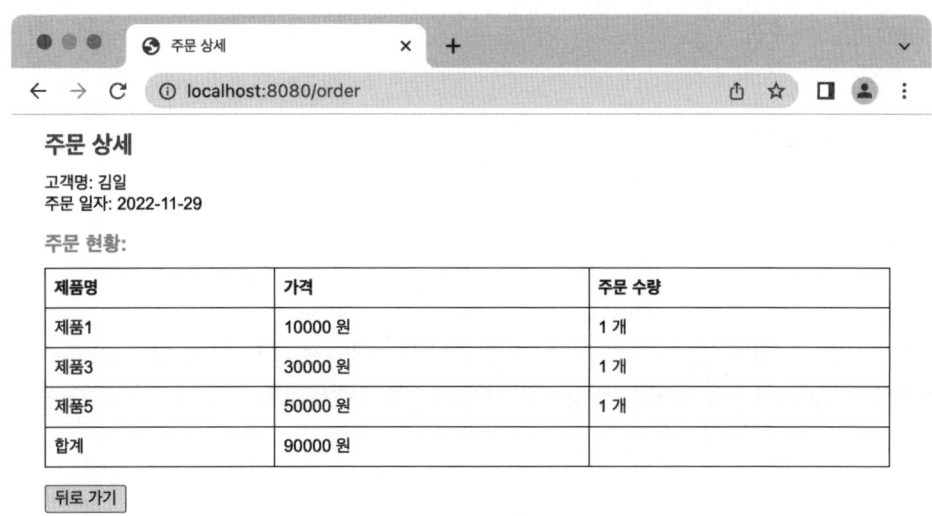

[그림 7-12] 주문 상세 화면

만약 사용자가 주문 목록 화면에서 특정 주문의 주문 취소를 선택하여 '14: 주문 취소 요청'을 하면 웹 서버는 웹 서버에 저장된 주문 목록 정보에서 해당 주문을 삭제하고, 또한 지속적인 저장소에도 해당 주문 정보를 삭제한다. 그 후에 웹 서버는 취소된 주문을 제외한 주문 목록 정보로 주문 목록 화면을 생성하여 웹 브라우저로 전송하면 웹 브라우저는 주목 목록 화면을 표시한다.

먼저 사용자가 [그림 7-8]의 '1: 주문 조회 요청'을 할 수 있도록 index.jsp 파일에 다음과 같이 코드를 추가한다.

```
    <a href="<c:url value = '/order'>
            <c:param name = 'action' value = 'list_order'/>
         </c:url>">
      주문 조회
    </a>
  </p>
</body>
```

이때 action 매개변수에는 "list_order"가 전달된다. 따라서 OrderServlet 클래스의 doPost() 메서드에 다음과 같이 switch 문에 case 구를 추가하고 세션 객체의 모든 애

7장 세션과 쿠키

트리뷰트를 삭제한다.

```
switch(action) {
  case "list_order":
    session.invalidate();
    break;
// 생략...
```

그리고 list_order.jsp 가 로드되기 때문에 애플리케이션 루트 밑에 있는 order 서브폴더에 list_order.jsp 파일을 생성하고 다음과 같이 HTML 골격 코드를 작성한다.

```
<%@ page language="java" contentType="text/html;charset=UTF-8"%>
<%@ taglib prefix="c" uri="http://java.sun.com/jsp/jstl/core" %>
<!DOCTYPE html>
<html>
<head>
    <title>주문 목록</title>
    <link rel="stylesheet" href="../styles/main.css" type="text/css"/>
</head>
<body>
    <h1>주문 목록</h1>
    <h2>주문 고객</h2>
    <p>고객 이름을 입력하세요:</p>
    <form action="/order" method="post">
        <input type="hidden" name="action" value="list_order_input_customer">
        <label>고객명: </label>
        <input type="text" name="customer_name" value=""><br>
        <input type="submit" value="조회">
    </form>
    <h2>고객 목록:</h2>
    <table>
        <tr>
            <th>이름</th>
            <th>주소</th>
```

```html
        <th>이메일</th>
        <th></th>
   </tr>
      <tr>
        <td></td>
        <td></td>
        <td></td>
        <td>
          <form action="/order" method="POST">
            <input type="hidden" name="customer_id" value="">
            <input type="hidden" name="action"
                               value="list_order_select_customer">
            <input type="submit" value="선택">
          </form>
        </td>
      </tr>
   </table>
<h2>주문 목록:</h2>
   <table>
      <tr>
        <th>주문 ID</th>
        <th>주문 일자</th>
        <th></th>
     </tr>
      <tr>
        <td></td>
        <td></td>
        <td>
          <form action="/order" method="POST">
            <input type="hidden" name="order_id" value="">
            <input type="hidden" name="index" value="">
            <input type="hidden" name="action" class="action"
                               value="list_cancel_order">
            <input type="submit" value="주문 취소">
```

```
              <input type="submit" onclick="setActionValue('show_order')"
                        value="주문 상세">
        </form>
      </td>
    </tr>
  </table>
  <c:import url="/footer.jsp" />
  <script>
    function setActionValue(event) {
      let actions = document.querySelectorAll(".action");
      for(let action of actions)
        action.value = event;
    }
  </script>
</body>
</html>
```

고객 이름을 조회하는 기능과 고객 목록을 화면에 표시하고 고객을 선택하는 기능은 앞에서 주문 처리 기능과 동일하기 때문에 이번에는 EL과 JSTL을 사용하여 구현하기로 한다. 먼저 함수 태그 라이브러리를 사용할 수 있도록 다음과 같이 taglib 지시어를 추가한다.

```
<%@ taglib prefix="fn" uri="http://java.sun.com/jsp/jstl/functions" %>
```

다음에는 고객 이름을 입력하는 폼의 "customer_name" 필드의 값을 다음과 같이 초기화한다.

```
<form action="/order" method="post">
  <input type="hidden" name="action" value="list_order_input_customer">
  <label>고객명: </label>
  <input type="text" name="customer_name" value="${customer.name}"><br>
  <input type="submit" value="조회">
</form>
```

사용자가 고객 이름을 입력하고 "조회" 단추를 클릭하면 "customer_name" 필드의 값과 "list_order_input_customer" 값을 포함하는 action 폼 매개변수가 orderServlet 서블릿에 HTTP POST 메서드 요청으로 전달된다.

그러면 OrderServlet 클래스의 doPost() 메서드에 다음과 같이 switch 문에 case 구를 추가하여 action이 "list_order_input_customer"인 경우에 customer_name 폼 매개변수를 읽어서 이값을 인수로 CustomerService의 getCustomersByName() 메서드를 호출하여 같은 이름을 갖는 모든 고객 목록을 읽어와 요청 객체의 "customers" 애트리뷰트에 고객 목록을 저장한다.

```
switch(action) {
    case "list_order_input_customer":
        customer_name = request.getParameter("customer_name");
        customers = customerService.getCustomersByName(customer_name);
        request.setAttribute("customers", customers);
        session.removeAttribute("orders");
        action = "list_order";
        break;
    // 생략...
```

그리고 action 변수의 값을 "list_order"로 변경하여 다시 list_order.jsp가 로드되도록 한다. 이제 첫 번째 고객 이름 입력 폼 태그 다음에 다음과 같이 <c:choose>와 <c:when> 태그, 그리고 <fn:length> 함수를 사용하여 요청 객체의 "customers" 애트리뷰트에 고객 목록이 포함되어 있는 지 여부를 검사한다.

```
<c:choose>
    <c:when test="${fn:length(customers) != 0}">
    <h2>고객 목록:</h2>
```

그리고 <c:forEach> 태그를 사용하여 각 고객 정보를 읽어 고객 목록 테이블에 각각 이름과 주소, 이메일, 고객 ID를 표시한다.

```
<c:forEach var="customer" items="${customers}">
<tr>
    <td>${customer.name}</td>
```

7장 세션과 쿠키

```
            <td>${customer.address}</td>
            <td>${customer.email}</td>
            <td>
              <form action="/order" method="POST">
                <input type="hidden" name="customer_id" value="${customer.id}">
                <input type="hidden" name="action" value="list_order_select_customer">
                <input type="submit" value="선택">
              </form>
            </td>
          </tr>
        </c:forEach>
```

또한 닫는 〈/c:when〉과 〈/c:choose〉 태그를 추가한다.

```
        </table>
      </c:when>
    </c:choose>
```

이제 사용자가 특정한 고객 항목의 "선택" 단추를 클릭하게 되면 고객 ID를 포함하는 customer_id와 "list_order_select_customer" 값을 포함하는 action 폼 매개변수가 HTTP POST 메서드 요청으로 orderServlet 서블릿으로 전달된다.

그러면 OrderServlet 클래스의 doPost() 메서드에 다음과 같이 switch 문에 case 구를 추가하여 action이 "list_order_select_customer"인 경우에 customer_id 폼 매개변수를 읽어서 이값을 인수로 CustomerService의 getCustomer() 메서드를 호출하여 해당 고객 정보를 읽어와 세션 객체의 setAttribute() 메서드를 호출하여 "customer" 애트리뷰트에 저장한다. 그리고 해당 고객 정보를 인수로 OrderService 컴포넌트의 getOrders() 메서드를 호출하여 해당 고객의 주문 목록 정보를 가져와 세션 객체의 "orders" 애트리뷰트에 저장한다.

```
      List<Order> orders;
      switch(action) {
        case "list_order_select_customer":
          customer_id = request.getParameter("customer_id");
          customer = customerService.getCustomer(Long.valueOf(customer_id));
```

```
session.setAttribute("customer", customer);
orders = orderService.getOrders(customer);
session.setAttribute("orders", orders);
action = "list_order";
break;
// 생략...
```

그리고 action 변수를 "list_order"로 변경하여 다시 list_order.jsp가 로드되도록 한다. 이제 고객 목록 테이블 태그 다음에 다음과 같이 〈c:choose〉와 〈c:when〉 태그, 그리고 〈fn:length〉 함수를 사용하여 세션 객체의 "orders" 애트리뷰트에 주문 목록이 포함되어 있는 지 여부를 검사한다.

```
<c:choose>
<c:when test="${fn:length(orders) != 0}">
    <h2>주문 목록:</h2>
```

그리고 〈c:forEach〉 태그를 사용하여 각 주문 정보를 읽어 주문 목록 테이블에 주문 ID과 주문 일자를 표시한다.

```
<c:forEach var="order" items="${orders}" varStatus="status">
<tr>
    <td>${order.id}</td>
    <td>${order.date}</td>
    <td>
      <form action="/order" method="POST">
        <input type="hidden" name="order_id" value="${order.id}">
        <input type="hidden" name="index" value="${status.index}">
        <input type="hidden" name="action" class="action"
                        value="list_cancel_order">
        <input type="submit" value="주문 취소">
        <input type="submit" onclick="setActionValue('show_order')"
                        value="주문 상세">
      </form>
    </td>
```

7장 세션과 쿠키

```
        </tr>
    </c:forEach>
```

또한 닫는 〈/c:when〉과 〈/c:choose〉 태그를 추가한다.

```
        </table>
    </c:when>
</c:choose>
```

사용자가 특정 주문에 대하여 "주문 상세" 단추를 클릭하면 해당 주문 ID가 저장된 order_id 와 주문 목록의 인덱스를 저장한 index, 그리고 "show_order" 값이 저장된 action 폼 매개변수가 HTTP POST 메서드 요청으로 orderServlet 서블릿으로 전달된다.

그러면 OrderServlet 클래스의 doPost() 메서드에 다음과 같이 switch 문에 case 구를 추가하여 index 폼 매개변수값을 읽어 정수로 변환한 후에, 세션 객체의 "orders" 애트리뷰트를 읽어 정수로 변환된 index 값을 인수로 주문 목록으로부터 주문 정보를 구하고 요청 객체의 "order" 애트리뷰트에 추가한다.

```
switch(action) {
    case "show_order":
        index = Integer.valueOf(request.getParameter("index"));
        orders = (List<Order>)session.getAttribute("orders");
        order = orders.get(index);
        request.setAttribute("order", order);
        break;
    // 생략...
```

그리고 show_order.jsp 가 로드되기 때문에 애플리케이션 루트 밑에 있는 order 서브 폴더에 show_order.jsp 파일을 생성하고 다음과 같이 HTML 골격 코드를 작성한다.

```
<%@ page language="java" contentType="text/html;charset=UTF-8"%>
<%@ taglib prefix="c" uri="http://java.sun.com/jsp/jstl/core" %>
<!DOCTYPE html>
```

```
<html>
<head>
   <title>주문 상세</title>
   <link rel="stylesheet" href="../styles/main.css" type="text/css"/>
</head>
<body>
   <h1>주문 상세</h1>
     고객명: <br/>
     주문 일자:
   <h2>주문 현황: </h2>
     <table>
       <tr>
         <th>제품명</th>
         <th>가격</th>
         <th>주문 수량</th>
       </tr>
       <tr>
         <td></td>
         <td> 원</td>
         <td> 개</td>
       </tr>
       <tr>
         <td>합계</td>
         <td> 원</td>
       </tr>
     </table>
     <p/>
   <button onclick="history.back()">뒤로 가기</button>
   <c:import url="/footer.jsp" />
</body>
</html>
```

주문 상세 화면은 주문 처리에서 주문 확인 화면과 유사하다. 주문 확인 화면은 JSP 스크립트릿으로 구현했기 때문에 이번에는 EL과 JSTL로 구현하기로 한다.

7장 세션과 쿠키

먼저 형식화 태그 라이브러리를 사용하기 위해 다음 taglib 지시어를 추가한다.

```
<%@ taglib prefix="fmt" uri="http://java.sun.com/jsp/jstl/fmt" %>
```

다음에는 다음과 같이 〈c:choose〉와 〈c:when〉 태그를 사용하여 세션 객체의 "order" 애트리뷰트에 주문 정보가 포함되어 있는 지 여부를 검사한다. 만약 비어있으면 "/"로 포워딩한다.

```
<c:choose>
  <c:when test="${empty order}">
    <jsp:forward page="/"/>
  </c:when>
```

주문 정보를 포함한다면 고객명과 주문 일자를 표시한다.

```
<c:otherwise>
  <h1>주문 상세</h1>
  고객명: ${order.customer.name}<br/>
  주문 일자: ${order.date}<br/>
```

그리고 〈c:forEach〉 태그를 사용하여 각 주문 항목 정보를 읽어 주문 현황 테이블에 각각 제품명과 가격, 주문 수량을 표시한다. 가격과 주문 수량은 〈fmt:formatNumber〉 태그를 사용하여 형식화한다.

```
<table>
  <tr>
    <th>제품명</th>
    <th>가격</th>
    <th>주문 수량</th>
  </tr>
  <c:forEach var="item" items="${order.items}">
  <tr>
    <td>${item.product.name}</td>
    <td><fmt:formatNumber value="${item.product.price}" type="currency" />
      원
```

```
            </td>
            <td><fmt:formatNumber value="${item.quantity}" type="number"/>
                개
            </td>
        </tr>
    </c:forEach>
```

또한 주문 합계 금액도 표시한다.

```
    <tr>
        <td>합계</td>
        <td><fmt:formatNumber value="${order.total}" type="currency" /> 원</td>
    </tr>
    </table>
```

그리고 닫는 〈/c:otherwise〉와 〈/c:choose〉 태그를 추가한다.

```
        </table>
        <p/>
    </c:otherwise>
</c:choose>
```

사용자가 주문 목록 화면에서 특정 주문에 대하여 "주문 취소" 단추를 클릭하면 해당 주문 ID가 저장된 order_id 와 주문 목록의 인덱스를 저장한 index, 그리고 "list_cancel_order" 값이 저장된 action 폼 매개변수가 HTTP POST 메서드 요청으로 orderServlet 서블릿으로 전달된다.

그러면 OrderServlet 클래스의 doPost() 메서드에 다음과 같이 switch 문에 case 구를 추가하여 order_id 폼 매개변수값을 읽어 이값을 인수로 OrderService 컴포넌트의 getOrder() 메서드를 호출하여 주문 객체를 구한 후, 이 주문 객체를 인수로 다시 cancelOrder() 메서드를 호출하여 주문을 취소함으로써 지속적인 저장소에서 주문 정보를 삭제한다. 그리고 index 폼 매개변수값을 읽어 정수로 변환한 후에, 세션 객체의 "orders" 애트리뷰트를 읽어 정수로 변환된 index 값을 인수로 remove() 메서드를 호출하여 주문 목록으로부터 주문 정보를 삭제한다.

7장 세션과 쿠키

```
switch(action) {
    case "list_cancel_order":
        String order_id = request.getParameter("order_id");
        index = Integer.valueOf(request.getParameter("index"));
        order = orderService.getOrder(Long.valueOf(order_id));
        orderService.cancelOrder(order);
        orders = (List<Order>)session.getAttribute("orders");
        orders.remove(index);
        action = "list_order";
        break;
    // 생략...
```

그리고 action 변수의 값을 'list_order'로 변경하여 list_order.jsp가 로드되어 삭제된 주문 정보가 제외된 주문 목록을 표시하게 한다.

이것으로 주문 조회 기능도 모두 구현하였다. 여러분은 [그림 7-9]에서 [그림 7-12]까지 결과와 동일한 결과를 얻을 수 있어야 한다.

8장 JDBC 데이터 액세스

8장
JDBC 데이터 액세스

- □ 데이터베이스와 SQL
- □ 데이터베이스 설치
- □ 데이터베이스 생성
- □ 데이터베이스 스키마 생성
- □ JDBC 설정
- □ SQL 문 실행
- □ 실습5: 고객 JDBC 레파지토리 컴포넌트 구현
- □ 실습6: 제품 및 재고 JDBC 레파지토리 컴포넌트 구현
- □ 실습7: 주문 JDBC 레파지토리 컴포넌트 구현

데이터베이스와 SQL

　데이터베이스란 관련된 정보들의 집합이다. 현재의 대부분의 데이터베이스는 관계형 데이터베이스(relational database)로, 1970년에 Codd가 관계형 모델(relational model) 이론에 기초하였다.

　관계형 모델에 따라 데이터베이스의 모든 데이터는 테이블(table) 안에 논리적으로 구조화된다. 각 테이블은 데이터의 컬럼(column)으로 구성되며, 각 로우(row)는 컬럼 당 하나의 값을 포함한다. 관계형 모델 이론에서는 테이블을 릴레이션(relation)이라고 하며, 컬럼은 애트리뷰트(attribute), 로우는 터플(tuple)이라고 한다.

엑셀(Excel)과 같은 스프레드시트(spreadsheet)를 생각하면 쉽다. 스프레드시트의 가로 열이 컬럼이 되고, 세로 행이 로우가 된다. 그리고 이렇게 가로 열과 세로 행으로 구성된 하나의 스프레드시트가 테이블이 되는 셈이다. 그리고 하나의 엑셀 파일 안에 여러 개의 시프레드시트를 포함하는 것처럼 하나의 데이터베이스 안에는 여러 테이블이 포함된다.

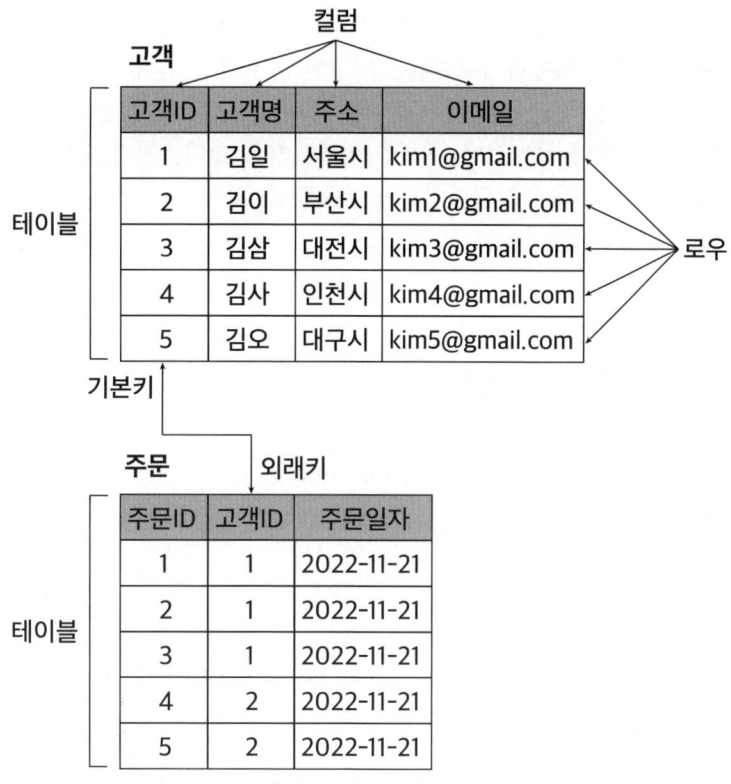

[그림 8-1] 데이터베이스

각 테이블은 해당 테이블 안에 있는 로우를 유일하게 식별할 수 있는 정보를 포함한다. 이것을 기본 키(primary key)라고 하며 다른 테이블의 기본 키를 참조하는 키를 외래 키(foreign key)라고 한다. 그리고 각 테이블의 로우에 손쉽게 접근할 수 있도록 인덱스(index)를 포함한다.

정리하면 데이터베이스는 저장 장치 안에 있는 데이터의 모음을 말하며, 관계형 데이터베이스는 관계형 모델에 따라 데이터를 테이블과 컬럼, 로우로 구조화한다. 이와 같은 데이터베이스를 여러 사람들이 공유하고 사용할 목적으로 통합 관리하는 소프트웨어를 데이터베이스 관리 시스템(DBMS, DataBase Management System)라고 하

8장 JDBC 데이터 액세스

며, 특별히 관계형 데이터베이스를 관리하는 시스템을 RDBMS(Relational Data-Base Management System)이라고 한다. 우리는 보통 데이터베이스 서버(database server)라고 부른다. 현재 상용 데이터베이스 서버로는 오라클 데이터베이스(Oracle Database)와 마이크로소프트 SQL 서버(Microsoft SQL Server)가 가장 많이 사용되고 있다. 또한 오픈 소스 데이터베이스 서버로는 MySQL이 많이 사용되며, 최근에는 PostgreSQL이 많이 사용되고 있다. 따라서 이 책에서는 위에서 언급한 네 개의 데이터베이스 서버 즉, 오라클 데이터베이스와 마이크로소프트 SQL 서버, 그리고 MySQL과 PostgreSQL을 모두 사용하기로 한다. 하지만 아무래도 우리나라에서는 오라클 데이터베이스의 점유율이 가장 높으므로 오라클 데이터베이스를 기반으로 설명하고, 각 데이터베이스 서버에서의 차이점에 대해서 설명하기로 한다. 여러분은 이들 데이터베이스 중에서 원하는 하나의 데이터베이스만 사용할 수 있다.

SQL은 데이터베이스 질의 언어(database query language)다. SQL을 구조적 질의 언어 즉, Structured Query Language의 약자로 많이 알려져 있으며 보통 "시퀄(sequel)"이라고 읽는다. 하지만 각 문자를 개별적으로 읽어서 "에스큐엘"이라고 읽어도 된다. SQL은 다음과 같이 구분된다.

- 데이터 정의 언어(DDL, data definition language)
- 데이터 조작 언어(DML, data manipulation language)
- 데이터 제어 언어(DCL, data control language)

이들 언어의 구문은 ANSI(American National Standards Institute)와 ISO/IEC라고 하는 표준 기구에서 표준을 정의하고 있으며, 대부분의 RDBMS는 ANSI 표준을 준수한다. 그러나 RDBMS가 모든 ANSI 표준을 그대로 따르는 것은 아니다. RDBMS 벤더 별로 고유한 기능을 제공하기 위해 표준을 확장한 구문도 제공한다. 이러한 확장 구문 때문에 RDBMS 사이에 호환되지 않는 코드를 작성해야 하는 경우도 발생한다. 이 책에서는 ANSI 표준을 기반으로 각 RDBMS의 확장 구문도 함께 설명하기로 한다. SQL 코드를 작성할 때 영문 대소문자를 구분하지 않지만 관습상 대문자를 많이 사용하고 각 단어는 밑줄 문자("_")로 연결한다. 이 책에서는 이와 같은 관습을 따르되 SQL 예약어는 대문자를 사용하고, 다른 식별자는 소문자를 사용하여 구분하기로 한다.

데이터 정의 언어에는 테이블과 인덱스 구조를 관리하는 CREATE, ALTER, TRUNCATE, DROP 문이 있다.

CREATE 문은 테이블이나 인덱스를 생성한다.

```
CREATE TABLE customer (
    customer_id INTEGER,
    customer_name VARCHAR(20),
    customer_address VARCHAR(60),
    customer_email VARCHAR(40)
);
CREATE INDEX idx_customer_id ON customer(customer_id);
```

ALTER 문은 테이블이나 인덱스의 구조를 변경한다.

```
ALTER TABLE customer ADD telno VARCHAR(20) NULL;
```

TRUNCATE 문은 테이블에서 모든 데이터를 삭제한다.

```
TRUNCATE TABLE customer;
```

DROP 문은 데이터베이스에서 테이블이나 인덱스를 삭제한다.

```
DROP TABLE customer;
```

데이터 조작 언어에는 로우를 추가, 갱신, 삭제하는 INSERT, UPDATE, DELETE, SELECT 문 등이 포함된다. 이들 네가지 행위를 CRUD(Create, Read, Update, Delete)라고 하며, 데이터를 조작하는데 사용되는 가장 핵심이 되는 기본적인 행위다.

INSERT 문은 테이블에 로우를 추가한다.

```
INSERT INTO customer VALUES (1, '김일', '서울시', 'kim1@gamil.com');
```

UPDATE 문은 테이블에서 기존의 로우 데이터를 변경한다.

```
UPDATE customer SET address = '부산시' WHERE customer = 1;
```

DELETE 문은 테이블에서 기존 로우를 삭제한다.

```
DELETE FROM customer WHERE customer = 1;
```

8장 JDBC 데이터 액세스

SELECT 문은 하나 이상의 테이블에서 데이터를 가져온다. SELECT 문은 질의의 결과를 로우의 집합 즉, 로우셋(row set)으로 반환한다. 로우셋을 결과셋(result set)이라고도 한다.

```
SELECT * FROM customer;
```

데이터 제어 언어에는 사용자의 데이터 접근과 조작을 통제하는 GRANT와 REVOKE 문이 포함된다.

GRANT 문은 사용자가 테이블에 대한 작업 수행을 할 수 있도록 허용한다.

```
GRANT SELECT, UPDATE ON customer TO ordr;
```

REVOKE 문은 사용자에게 허용된 권한을 제거한다.

```
REVOKE SELECT, UPDATE ON customer FROM ordr;
```

데이터 제어 언어는 주로 데이터베이스 관리자가 많이 사용한다.

저장 프로시저(stored procedure)는 일련의 질의를 마치 하나의 함수처럼 실행하기 위한 질의의 집합으로 DBMS 안에 컴파일된 상태로 저장된다.

```
CREATE OR REPLACE PROCEDURE get_customer(
    input IN INTEGER, output OUT VARCHAR)
IS
BEGIN
    SELECT customer_name INTO output FROM customer
        WHERE customer_id = input;
END;
```

이 책에서는 여러분이 SQL 문에 대해 어느 정도 이해하고 있다는 가정 하에서 설명한다. 따라서 SQL 문에 대해 상세히 설명하지 않는다. 예제 코드를 작성하는데 사용되는 SQL 문에 대해서만 설명하게 될 것이다. SQL 구문에 대해서는 필자의 "SQL 프로그래밍" 책을 참고하기 바란다.

데이터베이스 설치

데이터베이스를 설치하는 가장 손쉬운 방법은 이미 데이터베이스 서버가 설치되어 있는 도커(docker) 이미지(image)를 사용하는 것이다.

먼저 다음 URL로 이동해서 도커 데스크톱(Docker Desktop)을 다운로드하고 설치한다.

  https://www.docker.com/get-started/

윈도우 운영체제의 경우에는 WSL2(Windows Subsystem for Linux 2)와 하이퍼-V(Hyper-V) 어느 것을 사용해도 상관없다. WSL2는 윈도우 운영체제 상에 설치되는 리눅스(Linux) 서브 시스템을 말한다. 따라서 윈도우 운영체제에 리눅스, 주로 우분투(Ubuntu) 운영체제를 함께 사용할 수 있다. 하이퍼-V는 윈도우 운영체제가 제공하는 가상 머신(virtual machine)이다. 도커 데스크톱은 리눅스 서브 시스템 또는 하이퍼-V 상에 설치된 리눅스 시스템에 도커 컨테이너(docker container)를 생성하게 된다. 윈도우 용 도커 데스크톱은 WSL2 사용을 권장한다. 여러분은 우분투와 같은 리눅스 운영체제가 설치된 로컬 머신(local machine)에 직접 도커 데스크톱을 설치하고 사용할 수 있다. 이 책에서는 맥오에스(macOS) 운영체제 상에서 도커 데스크톱을 설치하고 사용한다. 또한 필요한 경우에 별도의 오라클 리눅스(Oracle Linux)와 마이크로소프트 윈도우 서버(Windows Server) 로컬 머신에 설치된 데이터베이스 서버도 사용하게 될 것이다. 이 책에서는 도커에 대해서 설명하지 않는다. 도커에 관해서는 별도의 책에서 설명할 예정이다. 여기에서는 도커를 사용하여 필요한 데이터베이스 서버를 설치하고 사용하는 방법을 배우는 것만으로 충분하다.

오라클 데이터베이스는 기업판(Enterprise Edition) 외에도 가볍게 개발용으로 사용할 수 있는 익스프레스 판(Express Edition), 줄여서 오라클 XE를 제공한다.

오라클 XE 버전을 터미널에서 다음과 같은 명령으로 설치한다. 하나의 명령행으로 실행한다.

```
docker run -d --name oracle-xe -p 1521:1521
    -e ORACLE_PASSWORD=1234
    -v ~/data/oracle:/opt/oracle/oradata gvenzl/oracle-xe
```

윈도우 운영체제의 경우 파일 공유(Docker Desktop - Filesharing) 여부를 묻는

8장 JDBC 데이터 액세스

창이 나오면 공유(Share it)를 선택한다.

리눅스에서 설치한다면 앞에 sudo 명령을 추가한다. 다른 RDBMS를 설치하는 경우에도 마찬가지다.

```
sudo docker run -d --name oracle-xe -p 1521:1521
    -e ORACLE_PASSWORD=1234
    -v ~/data/oracle:/opt/oracle/oradata gvenzl/oracle-xe
```

이제 비밀 번호가 1234인 system 계정으로 접속할 수 있다.

M1이나 M2 등 ARM 기반의 실리콘 칩(Slicon Chip) CPU가 탑재된 맥오에스 운영체제의 경우에는 도커 데스크톱에 직접 오라클 데이터베이스를 설치할 수 없다. 오라클 데이터베이스는 ARM 기반의 시스템을 지원하지 않기 때문이다. 이 경우에는 맥오에스 운영체제에 x86_64 AMD 기반의 리눅스 서브 시스템을 생성하고 도커를 설치할 수 있다. 가장 손쉬운 방법은 colima를 사용하는 것이다. 먼저 홈브루(Homebrew)를 설치한다. 홈브루를 설치하는 방법은 다음 URL을 참조한다.

```
htttps://brew.sh
```

다음에는 홈브루를 사용하여 colima를 설치한다.

```
brew install colima
```

그리고 다음과 같은 명령으로 colima를 시작한다.

```
colima start --arch x86_64 --cpu 4 --memory 8
```

그 다음에는 위에서 동일한 방법으로 오라클 XE 컨테이너를 설치할 수 있다.

다음 그림은 오라클 XE 컨테이너를 실행한 예를 보여준다.

```
Last login: Mon Aug 22 23:06:21 on ttys000
sun@sun-mac ~ % colima start --arch x86_64 --cpu 4 --memory 8
INFO[0000] starting colima
INFO[0000] runtime: docker
INFO[0000] preparing network ...                          context=vm
INFO[0000] starting ...                                   context=vm
INFO[0069] provisioning ...                               context=docker
INFO[0070] starting ...                                   context=docker
INFO[0077] done
sun@sun-mac ~ % docker start oracle-xe
oracle-xe
sun@sun-mac ~ % docker ps
CONTAINER ID   IMAGE              COMMAND                  CREATED       STATUS
        PORTS                                                    NAMES
f2d640443919   gvenzl/oracle-xe   "container-entrypoin…"   5 weeks ago   Up 7 se
conds      0.0.0.0:1521->1521/tcp, :::1521->1521/tcp, 0.0.0.0:8080->8080/tcp, :::80
80->8080/tcp   oracle-xe
sun@sun-mac ~ %
```

[그림 8-2] 오라클 XE 컨테이너 실행

colima에 대해서는 다음 URL을 참조한다.

   https://github.com/abiosoft/colima

참고로 다음과 같은 명령으로 colima를 종료할 수 있다.

   docker stop oracle-xe
   colima stop

다음에 다시 실행하려면 다음 명령을 실행한다.

   colima start --arch x86_64 --cpu 4 --memory 8
   docker start oracle-xe

마이크로소프트 SQL 서버는 개발자들이 사용할 수 있는 개발자 판(Developer Edition)을 별도로 제공한다. SQL 서버 개발자 판을 다음과 같은 명령으로 설치한다. 하나의 명령행으로 실행한다.

```
docker run -e ACCEPT_EULA=Y -e MSSQL_SA_PASSWORD=sa12345678!
    --name sqlserver
    -p 1433:1433 -v ~/data/sqlserver:/var/opt/mssql
    -d mcr.microsoft.com/mssql/server:2022-latest
```

실리콘 맥오에스에서는 다음과 같이 명령을 실행한다.

```
docker run -e ACCEPT_EULA=Y -e MSSQL_SA_PASSWORD=sa12345678!
    --name sqlserver
    -p 1433:1433 -v ~/data/sqlserver:/var/opt/mssql
    -d mcr.microsoft.com/azure-sql-edge
```

이제 비밀 번호가 sa12345678! 인 sa 계정으로 접속할 수 있다.

마이크로소프트 SQL 서버를 설치한 후에 비밀번호가 길어서 불편하다면 일단 sa 계정으로 접속한 후에 sqlcmd에서 다음 명령으로 비밀번호를 변경할 수 있다.

```
ALTER LOGIN [sa] WITH PASSWORD='1234', CHECK_POLICY=OFF
```

다음부터는 비밀 번호가 1234 인 sa 계정으로 접속할 수 있다. sqlcmd 명령에 대해서는 잠시 후에 설명하기로 한다.

MySQL은 커뮤니티 판(Community Edition)을 제공한다. MySQL 8 커뮤니티 판을 다음과 같은 명령으로 설치한다. 하나의 명령행으로 실행한다.

```
docker run -p 3306:3306 --name mysql -v ~/data/mysql:/var/lib/mysql
    -e MYSQL_ROOT_PASSWORD=1234 -d mysql:oracle
```

실리콘 맥오에스에서는 다음과 같이 명령을 실행한다.

```
docker run -p 3306:3306 --name mysql -v ~/data/mysql:/var/lib/mysql
    -e MYSQL_ROOT_PASSWORD=1234 -d arm64v8/mysql:oracle
```

이제 비밀 번호가 1234인 root 계정으로 접속할 수 있다.

원격에서 MySQL 서버에 접속하고 싶다면 먼저 다음과 같이 도커 명령을 실행한다.

```
docker exec -it mysql bash
```

다음에는 mysql 명령으로 MySQL에 접속한 다음,

```
mysql -u root -p1234
```

다음과 같이 명령을 실행한다.

```
GRANT ALL PRIVILEGES ON *.* TO 'root'@'%';
FLUSH PRIVILEGES;
```

이제 exit 명령을 두번 실행하여 터미널 창으로 다시 돌아온다.

PostgreSQL은 다음과 같은 명령으로 설치한다. 하나의 명령행으로 실행한다.

```
docker run -d -p 5432:5432 --name postgres -e POSTGRES_PASSWORD=1234
    -v /var/lib/docker/basedata:/var/lib/postgresql/data
    -v ~/data/postgres:/mnt/largedb postgres
```

실리콘 맥오에스에서는 다음과 같이 명령을 실행한다.

```
docker run -d -p 5432:5432 --name postgres -e POSTGRES_PASSWORD=1234
    -v /var/lib/docker/basedata:/var/lib/postgresql/data
    -v ~/data/postgres:/mnt/largedb arm64v8/postgres
```

이제 비밀 번호가 1234인 postgres 계정으로 접속할 수 있다.

다음 그림은 인텔 맥오에스 운영체제에서 설치를 완료한 예를 보여준다.

8장 JDBC 데이터 액세스

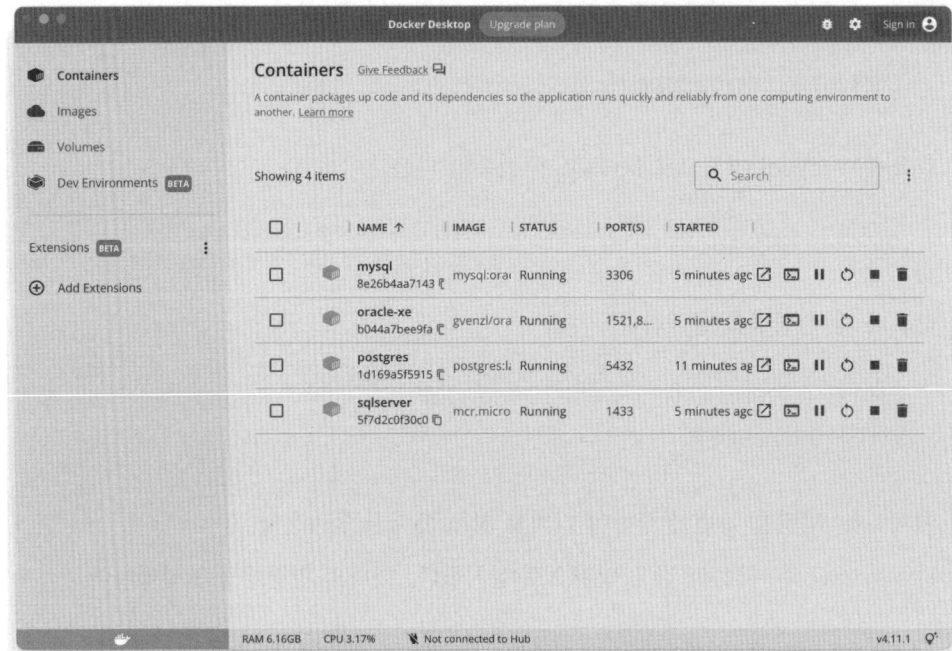

[그림 8-3] 데이터베이스 컨테이너 설치 (맥오에스)

다음 그림은 윈도우 운영체제에서 설치를 완료한 예를 보여준다.

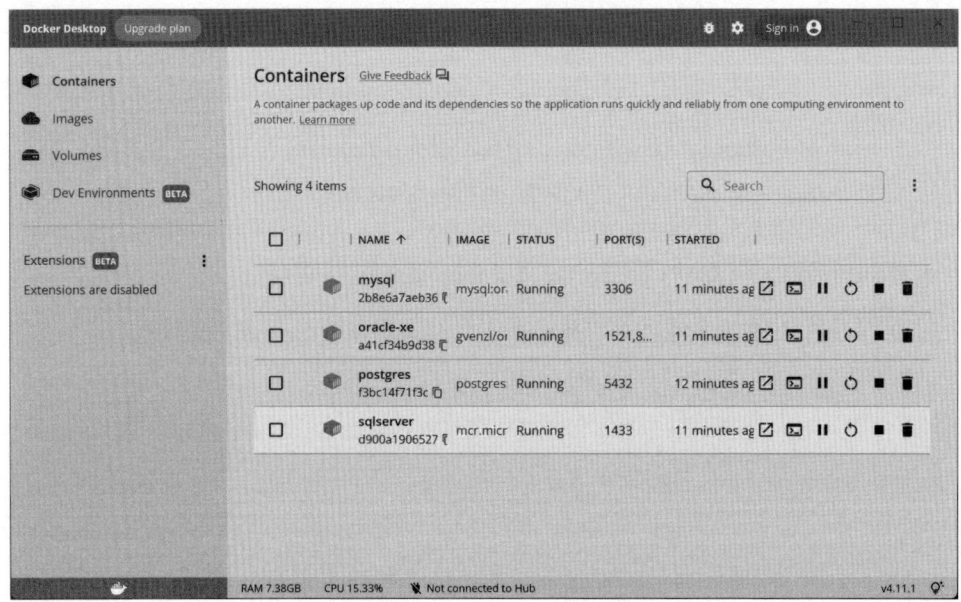

[그림 8-4] 데이터베이스 컨테이너 설치 (윈도우)

각 데이터베이스 서버를 설치한 도커 컨테이너를 종료하고 다시 실행하려면 도커 데스크톱에서 사각형 아이콘을 클릭하여 종료하고, 삼각형 아이콘을 클릭하여 다시 실행할 수 있다. 더 이상 해당 컨테이너를 사용하지 않는다면 휴지통 아이콘을 클릭하여 삭제한 후에, Images 탭으로 이동하여 사용되지 않는 이미지도 삭제할 수 있다. 현재 사용하고 있는 이미지에는 "IN USE" 아이콘 표시가 되어 있다. docker나 k8s 로 시작하는 이미지는 도커 데스트톱에서 사용하는 이미지이기 때문에 삭제하지 말아야 한다.

각 데이터베이스 서버에서 저장된 데이터베이스 데이터는 여러분의 로컬 머신 홈 디렉터리 밑에 data 서브 디렉터리에 저장된다. 따라서 도커 컨테이너를 삭제하고 다시 설치하더라도 기존의 데이터를 그대로 사용할 수 있다.

각 데이터베이스는 자체 개발 도구를 제공한다. 개발 도구는 두가지 형태로 제공된다. 하나는 명령행 프로그램이고, 다른 하나는 그래픽 사용자 인터페이스를 제공하는 프로그램이다.

오라클 데이터베이스의 명령행 개발 도구는 sqlplus다. 다음 명령으로 sqlplus를 사용할 수 있다. 먼저 도커 컨테이너에서 bash 를 실행한 후에,

    docker exec -it oracle-xe bash

터미널 창에서 다음과 같이 sqlplus를 실행할 수 있다.

    sqlplus / as sysdba

마이크로소프트 SQL 서버의 명령행 개발 도구는 sqlcmd다. 그러나 마이크로소프트 SQL 서버 도커 컨테이너는 sqlcmd 도구를 제공하지 않기 때문에 별도의 도커 컨테이너를 설치해야 한다.

    docker run -it -d --name mssql-tools mcr.microsoft.com/mssql-tools

그리고 다음 명령으로 sqlcmd를 사용할 수 있다.

먼저 도커 컨테이너에서 bash 를 실행한 후에,

    docker exec -it mssql-tools bash

터미널 창에서 다음과 같이 sqlcmd를 실행할 수 있다.

8장 JDBC 데이터 액세스

　　sqlcmd -S 192.168.1.3 -U sa -P 1234

위의 명령에서 192.168.1.3은 여러분 로컬 머신의 IP 주소다.

MySQL의 명령행 개발 도구는 mysql이다.

먼저 도커 컨테이너에서 bash 를 실행한 후에,

　　docker exec -it mysql bash

터미널 창에서 다음과 같이 mysql을 실행할 수 있다.

　　mysql -h192.168.1.3 -uroot -p1234

PostgreSQL의 명령행 개발 도구는 psql이다. 그러나 PostgreSQL 도커 컨테이너는 psql 도구를 제공하지 않기 때문에 별도의 도커 컨테이너를 설치해야 한다.

　　docker run -it -d --name=pgclient codingpuss/postgres-client

그리고 다음 명령으로 psql을 사용할 수 있다.

　　docker exec -it pgclient
　　　psql postgresql://postgres:1234@192.168.1.3:5432/postgres

위의 명령에서 psql 다음에는 다음과 같은 형식으로 지정한다.

　　postgresql://ID:PASSWORD@IP:PORT/DB

참고로 맥오에스 운영체제에서 다음과 같이 명령행 도구를 직접 로컬 머신에 설치할 수 있다.

오라클 sqlplus 도구는 다음과 같이 설치한다.

　　brew tap InstantClientTap/instantclient
　　brew install instantclient-basic
　　brew install instantclient-sqlplus

마이크로소프트 SQL 서버 sqlcmd 도구는 다음과 같이 설치한다.

brew tap microsoft/mssql-release
brew install mssql-tools

MySQL mysql 도구는 다음과 같이 설치한다.

brew install mysql-client

PostgreSQL은 psql 대신에 pgcli를 다음과 같이 설치할 수 있다.

brew install pgcli

pgcli 도구는 다음과 같이 사용한다.

pgcli -h 192.168.1.3 -p 5432 -u postgres -d postgres

-h 옵션에는 IP 주소를 지정하고, -p 옵션에는 포트, -u 옵션에는 사용자 ID, -d 옵션에는 접속할 데이터베이스를 지정한다. 비밀 번호를 요청하면 1234를 입력한다.

데이터베이스 생성

우리는 이 장과 다음 9장 "JPA 데이터 액세스"에서 지금까지 실습한 주문 관리 예제 시스템에 적용할 레파지토리 컴포넌트를 구현하게 될 것이다. 따라서 이들 레파지토리 컴포넌트가 접근하게 될 데이터베이스를 생성하기로 한다.

오라클 데이터베이스는 다른 세 개의 데이터베이스와는 다른 방식을 사용한다. 오라클 데이터베이스 서버는 하나의 인스턴스(instance)로만 구성될 수도 있고 여러 개의 인스턴스로도 구성될 수 있다. 여기에서 우리는 인스턴스가 하나인 단일 인스턴스 구성에 대해서만 생각하기로 한다. 인스턴스는 오라클 데이터베이스 서버 프로그램이 실행되는 백그라운드 프로세스와 메모리 구조의 조합이다. 그러니까 오라클 데이터베이스 서버 프로그램이 한번 실행된 것으로 생각하면 된다. 인스턴스는 고유한 SID(System IDentifier)과 서비스 이름(service name)을 갖는다. SID는 인스턴스 이름이다. 우리가 도커 컨테이너로 생성한 오라클 XE 데이베이스의 SID는 "xe"다. 서비스 이름은 데이터베이스의 논리적인 표현이다. 기본적으로 전역 데이터베이스 이름(global database name)이 서비스 이름으로 지정된다. 도커 컨테이너로 생성한 오라클 XE 데이베

8장 JDBC 데이터 액세스

이스의 서비스 이름도 "xe"다.

오라클 데이터베이스는 하나의 인스턴스 안에서 여러 사용자(user)가 각각 자신의 스키마(schema)를 소유한다. 오라클 데이터베이스에서 스키마란 테이블, 뷰, 인덱스 등 객체들의 집합을 의미한다. 따라서 오라클 데이터베이스에서 사용자와 스키마는 동일한 개념으로 사용된다.

이제 sqlplus 명령행 도구를 사용하여 사용자를 생성하기로 한다.

먼저 도커 컨테이너에서 bash 를 실행한 후에,

    docker exec -it oracle-xe bash

터미널 창에서 다음과 같이 sqlplus를 실행한다.

    sqlplus / as sysdba

SQL〉프롬프트가 나오면 다음과 같이 입력하여 사용자를 생성한다.

    SQL> ALTER SESSION SET "_oracle_script"=TRUE;
    SQL> CREATE USER ordr IDENTIFIED BY 1234;

사용자 계정 ID는 ordr이고 비밀 번호는 1234이다.

다음에는 ordr 사용자에 객체 생성과 변경, 삭제, 그리고 연결 및 관리자 권한을 부여하기로 한다.

SQL〉프롬프트 다음에 다음과 같이 입력한다.

    SQL> GRANT RESOURCE, CONNECT, DBA TO ordr;

이제 ordr 사용자 계정으로 연결하기 위해 다음과 같이 입력한다.

    SQL> CONNECT ordr/1234

실행 결과는 다음 화면과 같다.

```
sun@server-mac ~ % docker exec -it oracle-xe bash
bash-4.4$ sqlplus / as sysdba

SQL*Plus: Release 21.0.0.0.0 - Production on Mon Aug 22 23:30:53 2022
Version 21.3.0.0.0

Copyright (c) 1982, 2021, Oracle.  All rights reserved.

Connected to:
Oracle Database 21c Express Edition Release 21.0.0.0.0 - Production
Version 21.3.0.0.0

SQL> ALTER SESSION SET "_oracle_script"=TRUE;

Session altered.

SQL> CREATE USER ordr IDENTIFIED BY 1234;

User created.

SQL> GRANT RESOURCE, CONNECT, DBA TO ordr;

Grant succeeded.

SQL> CONNECT ordr/1234
Connected.
SQL>
```

[그림 8-5] sqlplus 실행

이제 SQL> 프롬프트 다음에 exit 명령을 실행하여 sqlplus에서 빠져 나온다.

그리고 다음과 같이 sqlplus 명령을 실행하여 ordr 사용자 계정으로 로그인할 수 있다.

    sqlplus ordr/1234

마이크로소프트 SQL 서버에서 오라클 데이터베이스의 스키마와 유사한 개념을 갖는 객체는 데이터베이스(database)다. 하지만 오라클 데이터베이스와는 달리, 여러 사용자가 각각 자신의 데이터베이스를 소유하지는 않는다. 하나의 사용자가 권한을 갖는다면 여러 데이터베이스에 접근할 수 있다. sa 사용자 계정은 관리자(system administrator) 권한을 갖는다. 우리는 sa 사용자 계정으로 데이터베이스를 생성하기로 한다.

먼저 도커 컨테이너에서 bash를 실행한 후에,

    docker exec -it mssql-tools bash

터미널 창에서 다음과 같이 sqlcmd를 실행할 수 있다.

    sqlcmd -S 192.168.1.3 -U sa -P 1234

8장 JDBC 데이터 액세스

위의 명령에서 192.168.1.3은 여러분 로컬 머신의 IP 주소로 대체한다.

1) 프롬프트 다음에 다음과 같이 명령을 실행하여 master 데이터베이스로 연결한다.

```
1> USE master;
2> GO
```

1) 프롬프트 다음에 다음과 같이 명령을 실행하여 order_system 데이터베이스를 생성한다.

```
1> CREATE DATABASE order_system COLLATE Korean_Wansung_CI_AS;
2> GO
```

다음에는 order_system 데이터베이스에 연결하기 위해 다음과 같이 입력한다.

```
1> USE order_system;
2> GO
```

이제 성공적으로 order_system 데이터베이스가 생성되었다.

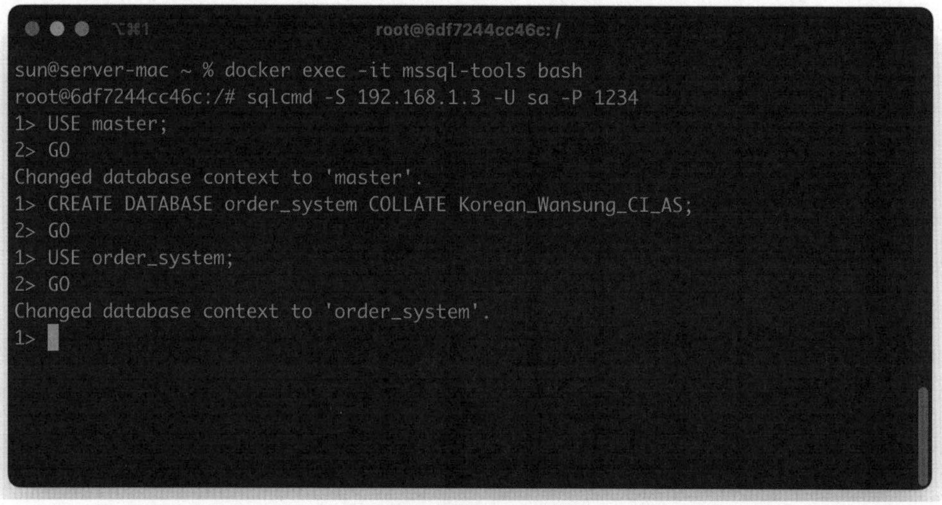

```
sun@server-mac ~ % docker exec -it mssql-tools bash
root@6df7244cc46c:/# sqlcmd -S 192.168.1.3 -U sa -P 1234
1> USE master;
2> GO
Changed database context to 'master'.
1> CREATE DATABASE order_system COLLATE Korean_Wansung_CI_AS;
2> GO
1> USE order_system;
2> GO
Changed database context to 'order_system'.
1>
```

[그림 8-6] sqlcmd 실행

MySQL도 마이크로소프트 SQL 서버와 유사하다. 이번에는 MySQL에 데이터베이스를 생성하기로 한다.

root 사용자 계정은 관리자(system administrator) 권한을 갖는다. 우리는 root 사용자 계정으로 데이터베이스를 생성하기로 한다.

먼저 도커 컨테이너에서 bash 를 실행한 후에,

    docker exec -it mysql bash

터미널 창에서 다음과 같이 mysql을 실행할 수 있다.

    mysql -u root -p1234

mysql> 프롬프트 다음에 다음과 같이 명령을 실행하여 order_system 데이터베이스를 생성한다.

    mysql> CREATE DATABASE order_system DEFAULT CHARACTER SET utf8
                                        DEFAULT COLLATE utf8_general_ci;

다음에는 order_system 데이터베이스에 접근하기 위해 다음과 같이 입력한다.

    mysql> USE order_system;

이제 성공적으로 order_system 데이터베이스가 생성되었다.

8장 JDBC 데이터 액세스

```
sun@server-mac ~ % docker exec -it mysql bash
bash-4.4# mysql -u root -p1234
mysql: [Warning] Using a password on the command line interface can be insecure.
Welcome to the MySQL monitor.  Commands end with ; or \g.
Your MySQL connection id is 14
Server version: 8.0.29 MySQL Community Server - GPL

Copyright (c) 2000, 2022, Oracle and/or its affiliates.

Oracle is a registered trademark of Oracle Corporation and/or its
affiliates. Other names may be trademarks of their respective
owners.

Type 'help;' or '\h' for help. Type '\c' to clear the current input statement.

mysql> CREATE DATABASE order_system DEFAULT CHARACTER SET utf8 DEFAULT COLLATE utf8_general_ci;
Query OK, 1 row affected, 2 warnings (0.00 sec)

mysql> USE order_system;
Database changed
mysql>
```

[그림 8-7] mysql 실행

PostgreSQL도 마찬가지로 마이크로소프트 SQL 서버와 유사하다. 다음은 PostgreSQL에 데이터베이스를 생성하기로 한다.

postgres 사용자 계정은 관리자(system administrator) 권한을 갖는다. 우리는 postgres 사용자 계정으로 데이터베이스를 생성하기로 한다.

먼저 다음 도커 명령으로 psql을 실행한다.

 docker exec -it pgclient psql
  postgresql://postgres:1234@192.168.1.3:5432/postgres

위의 명령에서 192.168.1.3은 여러분 로컬 머신의 IP 주소로 대체한다.

postgres=# 프롬프트 다음에 다음과 같이 명령을 실행하여 order_system 데이터베이스를 생성한다.

 postgres=# CREATE DATABASE order_system;

postgres=# 프롬프트 다음에 exit 명령으로 psql에서 빠져나온다.

다시 다음과 같은 도커 명령으로 order_system 데이터베이스로 접속한다.

 docker exec -it pgclient psql

postgresql://postgres:1234@192.168.1.3:5432/order_system

이제 성공적으로 order_system 데이터베이스가 생성된 것을 확인할 수 있다.

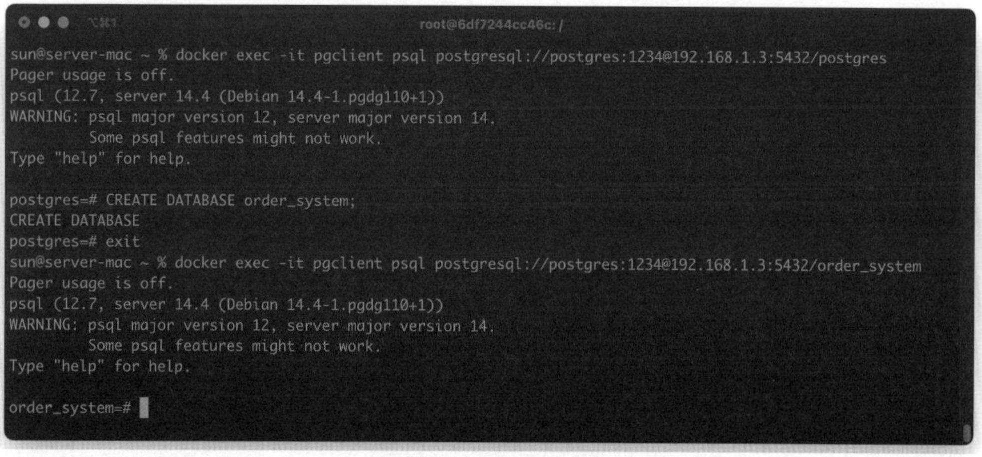

[그림 8-8] postgres 실행

데이터베이스 스키마 생성

데이터베이스에 저장할 테이블의 구조를 보여주는 E-R(Entity-Relationship) 다이어그램은 다음과 같다.

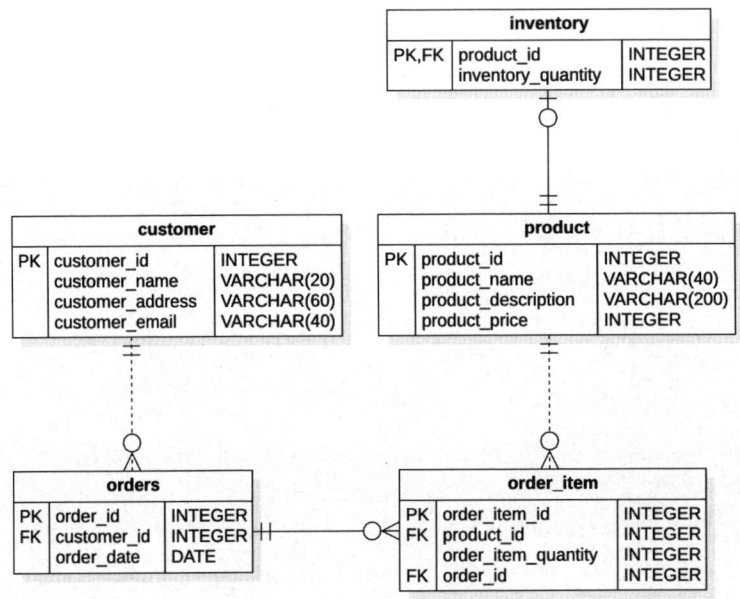

[그림 8-9] E-R 다이어그램

E-R 다이어그램은 데이터베이스 설계에서 가장 많이 사용되는 E-R 모델(Entity-Ralationship Model, 실체-관계 모델) 개념에 기반을 둔 데이터 모델을 표현하는 다이어그램이다. 테이블은 사각형으로 표현되며, 타이틀에는 테이블명이 표시된다. 그리고 테이블명 밑에는 컬럼명이 나열된다. 컬럼명 왼쪽에는 기본 키(PK, Primary Key)와 외래 키(FK, Foreign Key)가 표시되며, 오른쪽에는 데이터 타입이 표시된다. 테이블 사이의 선은 이들 테이블 사이의 관계를 표시한다. 이 책에서는 E-R 다이어그램을 설명하지는 않지만, 아마도 여러분은 그림만으로도 데이터베이스 스키마를 쉽게 이해할 수 있을 것이다. E-R 모델링에 대해서는 별도의 책에서 설명할 예정이다.

오라클과 PostgreSQL 데이터베이스에 스키마를 생성하는 SQL 문은 다음과 같다.

```
-- 오라클 / PostgreSQL
CREATE TABLE customer (
    customer_id INTEGER GENERATED ALWAYS AS IDENTITY
                    PRIMARY KEY NOT NULL,
    customer_name VARCHAR(20) NOT NULL,
    customer_address VARCHAR(60),
    customer_email VARCHAR(40)
);
```

```sql
CREATE TABLE product (
    product_id INTEGER GENERATED ALWAYS AS IDENTITY
                        PRIMARY KEY NOT NULL,
    product_name VARCHAR(40) NOT NULL,
    product_description VARCHAR(200),
    product_price INTEGER NOT NULL CHECK(product_price > 0)
);
CREATE TABLE inventory (
    product_id INTEGER PRIMARY KEY,
    inventory_quantity INTEGER NOT NULL,
    CONSTRAINT fk_inventory_product_id FOREIGN KEY (product_id)
    REFERENCES product (product_id)
    ON DELETE CASCADE
);
CREATE TABLE orders (
    order_id INTEGER GENERATED ALWAYS AS IDENTITY PRIMARY KEY NOT NULL,
    customer_id INTEGER,
    order_date DATE DEFAULT CURRENT_DATE,
    CONSTRAINT fk_order_customer_id FOREIGN KEY (customer_id)
    REFERENCES customer (customer_id)
    ON DELETE CASCADE
);
CREATE TABLE order_item (
    order_item_id INTEGER GENERATED ALWAYS AS IDENTITY
                        PRIMARY KEY NOT NULL,
    product_id INTEGER,
    order_item_quantity INTEGER NOT NULL,
    order_id INTEGER,
    CONSTRAINT fk_order_item_product_id FOREIGN KEY (product_id)
    REFERENCES product (product_id)
    ON DELETE CASCADE,
    CONSTRAINT fk_order_item_order_id FOREIGN KEY (order_id)
    REFERENCES orders (order_id)
    ON DELETE CASCADE
```

8장 JDBC 데이터 액세스

);

SQL 서버 데이터베이스에 스키마를 생성하는 SQL 문은 다음과 같다.

```sql
-- SQL 서버
CREATE TABLE customer (
   customer_id INTEGER IDENTITY PRIMARY KEY NOT NULL,
   customer_name VARCHAR(20) NOT NULL,
   customer_address VARCHAR(60),
   customer_email VARCHAR(40)
);
CREATE TABLE product (
   product_id INTEGER IDENTITY PRIMARY KEY NOT NULL,
   product_name VARCHAR(40) NOT NULL,
   product_description VARCHAR(200),
   product_price INTEGER NOT NULL CHECK(product_price > 0)
);
CREATE TABLE inventory (
   product_id INTEGER PRIMARY KEY,
   inventory_quantity INTEGER NOT NULL,
   CONSTRAINT fk_inventory_product_id FOREIGN KEY (product_id)
   REFERENCES product (product_id)
   ON DELETE CASCADE
);
CREATE TABLE orders (
   order_id INTEGER IDENTITY PRIMARY KEY NOT NULL,
   customer_id INTEGER,
   order_date DATE DEFAULT CURRENT_TIMESTAMP,
   CONSTRAINT fk_order_customer_id FOREIGN KEY (customer_id)
   REFERENCES customer (customer_id)
   ON DELETE CASCADE
);
CREATE TABLE order_item (
   order_item_id INTEGER IDENTITY PRIMARY KEY NOT NULL,
```

```
    product_id INTEGER,
    order_item_quantity INTEGER NOT NULL,
    order_id INTEGER,
    CONSTRAINT fk_order_item_product_id FOREIGN KEY (product_id)
    REFERENCES product (product_id)
    ON DELETE CASCADE,
    CONSTRAINT fk_order_item_order_id FOREIGN KEY (order_id)
    REFERENCES orders (order_id)
    ON DELETE CASCADE
);
```

MySQL 데이터베이스에 스키마를 생성하는 SQL 문은 다음과 같다.

```
-- MySQL
CREATE TABLE customer (
    customer_id INTEGER AUTO_INCREMENT PRIMARY KEY NOT NULL,
    customer_name VARCHAR(20) NOT NULL,
    customer_address VARCHAR(60),
    customer_email VARCHAR(40)
);
CREATE TABLE product (
    product_id INTEGER AUTO_INCREMENT PRIMARY KEY NOT NULL,
    product_name VARCHAR(40) NOT NULL,
    product_description VARCHAR(200),
    product_price INTEGER NOT NULL CHECK(product_price > 0)
);
CREATE TABLE inventory (
    product_id INTEGER PRIMARY KEY,
    inventory_quantity INTEGER NOT NULL,
    CONSTRAINT fk_inventory_product_id FOREIGN KEY (product_id)
    REFERENCES product (product_id)
    ON DELETE CASCADE
);
CREATE TABLE orders (
```

```sql
        order_id INTEGER AUTO_INCREMENT PRIMARY KEY NOT NULL,
        customer_id INTEGER,
        order_date DATETIME DEFAULT CURRENT_TIMESTAMP,
        CONSTRAINT fk_order_customer_id FOREIGN KEY (customer_id)
        REFERENCES customer (customer_id)
        ON DELETE CASCADE
    );
    CREATE TABLE order_item (
        order_item_id INTEGER AUTO_INCREMENT PRIMARY KEY NOT NULL,
        product_id INTEGER,
        order_item_quantity INTEGER NOT NULL,
        order_id INTEGER,
        CONSTRAINT fk_order_item_product_id FOREIGN KEY (product_id)
        REFERENCES product (product_id)
        ON DELETE CASCADE,
        CONSTRAINT fk_order_item_order_id FOREIGN KEY (order_id)
        REFERENCES orders (order_id)
        ON DELETE CASCADE
    );
```

그리고 다음과 같이 주문 시스템 테이블에 예제 데이터를 추가한다.

```sql
    -- customer 테이블
    INSERT INTO customer(customer_name, customer_address, customer_email)
        VALUES ('김일', '서울시', 'kim1@gmail.com');
    INSERT INTO customer(customer_name, customer_address, customer_email)
        VALUES ('김이', '부산시', 'kim2@gmail.com');
    INSERT INTO customer(customer_name, customer_address, customer_email)
        VALUES ('김삼', '대전시', 'kim3@gmail.com');
    INSERT INTO customer(customer_name, customer_address, customer_email)
        VALUES ('김사', '인천시', 'kim4@gmail.com');
    INSERT INTO customer(customer_name, customer_address, customer_email)
        VALUES ('김오', '대구시', 'kim5@gmail.com');
    -- product 테이블
```

INSERT INTO product(product_name, product_description, product_price)
    VALUES ('제품1', '제품1설명', 10000);
INSERT INTO product(product_name, product_description, product_price)
    VALUES ('제품2', '제품2설명', 20000);
INSERT INTO product(product_name, product_description, product_price)
    VALUES ('제품3', '제품3설명', 30000);
INSERT INTO product(product_name, product_description, product_price)
    VALUES ('제품4', '제품4설명', 40000);
INSERT INTO product(product_name, product_description, product_price)
    VALUES ('제품5', '제품5설명', 50000);
-- inventory 테이블
INSERT INTO inventory VALUES (1, 1000);
INSERT INTO inventory VALUES (2, 2000);
INSERT INTO inventory VALUES (3, 3000);
INSERT INTO inventory VALUES (4, 4000);
INSERT INTO inventory VALUES (5, 5000);
-- orders 테이블
INSERT INTO orders(customer_id) VALUES (1);
INSERT INTO orders(customer_id) VALUES (2);
INSERT INTO orders(customer_id) VALUES (3);
INSERT INTO orders(customer_id) VALUES (4);
INSERT INTO orders(customer_id) VALUES (5);
-- order_item 테이블
INSERT INTO order_item(product_id, order_item_quantity, order_id)
    VALUES (1, 1, 1);
INSERT INTO order_item(product_id, order_item_quantity, order_id)
    VALUES (2, 2, 1);
INSERT INTO order_item(product_id, order_item_quantity, order_id)
    VALUES (3, 3, 1);
INSERT INTO order_item(product_id, order_item_quantity, order_id)
    VALUES (4, 4, 2);
INSERT INTO order_item(product_id, order_item_quantity, order_id)
    VALUES (5, 5, 2);
INSERT INTO order_item(product_id, order_item_quantity, order_id)

8장 JDBC 데이터 액세스

　　　　VALUES (1, 10, 3);
　　INSERT INTO order_item(product_id, order_item_quantity, order_id)
　　　　VALUES (2, 20, 3);
　　INSERT INTO order_item(product_id, order_item_quantity, order_id)
　　　　VALUES (3, 30, 4);
　　INSERT INTO order_item(product_id, order_item_quantity, order_id)
　　　　VALUES (4, 40, 4);
　　INSERT INTO order_item(product_id, order_item_quantity, order_id)
　　　　VALUES (5, 50, 4);
　　INSERT INTO order_item(product_id, order_item_quantity, order_id)
　　　　VALUES (1, 100, 5);
　　INSERT INTO order_item(product_id, order_item_quantity, order_id)
　　　　VALUES (2, 200, 5);
　　INSERT INTO order_item(product_id, order_item_quantity, order_id)
　　　　VALUES (3, 300, 5);
　　INSERT INTO order_item(product_id, order_item_quantity, order_id)
　　　　VALUES (4, 400, 5);
　　INSERT INTO order_item(product_id, order_item_quantity, order_id)
　　　　VALUES (5, 500, 5);

JDBC 설정

　데이터베이스의 데이터에 접근할 수 있도록 하는 기본적인 자바 기술은 JDBC(Java Database Connectivity)다. JDBC는 SQL을 사용하여 데이터베이스에 질의하고 데이터를 조작하는 API를 제공한다. 우리는 이번 장에서 JDBC를 사용하여 데이터베이스 프로그래밍을 하는 방법에 대해 살펴보게 될 것이다.

　자바 프로그래밍에 있어서 항상 그렇듯이 JDBC API를 사용하여 데이터베이스에 액세스하는 코드를 작성하기 전에 해야 할 일이 있다. JDBC를 설정하는 일이다. 가장 먼저 해야 할 일은 JDBC 드라이버를 구하는 것이다.

　각 데이터베이스는 JDBC 드라이버를 제공한다. 오라클은 오라클 데이터베이스 19c 용으로 ojdbc10.jar 파일을 제공하고, SQL 서버는 JDK 17 용으로 ms-sql-jdbc-11.2.1.jre17.jar 파일을 제공한다. MySQL은 Connector/J라고 하는

mysql-connector-j-8.0.31.jar 파일을 제공하고, PostgreSQL도 postgresql-42.5.1.jar 파일을 제공한다. 여러분의 경우에 버전은 다를 수 있다.

하지만 이들 각 데이터베이스의 JDBC 드라이버를 수작업으로 다운로드할 필요는 없다. 우리는 메이븐을 사용하므로 다음과 같이 의존성을 설정해주면 된다.

오라클 데이터베이스 드라이버의 메이븐 의존성은 다음과 같다.

```xml
<dependency>
    <groupId>com.oracle.database.jdbc</groupId>
    <artifactId>ojdbc10</artifactId>
    <version>19.16.0.0</version>
</dependency>
```

SQL 서버 데이터베이스 드라이버의 메이븐 의존성은 다음과 같다.

```xml
<dependency>
    <groupId>com.microsoft.sqlserver</groupId>
    <artifactId>mssql-jdbc</artifactId>
    <version>11.2.1.jre17</version>
</dependency>
```

MySQL 데이터베이스 드라이버의 메이븐 의존성은 다음과 같다.

```xml
<dependency>
    <groupId>mysql</groupId>
    <artifactId>mysql-connector-java</artifactId>
    <version>8.0.31</version>
</dependency>
```

PostgreSQL 데이터베이스 드라이버의 메이븐 의존성은 다음과 같다.

```xml
<dependency>
    <groupId>org.postgresql</groupId>
    <artifactId>postgresql</artifactId>
    <version>42.5.1</version>
```

```
</dependency>
```

JDBC 드라이버를 프로젝트에 추가했다면 다음에는 JDBC 드라이버 클래스를 등록해야 한다. 많은 JDBC JAR 파일은 자동적으로 드라이버 클래스를 등록하기 때문에 수작업으로 드라이버 클래스를 등록할 필요는 없다.

드라이버 클래스 이름은 벤더에 의해 결정된다.

데이터베이스	드라이버 클래스
오라클	oracle.jdbc.driver.OracleDriver
SQL 서버	com.microsoft.sqlserver.jdbc.SQLServerDriver
MySQL	com.mysql.cj.jdbc.Driver
PostgreSQL	org.postgresql.Driver

[표 8-1] JDBC 드라이버 클래스

드라이버 클래스를 등록하는 방법에는 두가지가 있다. 첫 번째 방법은 프로그램에서 드라이버 클래스를 로드하는 것이다.

```
Class.forName("oracle.jdbc.driver.OracleDriver");
// 또는,
Class.forName("oracle.jdbc.driver.OracleDriver").newInstance();
```

또 다른 방법은 jdbc.drivers 속성을 설정하는 것이다.

```
System.setProperty("jdbc.drivers", "oracle.jdbc.driver.OracleDriver");
```

수동이든 자동이든 JDBC 드라이버 클래스가 등록되었다면 데이터베이스에 연결해야 한다. JDBC는 URL 구문을 사용하여 데이터베이스 연결 정보를 설정한다.

데이터베이스	데이터베이스 연결 URL
오라클	jdbc:oracle:thin:@localhost:1521/XE
SQL 서버	jdbc:sqlserver://localhost:1433;databaseName=order_system;encrypt=true;trustServerCertificate=true
MySQL	jdbc:mysql://localhost:3306/order_system

데이터베이스	데이터베이스 연결 URL
PostgreSQL	jdbc:postgresql://localhost:5432/order_system

[표 8-2] 데이터베이스 연결 정보

데이터베이스 연결은 DriverManager 클래스의 getConnection() 메서드를 사용한다.

```
String url = "jdbc:oracle:thin:@localhost:1521/XE";
String username = "ordr";
String password = "1234";
Connection connection = DriverManager.getConnection(url, username, password);
```

getConnection() 메서드의 첫 번째 매개변수는 데이터베이스 연결 URL이고, 두 번째 매개변수는 사용자 이름, 세 번째 매개변수는 비밀번호다. getConnection() 메서드는 데이터베이스를 연결한 후에 Connection 객체를 반환한다. 우리는 이 Connection 객체를 사용하여 SQL 문으로 질의를 실행하여 데이터베이스에 액세스하는 코드를 구현할 수 있다.

그러나 실무에서는 이와같이 데이터베이스 연결 정보를 소스 코드에 지정하지 않는다. 개발 서버가 달라질 수도 있고, 또한 개발 서버와 운영 서버가 다르기 때문에 일일이 코드를 변경하는 작업은 번거롭고 에러를 유발시키기 쉽다. 이것을 위한 한가지 방법은 .properties 설정 파일에 데이터베이스 연결 설정을 정의하고 이 설정 정보를 읽어와 사용하는 것이다.

예를 들어 database.properties 파일에 다음과 같이 데이터베이스 연결 정보를 설정할 수 있다. 오라클을 사용하는 경우에는 다음과 같이 설정한다.

```
# oracle
driver=oracle.jdbc.driver.OracleDriver
url=jdbc:oracle:thin:@localhost:1521/XE
username=ordr
password=1234
```

SQL 서버를 사용한다면 다음과 같이 설정한다.

8장 JDBC 데이터 액세스

```
# sql server
driver=com.microsoft.sqlserver.jdbc.SQLServerDriver
url=jdbc:sqlserver://localhost:1433;databaseName=order_system;
                                   encrypt=true;trustServerCertificate=true
username=sa
password=1234
```

MySQL를 사용한다면 다음과 같이 설정한다.

```
# mysql
driver=com.mysql.cj.jdbc.Driver
url=jdbc:mysql://localhost:3306/order_system
username=root
password=1234
```

PostgreSQL을 사용하는 경우에는 다음과 같이 설정한다.

```
# postgresql
driver=org.postgresql.Driver
url=jdbc:postgresql://localhost:5432/order_system
username=postgres
password=1234
```

그리고 다음과 같이 데이터베이스 설정 정보를 읽을 수 있다.

```
Properties prop = new Properties();
ClassLoader classLoader = Main.class.getClassLoader();
InputStream is = classLoader.getResourceAsStream("database.properties");
prop.load(is);
is.close();
String url = prop.getProperty("url");
String username = prop.getProperty("username");
String password = prop.getProperty("password");
forName(prop.getProperty("driver"));
Connection connection = DriverManager.getConnection(url, username, password);
```

SQL 문 실행

SQL 문을 실행하기 위해서는 먼저 Statement 객체를 생성해야 한다. Statement 객체는 Connection 객체의 createStatement() 메서드를 사용하여 생성한다.

　　Statement stmt = connection.createStatement();

결과셋(result set)을 반환하는 SELECT 문을 실행하기 위해서는 Statement 객체의 executeQuery() 메서드를 호출한다.

　　String sql = "SELECT * FROM customer";
　　ResultSet rs = stmt.executeQuery(sql);

결과셋은 로우의 집합 즉, 로우셋(rowset)으로 ResultSet 타입이며, 결과셋에서의 로우의 순서는 임의로 결정된다. 로우의 순서를 결정하기 위해서는 SQL 문에 ORDER BY 구를 사용해야 한다.

로우를 가져오는 기본적인 구문은 다음과 같다.

　　while (rs.next()) {
　　　　// 개별적인 각각의 로우를 가져온다
　　}

개별적인 각각의 로우를 가져올 때 각 컬럼 타입에 따라 RestultSet 객체의 getString(), getInt(), getLong(), getDouble(), getDate(), getObject() 등의 메서드를 사용한다. 이들 메서드는 두가지 버전이 있다. 하나의 버전은 컬럼의 인덱스를 매개변수로 받아들인다. 인덱스는 1에서 시작한다. 따라서 첫 번째 컬럼의 인덱스값은 1이다.

　　Long id = rs.getLong(1);
　　String name = rs.getString(2);
　　String address = rs.getString(3);
　　String email = rs.getString(4);

두 번째 버전은 컬럼 이름을 매개변수로 받아들인다.

8장 JDBC 데이터 액세스

```
Long id = rs.getLong("customer_id");
String name = rs.getString("customer_name");
String address = rs.getString("customer_address");
String email = rs.getString("customer_email");
```

참고로 SQL 데이터 타입과 자바 언어 데이터 타입은 다음 표와 같이 대응된다.

SQL 데이터 타입	자바 언어 데이터 타입
CHAR	java.lang.String
VARCHAR	java.lang.String
NCHAR	java.lang.String
NVARCHAR	java.lang.String
NUMERIC	java.math.BigDecimal
DECIMAL	java.math.BigDecimal
INTEGER	java.lang.Integer
SMALLINT	java.lang.Short
	java.lang.Integer
BIGINT	java.lang.Long
FLOAT	java.lang.Double
	java.math.BigDecimal
REAL	java.lang.Float
	java.math.BigDecimal
CLOB	java.sql.Clob
	java.lang.String
BLOB	java.sql.Blob
	byte[]
BIT	java.lang.Boolean
BOOLEAN	java.lang.Boolean
DATE	java.sql.Date
	java.util.Date
TIME	java.sql.Time
	java.util.Date

SQL 데이터 타입	자바 언어 데이터 타입
TIMESTAMP	java.sql.Timestamp java.util.Date

[표 8-3] SQL 데이터 타입과 자바 데이터 타입

데이터베이스에 질의를 수행하는 작업을 완료했다면 ResultSet 객체와 Statement 객체, 그리고 Connection 객체의 close() 메서드를 호출하여 이들 객체를 닫는다.

```
rs.close();
stmt.close();
connection.close();
```

INSERT, UPDATE, DELETE 와 같은 SQL 문을 실행할 때는 Statement 객체의 executeUpdate() 메서드를 사용한다.

```
String SQL_INSERT = "INSERT INTO customer " +
    "(customer_name, customer_address, customer_email) " +
    "VALUES ('김육', '서울시', 'kim6@gmail.com')";
String SQL_UPDATE = "UPDATE  customer " +
    "SET customer_name = '이일', customer_email = 'lee1@gmail..com' " +
    "WHERE customer_id = 1";
String SQL_DELETE = "DELETE FROM customer " +
    "WHERE customer_id = 1";
int count = stmt.executeUpdate(SQL_INSERT);
count = stmt.executeUpdate(SQL_UPDATE);
count = stmt.executeUpdate(SQL_DELETE);
```

executeUpdate() 메서드는 CREATE TABLE, DROP TABLE과 같은 DDL 문에도 사용할 수 있으며, SQL 문에 의해 영향을 받은 로우의 개수를 반환한다.

우리가 지금까지 살펴본 SQL 문 실행은 테이블에 저장하는 로우의 필드값이나 질의 조건을 직접 포함하고 있다. 그러나 이처럼 필드값이나 질의 조건이 달라질 때 마다 새로운 SQL 문을 생성하는 것보다는 질의문에 매개변수로 지정하는 것이 더 유용하다.

예를 들어 이름이 일치하는 고객 목록을 가져오는 SQL 질의는 다음과 같이 작성한다.

8장 JDBC 데이터 액세스

```
    String sql = "SELECT * FROM customer WHERE customer_name = '" + pname + "'";
    ResultSet rs = stmt.executeQuery(sql);
    while(rs.getNext()) {
       Long id = rs.getLong("customer_id");
       String name = rs.getString("customer_name");
       String address = rs.getString("customer_address");
       String email = rs.getString("customer_email");
    }
```

그러나 위의 구현 코드는 코드가 실행될 때 마다 새로운 SQL 문을 생성한다. 이것보다는 다음과 같이 하나의 질의문을 준비하고 호출될 때마다 질의문에 매개변수를 지정하는 것이 더 효율적이다.

```
    String sql = "SELECT * FROM customer WHERE customer_name = ?";
    PreparedStatement stmt = connection.prepareStatement(sql);
    stmt.setString(1, pname);
    ResultSet rs = stmt.executeQuery();
    while(rs.getNext()) {
       Long id = rs.getLong("customer_id");
       String name = rs.getString("customer_name");
       String address = rs.getString("customer_address");
       String email = rs.getString("customer_email");
    }
```

질의문을 준비하기 위해서는 Connection 객체의 prepareStatement() 메서드를 사용한다.

```
    PreparedStatement stmt = connection.prepareStatement(sql);
```

prepareStatement() 메서드는 매개변수로 질의문을 받아들이고, PreparedStatement 타입을 반환한다. 질의문에 매개변수가 들어갈 위치는 ? 로 지정한다.

```
    String sql = "SELECT * FROM customer WHERE customer_name = ?";
```

실행 시에 매개변수를 지정할 때는 매개변수의 타입에 따라 PreparedStatement 객체의 setString(), setInt(), setLong() 등의 메서드를 사용한다.

    stmt.setString(1, pname);

이들 메서드의 첫 번째 매개변수에는 ? 로 지정된 매개변수의 위치를 지정한다. 매개변수의 위치는 1부터 시작한다. 두 번째 매개변수에는 매개변수에 저장할 값을 지정한다.

그리고 준비된 질의문을 실행할 때는 인수를 지정하지 않고 PreparedStatement 객체의 executeQuery() 메서드를 호출한다.

    ResultSet rs = stmt.executeQuery();

매개변수가 여러 개인 경우의 예는 다음과 같다.

```
String SQL_INSERT = "INSERT INTO customer " +
   "(customer_name, customer_address, customer_email) " +
   "VALUES (?, ?, ?)";
PreparedStatement stmt = connection.prepareStatement(SQL_INSERT);
stmt.setString(1, name);
stmt.setString(2, address);
stmt.setString(3, email);
int count = stmt.executeUpdate();
```

트랜잭션

모든 데이터베이스는 연관된 모든 SQL 문 실행이 성공적으로 수행된 경우에만 커밋(commit)하여 변경된 사항을 데이터베이스에 반영하고, 이들 실행 작업 중 어느 하나라도 실패하면 롤백(rollback)하여 변경된 사항을 취소하여 이전 상태로 되돌리는 기능을 제공한다. 이것을 트랜잭션(transaction)이라고 한다.

트랜잭션을 우리말로 거래라고 한다. 하나의 거래에는 여러 행위가 포함될 수 있으며, 이들 행위들이 모두 성공적으로 수행되어야 거래가 완료된다. 이들 행위 중에 어느 하나라도 실패한다면 거래는 완료되지 못한다. 데이터베이스의 트랜잭션도 이와 같다.

8장 JDBC 데이터 액세스

예를 들어 은행 예금 계좌에서 다른 계좌로 이체하는 경우를 살펴보자. 계좌 이체는 한 계좌에서 예금액을 출금하여 다른 계좌로 입금하는 것을 말한다. 계좌 이체라는 거래 즉, 트랜잭션을 수행하기 위해 가장 먼저 한 계좌에서 출금하고 성공적이면 해당 계좌에서 잔액을 감소시킨다.

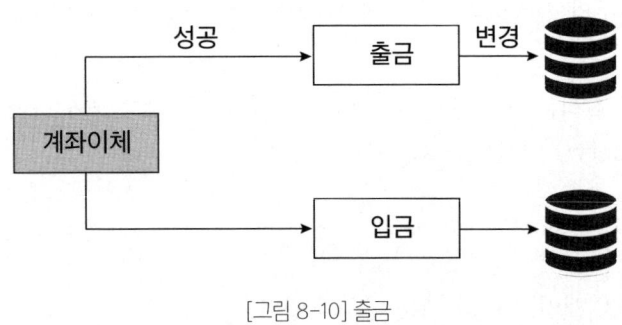

[그림 8-10] 출금

다음 작업은 다른 계좌로 출금된 금액을 입금하는 일이다. 입금이 성공적으로 수행되면 해당 계좌에 잔액을 증가시킨다.

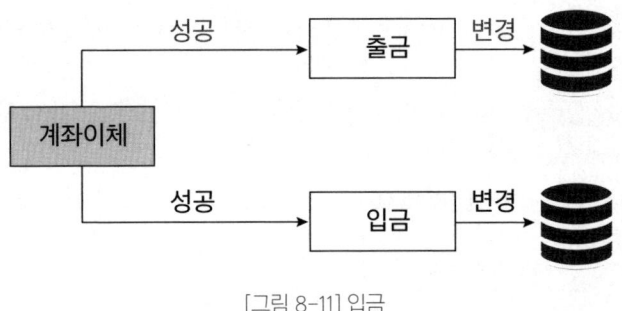

[그림 8-11] 입금

이때 거래 즉, 트랜잭션이 완료되어 커밋(commit) 함으로써 입출금 각 계좌의 잔액 데이터를 성공적으로 저장할 수 있게 된다.

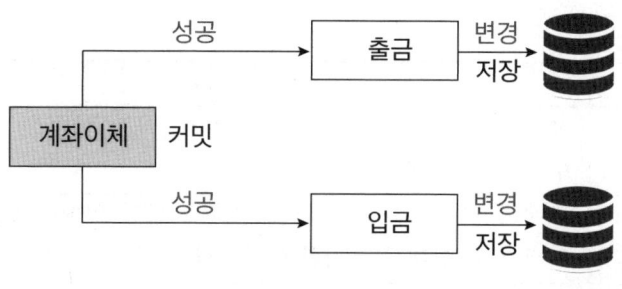

[그림 8-12] 커밋

그러나 출금은 성공적으로 수행되었지만 어떤 이유에서든 입금을 수행하는데 실패했다고 하자.

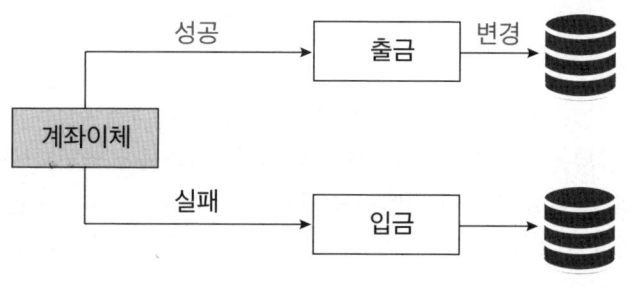

[그림 8-13] 입금 실패

그러면 출금을 수행할 때 변경된 계좌의 잔액은 출금되기 이전 상태로 되돌려야 한다. 따라서 트랜잭션은 롤백(rollback)되어야만 한다.

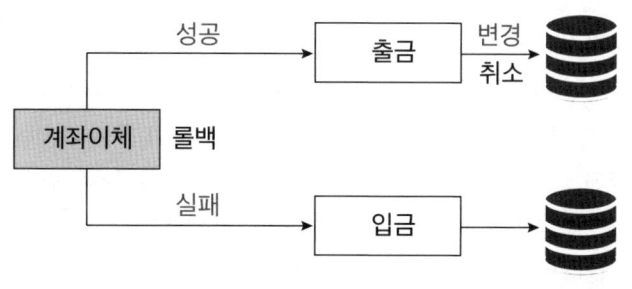

[그림 8-14] 롤백

트랜잭션이 롤백되면 해당 트랜잭션 안에서 수행되는 모든 작업은 취소되고 트랜잭션을 수행하기 이전의 상태로 되돌아간다.

트랜잭션은 ACID(Atomicity, Consistency, Isolation, Durability)라는 4가지 특

8장 JDBC 데이터 액세스

성을 갖는다.

특성	설명
원자성 (atomicity)	모든 데이터 수정이 함께 수행되거나 또는 아무런 데이터 수정이 수행되지 않음을 보장하는 것
일관성 (consistency)	트랜잭션이 실행을 성공적으로 완료하면 언제나 일관성 있는 데이터 지속 상태로 유지함을 보장하는 것
격리성 (isolation)	트랜잭션을 수행 시 다른 트랜잭션의 작업이 끼어들지 못하도록 보장하는 것
영속성 (durability)	성공적으로 수행된 트랜잭션은 영원히 반영되어야 함을 보장하는 것

[표 8-4] 트랜잭션 ACID

원자성(atomicity)이란 모든 데이터 수정이 함께 수행되거나 또는 아무런 데이터 수정이 수행되지 않음을 보장하는 것을 말한다. 모두 아니면 아무 것도 아닌(all or nothing) 상태가 되는 것이다. 계좌 이체 예에서 트랜잭션이 커밋되어야 출금 계좌에서 잔액이 감소되고 입금 계좌에 잔액이 증가할 수 있게 된다. 출금이든 입금이든 어느 하나라도 실패한다면 트랜잭션을 시작한 이전 상태로 롤백되어 아무 일도 일어나지 않은 상태로 된다.

일관성(consistency)이란 트랜잭션이 실행을 성공적으로 완료하면 언제나 일관성 있는 데이터 지속 상태로 유지함을 보장하는 것을 말한다. 계좌 이체 트랜잭션이 성공하여 커밋되면 출금 계좌에서는 출금액만큼 잔액이 감소되고 입금 계좌에는 출금액만큼 잔액이 증가된다. 출금 계좌에서는 잔액이 감소되었는데 입금 계좌에 잔액이 증가되지 않는 일이 발생하지 않는다는 것을 보장한다는 것을 의미한다.

격리성(isolation)이란 트랜잭션을 수행 시 다른 트랜잭션의 작업이 끼어들지 못하도록 보장하는 것을 말한다. 계좌 이체 트랜잭션은 동시에 여러 건이 발생할 수 있다. 출금 계좌에서 출금된 금액이 다른 트랜잭션의 입금 계좌로 입금된다면 커다란 문제가 발생하게 될 것이다. 따라서 하나의 트랜잭션은 다른 트랜잭션과 격리되어 독자적인 작업을 수행할 수 있어야만 한다.

영속성(durability)은 성공적으로 수행된 트랜잭션은 영원히 반영되어야 함을 보장하는 것을 말한다. 계좌 이체에서 트랜잭션이 성공적으로 커밋되었다면 출금 계좌와 입금 계좌의 잔액은 데이터베이스에 저장되어야 한다.

기본적으로 데이터베이스 연결은 자동 커밋 상태에 있다. 따라서 각 SQL 문이 실행될 때마다 데이터베이스에 커밋한다. 그러므로 트랜잭션을 사용하려면 이 디폴트 설정을 해제해야 한다.

    connection.setAutoCommit(false);

이제 일반적인 방법으로 Statement 객체를 생성하고,

    Statement stmt = connection.createStatement();

executeUpdate() 메서드를 여러 번 호출한 후에,

    stmt.executeUpdate(sql1);
    stmt.executeUpdate(sql2);
    stmt.executeUpdate(sql2);

이들 SQL 문이 성공적으로 실행되었으면 commit() 메서드를 호출하여 커밋한다.

    connection.commit();

그러나 만약 이들 SQL 문 중에서 어느 하나라도 실패한다면 roolback() 메서드를 호출하여 롤백할 수 있다.

    connection.rollback();

실습5: 고객 JDBC 레파지토리 컴포넌트 구현

이제 JDBC를 사용하여 데이터베이스에 액세스하는 레파지토리 컴포넌트를 구현하는 실습을 하기로 한다. 여러분은 7장에서 "실습4: 주문 조회 구현"에서 생성했던 프로젝트를 복사함으로써 새로운 프로젝트를 생성하여 실습을 시작할 수 있다.

먼저 pom.xml 파일에 다음과 같이 메이븐 의존성을 추가한다.

```
<dependency>
    <groupId>com.oracle.database.jdbc</groupId>
    <artifactId>ojdbc10</artifactId>
```

8장 JDBC 데이터 액세스

```xml
      <version>19.16.0.0</version>
   </dependency>
   <dependency>
      <groupId>com.microsoft.sqlserver</groupId>
      <artifactId>mssql-jdbc</artifactId>
      <version>11.2.1.jre17</version>
   </dependency>
   <dependency>
      <groupId>mysql</groupId>
      <artifactId>mysql-connector-java</artifactId>
      <version>8.0.31</version>
   </dependency>
   <dependency>
      <groupId>org.postgresql</groupId>
      <artifactId>postgresql</artifactId>
      <version>42.5.1</version>
   </dependency>
```

그리고 orderSystem 프로젝트의 "src/main" 폴더 밑에 있는 resources 폴더에 database.properties 파일을 생성하고 다음과 같이 데이터베이스 연결 정보를 설정할 수 있다.

```
# oracle
driver=oracle.jdbc.driver.OracleDriver
url=jdbc:oracle:thin:@localhost:1521/XE
username=ordr
password=1234
# sql server
# driver=com.microsoft.sqlserver.jdbc.SQLServerDriver
# url=jdbc:sqlserver://localhost:1433;databaseName=order_system;encrypt=true;trustServerCertificate=true
# username=sa
# password=1234
# mysql
```

driver=com.mysql.cj.jdbc.Driver
url=jdbc:mysql://localhost:3306/order_system
username=root
password=1234
postgresql
driver=org.postgresql.Driver
url=jdbc:postgresql://localhost:5432/order_system
username=postgres
password=1234

여러분은 사용할 데이터베이스를 제외하고 다른 데이터베이스의 설정 정보 앞에 # 을 붙여 주석 처리를 할 수 있다. 이 책에서는 오라클 데이터베이스를 기반으로 하기 때문에 오라클을 제외한 다른 데이터베이스 설정 정보는 주석 처리하였다.

다음에는 com.mycompany.ordersystem 패키지 밑에 utils 패키지를 추가하고, utils 패키지에 다음과 같이 database.properties 설정 파일에서 설정 정보를 읽는 ConnectionProperties 클래스를 생성하고 다음과 같이 코드를 작성한다.

```java
public class ConnectionProperties {
    public static Properties loadProperties(String filename) throws Exception {
        Properties prop = new Properties();
        ClassLoader classLoader = ConnectionProperties.class.getClassLoader();
        InputStream is = classLoader.getResourceAsStream(filename);
        prop.load(is);
        is.close();
        return prop;
    }
}
```

그리고 com.mycompany.ordersystem.server 패키지 안에 있는 OrderSystem-Service 클래스에 이 ConnectionProperties 클래스를 사용하는 코드를 다음과 같이 추가한다.

```java
public class OrderSystemService {
    private Properties prop = null;
```

8장 JDBC 데이터 액세스

```
    private Connection connection = null;
    private String url;
    private String username;
    private String password;
    private OrderSystemService() {
       try {
          prop = ConnectionProperties.loadProperties("database.properties");
          forName(prop.getProperty("driver"));
          url = prop.getProperty("url");
          username = prop.getProperty("username");
          password = prop.getProperty("password");
          connection = DriverManager.getConnection(url, username, password);
       } catch (Exception ex) {
          ex.printStackTrace();
       }
    // 생략...
}
```

이제 고객 정보를 처리하는 CustomerRepositoryImplJDBC 클래스부터 시작하기로 한다.

먼저 com.mycompany.ordersystem.customer.repository 패지지 안에 CustomerRepositoryImplJDBC 클래스를 생성한다. 이 클래스는 다음과 같은 CustomerRepository 인터페이스를 구현한다.

```
public interface CustomerRepository {
    Customer findById(long id);
    List<Customer> findAll();
    List<Customer> findsByName(String name);
    void save(Customer customer);
    void delete(long id);
}
```

CustomerRepository 인터페이스는 고객 정보의 CRUD 기능을 정의한다. findById() 메서드는 customer 테이블에서 고객 ID 값을 인수로 특정한 고객 정보를 반환하는 기능을 제공하며, findAll() 메서드는 모든 고객 목록을 반환한다. findsByName() 메서드는 인수에 지정된 이름과 일치하는 모든 고객 목록을 반환하며, save() 메서드는 Customer 객체를 인수로 customer 테이블에 고객 정보를 저장하거나 갱신한다. 그리고 delete() 메서드는 customer 테이블에서 고객 ID 값을 인수로 특정한 고객 정보를 삭제한다.

참고로 고객 정보를 표현하는 Customer 클래스는 다음과 같은 필드와 게터/세터 메서드로 정의되어 있다.

```java
public class Customer {
    private long id;
    private String name;
    private String address;
    private String email;
// 게터/세터 메서드
}
```

CustomerRepositoryImplJDBC 클래스는 다음과 같다.

```java
public class CustomerRepositoryImplJDBC implements CustomerRepository {
}
```

다음과 같이 필드를 추가한다.

```java
public class CustomerRepositoryImplJDBC
    implements CustomerRepository {
    private Connection connection;
    private PreparedStatement pstmt = null;
    private ResultSet rs = null;
}
```

또한 생성자를 추가한다.

```java
    private ResultSet rs = null;
    public CustomerRepositoryImplJDBC(Connection connection) {
        this.connection = connection;
```

8장 JDBC 데이터 액세스

}

생성자는 Connection 객체를 인수로 주입 받아 connection 필드에 저장한다. 따라서 CustomerRepositoryImplJDBC 클래스의 인스턴스를 생성하고 생성자에 Connection 객체를 주입하는 코드를 앞에서 구현한 OrderSystemService 클래스의 생성자에 추가한다.

```java
private OrderSystemService() {
    // 생략...
    customerRepository = new CustomerRepositoryImplJDBC(connection);
    customerService = new CustomerServiceImpl(customerRepository);
}
```

그리고 CustomerRepository 인터페이스의 모든 메서드를 재정의한다.

```java
public class CustomerRepositoryImplJDBC implements CustomerRepository {
// 생략...
    @Override
    public Customer findById(long id) {
        return null;
    }
    @Override
    public List<Customer> findAll() {
        return null;
    }
    @Override
    public List<Customer> findsByName(String name) {
        return null;
    }
    @Override
    public void save(Customer customer) {
    }
    @Override
    public void delete(long id) {
```

        }
    }

모든 메서드는 다음과 같은 골격 코드 구조를 갖는다.

```
// 변수 선언문;
try {
    //  SQL 질의 JDBC 코드
} catch (SQLException ex) {
    ex.printStackTrace();
} finally {
    try {
        if (pstmt != null) {
            pstmt.close();
            pstmt = null;
        }
    } catch (SQLException ex) {
        ex.printStackTrace();
    }
}
// 반환문
```

먼저 고객 정보를 조회하는 findById() 메서드를 구현하기로 한다. 반환할 객체의 참조 변수를 선언한다.

```
public Customer findById(long id) {
    Customer customer = null;
    // 생략...
```

try 코드 블럭에 다음과 같이 코드를 작성한다.

```
String sql = "SELECT * FROM customer WHERE customer_id = ?";
pstmt = connection.prepareStatement(sql);
pstmt.setLong(1, id);
```

8장 JDBC 데이터 액세스

```
    rs = pstmt.executeQuery();
    if(rs.next()) {
        customer = new Customer();
        customer.setId(rs.getLong("customer_id"));
        customer.setName(rs.getString("customer_name"));
        customer.setAddress(rs.getString("customer_address"));
        customer.setEmail(rs.getString("customer_email"));
    }
```

customer 참조 변수를 반환한다.

```
    return customer;
```

다음은 findAll() 메서드를 구현한다.

반환할 객체의 참조 변수를 선언한다.

```
public List<Customer> findAll() {
    List<Customer> customers = new ArrayList<>();
```

try 코드 블럭에 다음과 같이 코드를 작성한다.

```
    String sql = "SELECT * FROM customer ORDER BY customer_id";
    pstmt = connection.prepareStatement(sql);
    rs = pstmt.executeQuery();
    Customer customer = null;
    while (rs.next()) {
        customer = new Customer();
        customer.setId(rs.getLong("customer_id"));
        customer.setName(rs.getString("customer_name"));
        customer.setAddress(rs.getString("customer_address"));
        customer.setEmail(rs.getString("customer_email"));
        customers.add(customer);
    }
```

customers 참조 변수를 반환한다.

```
return customers;
```

그리고 findsByName() 메서드를 구현한다.
반환할 객체의 참조 변수를 선언한다.

```
public List<Customer> findsByName(String name) {
  List<Customer> customers = new ArrayList<>();
```

try 코드 블럭에 다음과 같이 코드를 작성한다.

```
String sql = "SELECT * FROM customer WHERE customer_name = ? " +
             "ORDER BY customer_id";
pstmt = connection.prepareStatement(sql);
pstmt.setString(1, name);
rs = pstmt.executeQuery();
Customer customer = null;
while(rs.next()) {
  customer = new Customer();
  customer.setId(rs.getLong("customer_id"));
  customer.setName(rs.getString("customer_name"));
  customer.setAddress(rs.getString("customer_address"));
  customer.setEmail(rs.getString("customer_email"));
  customers.add(customer);
}
```

customers 참조 변수를 반환한다.

```
return customers;
```

이번에는 고객 정보를 저장 또는 갱신하는 save() 메서드를 작성한다. 따라서 try 코드 블럭 안에 인수로 전달된 고객 정보의 ID와 동일한 로우가 없으면 insert() 메서드를 호출하여 고객 정보를 저장하고, 동일한 로우가 있다면 update() 메서드를 호출하여 고객 정보를 갱신하기로 한다.

8장 JDBC 데이터 액세스

```java
public void save(Customer customer) {
  try {
    if(findById(customer.getId()) == null)
      insert(customer);
    else
      update(customer);
  }
  // 생략...
}
```

그리고 다음과 같이 insert() 메서드를 구현한다.

```java
private void insert(Customer customer) throws SQLException {
  String sql = "INSERT INTO customer (" +
      "customer_name, customer_address, customer_email) } +
      "VALUES (?, ?, ?)";
  pstmt = connection.prepareStatement(sql);
  pstmt.setString(1, customer.getName());
  pstmt.setString(2, customer.getAddress());
  pstmt.setString(3, customer.getEmail());
  pstmt.executeUpdate();
}
```

또한 다음과 같이 update() 메서드를 구현한다.

```java
private void update(Customer customer) throws SQLException {
  String sql = "UPDATE customer " +
     "SET customer_name = ?, customer_address = ?, customer_email = ? " +
     "WHERE customer_id = ?";
  pstmt = connection.prepareStatement(sql);
  pstmt.setString(1, customer.getName());
  pstmt.setString(2, customer.getAddress());
  pstmt.setString(3, customer.getEmail());
  pstmt.setLong(4, customer.getId());
```

        pstmt.executeUpdate();
    }

마지막으로 고객 정보를 삭제하는 delete() 메서드를 구현한다.

    public void delete(long id) {
        try {
            String sql = "DELETE FROM customer WHERE customer_id = ?";
            pstmt = connection.prepareStatement(sql);
            pstmt.setLong(1, id);
            pstmt.executeUpdate();
        }
        // 생략...
    }

이제 여러분은 주문 관리 예제 시스템을 실행하여 기능이 정상적으로 작동되는지 확인할 수 있다.

먼저 고객 목록을 조회한다.

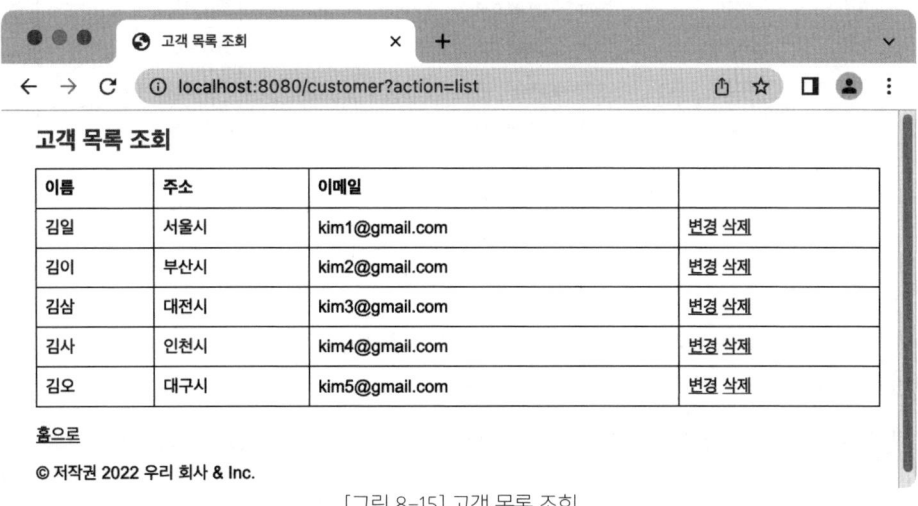

[그림 8-15] 고객 목록 조회

다음에는 새로운 고객 정보를 등록한다.

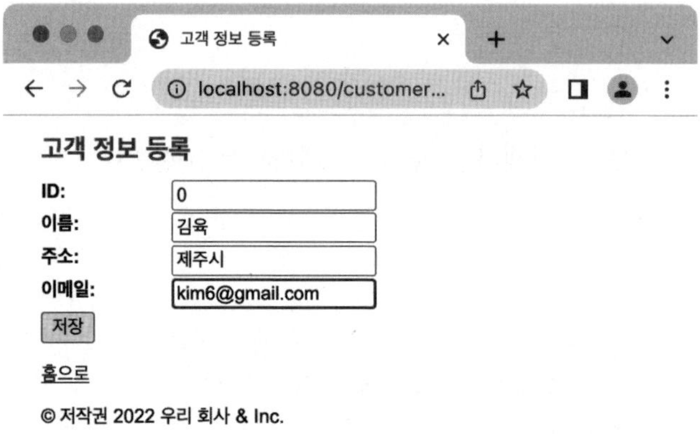

8장 JDBC 데이터 액세스

[그림 8-16] 고객 정보 등록

그리고 다시 고객 목록을 조회하여 새로 등록된 고객 정보가 포함되어 있는 지 확인한다.

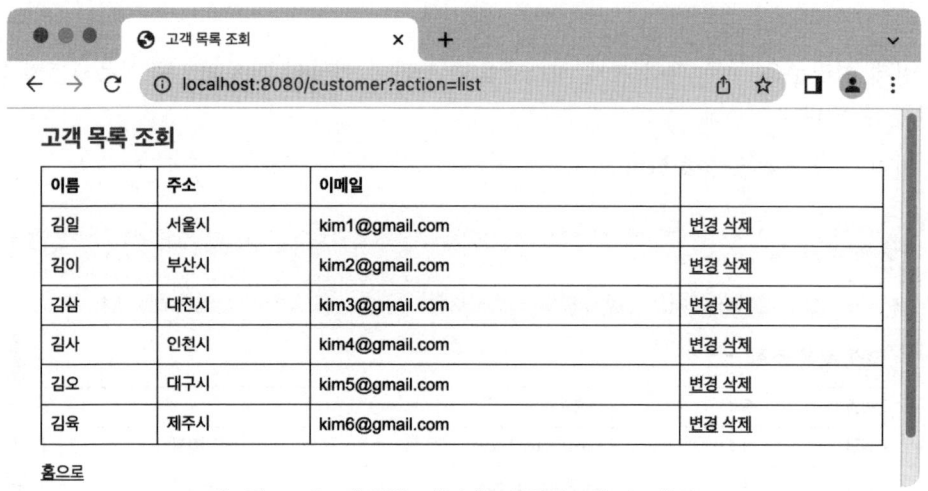

[그림 8-17] 고객 목록 조회 (새로 등록된 고객 정보 확인)

애플리케이션을 종료하고 다시 실행하여 고객 목록을 조회하여 새로 등록된 고객 정보가 포함되어 있는 지 확인한다.

새로 등록된 고객 항목의 "변경" 하이퍼링크를 클릭하여 주소를 변경한다.

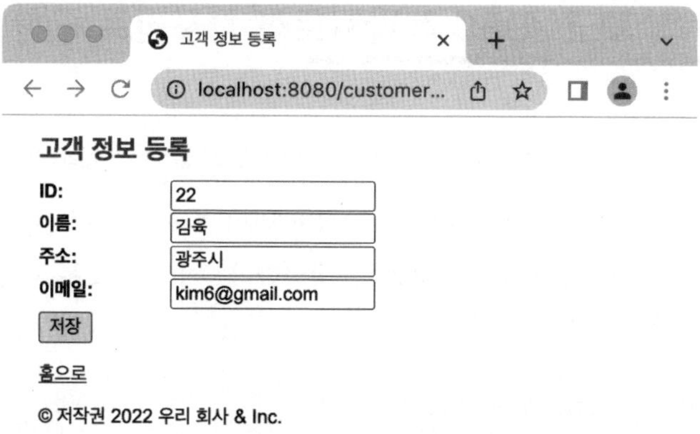

JSP 서블릿 웹 프로그래밍

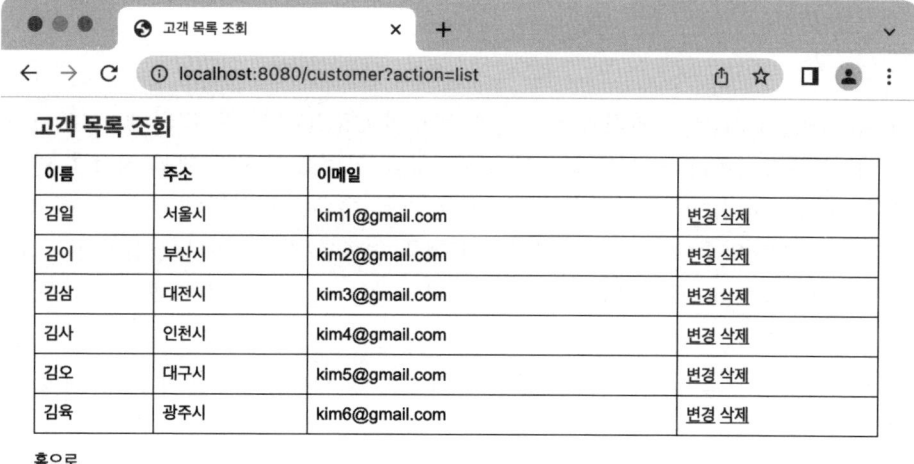

[그림 8-18] 고객 정보 변경

그리고 다시 고객 목록을 조회하여 변경된 고객 정보가 반영되어 있는 지 확인한다.

[그림 8-19] 고객 목록 조회 (변경된 고객 정보 확인)

이번에는 변경된 고객 항목의 "삭제" 하이퍼링크를 클릭하여 고객 정보를 삭제한다.

그리고 다시 고객 목록을 조회하면 [그림 8-15]와 같이 해당 고객 정보가 포함되지 않은 것을 확인할 수 있다.

실습6: 제품 및 재고 JDBC 레파지토리 컴포넌트 구현

이제 여러분 스스로 제품과 재고 레파지토리 컴포넌트를 구현해보기 바란다.

먼저 com.mycompany.ordersystem.product.repository 패지지 안에 ProductRepositoryImplJDBC 클래스를 생성한다. 이 클래스는 다음과 같은 ProductRepository 인터페이스를 구현한다.

```
public interface ProductRepository {
    Product findById(long id);
    List<Product> findAll();
    void save(Product product);
    void delete(long id);
}
```

ProductRepository 인터페이스는 제품 정보의 CRUD 기능을 정의한다. findById() 메서드는 product 테이블에서 제품 ID 값을 인수로 특정한 제품 정보를 반환하는 기능을 제공하며, findAll() 메서드는 모든 제품 목록을 반환한다. save() 메서드는 Product 객체를 인수로 product 테이블에 제품 정보를 저장하거나 갱신한다. 그리고 delete() 메서드는 product 테이블에서 제품 ID 값을 인수로 특정한 제품 정보를 삭제한다.

참고로 제품 정보를 표현하는 Product 클래스는 다음과 같은 필드와 게터/세터 메서드로 정의되어 있다.

```
public class Product {
    private long id;
    private String name;
    private String description;
    // 게터/세터 메서드
}
```

ProductRepositoryImplJDBC 클래스는 다음과 같다.

```java
public class ProductRepositoryImplJDBC implements ProductRepository {
}
```

ProductRepositoryImplJDBC 클래스에 다음과 같이 필드와 생성자를 추가한다.

```java
public class ProductRepositoryImplJDBC implements ProductRepository {
    private Connection connection = null;
    private PreparedStatement pstmt = null;
    private ResultSet rs = null;
    public ProductRepositoryImplJDBC(Connection connection) {
        this.connection = connection;
    }
}
```

ProductRepository 인터페이스의 모든 메서드를 재정의한다.

```java
public class ProductRepositoryImplJDBC implements ProductRepository {
    // 생략...
    @Override
    public Product findById(long id) {
        return null;
    }
    @Override
    public List<Product> findAll() {
        return null;
    }
    @Override
    public void save(Product product) {
    }
    @Override
    public void delete(long id) {
    }
}
```

8장 JDBC 데이터 액세스

다음에는 com.mycompany.ordersystem.inventory.repository 패지지 안에 InventoryRepositoryImplJDBC 클래스를 생성한다. 이 클래스는 다음과 같은 InventoryRepository 인터페이스를 구현한다.

```
public interface InventoryRepository {
    long findById(long id);
    void save(long id, long quantity);
}
```

InventoryRepository 인터페이스는 제품 재고 정보의 CRUD 기능을 정의한다. findById() 메서드는 inventory 테이블에서 제품 ID 값을 인수로 특정한 제품의 재고 정보를 반환하는 기능을 제공하며, save() 메서드는 제품 ID와 수량을 인수로 inventory 테이블에 재고 정보를 저장 또는 갱신한다.

참고로 재고 정보를 표현하는 Inventory 클래스는 다음과 같은 필드와 게터/세터 메서드로 정의되어 있다.

```
public class Inventory {
    private long id;
    private String name;
    private long price;
    private long quantity;
    // 게터/세터 메서드
}
```

InventoryRepositoryImplJDBC 클래스는 다음과 같다.

```
public class InventoryRepositoryImplJDBC implements InventoryRepository {
}
```

InventoryRepositoryImplJDBC 클래스에 다음과 같이 필드와 생성자를 추가한다.

```
public class InventoryRepositoryImplJDBC implements InventoryRepository {
    private Connection connection;
    private PreparedStatement pstmt = null;
    private ResultSet rs = null;
```

```java
public InventoryRepositoryImplJDBC(Connection connection) {
    this.connection = connection;
}
}
```

InventoryRepository 인터페이스의 모든 메서드를 재정의한다.

```java
public class InventoryRepositoryImplJDBC implements InventoryRepository {
// 생략...
    @Override
    public long findById(long id) {
        return 0;
    }
    @Override
    public void save(long id, long quantity) {
    }
}
```

그리고 com.mycompany.ordersystem.server 패키지 안에 있는 OrderSystem-Service 클래스에 ProductRepositoryImplJDBC와 InventoryRepositoryImplJDBC 클래스의 인스턴스를 생성하고 Connection 객체를 주입하는 코드를 다음과 같이 추가한다.

```java
private OrderSystemService() {
    customerRepository = new CustomerRepositoryImplJDBC(connection);
    productRepository = new ProductRepositoryImplJDBC(connection);
    inventoryRepository = new InventoryRepositoryImplJDBC(connection);
    // 생략...
}
```

ProductRepositoryImplJDBC 클래스의 findById() 메서드를 다음과 같이 구현한다.

```java
public Product findById(long id) {
    Product product = null;
```

```
    try {
      String sql = "SELECT * FROM product WHERE product_id = ?";
      pstmt = connection.prepareStatement(sql);
      pstmt.setLong(1, id);
      rs = pstmt.executeQuery();
      if(rs.next()) {
        product = new Product();
        product.setId(rs.getLong("product_id"));
        product.setName(rs.getString("product_name"));
        product.setDescription(rs.getString("product_description"));
        product.setPrice(rs.getLong("product_price"));
      }
    }
    // 생략...
    return product;
}
```

findAll() 메서드를 다음과 같이 구현한다.

```
public List<Product> findAll() {
  List<Product> products = new ArrayList<>();
  try {
    String sql = "SELECT * FROM product ORDER BY product_id";
    pstmt = connection.prepareStatement(sql);
    rs = pstmt.executeQuery();
    Product product = null;
    while(rs.next()) {
      product = new Product();
      product.setId(rs.getLong("product_id"));
      product.setName(rs.getString("product_name"));
      product.setDescription(rs.getString("product_description"));
      product.setPrice(rs.getLong("product_price"));
      products.add(product);
    }
```

```
    }
    // 생략...
    return products;
}
```

save() 메서드를 다음과 같이 구현한다.

```
public void save(Product product) {
    try {
        if(findById(product.getId()) == null)
            insert(product);
        else
            update(product);
    }
    // 생략...
}
private void insert(Product product) throws SQLException {
    String sql = "INSERT INTO product " +
                "(product_name, product_description, product_price) " +
                "VALUES (?, ?, ?)";
    pstmt = connection.prepareStatement(sql);
    pstmt.setString(1, product.getName());
    pstmt.setString(2, product.getDescription());
    pstmt.setLong(3, product.getPrice());
    pstmt.executeUpdate();
}
private void update(Product product) throws SQLException {
    String sql = "UPDATE product  " +
        "SET product_name = ?, product_description = ?, product_price = ? " +
        "WHERE product_id = ?";
    pstmt = connection.prepareStatement(sql);
    pstmt.setString(1, product.getName());
    pstmt.setString(2, product.getDescription());
    pstmt.setLong(3, product.getPrice());
```

8장 JDBC 데이터 액세스

```
        pstmt.setLong(4, product.getId());
        pstmt.executeUpdate();
    }
```

delete() 메서드를 다음과 같이 구현한다.

```
    public void delete(long id) {
        try {
            String sql = "DELETE FROM product WHERE product_id = ?";
            pstmt = connection.prepareStatement(sql);
            pstmt.setLong(1, id);
            pstmt.executeUpdate();
        }
        // 생략...
    }
```

그리고 InventoryRepositoryImplJDBC 클래스의 findById() 메서드를 다음과 같이 구현한다.

```
    public long findById(long id) {
        long quantity = 0;
        try {
            String sql = "SELECT * FROM inventory WHERE product_id = ?";
            pstmt = connection.prepareStatement(sql);
            pstmt.setLong(1, id);
            rs = pstmt.executeQuery();
            if(rs.next()) {
                quantity = rs.getLong("inventory_quantity");
            }
        }
        // 생략...
        return quantity;
    }
```

save() 메서드를 다음과 같이 구현한다.

```java
public void save(long id, long quantity) {
    try {
        String sql = "SELECT * FROM inventory WHERE product_id = ?";
        pstmt = connection.prepareStatement(sql);
        pstmt.setLong(1, id);
        rs = pstmt.executeQuery();
        if(rs.next()) {
            update(id, quantity);
        } else {
            insert(id, quantity);
        }
    }
    // 생략...
}
private void insert(long id, long quantity) throws SQLException {
    String sql = "INSERT INTO inventory (product_id, inventory_quantity) " +
                "VALUES (?, ?)";
    pstmt = connection.prepareStatement(sql);
    pstmt.setLong(1, id);
    pstmt.setLong(2, quantity);
    pstmt.executeUpdate();
}
private void update(long id, long quantity) throws SQLException {
    String sql = "UPDATE inventory SET inventory_quantity = ? " +
                "WHERE product_id = ?";
    pstmt = connection.prepareStatement(sql);
    pstmt.setLong(1, quantity);
    pstmt.setLong(2, id);
    pstmt.executeUpdate();
}
}
```

이제 여러분은 주문 관리 예제 시스템을 실행하여 기능이 정상적으로 작동되는지 확인할 수 있다.

실습7: 주문 JDBC 레파지토리 컴포넌트 구현

이번에는 주문 레파지토리 컴포넌트를 구현하기로 한다.

먼저 com.mycompany.ordersystem.order.repository 패지지 안에 OrderRepositoryImplJDBC 클래스를 생성한다. 이 클래스는 다음과 같은 OrderRepository 인터페이스를 구현한다.

```
public interface OrderRepository {
    Order findById(long id);
    List<Order> findAll(Customer customer);
    void save(Order order);
    void delete(Order order);
}
```

OrderRepository 인터페이스는 주문 정보의 CRUD 기능을 정의한다. findById() 메서드는 orders와 order_item 테이블에서 주문 ID 값을 인수로 특정한 주문 정보와 주문 항목 정보를 반환하는 기능을 제공하며, findAll() 메서드는 Customer 객체를 인수로 특정한 고객의 전체 주문 정보와 주문 항목 정보를 반환한다. save() 메서드는 Order 객체를 인수로 orders와 order_item 테이블에 주문 정보와 주문 항목 정보를 저장한다. 그리고 delete() 메서드는 Order 객체를 인수로 orders와 order_item 테이블에서 해당 주문 정보와 주문 항목 정보를 삭제한다.

참고로 주문 정보를 표현하는 Order 클래스는 다음과 같은 필드와 필드와 생성자, 게터/세터 메서드로 정의되어 있다.

```
public class Order {
    private long id;
    private Customer customer;
    private LocalDate date;
    private List<OrderItem> items;
    public Order(Customer customer, List<OrderItem> items) {
```

```
        this.customer = customer;
        this.date = LocalDate.now();
        this.items = items;
    }
    // 게터/세터 메서드
}
```

또한 주문 항목 정보를 표현하는 OrderItem 클래스는 다음과 같은 필드와 필드와 생성자, 게터/세터 메서드로 정의되어 있다.

```
public class OrderItem {
    private long id;
    private Product product;
    private long quantity;
    private long order;
    public OrderItem(Product product, long quantity) {
        this.product = product;
        this.quantity = quantity;
    }
    // 게터/세터 메서드
}
```

OrderRepositoryImplJDBC 클래스는 다음과 같다.

```
public class OrderRepositoryImplJDBC
    implements OrderRepository {
}
```

다음과 같이 필드를 추가한다.

```
public class OrderRepositoryImplJDBC implements OrderRepository {
    private Connection connection = null;
    private PreparedStatement pstmt = null;
    private ResultSet rs = null;
    private CustomerRepository customerRepository;
```

8장 JDBC 데이터 액세스

```
    private ProductRepository productRepository;
}
```

또한 생성자를 추가한다.

```
    private ProductRepository productRepository;
    public OrderRepositoryImplJDBC(Connection connection,
                                   CustomerRepository customerRepository,
                                   ProductRepository productRepository) {
        this.connection = connection;
        this.customerRepository = customerRepository;
        this.productRepository = productRepository;
    }
```

생성자는 Connection 객체를 인수로 주입 받아 connection 필드에 저장한다. 또한 내부에서 고객 레파지토리 컴포넌트와 제품 레파지토리 컴포넌트를 사용하므로 이들 객체도 주입받아 각각 customerRepository와 productRepository 필드에서 저장한다. 따라서 OrderRepositoryImplJDBC 클래스의 인스턴스를 생성하고 생성자에 Connection 객체와 고객 레파지토리 컴포넌트와 제품 레파지토리 컴포넌트 객체를 주입하는 코드를 앞에서 구현한 OrderSystemService 클래스의 생성자에 추가한다.

```
    private OrderSystemService() {
        // 생략...
        inventoryRepository = new InventoryRepositoryImplJDBC(connection);
        orderRepository = new OrderRepositoryImplJDBC(
                connection, customerRepository, productRepository);
    }
```

그리고 OrderRepository 인터페이스의 모든 메서드를 재정의한다.

```
    public class OrderRepositoryImplJDBC implements OrderRepository {
        // 생략...
        @Override
        public Order findById(long id) {
            return null;
```

```
    }
    @Override
    public List<Order> findAll(Customer customer) {
        return null;
    }
    @Override
    public void save(Order order) {
    }
    @Override
    public void delete(Order order) {
    }
}
```

먼저 주문 정보를 조회하는 findById() 메서드를 구현하기로 한다. 반환할 객체의 참조 변수를 선언한다.

```
public Order findById(long id) {
    Order order = null;
// 생략...
```

try 코드 블럭에 다음과 같이 코드를 작성한다.

```
    String sqlOrder = "SELECT * FROM orders WHERE order_id = ?";
    pstmt = connection.prepareStatement(sqlOrder);
    pstmt.setLong(1, id);
    rs = pstmt.executeQuery();
    if(rs.next()) {
        order = getOrder(rs);
    }
```

위의 코드에서 orders 테이블에서 order_id 컬럼이 id 매개변수로 전달된 인수값과 동일한 로우를 찾았다면 해당 결과셋을 인수로 getOrder() 메서드를 호출한다. getOrder() 메서드는 order_item 테이블에서 같은 order_id를 갖는 로우를 질의하여 List<OrderItem> 타입의 주문 항목 목록을 만들어서 Order 타입의 객체에 저장하고

8장 JDBC 데이터 액세스

반환한다. getOrder() 메서드의 처리 로직은 주석에서 설명한다.

```java
private Order getOrder(ResultSet rs) throws SQLException {
    // 주문 정보와 관련된 주문 항목 목록을 질의한다
    long order_id = rs.getLong("order_id");
    String sqlOrderItem = "SELECT * FROM order_item WHERE order_id = ?";
    PreparedStatement preparedStatement =
            connection.prepareStatement(sqlOrderItem);
    preparedStatement.setLong(1, order_id);
    ResultSet rsOrderItem = preparedStatement.executeQuery();
    List<OrderItem> orderItems = new ArrayList<>();
    while (rsOrderItem.next()) {
        // 주문 항목의 제품 정보 구한다
        long product_id = rsOrderItem.getLong("product_id");
        Product product = productRepository.findById(product_id);
        long quantity = rsOrderItem.getLong("order_item_quantity");
        // 제품 정보와 수량으로 주문 항목 객체를 생성한다
        OrderItem orderItem = new OrderItem(product, quantity);
        // 주문 항목 목록에 추가한다
        orderItems.add(orderItem);
    }
    // 주문 고객 정보를 구한다
    long customer_id = rs.getLong("customer_id");
    Customer customer = customerRepository.findById(customer_id);
    // 고객 정보와 주문 항목 목록으로 주문 객체를 생성한다
    Order order = new Order(customer, orderItems);
    // 주문 일자와 주문 ID를 주문 객체에 저장한다
    LocalDate date = rs.getDate("order_date").toLocalDate();
    order.setDate(date);
    order.setId(order_id);
    // 주문 객체를 반환한다
    return order;
}
```

order 참조 변수를 반환한다.

```
return order;
```

다음은 findAll() 메서드를 구현한다.
반환할 객체의 참조 변수를 선언한다.

```
public List<Order> findAll(Customer customer) {
    List<Order> orders = new ArrayList<>();
```

try 코드 블럭에 다음과 같이 코드를 작성한다.

```
String sql = "SELECT * FROM orders WHERE customer_id = ? " +"ORDER BY order_id";
pstmt = connection.prepareStatement(sql);
pstmt.setLong(1, customer.getId());
rs = pstmt.executeQuery();
Order order = null;
while(rs.next()) {
    order = getOrder(rs);
    orders.add(order);
}
```

orders 참조 변수를 반환한다.

```
return orders;
```

이번에는 주문 정보를 저장하는 save() 메서드를 작성한다. save() 메서드의 구현은 두가지 사항을 고려해야 한다. 먼저 try 코드 블럭에 다음과 같이 코드를 작성한다.

```
long order_id;
connection.setAutoCommit(false);
String [] colNames = new String [] { "order_id" };
String sql = "INSERT INTO orders (customer_id) VALUES (?)";
pstmt = connection.prepareStatement(sql, colNames);    // ok for all
```

```
        pstmt.setLong(1, order.getCustomer().getId());
        pstmt.executeUpdate();
        ResultSet rs = pstmt.getGeneratedKeys();
        if(rs.next()) {
           order_id = rs.getLong(1);
           for (OrderItem orderItem : order.getItems()) {
              sql = "INSERT INTO order_item " +
                  "(product_id, order_item_quantity, order_id) " +
                 "VALUES (?, ?, ?)";
              pstmt = connection.prepareStatement(sql);
              pstmt.setLong(1, orderItem.getProduct().getId());
              pstmt.setLong(2, orderItem.getQuantity());
              pstmt.setLong(3, order_id);
              pstmt.executeUpdate();
           }
           connection.commit();
        } else {
           connection.rollback();
        }
```

먼저 하나의 주문은 해당 주문의 주문 정보와 함께 하나 이상의 주문 항목으로 구성된다. 따라서 주문 정보 자체와 하나 이상의 주문 항목이 orders 테이블과 order_item 테이블에 모두 성공적으로 저장되는 경우만 데이터베이스에 영속적으로 저장될 수 있다. 따라서 이들 정보를 저장하는 모든 작업은 하나의 트랜잭션(transaction)으로 처리되어야 한다.

앞에서 설명했듯이 기본적으로 데이터베이스 연결은 자동 커밋 상태에 있다. 따라서 각 SQL 문이 실행될 때마다 데이터베이스에 커밋한다. 따라서 트랜잭션을 사용하려면 이 디폴트 설정을 해제해야 하기 위해서 다음과 같이 코드를 추가한다.

```
        connection.setAutoCommit(false);
```

그리고 또한 고려해야 할 또 하나의 중요한 사항은 앞에서 주문 관리 예제 시스템의 스키마를 제시한 바와 같이 모든 테이블의 기본 키(primary key)는 대리 키(surrogate key)로 중복되지 않는 일련의 순차적인 숫자값을 자동적으로 저장하도록 오라클과 PostgreSQL의 경우에는 GENERATED ALWAYS AS IDENTITY 예약어를 사용하여 속성을 지정하고, SQL 서버에는 IDENTITY 예약어, 그리고 MySQL에는 AUTO_INCREMENT 예약어를 사용하여 속성을 지정한다. 다음은 오라클의 orders 테이블과 order_item 테이블의 DDL 문을 다시 보여준다.

```
CREATE TABLE orders (
    order_id INTEGER GENERATED ALWAYS AS IDENTITY
             PRIMARY KEY NOT NULL,
    customer_id INTEGER,
    order_date DATE DEFAULT CURRENT_DATE,
    CONSTRAINT fk_order_customer_id FOREIGN KEY (customer_id)
    REFERENCES customer (customer_id)
    ON DELETE CASCADE
);
CREATE TABLE order_item (
    order_item_id INTEGER GENERATED ALWAYS AS IDENTITY
                  PRIMARY KEY NOT NULL,
    product_id INTEGER,
    order_item_quantity INTEGER NOT NULL,
    order_id INTEGER,
    CONSTRAINT fk_order_item_product_id FOREIGN KEY (product_id)
    REFERENCES product (product_id)
    ON DELETE CASCADE,
    CONSTRAINT fk_order_item_order_id FOREIGN KEY (order_id)
    REFERENCES orders (order_id)
    ON DELETE CASCADE
);
```

따라서 이들 속성이 지정된 경우 INSERT INTO 문을 사용하여 테이블에 로우를 추가할 때 자동적으로 1씩 증가된 값이 로우에 저장된다. 그러니까 다음과 같이 orders 테이블에 INSERT INTO 문이 실행될 때 order_id 기본 키 컬럼의 값은 하나씩 증가된다.

```
String sql = "INSERT INTO orders (customer_id) VALUES (?)";
```

그런데 여기서 문제는 order_item 테이블에서 orders 테이블의 order_id 컬럼을 외래 키(foreign key)로 참조하기 때문에 order_item 테이블에 로우를 추가하기 위해서는 새로 증가된 order_id 컬럼의 값을 알 수 있어야 한다는 것이다.

이 문제를 해결하는 방법에는 다음 세 가지가 있다. 첫 번째 방법은 Connection 객체의 prepareStatement() 메서드로 PreparedStatement 객체를 생성할 때 다음과 같이 두 번째 인수에 생성된 키값을 반환하라고 하는 Statement.RETURN_GENE-RATED_KEYS 옵션을 지정하는 것이다.

```
pstmt = connection.prepareStatement(sql, Statement.RETURN_GENERATED_KEYS);
```

그러나 이 방법은 오라클 데이터베이스에서 작동하지 않는다.

두 번째 방법은 마찬가지로 Connection 객체의 prepareStatement() 메서드로 PreparedStatement 객체를 생성할 때 두 번째 인수에 생성된 키값을 반환해야 할 컬럼의 인덱스값을 배열로 지정하는 것이다.

```
int [] colIndexes = new int [] { 1 };
pstmt = connection.prepareStatement(sql, colIndexes);
```

그러나 이번에는 이 방법은 PostgreSQL에서는 제대로 작동하지 않는다.

마지막 방법은 Connection 객체의 prepareStatement() 메서드로 Prepared-Statement 객체를 생성할 때 두 번째 인수에 생성된 키값을 반환해야 할 컬럼의 이름의 문자열을 배열로 지정하는 것이다.

```
String [] colNames = new String [] { "order_id" };
pstmt = connection.prepareStatement(sql, colNames);
```

다행히도 이 방법은 모든 데이터베이스에서 제대로 작동한다. 따라서 우리는 이 방법을 사용하기로 한다.

그리고 INSERT INTO 문을 실행하고 나서 생성된 키값을 얻기 위해 다음과 같이 PreparedStatement 객체의 getGeneratedKeys() 메서드를 호출하여 그값을 읽을 수 있다.

```
pstmt.executeUpdate();
ResultSet rs = pstmt.getGeneratedKeys();
```

```
if(rs.next()) {
    order_id = rs.getLong(1);
```

이후에는 Order 객체에 저장되어 있는 모든 OrderItem 객체에 대하여 INSERT INTO 문을 사용하여 order_item 테이블에 저장하는 작업을 수행할 수 있다. 그리고 이 작업이 성공이면 트랜잭션을 커밋하고, 생성된 키를 얻지 못하면 실패하여 트랜잭션을 롤백하는 작업을 수행한다.

```
if(rs.next()) {
    order_id = rs.getLong(1);
    for (OrderItem orderItem : order.getItems()) {
        sql = "INSERT INTO order_item }" +
              "(product_id, order_item_quantity, order_id) " +
              "VALUES (?, ?, ?)";
        pstmt = connection.prepareStatement(sql);
        pstmt.setLong(1, orderItem.getProduct().getId());
        pstmt.setLong(2, orderItem.getQuantity());
        pstmt.setLong(3, order_id);
        pstmt.executeUpdate();
    }
    connection.commit();
} else {
    connection.rollback();
}
```

이제 마지막으로 주문 정보를 삭제하는 delete() 메서드를 구현한다.

```
public void delete(Order order) {
    try {
        String sql = "DELETE FROM orders WHERE order_id = ?";
        pstmt = connection.prepareStatement(sql);
        pstmt.setLong(1, order.getId());
        pstmt.executeUpdate();
    }
```

8장 JDBC 데이터 액세스

```
    // 생략...
}
```

이것으로 주문 관리 예제 시스템의 JDBC 레파지토리 컴포넌트를 구현하는 모든 작업은 끝났다. 이제 여러분은 주문 관리 예제 시스템을 실행하여 기능이 정상적으로 작동되는지 확인할 수 있다.

먼저 제품 주문을 실행하여 주문 고객의 이름을 입력하여 조회한다.

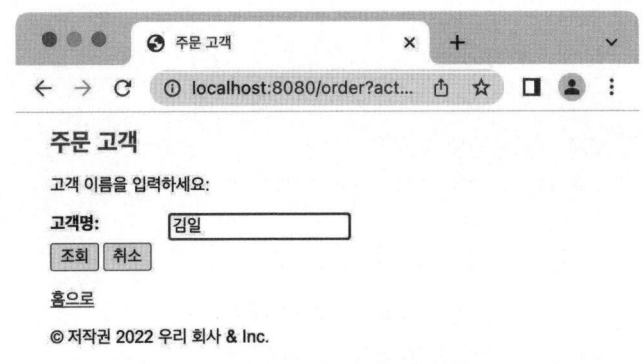

[그림 8-20] 고객 이름 입력 화면

고객 목록 화면에서 고객을 선택한다.

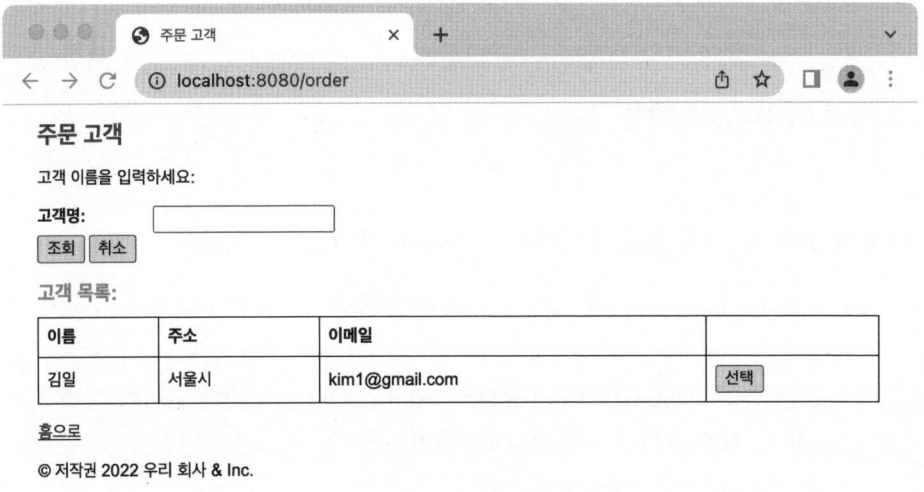

[그림 8-21] 고객 목록 화면

제품 선택 화면에서 제품을 선택하고 장바구니에 추가한다.

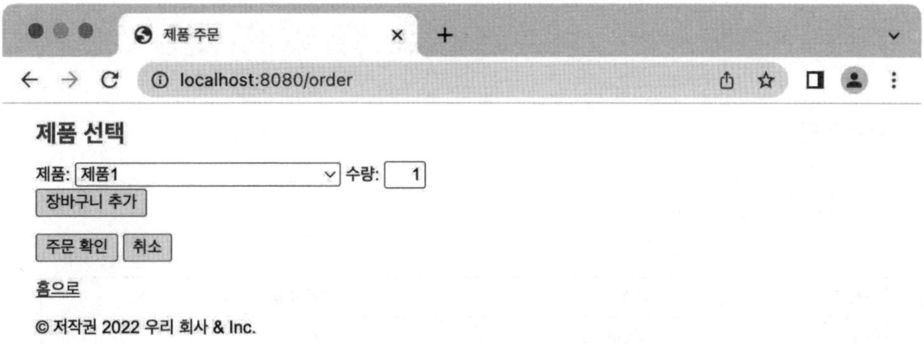

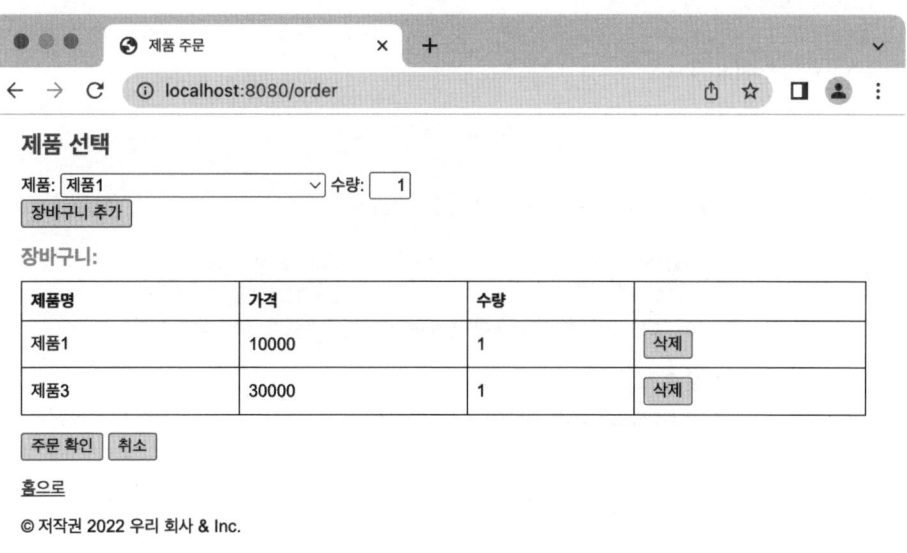

[그림 8-22] 장바구니 추가

이때 장바구니에 주문 항목 목록이 표시된다.

[그림 8-23] 장바구니 목록

주문 확인을 한다.

8장 JDBC 데이터 액세스

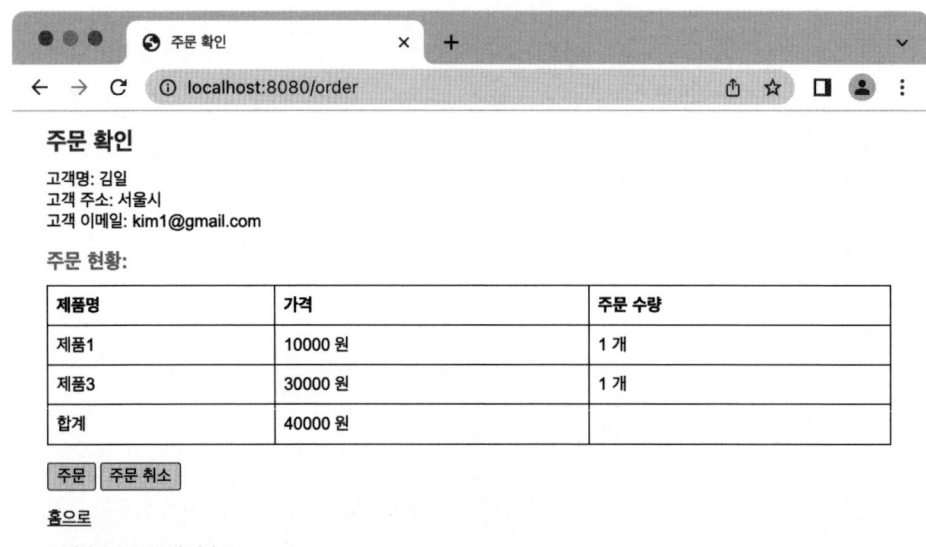

[그림 8-24] 주문 확인 화면

주문한다.

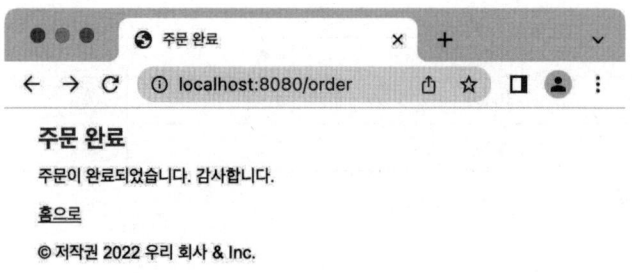

[그림 8-25] 주문 완료 화면

다음에는 주문이 데이터베이스에 저장되었는지 확인하기 위해 주문 조회를 실행한다. 주문 고객의 이름을 입력하여 조회하고, 고객 목록 화면에서 고객을 선택한다. 이때 다음과 같이 주문 목록이 출력된다.

주문 목록

주문 고객

고객 이름을 입력하세요:

고객명: 김일

[조회]

주문 목록:

주문 ID	주문 일자	
82	2022-11-30	[주문 취소] [주문 상세]

홈으로

© 저작권 2022 우리 회사 & Inc.

[그림 8-26] 주문 목록 화면

주문 상세를 확인한다.

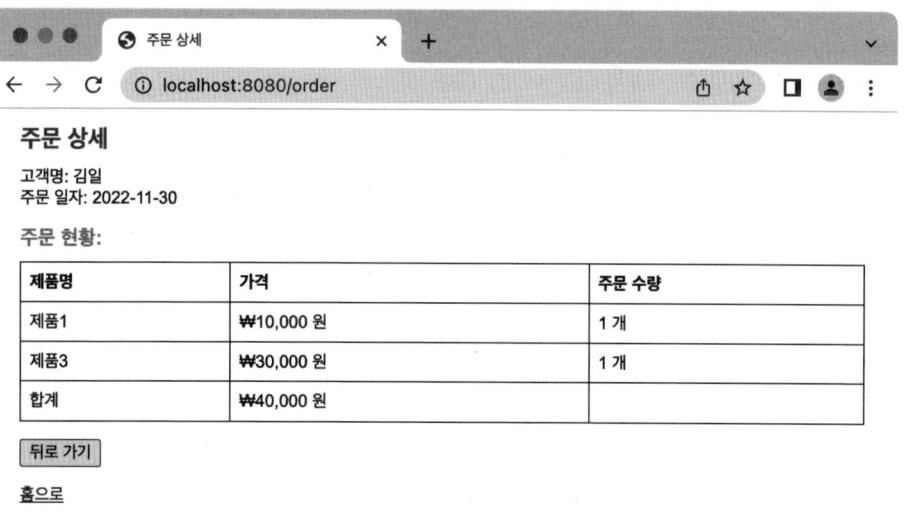

주문 상세

고객명: 김일
주문 일자: 2022-11-30

주문 현황:

제품명	가격	주문 수량
제품1	₩10,000 원	1 개
제품3	₩30,000 원	1 개
합계	₩40,000 원	

[뒤로 가기]

홈으로

© 저작권 2022 우리 회사 & Inc.

[그림 8-27] 주문 상세 화면

이 외에도 주문을 취소하는 등의 작업도 성공적으로 수행되는지 확인한다.

빈 페이지

9장 JPA 데이터 액세스

9장
JPA 데이터 액세스

- [ ] JPA와 ORM
- [ ] JPA 엔터티 관리자 설정
- [ ] 엔터티 매핑
- [ ] JPA API
- [ ] 실습8: 고객 JPA 레파지토리 컴포넌트 구현
- [ ] 실습9: 제품 및 재고 JPA 레파지토리 컴포넌트 구현
- [ ] 실습10: 주문 JPA 레파지토리 컴포넌트 구현

JPA와 ORM

　JPA(Jakarta Persistence API)는 자바 표준 ORM 프로그래밍 API다. 퍼시스턴스(persistence)란 지속성이란 의미로 프로그램의 실행이 끝나거나 컴퓨터가 종료해도 상태(state)가 지속되는 것을 말하며, 일반적으로 데이터베이스에 데이터를 저장하는 것을 의미한다. JPA는 최근의 데이터 액세스 방법의 주류를 형성하고 있는 ORM(Object-Relational Mapping) 프로그래밍 모델을 제공함으로써 객체 모델(object model)과 관계 모델(relational model) 사이의 임피던스 불일치(impedence mismatch) 문제를 해결하고 있다.

　다음 그림과 같이 객체 모델은 객체지향 방식의 자바 언어 클래스로 정의되며, 관계 모델은 열(column)과 행(row)으로 구성된 테이블(table)로 정의된다.

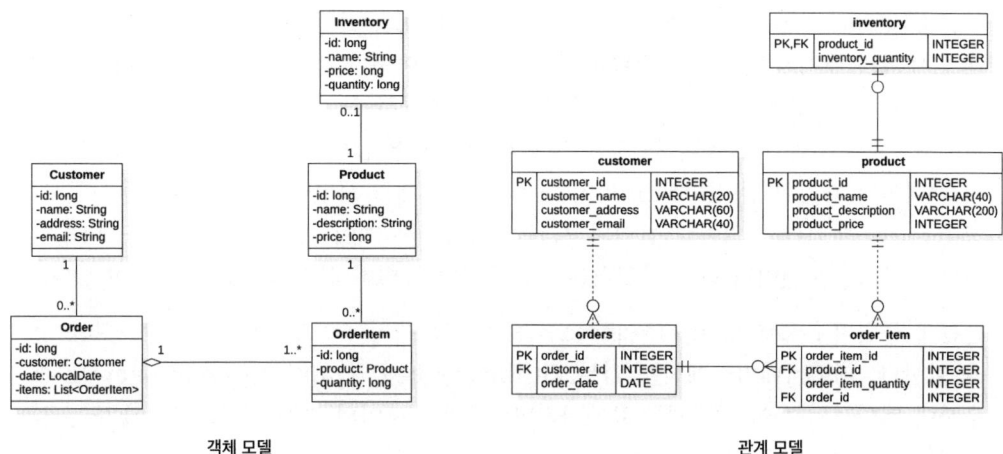

[그림 9-1] 객체 모델과 관계 모델

이들 두 모델을 함께 사용할 때 모델 사이의 차이점으로 인해 다음과 같은 불일치 현상이 발생한다. 우리는 이것을 임피던스 불일치라고 한다.

- 데이터 타입 불일치
- 관계 불일치
- 입자성 불일치
- 상속성 불일치
- 식별 불일치

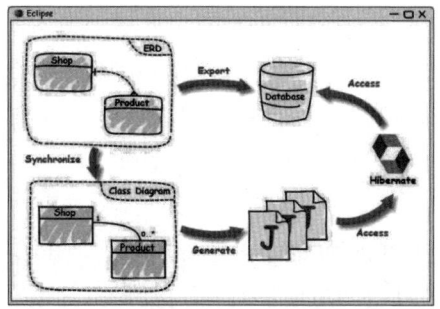

[그림 9-2] 임피던스 불일치

데이터 타입 불일치(data type mismatch)는 객체 모델과 관계 모델에서 사용되는 데이터 표현과 제약 사항이 서로 다르다는 것을 말한다. 관계형 데이터베이스에서 사용

339

하는 CHAR, VARCHAR, INTEGER, DECIMAL, DATE 등의 데이터 타입을 프로그래밍 언어의 데이터 타입으로 정확히 매핑시키기는 어렵다. 물론 유사한 데이터 타입을 사용할 수도 있지만 이 경우에도 제약 사항까지 매핑시키기는 어렵다. 예를 들어 데이터베이스의 VARCHAR 타입을 자바 언어의 String 타입으로 매핑시킬 수는 있겠지만 이들 데이터 타입이 길이(length)라고 하는 선언적 제약 사항을 지원하지는 않는다. 이진(binary) 데이터 타입이나 날짜와 시간을 나타내는 데이터 타입의 경우에도 마찬가지다. 이와 같은 데이터 타입 불일치는 사소하지만 특별히 신경써야 하는 사항이 된다.

관계 불일치(relationship mismatch)는 관계를 유지하는 방법이 서로 다르다는 것을 말한다. 데이터베이스에서는 기본 키(primary key)와 외래 키(foreign key)를 사용하여 테이블의 사이의 관계를 유지하지만, 클래스 사이의 관계는 필드(field) 또는 컬렉션(collection)으로 구현된다.

데이터베이스는 정규화(normalization) 과정을 거쳐 여러 개의 테이블로 분할되지만, 클래스는 재사용성(reusability)을 기준으로 분할된다. 따라서 테이블과 클래스의 입자성(granularity)이 서로 불일치하는 현상이 발생하는데 이것을 입자성 불일치(granularity mismatch)라고 한다.

객체 모델에서는 클래스의 상속성(inheritance)를 지원한다. 그러나 데이터베이스는 테이블을 다른 테이블에서 상속하도록 선언할 수 없다. 이와 같은 객체 모델과 관계 모델 사이의 불일치를 상속성 불일치(inheritance mismatch)라고 한다.

식별 불일치(indentity mismatch)는 객체 모델과 관계 모델이 인스턴스를 식별하는 방법이 다르다는 것을 의미한다. 데이터베이스의 경우에는 기본 키(primary key)를 사용하여 로우(row)를 식별하지만, 객체 모델에서는 클래스의 인스턴스(instance of class)로 식별된다.

이러한 객체 모델과 관계 모델 사이의 불일치 현상을 각 애플리케이션에서 해결하는 것은 많은 시간과 비용을 요구한다. 따라서 모든 애플리케이션에서 적용할 수 있도록 이러한 문제를 효과적으로 해결할 수 있는 해결 방안이 필요하며 이것이 JPA나 Hibrnate와 같은 ORM 프레임워크가 필요한 이유가 된다.

ORM은 Object-Relational Mapping의 약자다. ORM에서 핵심은 Mapping 즉 매핑에 있다. 매핑은 객체 모델과 관계 모델을 엮어주는 기법이 된다. 어떤 클래스와 필드가 어떤 테이블과 컬럼에 매핑되는 지를 메타데이터(metadata) 정보로 지정해주면 ORM 프레임워크가 적절한 SQL 문을 동적으로 생성하여 데이터베이스에 질의를 실행하고 데이터를 객체로 변환한다. 또한 이와 마찬가지로 객체의 변경 사항을 추적하여 객체가 데이터베이스에 저장되도록 한다. 이러한 매핑 정보는 XML 파일에 저장하기도

하지만, 클래스와 필드에 어노테이션(annotation)이나 애트리뷰트(attribute)를 사용하여 지정하기도 한다. 이처럼 ORM 프레임워크는 개발자가 매핑 정보를 제공하는 것만으로도 복잡한 처리를 내부적으로 수행함으로써 개발자의 시간과 노력의 부담을 덜어주는 필수적인 도구가 된다.

ORM 프레임워크의 원조격은 2001년부터 지속되어 온 자바 오픈 소스인 하이버네이트(Hibernate) 프레임워크다. 그리고 현재는 대표적인 오픈 소스 JPA 공급자(provider)로서 사용되고 있다. 하이버네이트 외에도 다음과 같은 오픈 소스 JPA 공급자가 있다.

- EclipseLink
- Apache OpenJPA
- DataNucleus

이 책에서는 JPA 공급자로서 하이버네이트 프레임워크를 사용하기로 한다. 우리는 다음과 같이 메이븐 의존성을 추가한다.

```
<dependency>
    <groupId>org.hibernate.orm</groupId>
    <artifactId>hibernate-core</artifactId>
    <version>6.1.5.Final</version>
</dependency>
```

그리고 본격적으로 JPA를 사용한 데이터 액세스 방법에 들어가기 전에 JPA 프로그래밍을 개관하기로 한다.

JPA는 다음과 같은 형식의 persistence.xml 설정 파일을 필요로 한다.

```
<?xml version="1.0" encoding="UTF-8" standalone="yes"?>
<persistence xmlns="https://jakarta.ee/xml/ns/persistence"
        xmlns:xsi="http://www.w3.org/2001/XMLSchema-instance"
        xsi:schemaLocation="https://jakarta.ee/xml/ns/persistence
            https://jakarta.ee/xml/ns/persistence/persistence_3_0.xsd"
        version="3.0">
    <persistence-unit name="default">
```

```xml
            <provider>org.hibernate.jpa.HibernatePersistenceProvider</provider>
            <class>com.mycompany.ordersystem.domain.Customer</class>
            <properties>
                <property name="jakarta.persistence.jdbc.driver"
                          value="oracle.jdbc.driver.OracleDriver"/>
                <property name="jakarta.persistence.jdbc.url"
                          value="jdbc:oracle:thin:@localhost:1521/XE"/>
                <property name="jakarta.persistence.jdbc.user" value="ordr"/>
                <property name="jakarta.persistence.jdbc.password" value="1234"/>
            </properties>
        </persistence-unit>
</persistence>
```

ORM의 핵심은 객체(object) 즉, 엔터티(entity) 클래스와 릴레이션(relation) 즉, 테이블을 매핑하는 것이다. 따라서 Customer 엔터티 클래스와 customer 테이블을 매핑한다면 Customer 클래스에 다음과 같이 JPA 어노테이션을 사용하여 매핑을 설정할 수 있다.

```java
@Entity
@Table(name = "customer")
public class Customer {
    @Id
    @GeneratedValue(strategy = GenerationType.IDENTITY)
    @Column(name = "customer_id")
    private long id;
    @Column(name="customer_name")
    private String name;
    @Column(name="customer_address")
    private String address;
    @Column(name="customer_email")
    private String email;
    // 게터/세터 메서드
}
```

다음에는 레파지토리 컴포넌트에서 JPA 질의 API를 사용하여 질의를 수행한다.

```java
public List<Customer> findAll() {
    String sql = "SELECT * FROM customer ORDER BY customer_id";
    Query query = entityManager.createNativeQuery(sql, Customer.class);
    List<Customer> customerEntities = (List<Customer>)query.getResultList();
    List<Customer> customers = new ArrayList<>();
    for(Customer customer : customerEntities) {
        customers.add(customer);
    }
    return customers;
}
```

SQL 문 뿐만 아니라 JPQL(Jakarta Persistence Query Language)라고 하는 질의 언어도 제공한다.

```java
public List<Product> findAll() {
    String psql = "SELECT p FROM Product p";
    Query query = entityManager.createQuery(psql);
    List<Product> products = query.getResultList();
    return products;
}
```

또한 Criteria 질의 방법은 SQL 문을 알지 못해도 객체지향 방식으로 코드를 작성할 수 있게 한다.

```java
public List<Order> findAll(Customer customer) {
    CriteriaBuilder builder = entityManager.getCriteriaBuilder();
    CriteriaQuery<Order> criteria = builder.createQuery(Order.class);
    Root<Order> root = criteria.from(Order.class);
    criteria.select(root);
    Path<Order> path = root.get("customer");
    Predicate predicate =builder.equal(path, customer);
    criteria.where(predicate);
```

```
TypedQuery<Order> query = entityManager.createQuery(criteria);
List<Order> orders = query.getResultList();
return orders;
}
```

그러면 하나씩 차례로 살펴보기로 한다.

JPA 엔터티 관리자 설정

JPA 엔터티 관리자(EntityManager) 설정을 위한 persistence.xml 설정 파일은 resources 디렉터리의 META-INF 서브 디렉터리에 위치한다. 그리고 이 설정 파일에는 중요한 세가지 사항을 설정한다.

〈provider〉 태그에 JPA 공급자 클래스를 지정한다. 우리는 하이버네이트 프레임워크를 사용하기 때문에 다음과 같이 지정한다.

```
<provider>org.hibernate.jpa.HibernatePersistenceProvider</provider>
```

그리고 ORM에서 가장 중요한 엔터티 클래스와 테이블을 매핑하는 방법을 설정한다. 엔터티와 테이블 매핑을 설정하는 방법에는 두 가지가 있다. 첫 번째 방법은 엔터티 매핑 설정(entity mapping configuration) 파일을 사용하는 것이다. 예를 들어 META-INF 서브 디렉터리 안에 customer.orm.xml 파일을 생성하고 다음과 같이 설정할 수 있다.

```xml
<?xml version="1.0" encoding="UTF-8"?>
<entity-mappings version="2.2"
        xmlns="http://xmlns.jcp.org/xml/ns/persistence/orm"
        xmlns:xsi="http://www.w3.org/2001/XMLSchema-instance"
        xsi:schemaLocation="http://xmlns.jcp.org/xml/ns/persistence/orm
            http://xmlns.jcp.org/xml/ns/persistence/orm_2_2.xsd">
    <entity class="com.mycompany.ordersystem.domain.Customer"
            name="customer" access="FIELD">
        <table name="customer"/>
        <attributes>
```

```xml
        <id name="id" >
          <column name="customer_id"/>
          <generated-value strategy="IDENTITY"/>
        </id>
        <basic name="name">
          <column name="customer_name"/>
        </basic>
        <basic name="address">
          <column name="customer_address"/>
        </basic>
        <basic name="email">
          <column name="customer_email"/>
        </basic>
      </attributes>
    </entity>
  </entity-mappings>
```

그리고 〈mapping-file〉 태그에 엔터티 매핑 설정 파일을 지정한다.

```xml
<mapping-file>META-INF/customer.orm.xml</mapping-file>
```

두 번째 방법은 앞에서 이미 살펴본 바와 같이 엔터티 클래스에 JPA 어노테이션을 지정하는 것이다. 이 경우에는 〈class〉 태그 안에 JPA 어노테이션으로 매핑을 설정된 엔터티 클래스 이름을 전체 패키지 경로와 함께 지정한다.

```xml
<class>com.mycompany.ordersystem.domain.Customer</class>
```

이 작업은 생략할 수 있다. JPA 엔터티 관리자는 자동적으로 @Entity 어노테이션이 지정된 엔터티 클래스를 찾기 때문이다.

엔터티 매핑 파일에 사용되는 태그와 JPA 어노테이션은 다음 표와 같이 동일한 이름과 기능을 제공한다.

9장 JPA 데이터 액세스

엔터티 매핑 파일 태그	JPA 어노테이션
〈entity〉	@Entity
〈entity access = 〉	@Access(value =)
〈table name = 〉	@Table(name =)
〈id〉	@Id
〈generated-value strategry = 〉	@GeneratedValue(strategy =)
〈column name= 〉	@Column(name =)

[표 9-1] 태그와 어노테이션

주로 엔터티 매핑 파일보다는 엔터티 클래스에 JPA 어노테이션을 지정한다. 따라서 잠시 후에 우리는 JPA 어노테이션으로 매핑 방법을 살펴보기로 한다.

마지막으로 persistence.xml 설정 파일에 〈properties〉 태그에 데이터베이스 연결 정보를 설정한다.

```
<properties>
    <property name="jakarta.persistence.jdbc.driver"
            value="oracle.jdbc.driver.OracleDriver"/>
    <property name="jakarta.persistence.jdbc.url"
            value="jdbc:oracle:thin:@localhost:1521/XE"/>
    <property name="jakarta.persistence.jdbc.user" value="ordr"/>
    <property name="jakarta.persistence.jdbc.password" value="1234"/>
</properties>
```

그리고 선택적으로 다음과 같은 하이버네이트 설정을 할 수 있다.

설정명	설명
hibernate.dialect	SQL 최적화를 위한 Dialect 클래스명
hibernate.show_sql	SQL 문을 콘솔에 표시할 지 여부
hibernate.format_sql	SQL 문을 콘솔에 형식화 표시할 지 여부
hibernate.hbm2ddl.auto	스키마 자동 생성
hibernate.default_schema	생성된 SQL의 테이블명에 붙일 스키마/테이블스페이스명
hibernate.default_catalog	생성된 SQL의 테이블명에 붙일 카탈로그명
hibernate.session_factory_name	바인딩되는 JNDI 세션 팩토리 이름
hibernate.max_fetch_depth	외부 조인의 최대 깊이(0은 사용하지 않음)

hibernate.default_batch_fetch_size	배치 가져오기 크기
hibernate.default_entity_mode	디폴트 엔터티 표현 모드(디폴트 pojo)
hibernate.order_updates	기본 키값으로 갱신 순서 결정 여부
hibernate.generate_statistics	성능 튜닝을 위한 통계자료 생성 여부
hibernate.use_identifier_rollback	삭제된 객체의 디폴트 식별 속성값 리셋 여부
hibernate.use_sql_comments	SQL 안에 커멘트 생성 여부
hibernate.id.new_generator_mappings	새로운 식별자 생성기 구현 사용 여부

[표 9-2] 하이버네이트 설정

예를 들어 다음과 같이 하이버네이트 설정을 추가할 수 있다.

```
<properties>
    // 생략...
    <property name="hibernate.dialect"
            value="org.hibernate.dialect.OracleDialect"/>
    <property name="hibernate.show_sql" value="true"/>
</properties>
```

특별히 이들 두 하이버네이트 설정은 유용하다. hibernate.dialect 설정은 하이버네이트가 해당 데이터베이스에 맞추어서 질의문을 생성할 수 있도록 도와준다.

데이터베이스	hibernate.dialect 설정값
오라클	org.hibernate.dialect.OracleDialect
SQL 서버	org.hibernate.dialect.SQLServerDialect
MySQL	org.hibernate.dialect.MySQLDialect
PostgreSQL	org.hibernate.dialect.PostgreSQLDialect

[표 9-3] hibernate.dialect 설정값

또한 hibernate.show_sql 설정은 다음과 같이 하이버네이트가 생성한 SQL 문을 콘솔에 표시해준다.

Hibernate: SELECT * FROM customer WHERE customer_name = ?

또한 hibernate.hbm2ddl.auto 설정은 간단하게 데이터베이스 스키마를 생성하고 싶을 때 유용한 기능이다.

```xml
<property name="hibernate.hbm2ddl.auto" value="update"/>
```

그리고 여러 개의 〈persistence-unit〉 태그에 서로 다른 설정을 지정할 수 있다. 서로 다른 JPA 공급자를 지정할 수도 있고, 다음과 같이 서로 다른 데이터베이스 연결 정보도 지정할 수 있다.

```xml
<persistence-unit name="oracle">
    <provider>org.hibernate.jpa.HibernatePersistenceProvider</provider>
    <class>com.mycompany.ordersystem.domain.Customer</class>
    <properties>
        <property name="jakarta.persistence.jdbc.driver"
                value="oracle.jdbc.driver.OracleDriver"/>
        <property name="jakarta.persistence.jdbc.url"
                value="jdbc:oracle:thin:@localhost:1521/XE"/>
        <property name="jakarta.persistence.jdbc.user" value="ordr"/>
        <property name="jakarta.persistence.jdbc.password" value="1234"/>
    </properties>
</persistence-unit>
<persistence-unit name="sqlserver">
    <provider>org.hibernate.jpa.HibernatePersistenceProvider</provider>
    <class>com.mycompany.ordersystem.domain.Customer</class>
    <properties>
        <property name="jakarta.persistence.jdbc.driver"
                value="com.microsoft.sqlserver.jdbc.SQLServerDriver"/>
        <property name="jakarta.persistence.jdbc.url"
value="jdbc:sqlserver://localhost:1433;databaseName=order_system;encrypt=true;trustServerCertificate=true"/>
        <property name="jakarta.persistence.jdbc.user" value="sa"/>
        <property name="jakarta.persistence.jdbc.password" value="1234"/>
    </properties>
</persistence-unit>
<persistence-unit name="mysql">
    <provider>org.hibernate.jpa.HibernatePersistenceProvider</provider>
    <class>com.mycompany.ordersystem.domain.Customer</class>
```

```xml
        <properties>
            <property name="jakarta.persistence.jdbc.driver"
                    value="com.mysql.cj.jdbc.Driver"/>
            <property name="jakarta.persistence.jdbc.url"
                    value="jdbc:mysql://localhost:3306/order_system"/>
            <property name="jakarta.persistence.jdbc.user" value="root"/>
            <property name="jakarta.persistence.jdbc.password" value="1234"/>
        </properties>
    </persistence-unit>
    <persistence-unit name="postgres">
        <provider>org.hibernate.jpa.HibernatePersistenceProvider</provider>
        <class>com.mycompany.ordersystem.domain.Customer</class>
        <properties>
            <property name="jakarta.persistence.jdbc.driver"
                    value="org.postgresql.Driver"/>
            <property name="jakarta.persistence.jdbc.url"
                    value="jdbc:postgresql://localhost:5432/order_system"/>
            <property name="jakarta.persistence.jdbc.user" value="postgres"/>
            <property name="jakarta.persistence.jdbc.password" value="1234"/>
            <property name="show_sql" value="true"/>
        </properties>
    </persistence-unit>
```

엔터티 매핑

엔터티 클래스는 @Entity 어노테이션을 사용하여 정의한다.

```
@Entity
public class Customer {
```

엔터티 클래스가 매핑하게 될 테이블을 지정하기 위해 @Table 어노테이션을 사용할 수 있다. 그러나 이 어노테이션의 name 애트리뷰트는 엔터티 클래스명이 디폴트 값이기 때문에 엔터티 클래스명과 테이블명이 동일하다면 지정할 필요가 없다.

```
@Entity
@Table(name = "customer")
public class Customer {
```

엔터티 클래스는 디폴트 생성자나 매개변수가 없는 생성자를 포함해야 한다. 따라서 다음과 같이 여러 개의 매개변수를 포함하는 생성자를 갖는 엔터티 클래스에는 매개변수가 없는 생성자를 추가해야 한다.

```
@Entity
@Table(name = "order_item")
public class OrderItem {
    public OrderItem(Product product, long quantity) {
        this.product = product;
        this.quantity = quantity;
    }
    public OrderItem() {
    }
}
```

엔터티 클래스의 필드에는 @Column 어노테이션을 사용하여 테이블의 컬럼과 매핑시킨다. 이 어노테이션의 name 애트리뷰트도 필드명이 디폴트 값이다. 따라서 컬럼명이 필드명과 동일하다면 지정할 필요가 없다.

```
@Column(name = "customer_id")
private long id;
@Column(name="customer_name")
private String name;
@Column(name="customer_address")
private String address;
@Column(name="customer_email")
private String email;
```

따라서 @Column 어노테이션이 지정되지 않더라도 필드가 컬럼과 매핑되기 때문에 만약 엔터티 클래스의 필드가 테이블의 컬럼과 매핑할 필요가 없다면 해당 필드에 @Transient 어노테이션을 지정한다.

```
@Entity
@Table(name = "inventory")
public class Inventory {
    @Transient
    private String name;
    @Transient
    private long price;
}
```

엔터티 클래스에는 반드시 기본 키(primary key)를 설정해야 한다. 기본 키는 @Id 어노테이션을 사용하여 설정한다. @Id 어노테이션이 지정되는 위치가 중요하다. 필드에 설정되면 필드값은 필드를 통해 액세스되며, 게터(getter) 메서드에 설정되면 필드값은 게터 메서드를 통해 액세스 된다. 필드에 설정하는 것이 더 편리하다.

```
@Id
private long id;
```

@Access 어노테이션을 사용하여 지정할 수도 있다.

```
@Entity
@Access(value= AccessType.FIELD)
public class Customer {
```

Access.Type.FIELD이면 필드를 통해 액세스 되고, AccessType.PROPERTY면 게터(getter) 메서드를 통해 액세스된다.

모든 데이터베이스 테이블은 기본 키를 가질 수 있다. 기본 키가 없는 테이블을 정의할 수는 있지만 테이블은 기본 키를 갖는 것이 일반적이다. 기본 키는 결코 NULL 이 될 수 없으며, 각 로우를 식별할 수 있는 유일한 식별값이 저장되고 이값을 변경할 수 없다.

후보 키(candidate key) 중에서 자연 키(natural key)를 기본 키로 사용할 수 있다.

9장 JPA 데이터 액세스

자연 키란 업무적인 의미를 유지하고 있는 키를 말한다. 학번이나 사원 번호, 주민등록번호 등이 자연 키에 해당된다. 또는 대리 키(surrogate key)를 기본 키로 사용할 수 있다. 대리 키는 업무적인 의미를 갖지 않으며, 데이터베이스나 애플리케이션에서 자동으로 생성되는 유일한 값을 갖는다. 기본 키를 자연 키로 할 것인가 대리 키로 할 것인가에 대해서는 서로 다른 의견이 있다. JPA는 대리 키를 기본 키로 사용하는 것을 기본적으로 지원한다. 우리의 주문 관리 예제 시스템에서도 대리 키를 기본 키로 사용하고 있다.

대리 키값을 생성하는 방식은 데이터베이스마다 다르다. 오라클과 PostgreSQL의 경우에는 GENERATED ALWAYS AS IDENTITY 예약어를 사용하여 속성을 지정하고, SQL 서버에는 IDENTITY 예약어, 그리고 MySQL에는 AUTO_INCREMENT 예약어를 사용하여 속성을 지정한다. 이들 속성이 지정된 식별자 컬럼은 중복되지 않는 일련의 순차적인 숫자값이 자동적으로 저장된다. 오라클의 경우에는 시퀀스(sequence)도 많이 사용된다.

기본 키 필드에 @GeneratedValue 어노테이션을 추가하고 strategy 애트리뷰트에 식별자 생성기(id generator) 옵션을 설정한다. 이 애트리뷰트의 디폴트값은 GenerationType.AUTO다.

GenerationType 열거형	설명	데이터베이스
AUTO	데이터베이스가 제공하는 기능에 따라 식별자 생성기 선택	추천
IDENTITY	식별자 컬럼 지원	오라클 SQL 서버 MySQL PostgreSQL
SEQUENCE	시퀀스 사용 식별자 생성	오라클 PostgreSQL
TABLE	테이블에 가장 마지막에 생성된 기본 키값에 의존하여 식별자 생성	SQL 서버 MySQL

[표 9-4] 식별자 생성기 설정

```
@Id
@GeneratedValue(strategy = GenerationType.IDENTITY)
@Column(name = "customer_id")
```

private long id;

오라클에서 시퀀스를 사용한다면 다음과 같이 설정할 수 있다.

```
@Id
@GeneratedValue(strategy=GenerationType.SEQUENCE,
                generator="customer_seq")
@SequenceGenerator(
   name="customer_seq",
   sequenceName="ROOT.CUSTOMER_SEQ"
)
@Column(name = "customer_id")
private long id;
```

자연 키(natural key)로 단일 키인 경우에는 @Id 어노테이션만 지정하면 된다.

```
@Id
private String name;
```

그러나 복합 자연 키(composite key)인 경우에는 두 가지 설정 방법이 있다.

첫 번째 설정 방법은 컴포넌트 즉, 포함된 객체(embedded object) 타입을 사용하는 것이다. 이때 컴포넌트는 equals()와 hashCode() 메서드를 구현해야 하며 @Embeddable 어노테이션을 지정한다.

```
@Embeddable
public class EmployeeId implements Serializable {
   private String lastName;
   private String firstName;
   // 게터/세터 메서드
   public boolean equals(Object other) {
      if (this == other)
         return true;
      if ( !(other instanceof EmployeeId) )
         return false;
```

```
            final EmployeeId id = (EmployeeId) other;
            if(!id.getFirstName().equals(getFirstName()))
                return false;
            if(!id.getLastName().equals(getLastName()))
                return false;
            return true;
        }
        public int hashCode() {
            return Objects.hash(name, address);
        }
    }
```

다음에 복합키 속성에 @EmbeddedId 어노테이션을 지정한다. 컬럼 매핑을 재정의하고 싶다면 다음과 같이 @AttributeOverrides 와 @AttributeOverride 어노테이션을 사용한다.

```
    @Entity
    public class Employee {
        @EmbeddedId
        @AttributeOverrides({
            @AttributeOverride(name = "lastName",
            column=@Column(name = "LAST_NAME")),
            @AttributeOverride(name = "firstName",
            column=@Column(name = "FIRST_NAME"))
        })
        private EmployeeId id;
        @Column(name="JOIN_DATE")
        private Date joinDate;
        // 게터/세터 메서드
    }
```

두 번째 방법은 다중 키 속성을 사용하는 것이다. 키 컬럼 타입으로 사용할 컴포넌트 즉, 포함된 클래스를 @IdClass 어노테이션을 사용하여 다음과 같이 설정한다.

```
@Entity
@IdClass(EmployeeId.class)
public class Employee {
    @Id
    @Column(name="LAST_NAME")
    private String lastName;
    @Id
    @Column(name="FIRST_NAME")
    private String firstName;
    @Column(name="JOIN_DATE")
    private Date joinDate;
    // 게터/세터 메서드
}
```

테이블은 다른 테이블과 관계를 맺는다. 예를 들어 다음과 같이 order_item 테이블은 product 테이블과 1대1 관계를 갖는다.

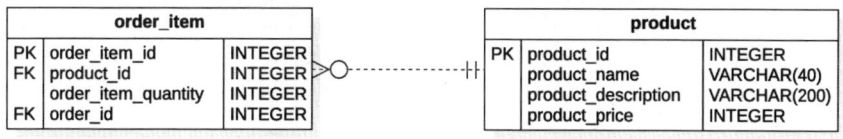

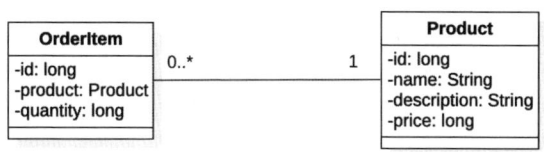

[그림 9-3] 1대1 관계

1대1 관계는 일반적으로 @ManyToOne 어노테이션을 사용한다.

```
public class OrderItem {
    @ManyToOne
    @JoinColumn(name = "product_id")
    private Product product;
    // 생략...
```

}

이와함께 조인하는 외래 키를 설정하기 위해 @JoinColumn 어노테이션을 사용한다. name 애트리뷰트에는 조인하는 외래 키 컬럼명을 지정한다.

그러나 기본 키를 공유하는 1대1 관계는 @OneToOne 어노테이션으로 설정한다. 예를 들어 inventory 테이블은 다음과 같이 product 테이블의 기본 키인 product_id 컬럼을 외래 키로 참조하는 기본 키를 갖는 1대1 식별 관계(idenfying relationship)를 형성한다.

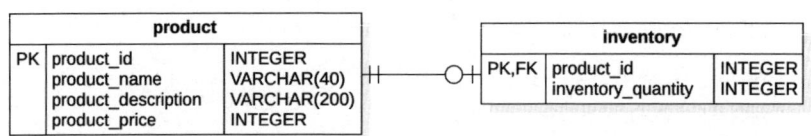

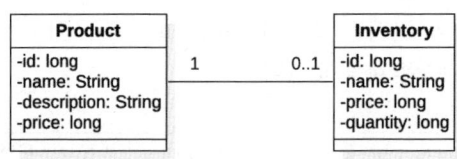

[그림 9-4] 기본 키 공유 1대1 관계

```
public class Inventory {
    @OneToOne
    @JoinColumn(name = "product_id")
    @MapsId
    private Product product;
    // 생략...
}
```

@JoinColumn 어노테이션의 name 애트리뷰트에는 1대1 관계를 조인하는 외래 키 컬럼을 지정한다.

@MapsId 어노테이션은 Product 엔터티의 기본 키값을 Inventory 엔터티의 기본 키로 사용한다는 것을 알려준다. 그리고 이 경우에 기본 키 필드의 타입은 참조 타입이어야 한다. 따라서 Inventory 엔터티 클래스의 id 필드 타입을 다음과 같이 Long 타입으로 변경해야 한다.

```
public class Inventory {
    @Id
    @Column(name = "product_id")
    private Long id;
    // 생략...
}
```

만약 product 테이블의 로우를 가져 올 때 inventory 테이블에 같은 기본 키를 갖는 로우를 읽고 싶다면 양방향성을 가져야 한다. 이 경우에는 다음과 같이 Product 엔터티 클래스에도 @OneToOne 어노테이션을 지정할 수 있다.

```
public class Product {
    @OneToOne(mappedBy = "product", cascade = CascadeType.REMOVE)
    private Inventory inventory;
    // 생략...
}
```

@OneToOne 어노테이션의 mappedBy 애트리뷰트에는 양방향성을 갖는 경우에 자신이 관계를 소유하지 않은 엔터티에서 관계를 소유한 엔터티의 필드명을 지정한다. 보통은 외래 키를 갖고 있는 엔터티가 관계를 소유한다. 따라서 이 경우에 mappedBy 애트리뷰트값인 "product"는 Product 클래스 타입의 product 필드 이름이다.

그리고 product 테이블에서 로우가 삭제될 때 inventory 테이블에서 해당 기본 키를 갖는 로우를 삭제하고자 한다면 cascade 애트리뷰트값을 지정한다. CascaseType.REMOVE는 외래 키 제약에 ON DELETE CASCADE 가 지정된 것처럼 로우를 삭제하라고 지시하는 것이 된다.

1대다 관계는 @OneToMany 어노테이션으로 설정한다. 예를 들어 다음과 같이 orders 테이블은 order_item 테이블과 1대다 관계를 갖는다.

9장 JPA 데이터 액세스

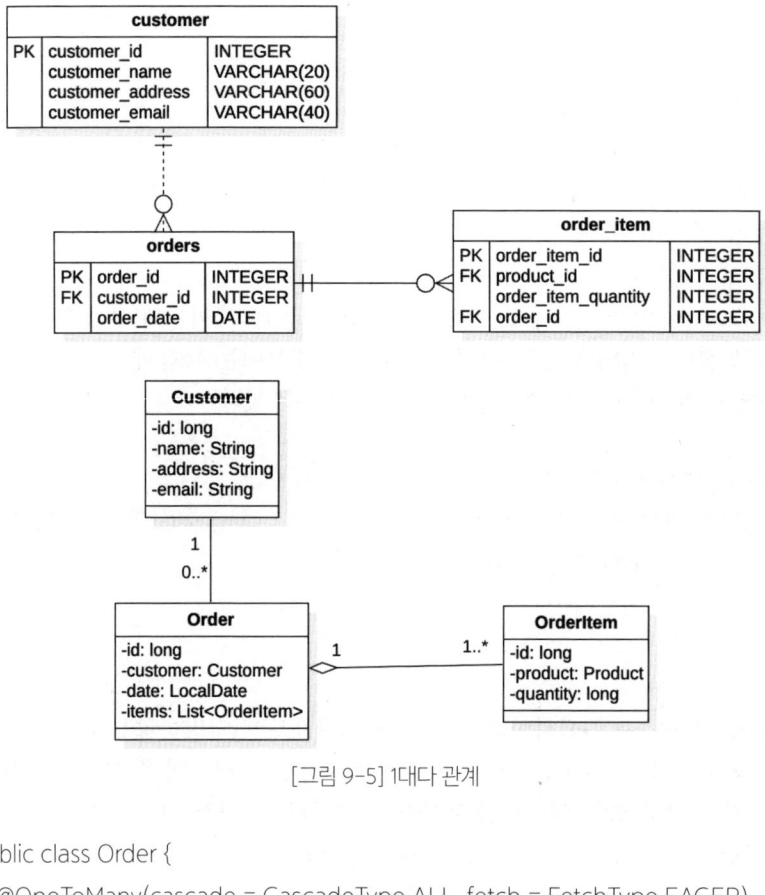

[그림 9-5] 1대다 관계

```
public class Order {
    @OneToMany(cascade = CascadeType.ALL, fetch = FetchType.EAGER)
    @JoinColumn(name = "order_id")
    private List<OrderItem> items;
    // 생략...
}
```

이제 orders 테이블에서 로우를 가져올 때 order_item 테이블에서 같은 order_id 외래 키값을 갖는 모든 로우를 가져와 items 필드에 저장하게 된다. 하지만 즉시 모든 로우를 다 items 필드에 저장하는 것은 아니다. 이 행위는 fetch 애트리뷰트에 지정된 값에 따라 달라진다. FetchType.LAZY는 게으른 가져오기로 order_item 테이블의 로우를 즉시 질의하지 않고 실제로 사용될 때 비로소 질의하여 가져온다. FetchType. EAGER은 order_item 테이블의 로우를 열심히 즉시 질의하여 가져온다. @OneToOne 어노테이션이 지정된 경우에는 디폴트 행위는 FetchType.EAGER 이며, @

OneToMany 어노테이션이 지정된 경우에는 FetchType.LAZY가 적용된다.

cascade 애트리뷰트에 지정된 CascadeType.ALL은 REMOVE를 포함해서 PER-SISTENT(지속성), REFRESH(다시 읽어오기), MERGE(병합), DETACH(지속성 컨텍스트에서 제거)가 모두 사용되는 것을 말한다. 따라서 Order 엔터티를 orders 테이블에 저장하면 같은 order_id 키값을 갖는 모든 OrderItem 엔터티들도 함께 order_item 테이블에 저장되고, Order 엔터티를 orders 테이블에서 삭제하면 같은 order_id 키값을 갖는 모든 OrderItem 엔터티들도 order_item 테이블에서 삭제된다.

만약에 OrderItem 엔터티가 Order 엔터티를 알아야 한다면 즉, 양방향성을 갖는다면 OrderItem 엔터티에 @ManyToOne 어노테이션을 지정한다.

```
public class OrderItem {
    @ManyToOne
    @JoinColumn(name = "order_id")
    private Order order;
// 생략...
}
```

이때 관계의 소유권은 OrderItem 엔터티가 갖게 되므로 관계를 소유하지 않은 Order 엔터티에는 다음과 같이 mappedBy 애트리뷰트를 지정하고 @JoinColumn 어노테이션은 제거한다.

```
public class Order {
    @OneToMany(mappedBy = "order", cascade = CascadeType.ALL,
               fetch = FetchType.EAGER)
//    @JoinColumn(name = "order_id")
    private List<OrderItem> items;
// 생략...
}
```

다대다 관계는 다음과 같다.

9장 JPA 데이터 액세스

[그림 9-6] 다대다 관계 - 객체 모델

Employer 클래스는 다음과 같이 정의된다.

```
public class Employer {
    private long id;
    private String name;
    private Set<Employee> employees;
    // 게터/세터 메서드
}
```

Employee 엔터티 클래스는 다음과 같다.

```
public class Employee {
    private long id;
    private String name;
    private Set<Employer> employers;
    // 게터/세터 메서드
}
```

관계 모델에서 이러한 다대다 관계는 허용되지 않는다. 따라서 다음과 같이 교차 테이블(intersection table) 또는 연관 테이블(association table)을 매개로 하는 두 개의 1대다 관계로 해소시켜야 한다.

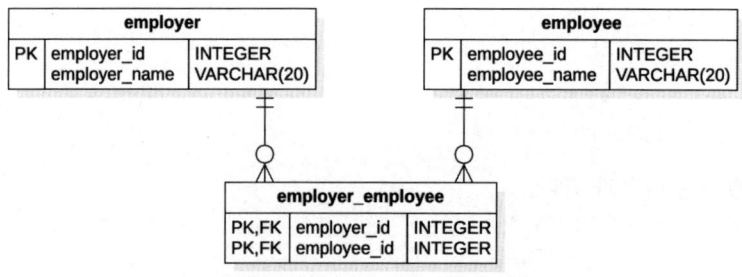

[그림 9-7] 다대다 관계 - 관계 모델

이러한 다대다 관계는 @ManyToMany 어노테이션으로 설정한다. targetEntity 애트리뷰트에는 관계를 갖는 대상 엔터티 클래스를 지정한다. 그리고 @JoinTable 어노테이션으로 교차 테이블을 지정한다. name 애트리뷰트에는 교차 테이블 이름을 지정하고, joinColumns와 inversionColumns 애트리뷰트에는 두 테이블의 조인 컬럼을 지정한다.

```java
@Entity
public class Employer {
    @Id
    @Column(name = "employer_id")
    private long id;
    private String name;
    @ManyToMany(
        targetEntity=Employee.class,
        cascade=CascadeType.ALL
    )
    @JoinTable(
        name = "employer_employee",
        joinColumns = @JoinColumn(name = "employer_id"),
        inversionColumns = @JoinColumn(name = "employee_id")
    )
    private Set<Employee> employees;
    // 게터/세터 메서드
}
@Entity
public class Employee {
    @Id
    @Column(name = "employee_id")
    private long id;
    private String name;
    @ManyToMany(
        mappedBy = "employees",
        targetEntity=Employer.class
    )
    private Set<Employer> employers;
```

9장 JPA 데이터 액세스

```
    // 게터/세터 메서드
}
```

객체 모델은 상속성을 지원한다. 예를 들어 일반 사원과 임시 사원 클래스는 부모 클래스인 사원 클래스에서 파생하는 자식 클래스로 정의할 수 있다.

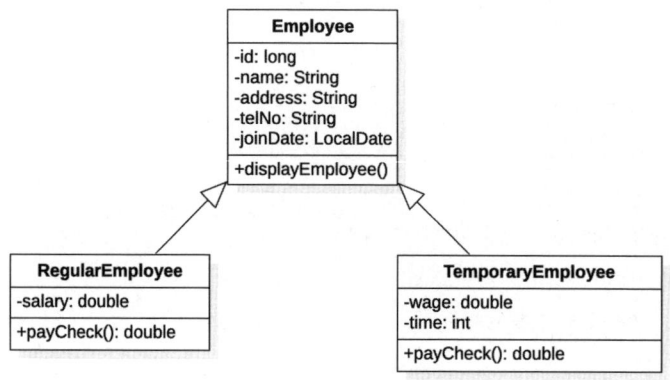

[그림 9-8] 객체 상속성

상속성은 슈퍼 클래스에 @Inheritance 어노테이션을 사용하여 설정한다. 이러한 클래스의 상속성을 관계 모델로 표현할 때는 세가지 매핑 전략 중에서 선택할 수 있다. 첫 번째 방법은 클래스 계층 당 단일 테이블 전략으로 클래스 계층도의 모든 클래스를 하나의 테이블로 통합하고 사원 구분 컬럼을 두는 것이다.

employee		
PK	employee_id	INTEGER
	employee_type	VARCHAR(20)
	employee_name	VARCHAR(20)
	employee_salary	DECIMAL
	employee_wage	DECIMAL
	employee_time	INTEGER

[그림 9-9] 클래스 계층 당 단일 테이블

이 전략을 사용하려면 슈퍼 클래스 @Inheritance 어노테이션의 strategy 애트리뷰트에 InheritanceType.SINGLE_TABLE을 지정한다.

```
@Entity
@Table(name = "employee")
@Inheritance(strategy=InheritanceType.SINGLE_TABLE)
@DiscriminatorColumn(
    name = "employee_type",
```

```
    discriminatorType = DiscriminatorType.STRING
)
public class Employee {
    @Id
    @Column(name = "employee_id")
    private long id;
    private String name;
// 생략...
}
```

그리고 파생 클래스에는 @DiscriminatorValue 어노테이션을 사용하여 타입 유형 컬럼에 저장할 문자열을 지정한다. RegularEmployee 엔터티의 설정 예는 다음과 같다.

```
@Entity
@DiscriminatorValue("REGULAR")
public class RegularEmployee extends Employee {
    private long salary;
// 생략...
}
```

TemporaryEmployee 엔터티의 설정 예는 다음과 같다.

```
@Entity
@DiscriminatorValue("TEMPORARY")
public class TemporaryEmployee extends Employee {
    private long wage;
    private int time;
// 생략...
}
```

이 경우 테이블에는 다음과 같이 저장된다.

9장 JPA 데이터 액세스

employee 테이블

employee_id	employee_type	employee_name	employee_salary	employee_wage	employee_time
1	REGULAR	김일	5000000	NULL	NULL
2	TEMPORARY	김이	NULL	100000	40

[그림 9-10] 클래스 계층 당 단일 테이블 데이터

두 번째 방법은 서브 클래스 당 테이블 전략으로 서브 클래스 당 하나의 테이블을 할당하고 수퍼 클래스 필드를 포함시킨다.

employee_regular	
PK employee_id	INTEGER
employee_name	VARCHAR(20)
employee_salary	DECIMAL

employee_temporary	
PK employee_id	INTEGER
employee_name	VARCHAR(20)
employee_wage	DECIMAL
employee_time	INTEGER

[그림 9-11] 서브 클래스 당 테이블

이 매핑 전략을 사용할 때는 수퍼 클래스 @Inheritance 어노테이션의 strategy 애트리뷰트에 InheritanceType.TABLE_PER_CLASS를 지정한다.

```
@Entity
@Inheritance(strategy=InheritanceType.TABLE_PER_CLASS)
public class Employee {
    @Id
    @Column(name = "employee_id")
    private long id;
    private String name;
// 생략...
}
```

그리고 파생 클래스에는 @Table 어노테이션을 사용하여 파생 클래스 엔터티와 매핑되는 테이블을 설정한다. RegularEmployee 엔터티의 설정 예는 다음과 같다.

```
@Entity
@Table(name = "employee_regular")
public class RegularEmployee extends Employee {
    private long salary;
// 생략...
```

}

TemporaryEmployee 엔터티의 설정 예는 다음과 같다.

```
@Entity
@Table(name = "employee_temporary")
public class TemporaryEmployee extends Employee {
    private long wage;
    private int time;
// 생략...
}
```

이 경우 테이블에는 다음과 같이 저장된다.

employee_regular 테이블

employee_id	employee_name	employee_salary
1	김일	5000000

employee_temporary 테이블

employee_id	employee_name	employee_wage	employee_time
2	김이	100000	40

[그림 9-12] 서브 클래스 당 테이블 데이터

세 번째 방법은 조인된 서브 클래스 전략으로 수퍼 클래스와 서브 클래스를 모두 하나의 테이블에 매핑시키고 서브 클래스 테이블과 식별 관계(identifying relationship)를 맺는 것이다.

9장 JPA 데이터 액세스

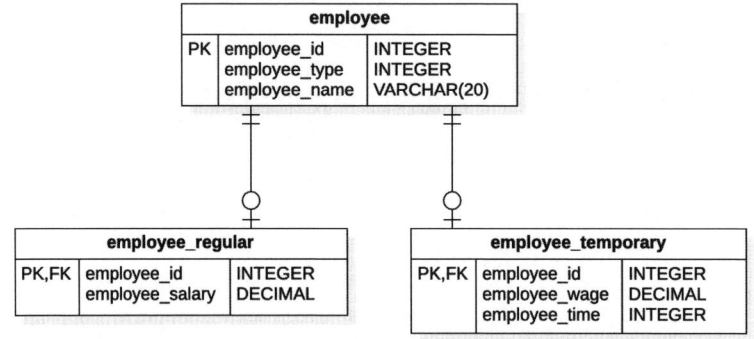

[그림 9-13] 조인된 서브 클래스

이 매핑 전략을 사용할 때는 수퍼 클래스 @Inheritance 어노테이션의 strategy 애 트리뷰트에 InheritanceType.JOINED를 지정한다. 이와함께 @Table 어노테이션으 로 매핑되는 테이블을 설정한다.

```
@Entity
@Inheritance(strategy=InheritanceType.JOINED)
@Table(name = "employee")
public class Employee {
    @Id
    @Column(name = "employee_id")
    private long id;
    private String name;
// 생략...
}
```

그리고 파생 클래스에도 @Table 어노테이션을 사용하여 파생 클래스 엔터티와 매핑 되는 테이블을 설정한다. RegularEmployee 엔터티의 설정 예는 다음과 같다.

```
@Entity
@Table(name = "employee_regular")
public class RegularEmployee extends Employee {
    private long salary;
// 생략...
}
```

TemporaryEmployee 엔터티의 설정 예는 다음과 같다.

```
@Entity
@Table(name = "employee_temporary")
public class TemporaryEmployee extends Employee {
    private long wage;
    private int time;
    // 생략...
}
```

이 경우 테이블에는 다음과 같이 저장된다.

employee 테이블

employee_id	employee_name
1	김일
2	김이

employee_regular 테이블

employee_id	employee_salary
1	5000000

employee_temporary 테이블

employee_id	employee_wage	employee_time
2	100000	40

[그림 9-14] 조인된 서브 클래스 테이블 데이터

이번에는 조금은 복잡한 매핑을 살펴보자.

먼저 다음과 같이 외래 키가 포함된 복합 키가 구성된 경우다.

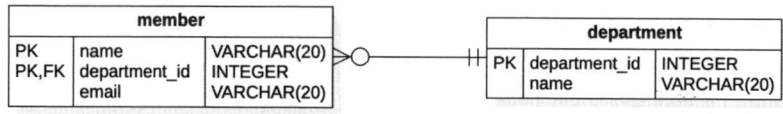

[그림 9-15] 외래 키가 포함된 복합 키

이 경우에는 먼저 복합 키를 구성하는 컴포넌트 즉, 포함된 객체 타입을 정의해야 한다.

```java
@Embeddable
public class MemberId implements Serializable {
    private String name;
    private int deptId;
    // 게터/세터 메서드
}
```

그리고 복합 키를 갖는 엔터티를 다음과 같이 설정한다. 이때 외래키는 @ManyToOne 어노테이션을 사용하여 설정한다.

```java
@Entity
@IdClass(MemberId.class)
public class Member {
    @Id
    private String name;
    @Id
    @Column(name = "DEPARTMENT_ID")
    private int deptId;
    private String email;
    @ManyToOne
    @JoinColumn(name = "DEPARTMENT_ID", insertable=false, updatable=false)
    private Department department;
    // 게터/세터 메서드
}
```

이 경우 Department 엔터티의 설정은 다음과 같다.

```java
@Entity
public class Department {
    @Id
    @GeneratedValue
```

```
    @Column(name = "DEPARTMENT_ID")
    private int deptId;
    private String name;
    // get/set 메서드
}
```

다음과 같이 복합 외래키를 참조하는 경우에 대해서도 살펴보자.

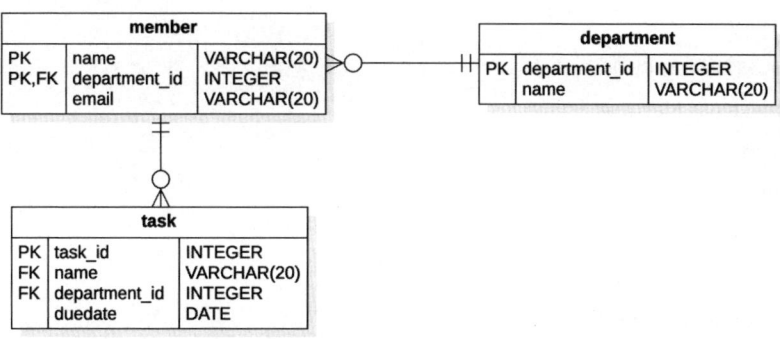

[그림 9-16] 복합 외래키 참조

위에서 설정한 복합 외래키를 참조하는 경우에 @ManyToOne 어노테이션과 @JoinColumns 어노테이션을 사용하여 다음과 같이 설정한다.

```
@Entity
public class Task {
    @Id
    @GeneratedValue
    @Column(name = "TASK_ID")
    private int taskId;
    private String name;
    @Column(name = "DEPARTMENT_ID")
    private int deptId;
    private String todo;
    private Date dueDate;
    @ManyToOne
    @JoinColumns({
        @JoinColumn(name = "NAME", insertable=false, updatable=false),
```

9장 JPA 데이터 액세스

```
        @JoinColumn(name="DEPARTMENT_ID", insertable=false, updatable=false)
    })
    private Member member;
}
```

만약 두 엔터티 사이에 양방향성을 갖는다면 Member 엔터티에는 @OneToMany 어노테이션과 @JoinColumns 어노테이션을 사용하여 다음과 같이 설정한다.

```
@Entity
@IdClass(MemberId.class)
public class Member {
    @Id
    private String name;
    @Id
    @Column(name = "DEPARTMENT_ID")
    private int deptId;
    private String email;
    @ManyToOne
    @JoinColumn(name = "DEPARTMENT_ID", nsertable=false, updatable=false)
    private Department department;
    @OneToMany(cascade=CascadeType.ALL)
    @JoinColumns({
        @JoinColumn(name = "NAME",
            referencedColumnName="NAME"),
        @JoinColumn(name="DEPARTMENT_ID",
            referencedColumnName="DEPARTMENT_ID")
    })
    private Set<Task> tasks
}
```

SQL 또는 JPA API의 NativeSQL 질의를 사용하는 이름갖는 질의(named query)는 다음과 같이 @NamedNativeQuery 어노테이션을 사용한다. @NamedNativeQueries 어노테이션을 사용하여 이름갖는 질의를 묶어서 설정할 수 있다.

```
    @NamedNativeQueries({
      @NamedNativeQuery(
        name = "getCustomersByName",
        query = "SELECT * FROM customer WHERE name LIKE :name",
        resultClass = Customer.class
      )
    })
    @Entity
    @Table(name = "customer")
    public class Customer {
    }
```

JPA API의 JPQL 질의를 사용하는 이름갖는 질의(named query)는 다음과 같이 @NamedQuery 어노테이션을 사용한다. @NamedQueries 어노테이션을 사용하여 이름갖는 질의를 묶어서 설정할 수 있다.

```
    @NamedQueries({
      @NamedQuery(
        name = "getCustomersByName",
        query = "SELECT c FROM Customer c WHERE c.name LIKE :name"
      )
    })
    @Entity
    @Table(name = "customer")
    public class Customer {
    }
```

저장 프로시저(stored procedure)는 다음과 같이 @NamedNativeQuery 어노테이션을 사용한다. 이때 query 애트리뷰트에는 저장 프로시저 호출 구문을 지정한다. 마찬가지로 @NamedNativeQueries 어노테이션을 사용하여 이름갖는 질의를 묶어서 설정할 수 있다.

```
    @NamedNativeQueries({
      @NamedNativeQuery(
```

```
            name = "getCustomersByName",
            query = "CALL GET_CUSTOMERS(:name)",
            resultClass = Customer.class
    )
})
@Entity
@Table(name = "customer")
public class Custome {
}
```

JPA API

JPA API를 사용하여 질의를 수행하기 위해서는 엔터티 관리자 즉, EntityManager 객체를 생성해야 한다.

먼저 다음과 같이 jakarta.persistence.Persistence 클래스의 createEntityManagerFactory() 메서드를 호출하여 EntityManagerFactory 객체를 구한다.

```
EntityManagerFactory entityManagerFactory;
entityManagerFactory = Persistence.createEntityManagerFactory("default");
```

createEntityManagerFactory() 메서드 인수에는 〈persistence-unit〉 태그의 name 애트리뷰트에 지정된 문자열을 지정한다.

```
<persistence-unit name="default">
```

다음에는 EntityManagerFactory 객체의 createEntityManager() 메서드를 호출하여 EntityManager 객체를 생성한다.

```
EntityManager entityManager;
entityManager = entityManagerFactory.createEntityManager();
```

이제 생성된 EntityManager 객체를 통해 JPA API를 실행하여 질의를 수행할 수 있다.

JPA API는 SQL 문을 사용하는 Native 질의와 SQL 문과 유사한 JPQL 질의, 구문은 다르지만 같은 기능을 제공하는 Criteria 질의를 제공한다.

- Native 질의
- JPQL 질의
- Criteria 질의

Native 질의는 SQL 문을 사용하여 질의를 한다.

```
String sql = "SELECT * FROM customer WHERE name = ?";
Query query = entityManager.createNativeQuery(sql, Customer.class);
query.setParameter(1, name);
List customers = query.getResultList();
```

JPA는 JPQL(JPA Query Language)를 제공한다. JPQL은 다음과 같은 구문을 갖는다.

```
SELECT c FROM Customer c
```

위의 예에서 Customer 식별자는 엔터티 클래스명이다.

SELECT 조건을 지정할 때는 WHERE 구를 사용한다. 그러나 조건값의 비교 대상 식별자는 컬럼명이 아니라 해당 엔터티 클래스의 필드명이다.

```
SELECT c FROM Customer c WHERE c.name = :name
```

위의 예에서 c.name 식별자는 Customer 클래스의 필드명이다.

SQL INSERT 문에 해당하는 JPQL 문은 없다. 또한 UPDATE와 DELETE 문은 배치(batch) 작업에만 사용한다.

JPQL 질의를 실행하는 단계는 다음과 같다.

먼저 EntityManager 객체의 createQuery() 메서드를 호출하여 Query 또는 TypedQuery 객체를 생성한다. 매개변수에는 JPQL 문이 지정된다. TypedQuery 객체를 생성할 때는 두 번째 매개변수에 엔터티 클래스를 지정한다.

```
String jpql = "SELECT c FROM Customer c WHERE c.name = :name";
TypedQuery<Customer> query = entityManager.createQuery(jpql, Customer.class);
```

질의 매개변수가 있다면 Query 객체의 setParameter() 메서드를 사용하여 질의 매개변수를 지정한다.

```
query.setParameter("name", name);
```

그리고 Native 질의와 마찬가지로 질의를 실행하는 경우에는 Query 객체의 getResultList() 메서드를 호출한다.

```
List<Customer> customers = query.getResultList();
```

다음은 다중 로우를 반환하는 SELECT 질의를 실행하는 코드의 예다.

```
public List<Customer> findAll() {
    return entityManager.createQuery("SELECT c FROM Customer c", Customer.class)
        .getResultList();
}
```

세 번째 질의 방법은 Criteria 질의다. Criteria 질의의 가장 큰 장점은 SQL이나 JPQL에 익숙하지 않아도 마치 객체지향 방식으로 코드를 작성하는 것과 같이 데이터베이스 질의문을 작성할 수 있다는 것이다.

Criteria 질의를 실행하는 단계는 다음과 같다.

먼저 EntityManager 객체의 getCriteriaBuilder() 메서드를 호출하여 CriteriaBuilder 객체를 생성한다.

```
CriteriaBuilder builder = entityManager.getCriteriaBuilder();
```

CriteriaBuilder 객체의 createQuery() 메서드를 호출하여 CriteriaQuery<T> 객체를 생성한다. 매개변수에는 엔터티 클래스를 지정한다.

```
CriteriaQuery<Customer> criteria = builder.createQuery(Customer.class);
```

CriteriaQuery〈T〉 객체의 from() 메서드를 호출하여 Root〈T〉 객체를 생성한다. 매개변수에는 엔터티 클래스를 지정한다. 이 과정은 SQL FROM 구에 해당한다.

  Root<Customer> root = criteria.from(Customer.class);

CriteriaQuery〈T〉 객체의 select() 메서드를 호출하여 Root〈T〉 객체를 선택한다. 이 과정은 SQL SELECT 문에 해당한다.

  criteria.select(root);

질의 매개변수가 있다면 먼저 Root〈T〉 객체의 get() 메서드를 호출하여 질의 조건 필드의 경로를 나타내는 Path〈T〉 객체를 생성한다. 매개변수에는 질의 조건 필드명을 지정한다.

  Path<Customer> path = root.get("name");

CriteriaBuilder 객체의 equal() 메서드와 같은 질의 제한 메서드를 호출하여 Predicate 객체를 생성한다. 첫 번째 매개변수에는 Path〈T〉 객체를 지정하고, 두 번째 매개변수에는 조건값을 지정한다.

  Predicate predicate = builder.equal(path, name);

참고로 WHERE 구에 연산자를 사용하여 질의 조건을 지정하는 것과 마찬가지로 다음과 같은 질의 제한 메서드를 사용하여 Predicate 객체를 생성할 수 있다.

메서드명	설명
equal()	=
gt(), greaterThan()	〉
lt(), lessThan()	〈
ge(), greaterThanOrEqualTo()	〉=
le(), lessThanOrEqulto()	〈=
not()	〈〉
between()	BETWEEN
in()	IN

9장 JPA 데이터 액세스

메서드명	설명
like()	LIKE
isNull()	NULL인지 검사
isNotNull()	NULL이 아닌지 검사
isEmpoty()	비어있는지 검사
isNotEmpty()	비어있지 않은지 검사
and()	AND
or()	OR
not()	NOT

[표 9-5] 질의 제한 메서드

예를 들어 다음 코드는

Predicate predicate = builder.like(root.gt("id"), 3);

는 다음 WHERE 구와 동일하다.

id > 3

또한 다음 코드는

Predicate predicate = builder.like(root.get("name"), "김%");

는 다음 WHERE 구와 동일하다.

name LIKE '김%'

다음에는 CriteriaQuery⟨T⟩ 객체에 where() 메서드를 호출하여 질의 조건을 지정한다. 매개변수에는 Predicate 객체를 지정한다. 이 과정은 WHERE 구에 해당한다.

criteria.where(predicate);

이제 EntityManger 객체의 createQuery() 메서드를 호출하여 TypedQuery⟨T⟩ 객체를 생성한다. 매개변수에는 CriteriaQuery⟨T⟩ 객체를 지정한다.

```
TypedQuery<Customer> query = entityManager.createQuery(criteria);
```

마지막으로 다중 로우를 반환하기 위해 TypedQuery<T> 객체의 getResultList() 메서드를 호출한다.

```
List<Customer> customers = query.getResultList();
```

다음은 다중 로우를 반환하는 SELECT 질의를 실행하는 코드의 예다.

```
public List<Customer> findAll() {
    CriteriaBuilder builder = entityManager.getCriteriaBuilder();
    CriteriaQuery<Customer> criteria = builder.createQuery(Customer.class);
    Root<Customer> root = criteria.from(Customer.class);
    criteria.select(root);
    return entityManager.createQuery(criteria).getResultList();
}
```

조건문이 지정된 SELECT 질의를 실행하는 코드는 다음과 같다.

```
public List<Customer> findByName(String name) {
    CriteriaBuilder builder = entityManager.getCriteriaBuilder();
    CriteriaQuery<Customer> criteria = builder.createQuery(Customer.class);
    Root<Customer> root = criteria.from(Customer.class);
    criteria.select(root);
    criteria.where(builder.equal(root.get("name"), name));
    return entityManager.createQuery(criteria).getResultList();
}
```

단일 로우를 반환하는 SELECT 질의와 INSERT, UPDATE, DELETE 질의는 이들 세가지 질의 방식이 모두 동일하다.

단일 로우를 반환하는 질의를 실행하는 경우에는 EntityManager 객체의 find() 메서드를 호출한다. 첫 번째 매개변수에는 엔터티 클래스를 지정하고, 두 번째 매개변수에는 식별자 ID를 지정한다.

```
Customer customer = entityManager.find(Customer.class, id);
```

9장 JPA 데이터 액세스

INSERT 질의를 실행할 때는 EntityManager 객체의 persist() 메서드를 호출한다.

```
entityManager.persist(customer);
```

UPDATE 질의를 실행하는 별도의 API는 없다. 트랜잭션을 커밋하면 변경된 엔터티 객체를 데이터베이스에 저장한다.

DELETE 질의를 실행할 때는 EntityManager 객체의 remove() 메서드를 호출한다.

```
entityManager.remove(customer);
```

INSERT와 UPDATE, DELETE 질의를 시작하기 전에 먼저 EntityManager 객체의 getTransaction() 메서드를 호출하여 EntityTransaction 객체를 구한 후 begin() 메서드를 호출하여 트랜잭션을 시작한다.

```
entityManager.getTransaction().begin();
```

그리고 질의를 수행한 후에는 commit() 메서드를 호출하여 데이터를 데이터베이스에 커밋하거나 rollback() 메서드를 호출하여 롤백한다.

```
entityManager.getTransaction().commit();
```

또는,

```
entityManager.getTransaction().rollback();
```

단일 로우를 반환하는 SELECT 질의를 실행하는 코드는 다음과 같다.

```
public Customer findOne(long id) {
    return entityManager.find(Customerclass, id);
}
```

INSERT 질의를 실행하는 코드는 다음과 같다.

```
public void save(Customer customer) {
    entityManager.getTransaction().begin();
```

```
        entityManager.persist(customer);
        entityManager.getTransaction().commit();
    }
```

UPDATE 질의를 실행하는 코드는 다음과 같다.

```
    public void update(Customer customer) {
        entityManager.getTransaction().begin();
        Customer entity = findOne(customer.getId());
        entity.setName(customer.getName());
        entity.setAddress(customer.getAddress());
        entity.setEmail(customer.getEmail());
        entityManager.getTransaction().commit();
    }
```

DELETE 질의를 실행하는코드는 다음과 같다.

```
    public void delete(long id) {
        entityManager.getTransaction().begin();
        Customer customer = findOne(id);
        entityManager.remove(customer);
        entityManager.getTransaction().commit();
    }
```

실습8: 고객 JPA 레파지토리 컴포넌트 구현

이제 주문 관리 예제 시스템에서 JPA를 사용하여 데이터베이스에 액세스하는 레파지토리 컴포넌트를 구현하는 실습을 하기로 한다. 여러분은 8장에서 "실습7: 주문 JDBC 레파지토리 컴포넌트 구현"에서 생성했던 프로젝트를 복사함으로써 새로운 프로젝트를 생성하여 실습을 시작할 수 있다.

먼저 먼저 pom.xml 파일에 다음과 같이 메이븐 의존성을 추가한다.

9장 JPA 데이터 액세스

```xml
<dependency>
  <groupId>org.hibernate.orm</groupId>
  <artifactId>hibernate-core</artifactId>
  <version>6.1.5.Final</version>
</dependency>
```

그리고 orderSystem 프로젝트의 "src/main" 폴더 밑에 있는 resources 디렉터리 밑에 META-INF 서브 디렉터리를 생성하고, 이 서브 디렉터리 안에 persistence.xml 파일을 생성한다.

```xml
<?xml version="1.0" encoding="UTF-8" standalone="yes"?>
<persistence xmlns="https://jakarta.ee/xml/ns/persistence"
        xmlns:xsi="http://www.w3.org/2001/XMLSchema-instance"
        xsi:schemaLocation="https://jakarta.ee/xml/ns/persistence
            https://jakarta.ee/xml/ns/persistence/persistence_3_0.xsd"
        version="3.0">
    <persistence-unit name="default">
      <provider>org.hibernate.jpa.HibernatePersistenceProvider</provider>
      <properties>
        <property name="jakarta.persistence.jdbc.driver"
              value="oracle.jdbc.driver.OracleDriver"/>
        <property name="jakarta.persistence.jdbc.url"
              value="jdbc:oracle:thin:@localhost:1521/XE"/>
        <property name="jakarta.persistence.jdbc.user" value="ordr"/>
        <property name="jakarta.persistence.jdbc.password" value="1234"/>
        <property name="hibernate.dialect"
              value="org.hibernate.dialect.OracleDialect"/>
        <property name="hibernate.show_sql" value="true"/>
      </properties>
    </persistence-unit>
</persistence>
```

SQL 서버 설정은 다음과 같다.

```xml
<persistence-unit name="sqlserver">
    <provider>org.hibernate.jpa.HibernatePersistenceProvider</provider>
    <properties>
        <property name="jakarta.persistence.jdbc.driver"
                value="com.microsoft.sqlserver.jdbc.SQLServerDriver"/>
        <property name="jakarta.persistence.jdbc.url"
                value="jdbc:sqlserver://localhost:1433;databaseName=order_system;
            encrypt=true;trustServerCertificate=true"/>
        <property name="jakarta.persistence.jdbc.user" value="sa"/>
        <property name="jakarta.persistence.jdbc.password" value="1234"/>
        <property name="hibernate.dialect"
                value="org.hibernate.dialect.SQLServerDialect"/>
        <property name="hibernate.show_sql" value="true"/>
    </properties>
</persistence-unit>
```

MySQL 설정은 다음과 같다.

```xml
<persistence-unit name="mysql">
    <provider>org.hibernate.jpa.HibernatePersistenceProvider</provider>
    <properties>
        <property name="jakarta.persistence.jdbc.driver"
                value="com.mysql.cj.jdbc.Driver"/>
        <property name="jakarta.persistence.jdbc.url"
                value="jdbc:mysql://localhost:3306/order_system">
        <property name="jakarta.persistence.jdbc.user" value="root"/>
        <property name="jakarta.persistence.jdbc.password" value="1234"/>
        <property name="hibernate.dialect"
                value="org.hibernate.dialect.MySQLDialect"/>
        <property name="hibernate.show_sql" value="true"/>
    </properties>
</persistence-unit>
```

PostgreSQL 설정은 다음과 같다.

9장 JPA 데이터 액세스

```xml
<persistence-unit name="postgres">
    <provider>org.hibernate.jpa.HibernatePersistenceProvider</provider>
    <properties>
        <property name="jakarta.persistence.jdbc.driver"
                  value="org.postgresql.Driver"/>
        <property name="jakarta.persistence.jdbc.url"
                  value="jdbc:postgresql://localhost:5432/order_system"/>
        <property name="jakarta.persistence.jdbc.user" value="postgres"/>
        <property name="jakarta.persistence.jdbc.password" value="1234"/>
        <property name="hibernate.dialect"
                  value="org.hibernate.dialect.PostgreSQLDialect"/>
        <property name="hibernate.show_sql" value="true"/>
    </properties>
</persistence-unit>
```

그리고 com.mycompany.ordersystem.server 패키지 안에 있는 OrderSystemService 클래스 생성자에 EntityManager를 생성하는 코드를 다음과 같이 추가한다.

```java
public class OrderSystemService {
    private EntityManagerFactory entityManagerFactory;
    private EntityManager entityManager;
    private OrderSystemService() {
        // 생략...
        orderRepository = new OrderRepositoryImplJDBC(
            connection, customerRepository, productRepository);
        entityManagerFactory = Persistence.createEntityManagerFactory("default");
        entityManager = entityManagerFactory.createEntityManager();
    }
}
```

다음에는 com.mycompany.ordersystem.domain 패키지 안에 있는 Customer 클래스에 엔터티 매핑 어노테이션을 추가하기로 한다.

```
@Entity
@Table(name = "customer")
@Access(value= AccessType.FIELD)
public class Customer {
```

id 필드에 기본 키를 매핑한다.

```
public class Customer {
    @Id
    @GeneratedValue(strategy = GenerationType.IDENTITY)
    @Column(name = "customer_id")
    private long id;
```

필드명과 컬럼명이 다르므로 각 필드에 @Column 어노테이션을 지정한다.

```
@Column(name = "customer_id")
private long id;
@Column(name="customer_name")
private String name;
@Column(name="customer_address")
private String address;
@Column(name="customer_email")
private String email;
```

다음에는 com.mycompany.ordersystem.customer.repository 패지지 안에 CustomerRepositoryImplJPA 클래스를 생성한다. 이 클래스도 CustomerRepository 인터페이스를 구현한다.

```
public class CustomerRepositoryImplJPA implements CustomerRepository {
}
```

다음과 같이 EntityManager 필드를 추가한다.

```
public class CustomerRepositoryImplJPA implements CustomerRepository {
    private EntityManager entityManager;
```

9장 JPA 데이터 액세스

}

또한 생성자를 추가한다.

```
private EntityManager entityManager;
public CustomerRepositoryImplJPA(EntityManager entityManager) {
    this.entityManager = entityManager;
}
```

생성자는 EntityManager 객체를 인수로 주입받아 entityManager 필드에 저장한다. 따라서 CustomerRepositoryImplJPA 클래스의 인스턴스를 생성하고 생성자에 EntityManager 객체를 주입하는 코드를 앞에서 구현한 OrderSystemService 클래스의 생성자에 추가한다.

```
private OrderSystemService() {
    // 생략...
    entityManager = entityManagerFactory.createEntityManager();
    customerRepository = new CustomerRepositoryImplJPA(entityManager);
}
```

그리고 CustomerRepository 인터페이스의 모든 메서드를 재정의한다.

```
public class CustomerRepositoryImplJPA implements CustomerRepository {
    // 생략...
    @Override
    public Customer findById(long id) {
        return null;
    }
    @Override
    public List<Customer> findAll() {
        return null;
    }
    @Override
    public List<Customer> findsByName(String name) {
        return null;
```

```
    }
    @Override
    public void save(Customer customer) {
    }
    @Override
    public void delete(long id) {
    }
}
```

먼저 고객 정보를 조회하는 findById() 메서드를 구현하기로 한다. EntityManager 객체의 find() 메서드를 호출하여 Customer 객체를 반환한다.

```
public Customer findById(long id) {
    return entityManager.find(Customer.class, id);
}
```

다음은 findAll() 메서드를 구현한다. 고객 JPA 레파지토리 컴포넌트에는 Native 질의를 사용하기로 한다. SQL 질의문을 작성하고 EntityManager 객체의 createNativeQuery() 메서드를 호출하여 다중 로우를 질의하는 Query 객체를 생성한다.

```
@Override
public List<Customer> findAll() {
    String sql = "SELECT * FROM customer ORDER BY customer_id";
    Query query = entityManager.createNativeQuery(sql, Customer.class);
}
```

Query 객체의 getResultList() 메서드를 호출하여 로우셋을 가져와 ArrayList<Customer> 객체로 반환한다.

```
    List<Customer> customers = (List<Customer>)query.getResultList();
    return customers;
}
```

그리고 findsByName() 메서드를 구현한다. SQL 질의문을 작성하고 EntityManager 객체의 createNativeQuery() 메서드를 호출하여 다중 로우를 질의하는 Query

객체를 생성한다. 또한 질의 매개변수의 매개변수에 전달된 인수를 지정한다.

```
public List<Customer> findsByName(String name) {
    String sql = "SELECT * FROM customer WHERE customer_name = ?";
    Query query = entityManager.createNativeQuery(sql, Customer.class);
    query.setParameter(1, name);
```

Query 객체의 getResultList() 메서드를 호출하여 로우셋을 가져와 ArrayList<-Customer> 객체로 반환한다.

```
    List<Customer> customers = (List<Customer>)query.getResultList();
    return customers;
}
```

이번에는 고객 정보를 저장 또는 갱신하는 save() 메서드를 작성한다. 먼저 트랜잭션을 시작한다.

```
public void save(Customer customer) {
    entityManager.getTransaction().begin();
```

그리고 저장할 고객 정보가 테이블에 이미 있는 지 찾아서 없으면 새로운 Customer 엔터티 클래스의 인스턴스를 생성한다.

```
    entityManager.getTransaction().begin();
    Customer entity = entityManager.find(Customer.class, customer.getId());
    if(entity == null)
        entity = new Customer();
```

그리고 엔터티 클래스 인스턴스의 필드값을 변경하고 EntityManager 객체의 persist() 메서드를 호출하여 테이블에 저장한다. 또한 트랜잭션을 커밋하여 종료한다.

```
    entity.setId(customer.getId());
    entity.setName(customer.getName());
    entity.setAddress(customer.getAddress());
    entity.setEmail(customer.getEmail());
```

```
        entityManager.persist(entity);
        entityManager.getTransaction().commit();
    }
```

마지막으로 고객 정보를 삭제하는 delete() 메서드를 구현한다. 먼저 트랜잭션을 시작한다.

```
    public void delete(long id) {
        entityManager.getTransaction().begin();
```

그리고 저장할 고객 정보가 테이블에 이미 있는 지 찾아서 있으면 EntityManager 객체의 remove() 메서드를 호출하여 해당 로우를 삭제한다. 또한 트랜잭션을 커밋하여 종료한다.

```
        Customer customer = entityManager.find(Customer.class, id);
        if(customer != null)
            entityManager.remove(customer);
        entityManager.getTransaction().commit();
    }
```

이제 여러분은 주문 관리 예제 시스템을 실행하여 기능이 정상적으로 작동되는지 확인할 수 있다.

먼저 고객 목록을 조회한다.

9장 JPA 데이터 액세스

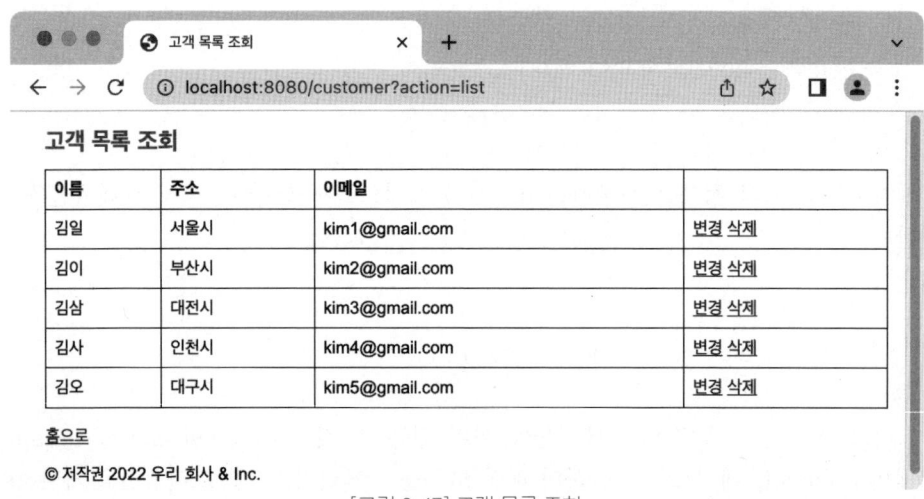

[그림 9-17] 고객 목록 조회

다음에는 새로운 고객 정보를 등록한다.

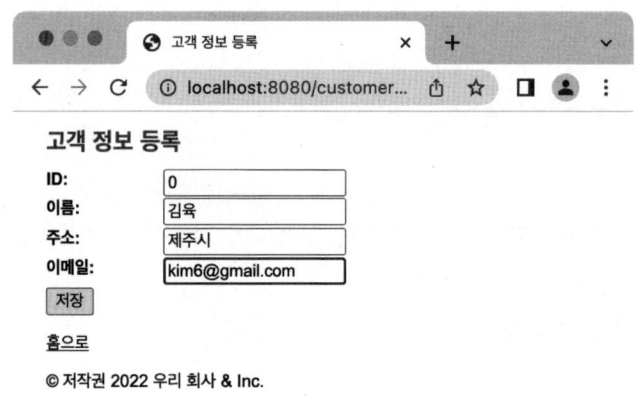

[그림 9-18] 고객 정보 등록

그리고 다시 고객 목록을 조회하여 새로 등록된 고객 정보가 포함되어 있는 지 확인한다.

JSP 서블릿 웹 프로그래밍

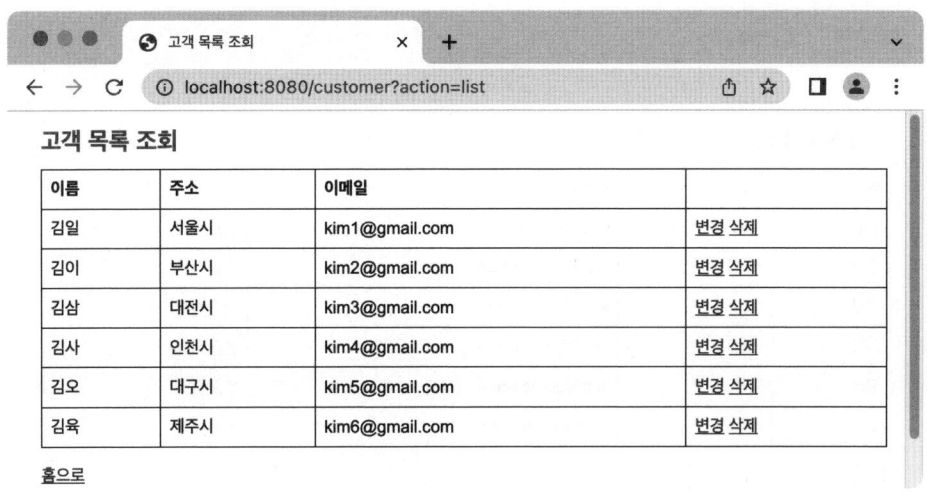

[그림 9-19] 고객 목록 조회 (새로 등록된 고객 정보 확인)

애플리케이션을 종료하고 다시 실행하여 고객 목록을 조회하여 새로 등록된 고객 정보가 포함되어 있는 지 확인한다.

새로 등록된 고객 항목의 "변경" 하이퍼링크를 클릭하여 주소를 변경한다.

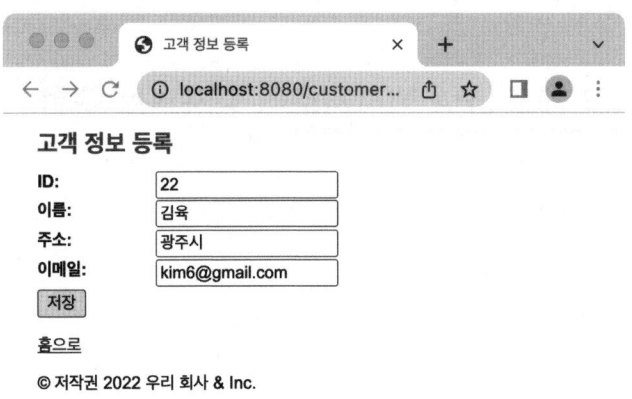

[그림 9-20] 고객 정보 변경

그리고 다시 고객 목록을 조회하여 변경된 고객 정보가 반영되어 있는 지 확인한다.

389

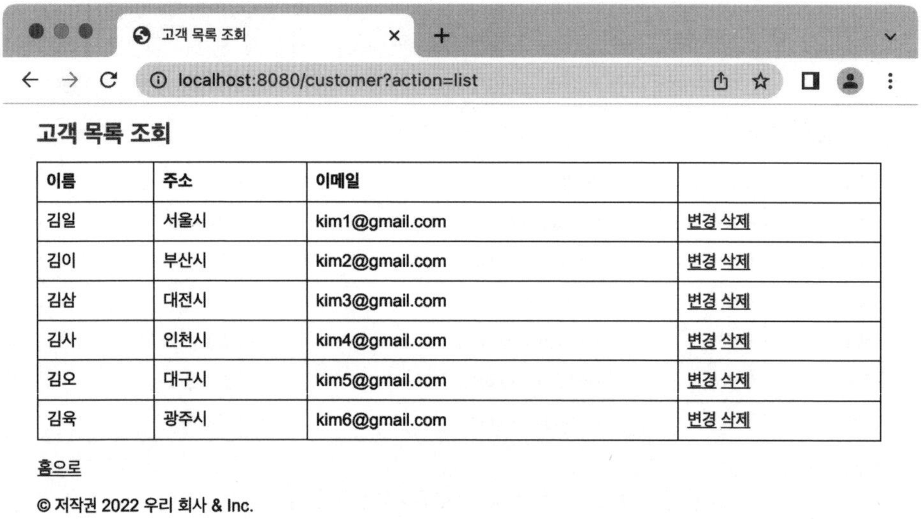

고객 목록 조회

이름	주소	이메일	
김일	서울시	kim1@gmail.com	변경 삭제
김이	부산시	kim2@gmail.com	변경 삭제
김삼	대전시	kim3@gmail.com	변경 삭제
김사	인천시	kim4@gmail.com	변경 삭제
김오	대구시	kim5@gmail.com	변경 삭제
김육	광주시	kim6@gmail.com	변경 삭제

홈으로

© 저작권 2022 우리 회사 & Inc.

[그림 9-21] 고객 목록 조회 (변경된 고객 정보 확인)

이번에는 변경된 고객 항목의 "삭제" 하이퍼링크를 클릭하여 고객 정보를 삭제한다.

그리고 다시 고객 목록을 조회하면 [그림 9-17]과 같이 해당 고객 정보가 포함되지 않은 것을 확인할 수 있다

실습9: 제품 및 재고 JPA 레파지토리 컴포넌트 구현

이제 여러분 스스로 제품과 재고 레파지토리 컴포넌트를 구현해보기 바란다.

먼저 com.mycompany.ordersystem.domain 패키지 안에 있는 Product 클래스에 엔터티 매핑 어노테이션을 추가하기로 한다.

```
@Entity
@Table(name = "product")
public class Product {
```

id 필드에 기본 키를 매핑한다.

```
public class Product {
    @Id
    @GeneratedValue(strategy = GenerationType.IDENTITY)
```

```
@Column(name = "product_id")
private long id;
```

필드명과 컬럼명이 다르므로 각 필드에 @Column 어노테이션을 지정한다.

```
@Column(name = "product_id")
private long id;
@Column(name = "product_name")
private String name;
@Column(name = "product_description")
private String description;
@Column(name = "product_price")
private long price;
```

그리고 Inventory 엔터티와 1대1 관계 매핑을 설정하는 @OneToOne 어노테이션을 지정한다. 이 관계의 소유자는 외래 키를 포함하는 Inventory 엔터티이므로 mappedBy 애트리뷰트를 지정하고 Product 엔터티가 삭제될 때 Inventory 엔터티도 함께 삭제될 수 있도록 cascade 애트리뷰트에 CascadeType.REMOVE를 지정한다.

```
@OneToOne(mappedBy = "product", cascade = CascadeType.REMOVE)
private Inventory inventory;
public long getId() {
```

또한 inventory 필드의 게터와 세터 메서드를 추가한다.

```
public Inventory getInventory() {
    return inventory;
}
public void setInventory(Inventory inventory) {
    this.inventory = inventory;
}
```

다음에는 com.mycompany.ordersystem.product.repository 패지지 안에 ProductRepositoryImplJPA 클래스를 생성한다. 이 클래스는 ProductRepository

9장 JPA 데이터 액세스

인터페이스를 구현한다.

```
public class ProductRepositoryImplJPA implements ProductRepository {
}
```

다음과 같이 EntityManager 필드를 추가한다.

```
public class ProductRepositoryImplJPA implements ProductRepository {
    private EntityManager entityManager;
}
```

또한 생성자를 추가한다.

```
private EntityManager entityManager;
public ProductRepositoryImplJPA(EntityManager entityManager) {
    this.entityManager = entityManager;
}
```

생성자는 EntityManager 객체를 인수로 주입받아 entityManager 필드에 저장한다. 따라서 ProductRepositoryImplJPA 클래스의 인스턴스를 생성하고 생성자에 EntityManager 객체를 주입하는 코드를 앞에서 구현한 OrderSystemService 클래스의 생성자에 추가한다.

```
private OrderSystemService() {
    // 생략...
    customerRepository = new CustomerRepositoryImplJPA(entityManager);
    productRepository = new ProductRepositoryImplJPA(entityManager);
}
```

그리고 ProductRepository 인터페이스의 모든 메서드를 재정의한다.

```
public class ProductRepositoryImplJPA implements ProductRepository{
    // 생략...
    @Override
    public Product findById(long id) {
```

```
        return null;
    }
    @Override
    public List<Product> findAll() {
        return null;
    }
    @Override
    public void save(Product product) {
    }
    @Override
    public void delete(long id) {
    }
}
```

먼저 제품 정보를 조회하는 findById() 메서드를 구현하기로 한다. EntityManager 객체의 find() 메서드를 호출하여 Product 객체를 반환한다.

```
public Product findById(long id) {
    return entityManager.find(Product.class, id);
}
```

다음은 findAll() 메서드를 구현한다. 이번에는 PSQL 질의를 사용하기로 한다. PSQL 질의문을 작성하고 EntityManager 객체의 createQuery() 메서드를 호출하여 다중 로우를 질의하는 TypedQuery 객체를 생성한다.

```
public List<Product> findAll() {
    String psql = "SELECT p FROM Product p";
    TypedQuery<Product> query =
        entityManager.createQuery(psql, Product.class);
}
```

TypedQuery 객체의 getResultList() 메서드를 호출하여 로우셋을 가져와 반환한다.

9장 JPA 데이터 액세스

```
        List<Product> products = query.getResultList();
        return products;
    }
```

이번에는 제품 정보를 저장 또는 갱신하는 save() 메서드를 작성한다. 먼저 트랜잭션을 시작한다.

```
    public void save(Product product) {
        entityManager.getTransaction().begin();
```

그리고 테이블에 저장할 제품 정보가 이미 있는 지 찾아서 없으면 새로운 Product 엔터티 클래스의 인스턴스를 생성한다.

```
        entityManager.getTransaction().begin();
        Product entity = entityManager.find(Product.class, product.getId());
        if(entity == null)
            entity = new Product();
```

그리고 엔터티 클래스 인스턴스의 필드값을 변경하고 EntityManager 객체의 persist() 메서드를 호출하여 테이블에 저장한다. 또한 트랜잭션을 커밋하여 종료한다.

```
        entity.setId(product.getId());
        entity.setName(product.getName());
        entity.setDescription(product.getDescription());
        entity.setPrice(product.getPrice());;
        entityManager.persist(entity);
        entityManager.getTransaction().commit();
    }
```

마지막으로 제품 정보를 삭제하는 delete() 메서드를 구현한다. 먼저 트랜잭션을 시작한다.

```
    public void delete(long id) {
        entityManager.getTransaction().begin();
```

그리고 저장할 제품 정보가 테이블에 이미 있는 지 찾아서 있으면 EntityManager 객체의 remove() 메서드를 호출하여 해당 로우를 삭제한다. 또한 트랜잭션을 커밋하여 종료한다.

```
Product product = entityManager.find(Product.class, id);
if(product != null)
    entityManager.remove(product);
entityManager.getTransaction().commit();
}
```

다음에는 com.mycompany.ordersystem.domain 패키지 안에 있는 Inventory 클래스에 엔터티 매핑 어노테이션을 추가하기로 한다.

```
@Entity
@Table(name = "inventory")
public class Inventory {
```

id 필드에 기본 키를 매핑한다.

```
public class Inventory {
    @Id
    @Column(name = "product_id")
    private long id;
```

name 필드와 price 필드는 inventory 테이블에서 매핑할 컬럼이 없으므로 @Transient 어노테이션을 지정한다.

```
private long id;
@Transient
private String name;
@Transient
private long price;
```

quantity 필드는 컬럼명이 다르므로 @Column 어노테이션을 지정한다.

9장 JPA 데이터 액세스

```
@Column(name = "inventory_quantity")
private long quantity;
```

그리고 Product 엔터티와 1대1 관계 매핑을 설정하는 @OneToOne 어노테이션을 지정하고, @JoinColumn 어노테이션에 Product 엔터티의 기본 키를 외래 키로 지정한다. 그리고 Inventory 엔터티가 이 관계의 소유자이므로 @MapsId 어노테이션을 지정한다.

```
@OneToOne
@JoinColumn(name = "product_id")
@MapsId
private Product product;
```

그리고 기본 키 필드를 참조 타입으로 변경한다.

```
private Long id;
public Long getId() {
    return id;
}
public void setId(Long id) {
    this.id = id;
}
```

또한 product 필드의 게터와 세터 메서드를 추가한다.

```
public Product getProduct() {
    return product;
}
public void setProduct(Product product) {
    this.product = product;
}
```

다음에는 com.mycompany.ordersystem.inventory.repository 패지지 안에 InventoryRepositoryImplJPA 클래스를 생성한다. 이 클래스는 InventoryRepository 인터페이스를 구현한다.

```
public class InventoryRepositoryImplJPA implements InventoryRepository {
}
```

다음과 같이 EntityManager 필드를 추가한다.

```
public class InventoryRepositoryImplJPA implements InventoryRepository {
    private EntityManager entityManager;
}
```

또한 생성자를 추가한다.

```
private EntityManager entityManager;
public InventoryRepositoryImplJPA(EntityManager entityManager) {
    this.entityManager = entityManager;
}
```

생성자는 EntityManager 객체를 인수로 주입받아 entityManager 필드에 저장한다. 따라서 InventoryRepositoryImplJPA 클래스의 인스턴스를 생성하고 생성자에 EntityManager 객체를 주입하는 코드를 앞에서 구현한 OrderSystemService 클래스의 생성자에 추가한다.

```
private OrderSystemService() {
    // 생략...
    productRepository = new ProductRepositoryImplJPA(entityManager);
    inventoryRepository = new InventoryRepositoryImplJPA(entityManager);
}
```

그리고 InventoryRepository 인터페이스의 모든 메서드를 재정의한다.

```
public class InventoryRepositoryImplJDPA implements InventoryRepository {
    @Override
    public long findById(long id) {
        return 0;
    }
    @Override
```

9장 JPA 데이터 액세스

```
        public void save(long id, long quantity) {
        }
}
```

먼저 제품의 재고 수량을 조회하는 findById() 메서드를 구현하기로 한다. Entity-Manager 객체의 find() 메서드를 호출하여 Inventory 객체를 질의하여 null 이면 0을 반환하고, null 이 아니면 재고 수량을 반환한다.

```
public long findById(long id) {
    Inventory inventory = entityManager.find(Inventory.class, id);
    if (inventory == null)
        return 0;
    else
        return inventory.getQuantity();
}
```

이번에는 제품의 재고 정보를 저장 또는 갱신하는 save() 메서드를 작성한다. 먼저 트랜잭션을 시작한다.

```
public void save(long id, long quantity) {
    entityManager.getTransaction().begin();
```

그리고 id 매개변수로 전달된 제품 정보와 재고 정보를 조회하고 재고 정보가 없으면 새로운 Inventory 엔터티 클래스의 인스턴스를 생성하고 id 필드와 product 필드를 저장한다.

```
    entityManager.getTransaction().begin();
    Product product = entityManager.find(Product.class, id);
    Inventory inventory = entityManager.find(Inventory.class, id);
    if (inventory == null) {
        inventory = new Inventory();
        inventory.setId(id);
        inventory.setProduct(product);
    }
```

그리고 quantity 필드값을 quantity 매개변수로 전달된 인수값으로 변경하고 EntityManager 객체의 persist() 메서드를 호출하여 테이블에 저장한다. 또한 트랜잭션을 커밋하여 종료한다.

```
inventory.setQuantity(quantity);
entityManager.persist(inventory);
entityManager.getTransaction().commit();
}
```

마지막으로 com.mycompany.ordersystem.inventory.service 패지지 안에 있는 InventoryServiceImpl 클래스의 getInventories() 메서드의 for 문 구현 코드를 다음과 같이 변경한다.

```
for(Product product : products) {
    Inventory inventory = product.getInventory();
    if(inventory == null) {
        inventory = new Inventory();
        inventory.setId(product.getId());
        inventory.setQuantity(inventoryRepository.findById(product.getId()));
    }
    inventory.setName(product.getName());
    inventory.setPrice(product.getPrice());
    inventories.add(inventory);
}
```

제품 서비스 컴포넌트의 getProducts() 메서드로 제품 정보를 반환할 때 제품 JPA 레파지토리 컴포넌트는 inventory 필드에 재고 정보도 함께 질의하여 가져오지만 다른 제품 레파지토리 컴포넌트는 그렇지 않으므로 모두 함께 사용하기 위해 변경한 것일 뿐이다.

이제 여러분은 주문 관리 예제 시스템을 실행하여 기능이 정상적으로 작동되는지 확인할 수 있다.

실습10: 주문 JPA 레파지토리 컴포넌트 구현

이제 주문 레파지토리 컴포넌트를 구현하기로 한다.

먼저 com.mycompany.ordersystem.domain 패키지 안에 있는 Order 클래스에 엔터티 매핑 어노테이션을 추가하기로 한다.

```
@Entity
@Table(name = "orders")
public class Order {
```

id 필드에 기본 키를 매핑한다.

```
public class Order {
    @Id
    @GeneratedValue(strategy = GenerationType.IDENTITY)
    @Column(name = "order_id")
    private long id;
```

date 필드에 @Column 어노테이션을 지정한다.

```
    @Column(name = "order_date")
    private LocalDate date;
```

Order 엔터티 입장에서는 Customer 엔터티와 단방향성 1대1 관계를 갖기 때문에 @ManyToOne 어노테이션을 지정한다.

```
    @ManyToOne
    @JoinColumn(name = "customer_id")
    private Customer customer;
```

그러나 OrderItem 엔터티와는 단방향성 1대다 관계를 갖기 때문에 @OneToMany 어노테이션을 지정한다. 또한 Order 엔터티가 데이터베이스에 저장될 때 OrderItem 엔터티도 함께 저장되고, Order 엔터티가 삭제될 때 OrderItem 엔터티도 함께 삭제되도록 cascade 애트리뷰트에 CascadeType.ALL을 지정한다. 그리고 각 주문의 주문 항목은 비교적 제한되므로 Order 엔터티를 질의할 때 OrderItem 엔터티도 함께 질의하여 가져오도록 fetch 애트리뷰트에 FetchType.EAGER를 지정한다.

```
@OneToMany(cascade = CascadeType.ALL, fetch = FetchType.EAGER)
@JoinColumn(name = "order_id")
private List<OrderItem> items;
```

다음에는 OrderItem 클래스에 엔터티 매핑 어노테이션을 추가하기로 한다.

```
@Entity
@Table(name = "order_item")
public class OrderItem {
```

id 필드에 기본 키를 매핑한다.

```
public class OrderItem {
    @Id
    @GeneratedValue(strategy = GenerationType.IDENTITY)
    @Column(name = "order_item_id")
    private long id;
```

quantity 필드에 @Column 어노테이션을 지정한다.

```
@Column(name = "order_item_quantity")
private long quantity;
```

OrderItem 엔터티 입장에서는 Product 엔터티와 단방향성 1대1 관계를 갖기 때문에 @ManyToOne 어노테이션을 지정한다.

```
@ManyToOne
@JoinColumn(name = "product_id")
private Product product;
```

다음에는 com.mycompany.ordersystem.order.repository 패지지 안에 Order-RepositoryImplJPA 클래스를 생성한다. 이 클래스는 OrderRepository 인터페이스

9장 JPA 데이터 액세스

를 구현한다.

```
public class OrderRepositoryImplJPA implements OrderRepository {
}
```

다음과 같이 EntityManager 필드를 추가한다.

```
public class OrderRepositoryImplJPA implements OrderRepository {
    private EntityManager entityManager;
}
```

또한 생성자를 추가한다.

```
private EntityManager entityManager;
public OrderRepositoryImplJPA(EntityManager entityManager) {
    this.entityManager = entityManager;
}
```

생성자는 EntityManager 객체를 인수로 주입받아 entityManager 필드에 저장한다. 따라서 OrderRepositoryImplJPA 클래스의 인스턴스를 생성하고 생성자에 EntityManager 객체를 주입하는 코드를 앞에서 구현한 OrderSystemService 클래스의 생성자에 추가한다.

```
private OrderSystemService() {
    // 생략...
    inventoryRepository = new InventoryRepositoryImplJPA(entityManager);
    orderRepository = new OrderRepositoryImplJPA(entityManager);
}
```

그리고 OrderRepository 인터페이스의 모든 메서드를 재정의한다.

```
public class OrderRepositoryImplJPA implements OrderRepository {
    // 생략...
    @Override
    public Order findById(long id) {
```

```
        return null;
    }
    @Override
    public List<Order> findAll(Customer customer) {
        return null;
    }
    @Override
    public void save(Order order) {
    }
    @Override
    public void delete(Order order) {
    }
}
```

먼저 주문 정보를 조회하는 findById() 메서드를 구현하기로 한다. EntityManager 객체의 find() 메서드를 호출하여 Order 객체를 반환한다.

```
public Order findById(long id) {
    return entityManager.find(Order.class, id);
}
```

다음은 findAll() 메서드를 구현한다. 이번에는 Criteria 질의를 사용하기로 한다.

먼저 EntityManager 객체의 getCriteriaBuilder() 메서드를 호출하여 CriteriaBuilder 객체를 생성한다.

```
public List<Order> findAll(Customer customer) {
    CriteriaBuilder builder = entityManager.getCriteriaBuilder();
}
```

CriteriaBuilder 객체의 createQuery() 메서드를 호출하여 CriteriaQuery<Order> 객체를 생성한다.

```
CriteriaQuery<Order> criteria = builder.createQuery(Order.class);
```

CriteriaQuery<Order> 객체의 from() 메서드를 호출하여 Root<Order> 객체를 생성한다.

    Root<Order> root = criteria.from(Order.class);

CriteriaQuery<Order> 객체의 select() 메서드를 호출하여 Root<Order> 객체를 선택한다..

    criteria.select(root);

Root<Order> 객체의 get() 메서드를 호출하여 질의 조건 필드의 경로를 나타내는 Path<Order> 객체를 생성한다.

    Path<Order> path = root.get("customer");

CriteriaBuilder 객체의 equal() 질의 제한 메서드를 호출하여 Predicate 객체를 생성한다.

    Predicate predicate = builder.equal(path, customer);

다음에는 CriteriaQuery<Order> 객체에 where() 메서드를 호출하여 질의 조건을 지정한다. 매개변수에는 Predicate 객체를 지정한다. 이 과정은 WHERE 구에 해당한다.

    criteria.where(predicate);

그리고 EntityManger 객체의 createQuery() 메서드를 호출하여 TypedQuery<Order> 객체를 생성한다.

    TypedQuery<Order> query = entityManager.createQuery(criteria);

이제 TypedQuery<Order> 객체의 getResultList() 메서드를 호출하여 로우셋을 가져와 반환한다.

    List<Order> orders = query.getResultList();
    return orders;

}

이번에는 주문 정보를 저장하는 save() 메서드를 작성한다. 먼저 트랜잭션을 시작한다.

```
public void save(Order order) {
    entityManager.getTransaction().begin();
```

그리고 EntityManager 객체의 persist() 메서드를 호출하여 테이블에 저장한다. 또한 트랜잭션을 커밋하여 종료한다.

```
    entityManager.persist(order);
    entityManager.getTransaction().commit();
}
```

마지막으로 주문 정보를 삭제하는 delete() 메서드를 구현한다. 먼저 트랜잭션을 시작한다.

```
public void delete(Order order) {
    entityManager.getTransaction().begin();
```

그리고 저장할 주문 정보가 테이블에 이미 있는 지 찾아서 있으면 EntityManager 객체의 remove() 메서드를 호출하여 해당 로우를 삭제한다. 또한 트랜잭션을 커밋하여 종료한다.

```
    Order entity = entityManager.find(Order.class, order.getId());
    if(entity != null)
        entityManager.remove(entity);
    entityManager.getTransaction().commit();
}
```

이것으로 주문 관리 예제 시스템의 JPA 레파지토리 컴포넌트를 구현하는 모든 작업은 끝났다. 이제 여러분은 주문 관리 예제 시스템을 실행하여 기능이 정상적으로 작동되는지 확인할 수 있다.

먼저 제품 주문을 실행하여 주문 고객의 이름을 입력하여 조회한다.

9장 JPA 데이터 액세스

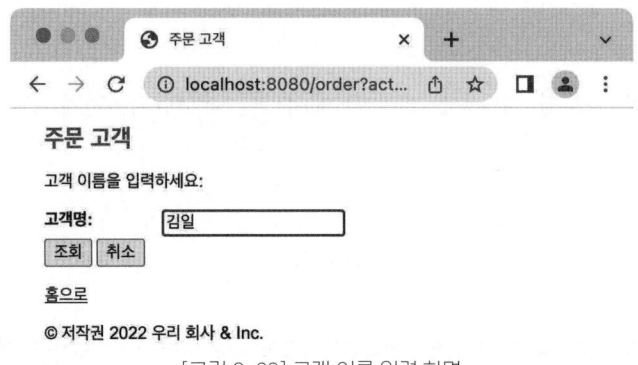

[그림 9-22] 고객 이름 입력 화면

고객 목록 화면에서 고객을 선택한다.

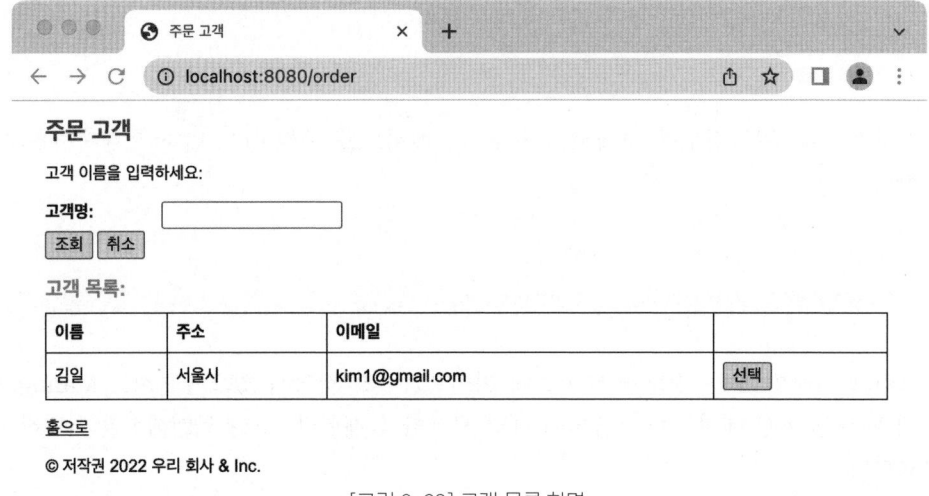

[그림 9-23] 고객 목록 화면

제품 선택 화면에서 제품을 선택하고 장바구니에 추가한다.

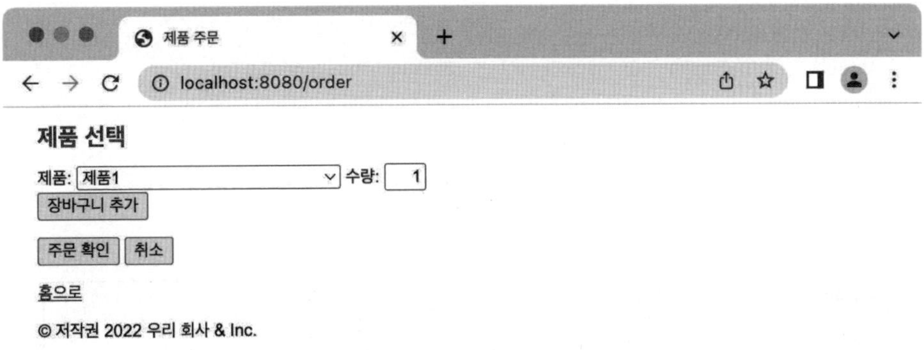

[그림 9-24] 장바구니 추가

이때 장바구니에 주문 항목 목록이 표시된다.

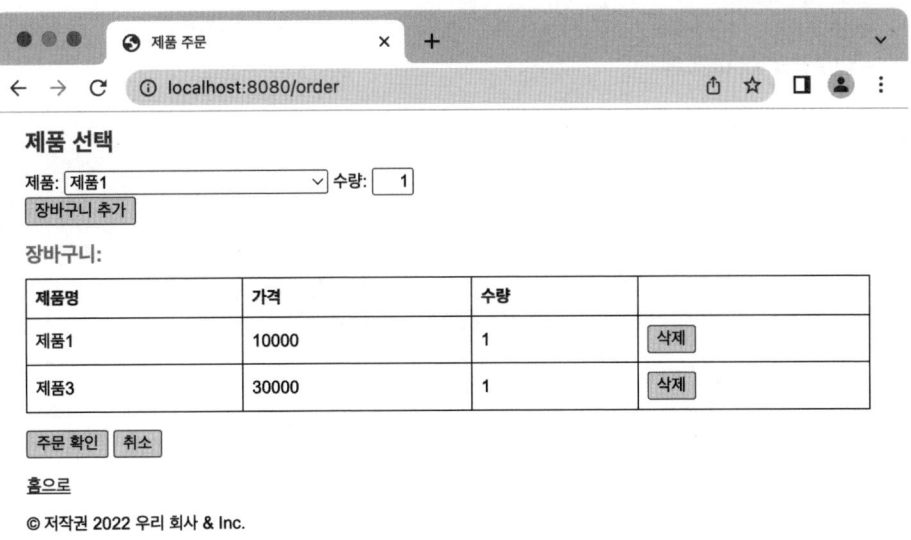

[그림 9-25] 장바구니 목록

주문 확인을 한다.

9장 JPA 데이터 액세스

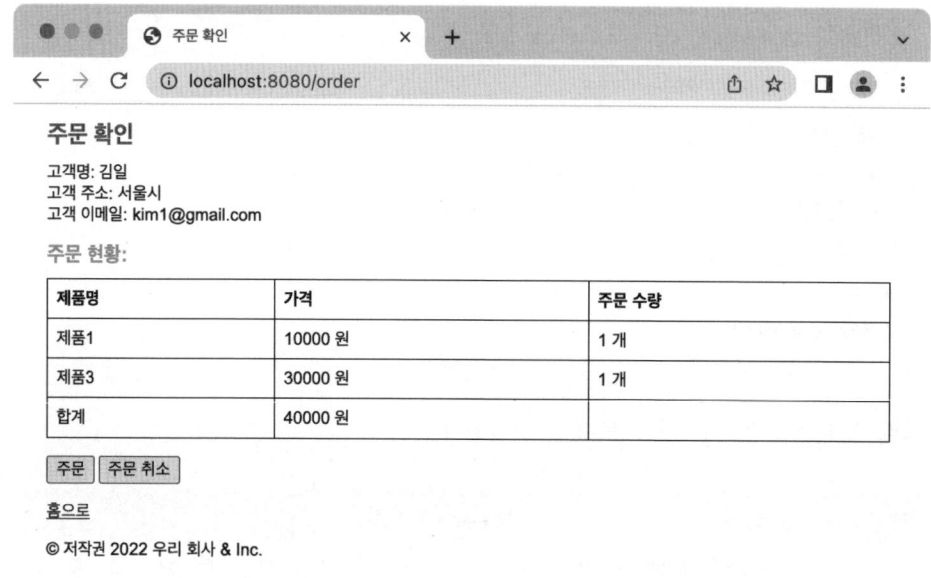

[그림 9-26] 주문 확인 화면

주문한다.

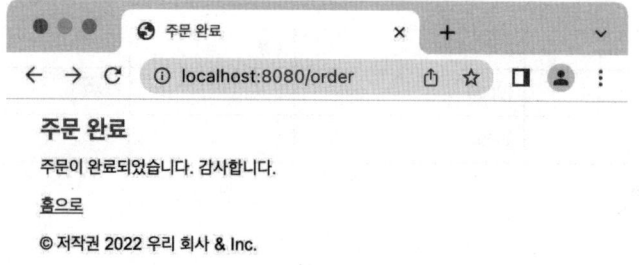

[그림 9-27] 주문 완료 화면

다음에는 주문이 데이터베이스에 저장되었는지 확인하기 위해 주문 조회를 실행한다. 주문 고객의 이름을 입력하여 조회하고, 고객 목록 화면에서 고객을 선택한다. 이때 다음과 같이 주문 목록이 출력된다.

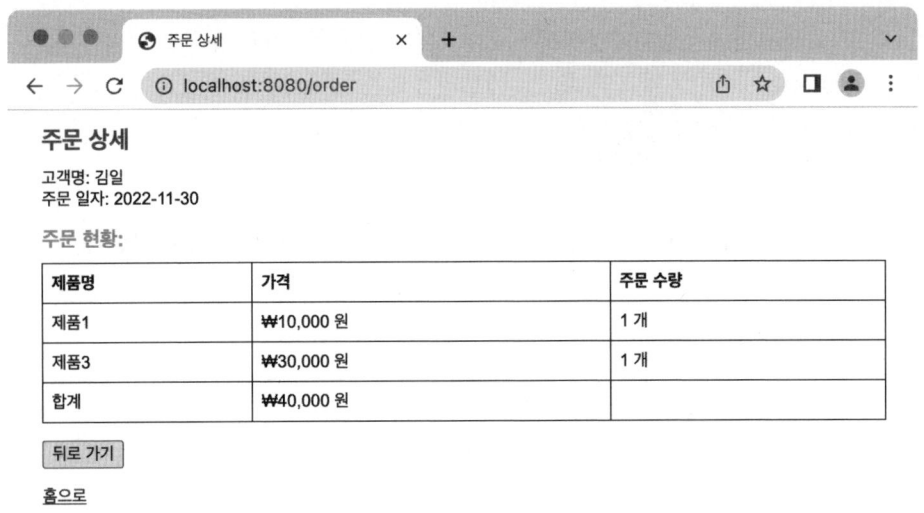

[그림 9-28] 주문 목록 화면

주문 상세를 확인한다.

주문 상세

고객명: 김일
주문 일자: 2022-11-30

주문 현황:

제품명	가격	주문 수량
제품1	₩10,000 원	1 개
제품3	₩30,000 원	1 개
합계	₩40,000 원	

[뒤로 가기]

홈으로

ⓒ 저작권 2022 우리 회사 & Inc.

[그림 9-29] 주문 상세 화면

이 외에도 주문을 취소하는 등의 작업도 성공적으로 수행되는지 확인한다.

마지막으로 지금까지 작업했던 모든 레파지토리 컴포넌트와 데이터베이스를 번갈아 사용할 수 있도록 코드를 수정하기로 한다.

9장 JPA 데이터 액세스

먼저 resources 디렉터리의 database.properties 파일 끝에 다음과 같은 설정을 추가한다.

```
# method : jpa, jdbc, list
method=jpa
# db : oracle, sqlserver, mysql, postgres
db=oracle
```

method 설정에 jpa 가 지정되면 JPA 레파지토리 컴포넌트를 사용하고, jdbc이면 JDBC 레파지토리 컴포넌트를 사용한다. list 이면 주문 관리 예제 시스템 기반 코드에서 제공하는 List 객체로 구현된 레파지토리 컴포넌트가 사용된다.

db 설정에는 method 설정이 jpa 인 경우 사용할 데이터베이스를 지정한다. 오라클인 경우에는 oracle을 지정하고, SQL 서버의 경우에는 sqlserver, MySQL의 경우에는 mysql, PostgreSQL인 경우에는 postgres를 지정하면 된다. method 설정이 jdbc이면 해당 데이터베이스 설정의 주석을 해제하고 다른 데이터베이스 설정은 주석 처리를 해야 한다.

그리고 persistence.xml 파일에서 name 애트리뷰트가 "default" 인 가장 처음에 있는 <persistence-unit> 태그의 name 애트리뷰트를 "oracle"로 변경한다.

```
<persistence-unit name="oracle">
```

마지막으로 OrderSystemService 클래스의 생성자를 다음과 같이 변경한다.

```
private String method;
private String db;
private OrderSystemService() {
    CustomerRepository customerRepository;
    ProductRepository productRepository;
    InventoryRepository inventoryRepository;
    OrderRepository orderRepository;
    try {
        prop = ConnectionProperties.loadProperties("database.properties");
        method = prop.getProperty("method");
        db = prop.getProperty("db");
```

```java
        if(method.equals("jpa")) {
            // JPA EntityManager
            entityManagerFactory = Persistence.createEntityManagerFactory(db);
            entityManager = entityManagerFactory.createEntityManager();
            customerRepository = new CustomerRepositoryImplJPA(entityManager);
            productRepository = new ProductRepositoryImplJPA(entityManager);
            inventoryRepository = new InventoryRepositoryImplJPA(entityManager);
            orderRepository = new OrderRepositoryImplJPA(entityManager);
        }
        else if(method.equals("jdbc")) {
            // JDBC Connection
            forName(prop.getProperty("driver"));
            url = prop.getProperty("url");
            username = prop.getProperty("username");
            password = prop.getProperty("password");
            connection = DriverManager.getConnection(url, username, password);
            customerRepository = new CustomerRepositoryImplJDBC(connection);
            productRepository = new ProductRepositoryImplJDBC(connection);
            inventoryRepository = new InventoryRepositoryImplJDBC(connection);
            orderRepository = new OrderRepositoryImplJDBC(
                connection, customerRepository, productRepository);
        } else {
            // LinkedList
            customerRepository = new CustomerRepositoryImplList();
            productRepository = new ProductRepositoryImplList();
            inventoryRepository = new InventoryRepositoryImplList();
            orderRepository = new OrderRepositoryImplList();
        }
        customerService = new CustomerServiceImpl(customerRepository);
        productService = new ProductServiceImpl(productRepository);
        inventoryService = new InventoryServiceImpl(
                            inventoryRepository,productService);
        orderService = new OrderServiceImpl(orderRepository, inventoryService);
    } catch (Exception ex) {
```

9장 JPA 데이터 액세스

```
            ex.printStackTrace();
        }
    }
```

10장 웹 보안

10장
웹 보안

☐ 웹 보안 개요
☐ SSL과 TSL
☐ 인증과 권한 설정
☐ 리소스 보호
☐ 실습11: 웹 보안 구현

웹 보안 개요

인터넷에 노출되어 있는 웹 애플리케이션에서 보안은 필수적이다. 보안은 적법한 사용자에 대해서는 서비스를 제공하지만 권한이 없는 사용에 대해서는 서비스를 거부한다. 보안에서 고려해야 할 요소는 다음과 같다.

요소	설명
인증(authentication)	사용자가 자신임을 증명하는 속성
권한(authorization)	사용자가 어떤 리소스에 접근하게 할 지를 결정하는 속성
기밀성 (privacy 또는, confidentiality)	권한이 없는 사용자에게 접근을 허용하지 않게 하는 속성

요소	설명
무결성(integrity)	권한이 없는 사용자가 데이터를 변경하지 못하게 하는 속성
부인방지(repudiation)	사용자가 자신이 했다는 것을 부인하지 못하게 하는 속성

[표 10-1] 보안 요소

1장 "자바 웹 프로그래밍 개요"에서도 언급한 바와 같이 사실상 인터넷 상에서 네트워크 통신을 하는 것은 위험한 일이다. 네트워크 통신 중에 데이터를 읽을 수도 있고, 데이터를 가로채어 변형함으로써 악의적인 공격에 사용될 수도 있다. 이것을 방지하고 무결성을 확보하기 위해서 우리는 SSL이나 TLS 프로토콜을 기반으로 하는 안전한 HTTP 프로토콜 즉, HTTPS 프로토콜을 사용할 필요가 있다. HTTPS 프로토콜은 다른 사람이 인증서를 탈취하거나 위조하지 않는 이상, HTTP 프로토콜보다는 훨씬 더 안전하게 네트워크 통신을 할 수 있도록 한다. 현재는 구글 크롬을 비롯한 많은 웹 브라우저에서 HTTPS 프로토콜의 사용을 의무화하고 있다.

우리는 인증과 권한을 종종 혼동하지만 이 둘은 구분되어어야 한다. 인증(authentication)은 사용자가 자신임을 증명하는 것이고, 권한(authorization)은 사용자가 어떤 리소스에 접근할 수 있는 지를 결정한다. 우리가 웹 애플리케이션의 리소스에 접근할 수 있는 지 여부는 권한과 관련되어 있다. 사용자가 권한이 있는 지 여부를 알기 위해서는 권한을 가진 사용자인지 인증되어야 한다. 그러니까 먼저 사용자가 인증되어야 하고, 인증된 사용자에 부여된 권한으로 리소스에 접근할 수 있는 지 여부를 체크한다.

이번 장에서는 톰캣 서버와 함께 이러한 웹 보안을 구현하는 방법에 대해서 살펴보기로 한다.

SSL과 TSL

다른 사람이 인터넷 상에서 전송되는 데이터를 읽지 못하도록 하기 위해서 SSL(Secure Socket Layer) 프로토콜을 사용할 수 있다. 이 프로토콜은 안전하게 연결된 클라이언트와 서버 사이에 데이터를 전송하도록 한다. 안전한 연결에 사용할 수 있는 또 다른 프로토콜은 TLS(Transport Layer Security)다. TLS는 SSL과 유사하지만 SSL보다 좀 더 진보된 프로토콜이다. TLS를 지원하는 웹 서버는 SSL도 지원한다. 하지만 안전한 연결 프로토콜이라고 할 때는 TSL보다는 SSL을 많이 언급한다. 그러니까 SSL이라는 용어를 사용하면 TLS도 포함된다.

10장 웹 보안

안전한 연결에 사용되는 URL은 "https://" 로 시작하기 때문에 HTTP와 SSL이 결합되어 HTTPS 프로토콜이라고도 한다. 그러니까 HTTP 프로토콜로 전송되는 데이터를 SSL 프로토콜로 보호하는 것이다. 따라서 SSL은 HTTP로 전송되는 데이터를 읽고 수정하기 어렵도록 암호화한다. 클라이언트와 서버가 데이터를 교환하기 전에 웹 브라우저가 인식할 수 있는 인증 기관이 발급한 암호 인증서를 갖고 있는 지를 서버에게 요청하여 확인한다. 다음부터는 모든 데이터를 암호화하여 데이터를 훼손할 수 없도록 한다.

[그림 10-1] 인증서

SSL을 구현할 때는 신뢰할 수 있는 인증 기관이 발급한 인증서를 구입하여 웹 호스팅 업체에 제공해야 한다. 그러나 웹 서버에 배포하기 전에 SSL을 테스트하기 위해서 우리는 테스트 인증서를 사용할 수 있다. 이러한 인증서는 신뢰할 수 있는 인증 기관으로부터 발급된 인증서가 아니기 때문에 웹 브라우저는 경고 메시지를 표시하지만 HTTPS 연결을 위한 설정을 테스트는 할 수 있다. 우리는 이 책에서 톰캣 서버를 사용하지만 다른 웹 서버에서도 유사한 방식을 적용할 수 있다.

테스트를 위한 인증서를 생성하기 위해서는 먼저 키 저장소(keystore) 파일을 생성해야 한다. 키 저장소를 생성하기 위해 JDK가 제공하는 keytool을 사용할 수 있다. 터미널에 다음 명령을 실행한다.

```
% keytool -genkey -alias tomcat -keyalg RSA
```

비밀번호는 6자리 이상의 문자를 입력하면 된다. 우리는 그냥 "123456"이라고 입력하고 나머지는 "test" 또는 "테스트"라고 입력하기로 한다. 마지막에는 "yes" 또는 "예"를 입력한다.

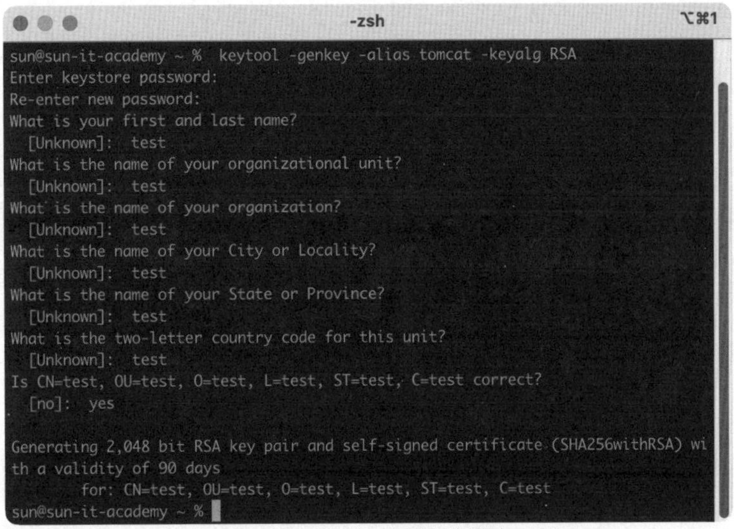

[그림 10-2] 테스트 인증서 생성

이때 다음과 같이 사용자 홈 디렉터리에 디폴트로 ".keystore"라고 하는 키 저장소 파일이 생성된다.

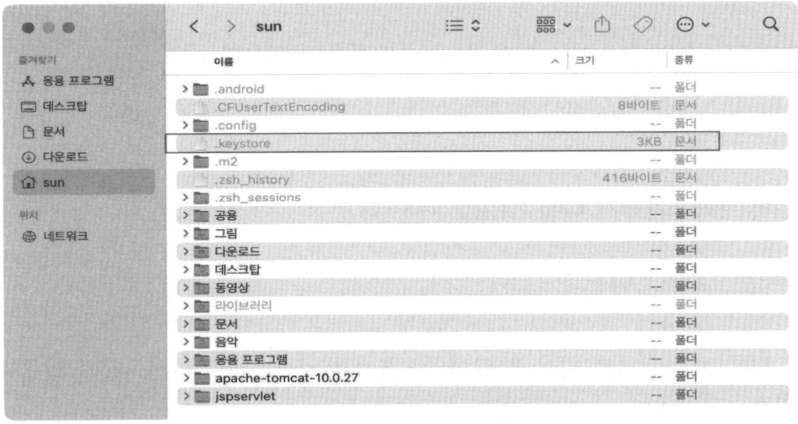

[그림 10-3] 키 저장소 파일

이제 톰캣 서버에 SSL을 설정할 수 있다. 먼저 톰캣 서버가 설치된 디렉터리의 conf 서브 디렉터리에 있는 server.xml 파일을 연다.

10장 웹 보안

주석 처리된 port 애트리뷰트가 "8443" 인 〈Connector〉 태그를 찾는다.

```
<Connector port="8443">
```

이 태그의 주석을 해제하고 다음과 같이 코드를 작성한다.

```
<Connector port="8443"
           protocol="org.apache.coyote.http11.Http11NioProtocol"
           maxThreads="150" SSLEnabled="true">
    <UpgradeProtocol className="org.apache.coyote.http2.Http2Protocol" />
    <SSLHostConfig>
        <Certificate certificateKeystoreFile="${user.home}/.keystore"
                     certificateKeystorePassword="123456"
                     type="RSA" />
    </SSLHostConfig>
</Connector>
```

이것으로 설정이 완료되었다. 이제 톰캣 서버의 bin 서브 디렉터리에서 다음 명령으로 톰캣 서버를 시작한다.

```
% ./catalina.sh run
```

윈도우 운영체제의 경우에는 다음과 같이 명령을 입력한다.

```
C:\> catalina run
```

그리고 웹 브라우저에서 다음 URL로 이동한다.

```
https://localhost:8443
```

그러면 크롬 브라우저는 다음과 같이 "연결이 비공개로 설정되어 있지 않습니다."라는 메시지를 보여준다.

JSP 서블릿 웹 프로그래밍

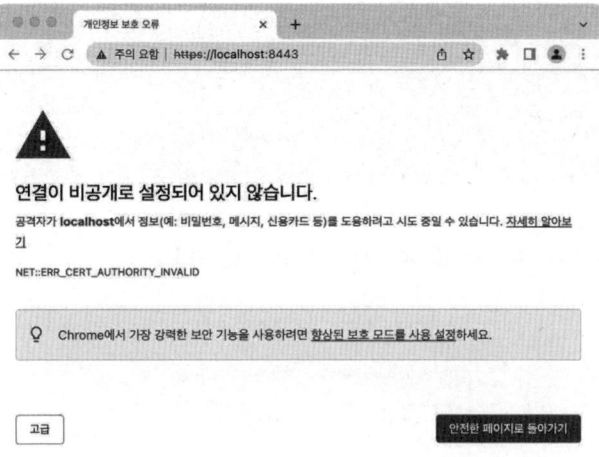

[그림 10-4] 경고 메시지

이때 "고급" 단추를 클릭하고 "localhost(안전하지 않음)(으)로 이동" 하이퍼링크를 클릭한다.

[그림 10-5] 안전하지 않음으로 이동

만약 이 하이퍼링크가 나타나지 않으면 인증서를 생성해서 등록한다. 먼저 다음과 같이 명령을 입력한다.

% keytool -export -alias tomcat -file test.cer

그러면 다음과 같이 인증서가 생성된다.

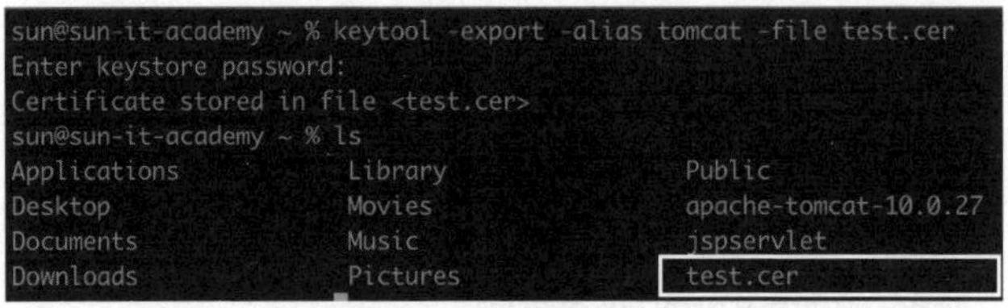

sun@sun-it-academy ~ % keytool -export -alias tomcat -file test.cer
Enter keystore password:
Certificate stored in file <test.cer>
sun@sun-it-academy ~ % ls
Applications
Library
Public
Desktop
Movies
apache-tomcat-10.0.27
Documents
Music
jspservlet
Downloads
Pictures
test.cer

[그림 10-6] 인증서 생성

다음에는 인증서를 더블 클릭하여 시스템에 등록한다.

인증서 추가
인증서를 'test.cer' 파일에서 키체인으로 추가하겠습니까?
새로운 루트 인증서를 현재 사용자의 로그인 키체인에 추가하거나, 이 컴퓨터의 모든 사용자가 공유해야 한다면 시스템 키체인에 추가해야 합니다.
키체인: 시스템
인증서 보기
취소
추가

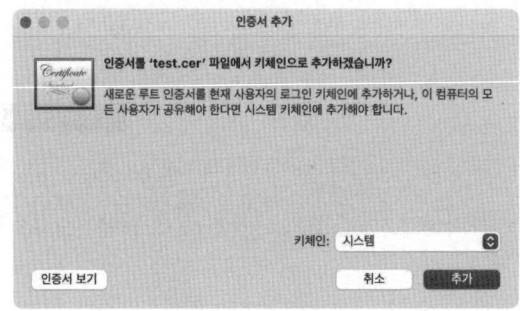

[그림 10-7] 인증서 등록

그리고 다시 웹 브라우저에서 https:// 로 이동하면 다음과 같은 결과를 보여준다.

JSP 서블릿 웹 프로그래밍

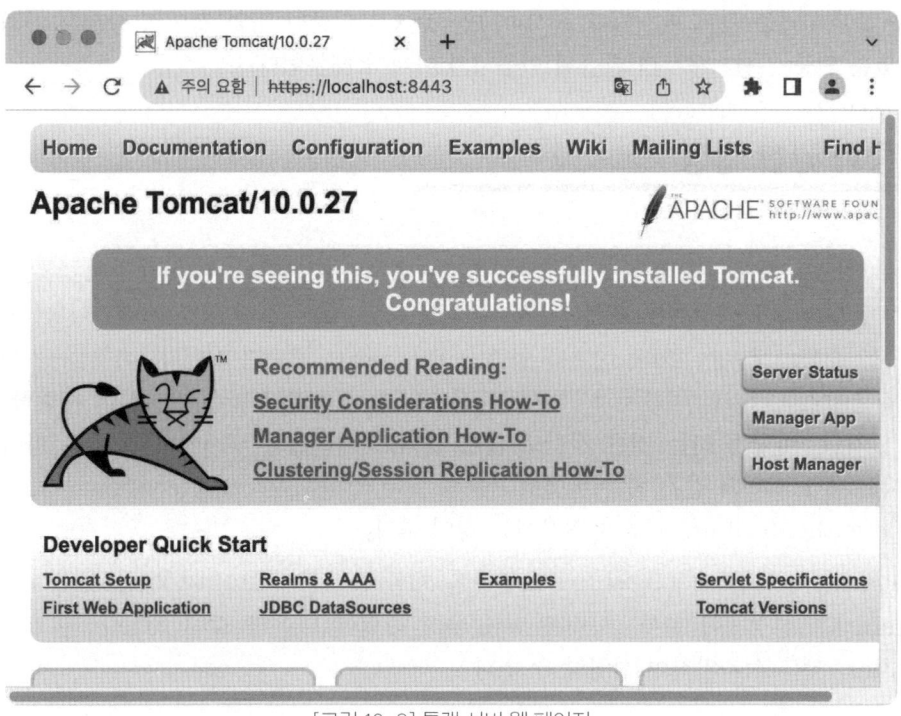

[그림 10-8] 톰캣 서버 웹 페이지

이제 톰캣 서버를 종료하고 우리의 주문 관리 예제 시스템을 실행하면 다음과 같은 결과를 볼 수 있다.

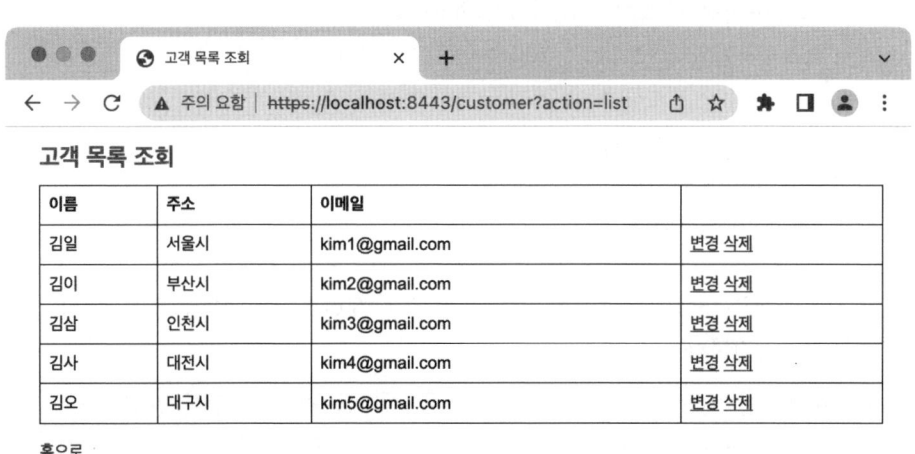

[그림 10-9] 주문 관리 예제 시스템 HTTPS 접속

421

10장 웹 보안

웹 브라우저는 경고 메시지를 표시하지만 앞에서 언급한 바와 같이 인증서는 신뢰할 수 있는 인증 기관으로부터 발급된 인증서가 아니기 때문이다.

인증과 권한 설정

이처럼 웹 서버가 HTTP 프로토콜에 SSL 프로토콜을 더하여 HTTPS 프로토콜로 안전하게 연결되게 했다면 다음에는 사용자가 웹 애플리케이션에 접속할 때 자신이 누구인지를 증명하게 해야 한다. 이것을 인증(authentication)이라고 한다. 이것을 웹 애플리케이션에서 커스텀 서블릿과 JSP로 직접 HTTP 요청과 응답을 사용하여 구현할 수도 있지만, 이렇게 하는 것은 시간도 많이 걸리고 에러를 발생시키기도 쉽다. 따라서 우리는 톰캣 서버와 같은 웹 서버에서 제공하는 컨테이너 관리 인증(container-managed authentication) 기능을 활용하는 것이 좋다.

먼저 웹 애플리케이션의 리소스에 접근을 제한하기 위해 보안 제약(security constraint)을 설정해야 한다. 이것은 web.xml 파일에 다음과 같이 〈security-constraint〉 태그를 추가하여 설정할 수 있다.

```
<security-constraint>
  <web-resource-collection>
    <web-resource-name>로그인</web-resource-name>
    <url-pattern>/customer/*</url-pattern>
    <url-pattern>/product/*</url-pattern>
    <url-pattern>/inventory/*</url-pattern>
    <url-pattern>/order/*</url-pattern>
  </web-resource-collection>
</security-constraint>
```

〈web-resource-collection〉 태그에는 접근을 제한할 URL의 목록을 〈url-pattern〉 태그로 지정한다.

다음은 사용자를 인증하는 설정을 한다. 사용자를 인증하는 다양한 방법이 있지만 가장 보편적으로 사용하는 방법은 폼 인증 방식이다. 사용자는 웹 폼에서 사용자 ID 또는 이메일과 비밀번호를 입력하여 제출함으로써 자신을 인증한다. 폼 인증은 〈login-config〉 태그로 설정한다. 폼 인증의 가장 기본적인 방법은 〈auth-method〉 태그에 BASIC을 지정하여 다음과 같이 톰캣 서버가 제공하는 기본 로그인 페이지를 사용하는 것이다.

```
<login-config>
    <auth-method>BASIC</auth-method>
</login-config>
```

[그림 10-10] 기본 로그인 페이지

사용자가 인증된 후에는 리소스에 접근할 수 있는 권한을 갖고 있는 지를 체크해야 한다. 사용자의 권한을 수립하는 첫 번째 단계는 프린시펄 형식으로 사용자를 표현하는 것이다. 프린시펄(principal)은 리소스에 접근하기 위한 보안 식별자(security identifier)가 할당된 계정 보유자로서 사용자, 그룹, 서비스, 컴퓨터 등이 프린시펄이 될 수 있다. 보안 정책, 보안 개체, 보안 사용자 등 여러가지 용어로 번역되어 사용되고 있다. 우리는 그냥 프린시펄이라고 하기로 한다. 자바에서 프린시펄은 java.security.Principal 인터페이스를 구현함으로써 생성한다. 프린시펄에는 사용자의 인증 정보가 포함되어 있으며, 사용자의 권한에 대한 정보도 포함될 수 있다. 애플리케이션 코드에서는 보안 컨텍스트에 접근하여 현재의 프린시펄을 구한 후에 사용자가 해당 작업을 수행할 권한이 있는 지 여부를 결정할 수 있다.

개별 사용자에 대해 일일이 권한을 갖고 있는 지를 검사하는 것은 비효율적일 뿐만 아니라 경우에 따라서는 불가능하기도 하다. 따라서 사용자에게 권한을 부여할 때 가장 많이 사용하는 일반적인 방법은 사용자를 역할(role)에 할당하는 역할 기반 방식이다. ROLE_ADMIN, ROLE_MANAGER, ROLE_USER 등의 역할을 정의하고, 개별 사용자에게 역할을 할당한다. 예를 들어 admin 사용자는 ROLE_ADMIN 역할을,

manager 사용자에게는 ROLE_MANAGER와 ROLE_USER, 그리고 user 사용자에게는 ROLE_USER를 할당할 수 있다.

따라서 이들 역할을 지정하기 위해 〈security-constraint〉 태그 안에 〈auth-constraint〉 태그를 사용한다. 각 역할은 〈role-name〉 태그로 지정한다.

```
<security-constraint>
  // 생략...
  <auth-constraint>
    <role-name>ROLE_ADMIN</role-name>
    <role-name>ROLE_MANAGER</role-name>
    <role-name>ROLE_USER</role-name>
  </auth-constraint>
</security-constraint>
```

다음에는 사용자의 ID와 비밀 번호, 그리고 사용자에게 할당된 역할을 설정해야 한다. 톰캣 서버는 〈Realm〉 태그로 설정되는 보안 영역(security realm)을 사용한다. 보안 영역은 사용자의 ID와 비밀 번호, 역할을 저장하는 유연한 방법을 제공하는 인터페이스다. 톰캣 서버는 다양한 보안 영역을 제공하지만 가장 기본적인 방식은 사용자 데이터베이스 영역(UserDatabaseRealm)을 사용하는 것이다. 그리고 이 사용자 데이터베이스 영역은 톰캣의 디폴트 방식으로 server.xml 파일 안에 다음과 같이 className 애트리뷰트가 "org.apache.catalina.realm.UserDatabaseRealm" 로 지정된 〈Realm〉 태그로 정의된다.

```
<Realm className="org.apache.catalina.realm.LockOutRealm">
  <!-- This Realm uses the UserDatabase configured in the global JNDI
       resources under the key "UserDatabase".  Any edits
       that are performed against this UserDatabase are immediately
       available for use by the Realm.  -->
  <Realm className="org.apache.catalina.realm.UserDatabaseRealm"
    resourceName="UserDatabase"/>
</Realm>
```

그리고 이 영역이 사용하는 리소스는 resourceName 애트리뷰트에 지정된다. 디폴트값은 "UserDatabase"다. 그리고 이 리소스는 다음과 같이 〈GlobalNamingResources〉 태그 안에 name 애트리뷰트가 "UserDatabase" 인 〈Resource〉 태그로 정의되어 있다.

```
<GlobalNamingResources>
  <Resource name="UserDatabase" auth="Container"
        type="org.apache.catalina.UserDatabase"
        description="User database that can be updated and saved"
        factory="org.apache.catalina.users.MemoryUserDatabaseFactory"
        pathname="conf/tomcat-users.xml" />
</GlobalNamingResources>
```

여기서 사용자 데이터베이스는 사용자의 ID와 비밀 번호, 역할을 지정한 XML 파일로서 pathname 애트리뷰트에 경로와 함께 tomcat-users.xml 로 지정되어 있다. 우리는 다음과 같이 〈tomcat-users〉 태그 안에 〈role〉 태그를 사용하여 역할을 설정하고, 〈user〉 태그를 사용하여 사용자 ID와 비밀 번호, 그리고 해당 사용자가 갖는 역할을 설정할 수 있다.

```
<tomcat-users xmlns="http://tomcat.apache.org/xml"
        xmlns:xsi="http://www.w3.org/2001/XMLSchema-instance"
        xsi:schemaLocation="http://tomcat.apache.org/xml tomcat-users.xsd"
        version="1.0">
  <role rolename="ROLE_ADMIN"/>
  <role rolename="ROLE_MANAGER"/>
  <role rolename="ROLE_USER"/>
  <user username="admin" password="1234" roles="ROLE_ADMIN"/>
  <user username="manager" password="1234" roles="ROLE_MANAGER"/>
  <user username="user" password="1234" roles="ROLE_USER"/>
</tomcat-users>
```

이제 기본 로그인 페이지에서 사용자 ID와 비밀 번호를 입력하여 웹 애플리케이션에 로그인 할 수 있다.

10장 웹 보안

[그림 10-11] 로그인

그러나 이와 같이 톰캣 서버가 제공하는 방법은 사용하기도 불편하고, 여러 사용자가 사용하는 환경에서는 사용자를 관리하기도 어렵다.

대부분의 경우에 웹 애플리케이션은 기본 로그인 페이지보다는 커스텀 로그인 페이지를 선호한다. 따라서 우리는 다음과 같이 커스텀 로그인 페이지의 폼을 작성할 수 있다.

```
<h1>로그인</h1>
<form action="j_security_check" method="post">
    <label>사용자 ID: </label>
    <input type="text" name="j_username"/><br>
    <label>비밀번호: </label>
    <input type="password" name="j_password"/><br>
    <input type="submit" value="로그인">
</form>
```

커스텀 로그인 페이지는 일반 HTML 폼 페이지와 동일하지만, <form> 태그의 action 애트리뷰트에는 "j_security_check"를 지정하고, 사용자 ID 필드의 name 애트리뷰트에는 "j_username", 비밀번호 필드의 name 애트리뷰트에는 "j_password"를 지정한다는 점에 주목해야 한다.

그리고 이제 기본 로그인 페이지 대신에 우리가 작성한 커스텀 로그인 페이지를 사용하도록 web.xml에 다음과 같이 설정한다.

```
<login-config>
    <auth-method>FORM</auth-method>
    <form-login-config>
        <form-login-page>/login.jsp</form-login-page>
        <form-error-page>/error.jsp</form-error-page>
    </form-login-config>
</login-config>
```

이제 〈auth-method〉 태그에는 BASIC 대신에 FORM을 지정한다. 그리고 〈form-login-config〉 태그 안에 〈form-login-page〉 태그에 로그인에 사용할 커스텀 로그인 페이지의 경로를 지정하고, 사용자가 잘못된 사용자 ID나 비밀 번호를 입력했을 때 이동하게 되는 에러 페이지의 경로를 〈form-error-page〉 태그에 지정한다.

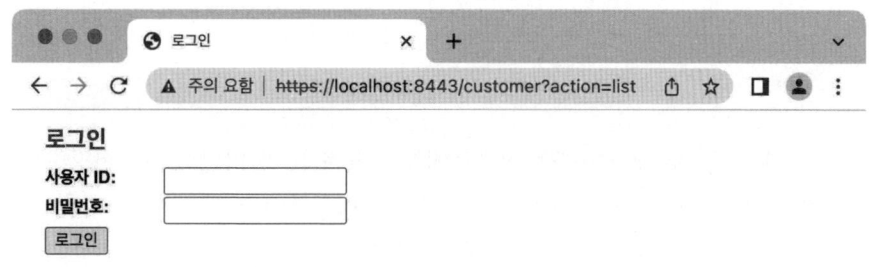

[그림 10-12] 커스텀 로그인 페이지

그리고 우리는 사용자 ID와 비밀 번호, 역할을 관리할 때 사용자 데이터베이스 영역 대신에 데이터베이스에 저장하는 데이터 소스 영역(DataSourceRealm)을 사용할 수 있다. 이것이 가장 보편적인 사용자 로그인 관리 방법이다.

데이터 소스 영역을 설정하기 위해서 먼저 다음과 같은 DDL 문을 사용하여 데이터베이스에 사용자 ID와 비밀번호를 저장하는 users와 사용자 ID와 역할을 저장하는 user_roles 테이블을 생성한다.

```
CREATE TABLE users (
    user_name VARCHAR(15) NOT NULL PRIMARY KEY,
    user_pass VARCHAR(15) NOT NULL
);
CREATE TABLE user_roles (
    user_name VARCHAR(15) NOT NULL,
```

10장 웹 보안

```
role_name VARCHAR(15) NOT NULL,
PRIMARY KEY( user_name, role_name )
);
```

그리고 className 애트리뷰트가 "org.apache.catalina.realm.DataSourceRealm" 인 〈Realm〉 태그를 추가한다.

```
<Realm className="org.apache.catalina.realm.LockOutRealm">
 <!-- 생략... -->
  <Realm className="org.apache.catalina.realm.DataSourceRealm"
         dataSourceName="jdbc/authority"
         userTable="users" userNameCol="user_name"
         userCredCol="user_pass"
         userRoleTable="user_roles" roleNameCol="role_name"/>
</Realm>
```

〈Realm〉 태그의 userTable 애트리뷰트에는 사용자 ID와 비밀번호를 저장하는데 사용하는 테이블명을 지정하고, userNameCol 애트리뷰트에는 사용자 ID 컬럼명, 그리고 userCredCol 애트리뷰트에는 비밀 번호 컬럼명을 지정한다. 또한 userRoleTable 애트리뷰트에는 사용자 ID와 역할을 저장하는데 사용하는 테이블명을 지정하고, roleNameCol 애트리뷰트에는 역할 컬럼명을 지정한다.

그리고 dataSoureName 애트리뷰트에는 웹 서버가 관리하는 JNDI 데이터 소스 리소스명을 지정한다. 우리는 다음과 같이 〈GlobalNamingResources〉 태그 안에 〈Resource〉 태그를 사용하여 데이터 소스를 지정할 수 있다.

```
<GlobalNamingResources>
  <!-- 생략 -->
  <Resource name="jdbc/authority" auth="Container"
            type="javax.sql.DataSource" driverClassName="org.postgresql.Driver"
            url="jdbc:postgresql://localhost:5432/postgres"
            username="postgres" password="1234" maxTotal="20"
            maxIdle="10" maxWaitMillis="-1"/>
</GlobalNamingResources>
```

위의 예에서는 PostgreSQL 데이터베이스를 지정하였지만 여러분은 다른 데이터베이스를 설정할 수 있다.

리소스 보호

일단 로그인 하여 사용자가 인증되었다면 사용자에 부여된 권한에 따라 접근하여 사용할 수 있는 리소스를 제한함으로써 리소스를 보호할 수 있다. HttpServletRequest 객체는 리소스를 보호하는데 사용할 수 있는 다음과 같은 메서드를 제공한다.

HttpServletRequest 메서드	설명
getRemoteUser()	사용자의 인증 상태를 반환함
getAuthType()	서블릿을 보호하는데 사용되는 인증 방식의 이름을 반환함
isUserInRole()	현재 인증된 사용자가 지정된 역할을 갖고 있는 지를 반환함
getProtocol()	웹 브라우저의 요청 프로토콜을 반환함
isSecure()	웹 브라우저에서 https 프로토콜로 요청했는 지를 반환함
getUserPrincipal()	사용자의 프린시펄을 반환함

[표 10-2] request 객체 메서드

예를 들어 제품 목록을 조회할 때 관리자 즉, ROLE_MANAGER 역할을 가진 사람이 아니라면 제품을 변경하거나 삭제할 수 없도록 JSP 페이지에서 isUserRole() 메서드를 사용하여 다음과 같이 제한할 수 있다.

```
<table>
  <tr><th>제품명</th><th>제품 설명</th><th>가격</th></tr>
  <c:forEach var="product" items="${products}">
    <tr>
      <td>${product.name }</td>
      <td>${product.description}</td>
      <td>${product.price }</td>
      <td>
```

```
            <% if(request.isUserInRole("ROLE_MANAGER")) {%>
            <a href="<c:url value = '/product?action=update&id=${product.id}'/>">
               변경
            </a>
            <a href="<c:url value ='/product'>
                     <c:param name = 'action' value ='delete'/>
                     <c:param name = 'id' value = '${product.id}'/>
                  </c:url>">
               삭제
            </a>
            <% } %>
         </td>
      </tr>
   </c:forEach>
</table>
```

또는 사용자를 등록하거나 변경할 때 서블릿에서 isUserInRole() 메서드를 사용하여 사용자 즉, ROLE_USER 역할이 아니면 에러 페이지로 이동하게 할 수 있다.

```
public class CustomerServlet extends HttpServlet {
   protected void doGet(HttpServletRequest request,
                        HttpServletResponse response)
                           throws ServletException, IOException {
      switch(action) {
         case "edit":
            if(!request.isUserInRole("ROLE_USER")) {
               action = "error";
               break;
            }
            customer = new Customer();
            request.setAttribute("customer", customer);
            break;
      }
      // 생략...
```

           }
        }

또한 사용자가 HTTPS 프로토콜로 접속하지 않았다면 isSecure() 메서드를 사용하여 index.jsp 페이지를 볼 수 없도록 다음과 같이 제한할 수 있다.

```
<h1><%= "주문 예제 시스템" %>
</h1>
<br/>
<% if(request.isSecure()) { %>
<!-- 생략 -->
<% } else { %>
    이 페이지에 접근할 수 없습니다. HTTPS 프로토콜을 사용하십시오.
<% } %>
</body>
```

HTTPS 프로토콜로 접속하지 않았다면 다음과 같은 결과를 보여준다.

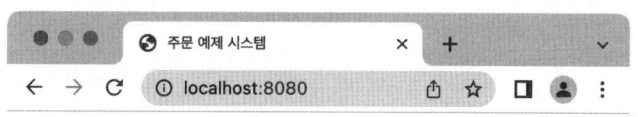

주문 예제 시스템

이 페이지에 접근할 수 없습니다. HTTPS 프로토콜을 사용하십시오.

[그림 10-14] 접속 제한

그리고 getRemoteUser() 메서드를 사용하여 사용자가 로그인한 상태인지를 검사하고 만약 사용자가 로그인 하였다면 getUserPrincipal() 메서드를 사용하여 로그인된 계정의 사용자 ID 즉, 프린시펄의 이름을 출력하고 로그 아웃할 수 있도록 할 수 있다.

```
<% if(request.getRemoteUser() != null) { %>
<h2>로그인 정보</h2>
    <%= request.getUserPrincipal().getName() %>가 로그인했습니다. <p/>
    <a href="/customer?action=logout">로그 아웃</a>
<% } %>
```

10장 웹 보안

다음 코드는 서블릿에서 사용자 로그 아웃을 구현한 예를 보여준다.

```
switch(action) {
  // 생략...
  case "logout":
    request.getSession().invalidate();
    response.sendRedirect("/");
  default:
    return;
}
```

위 코드에서는 세션을 모두 삭제하고 웹 애플리케이션 루트 즉, index.jsp 파일로 이동한다.

실습11: 웹 보안 구현

이제 마지막 실습으로 우리의 주문 관리 예제 시스템 애플리케이션에 보안 기능을 추가하기로 한다.

먼저 SSL과 TSL 절에서 설명한 대로 인증서 키 저장소를 생성하고 톰캣 서버에 SSL을 설정한다.

다음에는 web.xml 파일에 〈security-constraint〉 태그를 추가하여 보안 제약을 설정한다. 먼저 〈web-resource-collection〉 태그를 추가하고 〈url-pattern〉 태그로 접근을 제한할 URL의 목록을 지정한다.

```
<security-constraint>
  <web-resource-collection>
    <web-resource-name>로그인</web-resource-name>
    <url-pattern>/customer/*</url-pattern>
    <url-pattern>/product/*</url-pattern>
    <url-pattern>/inventory/*</url-pattern>
    <url-pattern>/order/*</url-pattern>
  </web-resource-collection>
</security-constraint>
```

다음에는 〈auth-constraint〉 태그를 추가하고 〈role-name〉 태그를 사용하여 역할을 지정한다.

```xml
<security-constraint>
   // 생략...
   <auth-constraint>
      <role-name>ROLE_ADMIN</role-name>
      <role-name>ROLE_MANAGER</role-name>
      <role-name>ROLE_USER</role-name>
   </auth-constraint>
</security-constraint>
```

커스텀 로그인 페이지에 사용하기 위해 다음과 같이 〈login-config〉 태그를 추가한다.

```xml
   </security-constraint>
   <login-config>
      <auth-method>FORM</auth-method>
      <form-login-config>
         <form-login-page>/login.jsp</form-login-page>
         <form-error-page>/error.jsp</form-error-page>
      </form-login-config>
   </login-config>
</web-app>
```

웹 애플리케이션 루트에 다음과 같이 login.jsp 페이지를 생성하고 다음과 같이 코드를 작성한다.

```jsp
<%@ page language="java" contentType="text/html;charset=UTF-8"%>
<!DOCTYPE html>
<html>
<head>
   <title>로그인</title>
   <link rel="stylesheet" href="./styles/main.css" type="text/css"/>
```

```
            <link rel="short icon" href="#">
        </head>
        <body>
        <h1>로그인</h1>
        <form action="j_security_check" method="post">
            <label>사용자 ID: </label>
            <input type="text" name="j_username"/><br>
            <label>비밀번호: </label>
            <input type="password" name="j_password"/><br>
            <input type="submit" value="로그인">
        </form>
        </body>
        </html>
```

그리고 error.jsp 페이지를 생성하고 다음과 같이 코드를 작성한다.

```
<%@ page language="java" contentType="text/html;charset=UTF-8"%>
<%@ taglib prefix="c" uri="http://java.sun.com/jsp/jstl/core" %>
<!DOCTYPE html>
<html>
<head>
    <title>로그인 실패</title>
    <link rel="stylesheet" href="../styles/main.css" type="text/css"/>
</head>
<body>
    <h1>로그인 실패</h1>
    <p>사용자 ID와 비밀번호를 정확하게 입력해주세요.</p>
<%@ include file="/footer.jsp" %>
</body>
</html>
```

톰캣 서버의 conf 서브 디렉터리에 있는 tomcat-users.xml 파일의 〈tomcat-users〉 태그 안에 〈role〉 태그를 사용하여 다음과 같이 사용자 로그인 정보를 추가한다.

```
<tomcat-users <!-- 생략 -->
    <user username="manager1" password="1234" roles="ROLE_MANAGER"/>
    <user username="manager2" password="1234" roles="ROLE_MANAGER"/>
    <user username="admin1" password="1234" roles="ROLE_ADMIN"/>
    <user username="admin2" password="1234" roles="ROLE_ADMIN"/>
</tomcat-users>
```

또한 server.xml 파일의 LockOutRealm 〈Realm〉 태그 안에 DataSourceRealm 〈Realm〉 태그를 추가하여 데이터 소스 영역을 설정한다.

```
<Realm className="org.apache.catalina.realm.LockOutRealm">
  <!-- 생략 -->
  <Realm className="org.apache.catalina.realm.DataSourceRealm"
      dataSourceName="jdbc/authority"
      userTable="users" userNameCol="user_name" userCredCol="user_pass"
      userRoleTable="user_roles" roleNameCol="role_name"/>
</Realm>
```

그리고 〈GlobalNamingResources〉 태그 안에 〈Resource〉 태그를 사용하여 데이터 소스를 설정한다.

```
<GlobalNamingResources>
  <!-- 생략 -->
  <Resource name="jdbc/authority" auth="Container"
      type="javax.sql.DataSource" driverClassName="org.postgresql.Driver"
      url="jdbc:postgresql://localhost:5432/postgres"
      username="postgres" password="1234" maxTotal="20"
        maxIdle="10" maxWaitMillis="-1"/>
</GlobalNamingResources>
```

여러분은 다른 데이터베이스를 사용하도록 설정할 수 있다.

다음에는 여러분의 데이터베이스에 DDL 문을 사용하여 users와 user_roles 테이블을 생성한다.

10장 웹 보안

```
CREATE TABLE users (
  user_name VARCHAR(15) NOT NULL PRIMARY KEY,
  user_pass VARCHAR(15) NOT NULL
);
CREATE TABLE user_roles (
  user_name VARCHAR(15) NOT NULL,
  role_name VARCHAR(15) NOT NULL,
  PRIMARY KEY( user_name, role_name )
);
```

그리고 다음과 같이 로우를 추가한다.

```
INSERT INTO users VALUES ('admin', '1234'),
                         ('manager', '1234'),
                         ('user', '1234');
NSERT INTO user_roles VALUES ('admin', 'ROLE_ADMIN'),
                             ('manager', 'ROLE_MANAGER'),
                             ('user', 'ROLE_USER');
```

index.jsp 파일에 사용자가 HTTPS 프로토콜로 접속하지 않았다면 index.jsp 페이지를 볼 수 없도록 다음과 같이 코드를 추가한다.

```
<h1><%= "주문 예제 시스템" %>
</h1>
<br/>
<% if(request.isSecure()) { %>
<!-- 생략 -->
<% } else { %>
   이 페이지에 접근할 수 없습니다. HTTPS 프로토콜을 사용하십시오.
<% } %>
</body>
```

또한 사용자 로그인 정보를 보여주고 로그아웃할 수 있도록 할 수 있도록 다음과 같이 코드를 추가한다.

```
<% if(request.isSecure()) { %>
<% if(request.getRemoteUser() != null) { %>
<h2>로그인 정보</h2>
    <%= request.getUserPrincipal().getName() %>가 로그인했습니다. <p/>
    <a href="/customer?action=logout">로그 아웃</a>
<% } %>
<p>
<h2>고객 정보 관리</h2>
```

CustomerServlet 클래스에 로그 아웃 기능을 추가한다.

```
public class CustomerServlet extends HttpServlet {
    protected void doGet(HttpServletRequest request,
                        HttpServletResponse response)
                    throws ServletException, IOException {
        switch(action) {
            case "logout":
                request.getSession().invalidate();
                response.sendRedirect("/");
            default:
                return;
        }
        // 생략...
    }
}
```

사용자를 등록하거나 변경할 때 ROLE_USER 역할을 갖는 사용자가 아니면 에러 페이지로 이동하도록 코드를 추가한다.

```
case "edit":
    if(!request.isUserInRole("ROLE_USER")) {
        action = "error";
        break;
    }
```

10장 웹 보안

```
        customer = new Customer();
        request.setAttribute("customer", customer);
        break;
```

또한 customer 디렉터리에 error.jsp 파일을 생성하고 다음과 같이 코드를 작성한다.

```
<%@ page language="java" contentType="text/html;charset=UTF-8"%>
<%@ taglib prefix="c" uri="http://java.sun.com/jsp/jstl/core" %>
<!DOCTYPE html>
<html>
<head>
    <title>사용자 에러</title>
    <link rel="stylesheet" href="../styles/main.css" type="text/css"/>
</head>
<body>
    <h1>사용자 에러</h1>
    <p><%= request.getUserPrincipal().getName()%>는 사용할 수 없습니다.</p>
<%@ include file="/footer.jsp" %>
</body>
</html>
```

product 디렉터리의 edit.jsp 파일에 ROLE_MANAGER 역할을 가진 사용자가 아니라면 제품을 추가할 수 없도록 다음과 같이 코드를 추가한다.

```
<% if(request.isUserInRole("ROLE_MANAGER")) {%>
<form action="/product" method="post">
    <!-- 생략 -->
</form>
<% } else { %>
<p>이 페이지는 관리자만 사용할 수 있습니다.</p>
<% } %>
<c:import url="/footer.jsp" />
```

또한 list.jsp 파일에 제품 목록을 조회할 때 ROLE_MANAGER 역할을 가진 사용자가 아니라면 제품을 변경하거나 삭제할 수 없도록 코드를 추가한다.

```jsp
<table>
    <!-- 생략 -->
        <td>
            <% if(request.isUserInRole("ROLE_MANAGER")) {%>
            <a href="<c:url value = '/product?action=update&id=${product.id}'/>">
                변경
            </a>
            <a href="<c:url value ='/product'>
                    <c:param name = 'action' value ='delete'/>
                    <c:param name = 'id' value = '${product.id}'/>
                </c:url>">
              삭제
            </a>
            <% } %>
        </td>
    </tr>
    </c:forEach>
</table>
```

마지막으로 inventory 디렉터리의 list.jsp 파일에 재고 목록을 조회할 때 ROLE_MANAGER 역할을 가진 사용자가 아니라면 제품을 입고할 수 없도록 코드를 추가한다.

```jsp
<table>
    <!-- 생략 -->
        <td>
            <% if(request.isUserInRole("ROLE_MANAGER")) {%>
            <a href="<c:url value ='/inventory'>
                    <c:param name = 'action' value ='stock'/>
                    <c:param name = 'id' value = '${inventory.id}'/>
                </c:url>">
              입고
```

```
                </a>
                <% } %>
            </td>
        </tr>
    </c:forEach>
</table>
```

이제 여러분은 추가된 기능이 제대로 동작하는 지 테스트할 수 있다. 지금까지 실습을 수행하느라 수고 많았습니다

11장 필터와 리스너

11장
필터와 리스너

- ☐ 필터 개요
- ☐ 필터 구현
- ☐ 필터 배포 설정
- ☐ 리스너

필터 개요

필터(filter)는 리소스에 대한 요청과 리소스로부터의 응답을 가로채서 요청과 응답에 대하여 어떤 행위를 수행하는 것을 말한다. 필터는 요청과 응답을 검사해서 변경시킬 수 있으며, 요청을 거부하거나 다른 URL로 이동 또는 전송할 수도 있다. 서블릿과 마찬가지로 필터는 배포 디스크립터나 어노테이션을 사용하여 선언될 수 있으며, 초기 매개변수를 가질 수 도 있고 서블릿 컨텍스트에 접근할 수도 있다.

필터는 가로채기 필터(Intercepting Filter) 패턴을 따른다. 웹 애플리케이션에 대한 요청을 처리하기 전과 후에 요청과 응답을 가로채어 조작해야 할 경우가 있을 수 있다. 어떤 행위가 계속 처리되어야 할 지를 결정할 필요가 있을 수도 있고, 들어오고 나가는 데이터를 이후 처리에 적당한 형식으로 바꾸어야 할 경우도 있을 수 있다.

- 클라이언트가 유효한 세션을 갖고 있는가?
- 요청 경로가 제약 사항을 위반하고 있는가?
- 클라이언트의 웹 브라우저 유형을 지원하는가?
- 클라이언트가 어떤 인코딩을 사용하여 데이터를 전송하는가?
- 요청 데이터가 암호화 또는 압축되는가?

이러한 처리를 일련의 조건 로직을 통해 구현할 수도 있다. 그러나 각 처리 과정에서 유사한 작업을 수행하기 때문에 많은 코드가 중복될 수 있다. 이러한 문제점을 해결하기 위해 가로채기 필터 패턴을 사용한다. 다음 그림은 가로채기 필터 패턴의 클래스 다이어그램을 보여준다.

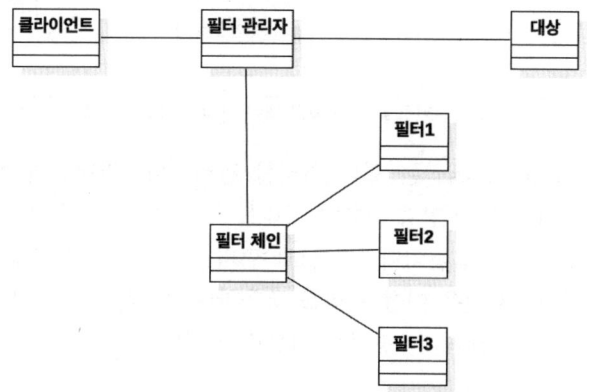

[그림 11-1] 가로채기 필터 패턴 클래스 다이어그램

클라이언트가 필터 관리자에게 요청을 보내면, 필터 관리자는 관련된 필터들과 함께 필터 체인을 생성하고 관리한다. 필터 체인은 관련된 필터들의 집합을 구성하며, 정렬된 순서대로 필터를 호출한다. 다음은 이러한 과정을 표현한 가로채기 필터 패턴의 시퀀스 다이어그램을 보여준다.

11장 필터와 리스너

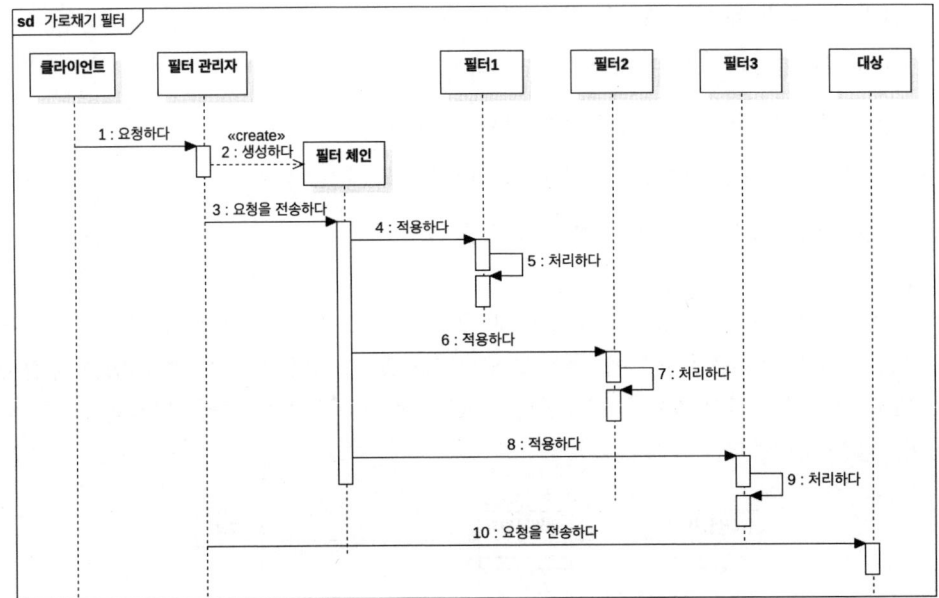

[그림 11-2] 가로채기 필터 패턴 시퀀스 다이어그램

필터 관리자(filter manager)는 필터 처리를 관리한다. 필터들과 함께 필터 체인을 생성하고 정확한 순서로 필터를 호출하여 처리를 시작한다. 필터 체인(filter chain)은 독립적인 필터들의 정렬된 집합이다. 필터1과 필터2, 필터3은 대상에 매핑되는 개별적인 필터(filter)로, 필터 체인은 이들 처리를 조율한다. 대상(target)은 클라이언트가 요청한 리소스로서 리소스 처리를 담당하는 서블릿이 된다.

필터 구현

지금은 상당히 좋아졌지만 이전에 사실 자바 웹 애플리케이션을 구현할 때 가장 골치 아픈 일은 한글을 사용하는 일이었다. 웹 페이지를 요청할 때마다 인코딩을 하고, 요청 매개변수를 읽을 때 디코딩을 하는 일은 아주 번거롭다. 우리는 이러한 문제를 필터를 사용하여 해결하였다. 그래서 여기에서는 문자를 인코딩하는 CharacterEncoding-Filter를 구현하기로 한다.

필터를 구현하는것은 서블릿을 구현하는 것보다 쉽다. Filter 인터페이스를 구현하면 된다.

```
public class CharacterEncodingFilter implements Filter {
}
```

Filter 인터페이스는 서블릿과 유사하게 init(), doFilter(), destroy() 메서드를 포함하고 있다.

```
public class CharacterEncodingFilter implements Filter {
    public void init(FilterConfig config) throws ServletException {
    }
    public void destroy() {
    }
    @Override
    public void doFilter(ServletRequest request,
                         ServletResponse response,
                         FilterChain chain)
            throws ServletException, IOException {
        chain.doFilter(request, response);
    }
}
```

init() 메서드는 필터가 생성될 때 호출되어 초기화를 수행한다. 매개변수로 전달된 FilterConfig 인터페이스를 사용하여 필터 컨텍스트에 접근하여 초기 매개변수를 읽을 수 있다. CharacterEncodingFilter 필터의 경우에는 필터 컨텍스트의 encoding 초기 매개변수값을 읽어 클래스의 encoding 필드에 저장한다.

```
private String encoding = null;
public void init(FilterConfig config) throws ServletException {
    this.encoding = config.getInitParameter("encoding");
    System.out.println(config.getFilterName() + " 필터가 시작되었습니다.");
}
```

doFilter() 메서드는 필터에 매핑된 요청이 들어올 때 호출된다. 이 메서드에서 매개변수로 전달된 ServletRequest와 ServletResponse, FilterChain 인터페이스를 사용하여 요청과 응답, 그리고 필터 체인(filter chain) 객체에 대한 처리를 수행할 수 있다.

11장 필터와 리스너

CharacterEncodingFilter 필터의 경우에는 다음과 같이 요청과 응답 객체에 init() 메서드에서 읽은 encoding 초기 매개변수값을 setCharacterEncoding() 메서드를 호출하여 인코딩을 수행한다.

```
public void doFilter(ServletRequest request,
                ServletResponse response, FilterChain chain)
            throws ServletException, IOException {
    if(request.getCharacterEncoding() == null) {
      if(encoding != null) {
        request.setCharacterEncoding(encoding);
        response.setCharacterEncoding(encoding);
      }
    }
    chain.doFilter(request, response);
}
```

doFilter() 메서드 안에서 요청을 계속 진행하거나 거절시킬 수 있으며, 요청과 응답을 변경시킬 수도 있다. FilterChain 객체의 doFilter() 메서드를 호출하면 요청이 계속 진행되며, 이 메서드를 호출하지 않으면 요청을 거절하고 클라이언트에 응답을 보낸다. 서블릿의 경우에는 하나의 서블릿이 하나의 요청만 처리할 수 있지만, 하나의 요청에 대하여 필터 체인(filter chain)을 구성하는 여러 개의 필터가 요청을 가로챌 수 있다. FilterChain 객체의 doFilter() 메서드를 호출하는 것은 필터 체인에서 필터 실행을 계속하게 하며, 현재의 필터가 필터 체인의 마지막 필터라면 서블릿 컨테이너에게 제어권을 넘겨주고 서블릿 컨테이너는 요청을 서블릿에게 전달한다. 만약 현재의 필터가 FilterChain 객체의 doFilter() 메서드를 호출하지 않으면 필터 체인의 실행이 중단되고 나머지 필터와 서블릿은 요청을 처리할 수 없게 된다.

필터가 HTTP가 아닌 요청과 응답을 필터링할 수 있지만 현재로서는 요청 객체는 항상 HttpServletRequest이고, 응답 객체는 항상 HttpServletResponse이므로 이들 인터페이스 타입으로 형변환을 하여 사용할 수 있다. 만약 로깅 기능을 수행하는 필터라면 다음과 같이 코드를 작성할 수 있다.

```
HttpServletRequest req = (HttpServletRequest)request;
HttpServletResponse res = (HttpServletResponse)response;
String remoteAddr = req.getRemoteAddr();
```

```
String httpMethod = req.getMethod();
String uri = req.getRequestURI();
String protocol = req.getProtocol();
int status = res.getStatus();
System.out.println("[" + LocalDateTime.now() + "] " + remoteAddr + " : " +
                   httpMethod + " " + uri + " " + protocol + " " + status );
```

destroy() 메서드는 웹 애플리케이션이 종료될 때 호출된다. 우리는 아무 것도 할 일이 없기 때문에 빈 상태로 두기로 한다.

```
public void destroy() {
}
```

필터 배포 설정

필터를 웹 컨테이너에 배포하기 위해서는 서블릿과 마찬가지로 배포 스크립터가 필요하다. 웹 컨테이너가 필터의 인스턴스를 생성하기 하기 위해서는 web.xml 파일의 <web-app> 시작과 종료 태그 사이에 <filter> 태그를 추가한다.

```xml
<filter>
    <filter-name>CharacterEncodingFilter</filter-name>
    <filter-class>
        com.mycompany.ordersystem.controller.CharacterEncodingFilter
    </filter-class>
</filter>
```

서블릿과 마찬가지로 필터 컨텍스트 초기 매개변수(context init parameter)를 사용할 수 있다. 다음 코드에서는 인코딩을 하기 위한 encoding 컨텍스트 초기 매개변수를 설정하고 있다.

```xml
<filter>
    <filter-name>CharacterEncodingFilter</filter-name>
    <filter-class>
```

```
            com.mycompany.ordersystem.controller.CharacterEncodingFilter
        </filter-class>
        <init-param>
        <param-name>encoding</param-name>
        <param-value>UTF-8</param-value>
        </init-param>
    </filter>
```

다음에는 해당 필터가 어떤 URL에 대한 요청을 가로채기 해야 하는 지를 지정해야 한다. 이것은 〈servlet-mapping〉 태그에 지정한다.

```
    <filter-mapping>
        <filter-name>CharacterEncodingFilter</filter-name>
        <url-pattern>/*</url-pattern>
    </filter-mapping>
```

위의 설정에서 애플리케이션 상대적인 URL인 루트로부터 오는 모든 요청을 characterEncodingFilter가 가로채도록 하고 있다.

서블릿과 마찬가지로 web.xml 파일 대신 또는 함께 어노테이션을 사용하여 설정할 수 있다. 위의 설정과 동일한 설정을 @WebFilter 어노테이션을 사용하여 코드를 작성하면 다음과 같다.

```
    @WebFilter(
        filterName="CharacterEncodingFilter",
        urlPatterns={"/*"},
        initParams={
            @WebInitParam(name="encoding", value="UTF-8")
        }
    )
    public class CharacterEncodingFilter implements Filter {
```

이제 인코딩 처리가 완료되었으므로 모든 요청과 응답 메시지는 자동적으로 UTF-8로 인코딩된다.

여러 개의 필터가 사용되는 경우 필터의 실행 순서는 필터 체인 안에서 위치에 따라

결정된다. 필터 실행 순서를 정하는 것은 간단하다. 요청에 매핑되는 필터는 배포 디스크립터에서 〈filter-mapping〉 태그가 오는 순서대로 필터 체인 안에 추가된다.

이미 서블릿에 매핑된 URL이 있기 때문에 필터를 URL에 매핑하는 것보다 서블릿에 매핑하는 것이 더 편리할 수 있다. 이 경우에는 다음과 같이 〈servlet-name〉 태그를 사용하여 서블릿을 지정할 수 있다. 여러 개의 서블릿을 매핑하고 싶다면 〈servlet-name〉 태그를 사용하여 서블릿을 나열하면 된다.

```
<filter-mapping>
    <filter-name>LoggingFilter</filter-name>
    <servlet-name>CustomerServlet</servlet-name>
</filter-mapping>
```

어노테이션을 사용하여 설정한다면 다음과 같이 @WebFilter 어노테이션의 servletNames 애트리뷰트에 서블릿 이름을 지정하면 된다.

```
@WebFilter(
    filterName="LoggingFilter",
    servletNames={"CustomerServlet"}
)
public class LoggingFilter implements Filter {
```

이제 CustomerServlet 서블릿으로 HTTP 요청이 들어오면 콘솔에 다음과 같이 출력한다.

```
CharacterEncodingFilter 필터가 시작되었습니다.
[2022-12-3T16:55:41.162102] 0:0:0:0:0:0:0:1 : GET /customer HTTP/1.1 200
```

리스너

웹 애플리케이션은 이벤트(event)를 통해 서블릿 컨텍스트의 상태나 HTTP 세션 객체 등의 상태 변화를 통지해준다. 이러한 상태 변화에 반응하여 응답하는 서블릿을 리스너(listener)라고 한다. 서블릿 라이프사이클에서 발생하는 중요한 이벤트에 응답하는 리스너는 다음과 같다.

11장 필터와 리스너

리스너 인터페이스	이벤트
ServletContextListener	서블릿 컨텍스트가 생성하거나 소멸할 때
ServletContextAttributeListener	서블릿 컨텍스트에 저장된 속성값이 변경될 때
HttpSessionListener	세션 객체가 생성되거나 소멸할 때
HttpSessionAttributeListener	세션 객체의 속성값이 변경될 때

[표 11-1] 리스너 인터페이스

리스너는 구현하고 등록하기 위해서는 먼저 해당 이벤트가 발생할 때 반응할 리스너 클래스를 작성해야 한다.

```java
public class OrderListener implements ServletContextListener,
                                      HttpSessionAttributeListener {
    @Override
    public void contextInitialized(ServletContextEvent sce) {
        System.out.println("서블릿 컨텍스트가 생성되었습니다.");
    }
    @Override
    public void contextDestroyed(ServletContextEvent sce) {
        System.out.println("서블릿 컨텍스트가 소멸되었습니다.");
    }
    @Override
    public void attributeAdded(HttpSessionBindingEvent sbe) {
        System.out.printf("%s 애트리뷰트가 추가됨 : %s\n", sbe.getName(), sbe.getValue());
    }
    @Override
    public void attributeRemoved(HttpSessionBindingEvent sbe) {
        System.out.printf("%s 애트리뷰트가 삭제됨 : %s\n", sbe.getName(), sbe.getValue());
    }
    @Override
    public void attributeReplaced(HttpSessionBindingEvent sbe) {
        System.out.printf("%s 애트리뷰트가 변경됨 : %s\n", sbe.getName(), sbe.getVal-
```

```
ue());
    }
}
```

다음에는 web.xml 에 리스너를 등록한다.

```
<listener>
    <listener-class>
        com.mycompany.ordersystem.controller.OrderListener
    </listener-class>
</listener>
```

또는 @WebListener 어노테이션을 리스너 클래스에 지정할 수 있다.

```
@WebListener
public class OrderListener implements ServletContextListener {
}
```

이제 웹 애플리케이션을 실행하고 주문을 처리한 후 애플리케이션을 종료하면 콘솔에 다음과 같이 출력한다.

```
서블릿 컨텍스트가 생성되었습니다.
order 애트리뷰트가 추가됨 : com.mycompany.ordersystem.domain.Order@6075c1df
products 애트리뷰트가 추가됨 : [com.mycompany.ordersystem.domain.Product@34cc2e5e, com.mycompany.ordersystem.domain.Product@68d5fe8c, com.mycompany.ordersystem.domain.Product@27391561, com.mycompany.ordersystem.domain.Product@690c4360, com.mycompany.ordersystem.domain.Product@3ce73ec1]
order 애트리뷰트가 삭제됨 : com.mycompany.ordersystem.domain.Order@6075c1df
products 애트리뷰트가 삭제됨 : [com.mycompany.ordersystem.domain.Product@34cc2e5e, com.mycompany.ordersystem.domain.Product@68d5fe8c, com.mycompany.ordersystem.domain.Product@27391561, com.mycompany.ordersystem.domain.Product@690c4360, com.mycompany.ordersystem.domain.Product@3ce73ec1]
서블릿 컨텍스트가 소멸되었습니다.
```

빈 페이지

색인

색인

한국어

ㄱ

가로채기 필터 442, 443, 444

객체 모델 5, 14, 338, 339, 340, 360, 362

관계 모델 5, 282, 338, 339, 340, 360, 362

관계형 데이터베이스 262, 263, 264, 339

관계형 모델 262, 263

구조적 질의 언어 264

국제화 167, 168

권한 7, 34, 53, 266, 276, 277, 279, 280, 414, 415, 422, 423, 429

그래들 8

그루비 8

기본 키 263, 282, 328, 329, 351, 352, 356, 357, 383, 390, 395, 396, 400, 401

ㄴ

내장 객체 99

ㄷ

대리 키 328, 352

데이터베이스 273, 275

데이터베이스 관리 시스템 263

데이터베이스 서버 9, 264, 267, 273, 275

데이터베이스 연결 정보 290, 291, 302, 346, 348

데이터 소스 영역 427, 435

데이터 정의 언어 264

데이터 제어 언어 264, 266

데이터 조작 언어 264, 265

도커 273, 274

도커 데스크톱 267, 268, 273

도커 컨테이너 273, 274

디스패처 54

ㄹ

로우 56, 262, 263, 265, 266, 293, 295, 309, 325, 329, 330, 340, 351, 357, 358, 374, 377, 378, 385, 386, 387, 393, 395, 404, 405, 436

롤백 297, 299, 300, 301, 331, 378

리스너 58, 442, 449, 450, 451

릴레이션 262, 342

ㅁ

마이바티스 5

마이크로소프트 SQL 서버 9, 264, 269, 270, 273, 274, 277, 278, 280

모델 1 5, 6, 104

모델 2 4, 6, 100, 112, 115, 150, 151

ㅂ

배포 스크립터 58, 447

보안 제약 422, 432

ㅅ

사용자 273, 275

사용자 데이터베이스 영역 424, 427

상태없는 프로토콜 214, 218

상태 코드 32, 35, 65

서버 페이지 3, 4, 70, 88

서블릿 ii, 3, 4, 5, 6, 34, 36, 52, 54, 55, 57, 58, 59, 60, 61, 62, 63, 67, 68, 70, 88, 89, 91, 96, 100, 101, 102, 104, 112, 114, 115, 122, 123, 133, 141, 142, 144, 150, 186, 187, 196, 201, 202, 207, 208, 219, 224, 225, 226, 227, 230, 233, 236, 238, 239, 243, 244, 253, 254, 256, 259, 422, 429, 430, 432, 442, 444, 445, 446, 447, 448, 449, 450, 451, 452

서블릿 컨텍스트 초기 매개변수 52, 67, 101

서블릿 프런트 54

선언문 91, 92, 307

세션 64, 94, 96, 99, 100, 146, 148, 162, 214, 219, 220, 221, 222, 224, 225, 227, 228, 233, 235, 236, 238, 241, 243, 244, 245, 249, 254, 255, 256, 258, 259, 346, 432, 443, 449, 450

세션 트래킹 224

순수한 자바 객체 5, 37

스크립트릿 91, 92, 99, 102, 103, 104, 128, 129, 130, 131, 132, 220, 222, 231, 241, 257

스프링 프레임워크 3

실체-관계 모델 282

ㅇ

아키타입 12, 43

아파치 메이븐 8, 9

아파치 아이비 8

아파치 앤트 8

아파치 톰캣 2, 8, 21, 22

암시적 객체 99

애트리뷰트 37, 100, 114, 126, 128, 129, 132, 140, 141, 142, 143, 144,
    146, 147, 151, 159, 160, 161, 162, 164, 166, 167, 168, 179, 180,
    181, 182, 189, 191, 192, 194, 203, 205, 206, 219, 220, 221, 222,
    227, 228, 230, 231, 233, 235, 236, 238, 241, 243, 244, 249, 253,
    254, 255, 256, 258, 259, 262, 341, 349, 350, 352, 353, 356, 357,
    358, 359, 360, 361, 362, 364, 366, 371, 372, 391, 401, 410, 418,
    424, 425, 426, 428, 450, 451

액션 태그 95, 96

엔터프라이즈 빈즈 3

오라클 4, 9, 264, 267, 268, 269, 275, 276, 277, 282, 288, 290, 291,
    303, 329, 330, 347, 352, 353, 410

오라클 데이터베이스 264, 267, 268, 273, 275, 276, 277, 288, 289, 303, 330

오라클 XE 267, 268, 269, 275

외래 키 263, 282, 330, 356, 357, 358, 367, 391, 396

요청 2, 4, 5, 26, 27, 28, 29, 30, 31, 32, 33, 34, 35, 36, 37, 52, 53, 54,
    55, 56, 57, 59, 60, 61, 62, 63, 64, 65, 66, 88, 94, 96, 99, 100,
    112, 113, 114, 122, 123, 126, 127, 128, 132, 133, 140, 141, 146,
    147, 148, 162, 187, 188, 189, 190, 191, 195, 196, 201, 202, 203,
    204, 205, 207, 208, 214, 215, 216, 217, 218, 219, 222, 223, 224,
    225, 226, 227, 230, 231, 233, 236, 238, 239, 243, 244, 246, 247,
    248, 249, 253, 254, 256, 259, 416, 422, 429, 442, 443, 444, 445,
    446, 448, 449

요청 매개변수 62, 63, 100, 113, 123, 126, 146, 147, 187, 188, 189, 202,
    203, 444

요청 메시지 29, 30, 32, 33

요청 헤더 33, 34, 64, 146, 148

웹로직 4

웹 보안 36, 414, 415, 432

웹 서버 4, 6, 26, 27, 28, 30, 32, 33, 34, 52, 214, 215, 216, 217, 218,
    219, 220, 224, 246, 247, 248, 249, 415, 416, 422

웹스피어 4

웹 애플리케이션 2, 3, 4, 5, 6, 7, 8, 12, 15, 26, 38, 52, 57, 59, 70, 74, 78, 79, 82, 84, 85, 90, 94, 96, 99, 104, 109, 112, 113, 114, 115, 120, 127, 154, 183, 190, 204, 228, 414, 415, 422, 425, 426, 432, 433, 442, 444, 447, 449, 451

웹 컨테이너 4, 8, 52, 56, 57, 58, 93, 159, 447

웹 프로파일 3, 4

응답 2, 4, 5, 26, 27, 28, 29, 32, 33, 34, 35, 55, 56, 57, 59, 65, 66, 93, 99, 100, 225, 235, 241, 422, 442, 445, 446, 448, 449

응답 메시지 32, 34, 35, 448

응답 헤더 34, 56, 65

의존성 289

이름 갖는 질 370

이클립스 3, 6, 7, 23, 24, 25, 26, 42, 45, 46, 47, 70, 71, 80, 82, 168, 174

인덱스 142, 143, 185, 238, 256, 259, 263, 264, 265, 276, 293, 330

인증 35, 36, 53, 414, 415, 416, 417, 419, 420, 422, 423, 429, 432

인텔리제이 아이디어 6, 7

임피던스 불일치 5, 338, 339

ㅈ

자바 빈 4, 5, 6, 54

자바 언어 주석문 92

자바 EE 3, 57, 66, 159

자연 키 351, 352, 353

자카르타 서버 페이스 90

자카르타 엔터프라이즈 에디션 2

자카르타 퍼시스턴스 5, 9

자카르타 EE 2, 3, 4, 5, 36, 54, 90, 160

저장 프로시저 266, 371

제우스 4

제이보스 애플리케이션 서버 4

제티 4

지시어 89, 91, 93, 94, 95, 100, 128, 159, 160, 166, 167, 181, 184, 191, 192, 195, 206, 222, 232, 235, 237, 241, 242, 252, 258

질의 매개변수 62, 63, 167, 374, 375, 386

ㅋ

커밋 297, 298, 299, 300, 301, 328, 331, 378, 386, 387, 394, 395, 399, 405

컨트롤러 52, 53, 54, 112

컬럼 262, 263, 282, 293, 325, 329, 330, 340, 350, 351, 352, 354, 355, 356, 361, 363, 373, 383, 391, 395, 428

쿠키 34, 64, 100, 146, 148, 214, 223, 224, 225

키 저장소 416, 417, 432

ㅌ

터플 262

테스트 인증서 416, 417

테이블 130, 192, 193, 206, 207, 221, 222, 223, 231, 232, 237, 253, 255, 258, 262, 263, 264, 265, 266, 276, 281, 282, 286, 287, 295, 304, 305, 314, 316, 322, 325, 328, 329, 330, 331, 338, 340, 342, 344, 346, 349, 350, 351, 352, 355, 356, 357, 358, 359, 360, 361, 362, 363, 364, 365, 366, 367, 386, 387, 394, 395, 399, 405, 427, 428, 435

톰캣 2, 4, 8, 9, 21, 22, 23, 25, 26, 75, 76, 79, 80, 81, 415, 416, 417, 418, 421, 422, 423, 424, 426, 432, 434

트랜잭션 28, 297, 298, 299, 300, 301, 328, 331, 378, 386, 387, 394, 395, 398, 399, 405

ㅍ

퍼시스턴스 3, 5, 9, 338

페이로드 33, 34, 35

폼 인증 422

표준 태그 라이브러리 3

표현식 91, 92, 99, 128, 130, 132, 140, 141, 144, 148, 149, 151, 160, 161, 162, 180, 181, 186, 191, 193, 194, 195, 205, 206, 207, 232

프런트 컨트롤러 52, 53, 54

프런트 컨트롤러 패턴 53, 54

프린시펄 423, 429, 431

필터 43, 52, 58, 442, 443, 444, 445, 446, 447, 448, 449

ㅎ

하이버네이트 5, 17, 18, 341, 344, 346, 347

함수 태그 라이브러리 158, 184, 185, 237, 252

헤더 29, 31, 32, 33, 34, 35, 55, 56, 64, 65, 93, 130, 146, 148, 192, 206, 231

헬퍼 54, 55

형식화 태그 라이브러리 158, 167, 258

후보 키 351

로마자

A

ACID 299, 300

ALL 294

ALTER 문 265

ANSI 표준 264

Apache Ant 8

Apache Ivy 8

Apache Maven 8

Apache Tomcat 8, 23

application 객체 100, 101

archetype 9, 10, 12, 39, 43

attribute 100, 160, 220, 262, 341, 344, 345, 450

authentication 414, 415, 422

authorization 34, 414, 415

B

BIGINT 294

BIT 294

BLOB 294

BOOLEAN 294

C

candidate key 351

CHAR 294

CLOB 294

column 262, 338, 345, 346, 354

commit 297, 298, 301, 328, 331, 378, 379, 387, 394, 395, 399, 405

config 객체 100

controller 53, 54, 55, 59, 67, 72, 112, 115, 122, 151, 186, 201, 225, 447, 448, 451

cookie 34, 65, 146, 223, 225

Core 태그 라이브러리 158, 160, 184, 191, 192, 195, 206

CREATE 문 264

Criteria 질의 343, 373, 374, 403

D

DataBase Management System 9, 263, 264

database server 264

data control language 264

data definition language 264

data manipulation language 264

DataSourceRealm 427, 428, 435

DATE 294

DBMS 9, 263, 264, 266, 268

DCL 264

DDL 264, 295, 329, 427, 435

DECIMAL 294

declaration 91

DELETE 메서드 30, 31

DELETE 문 265, 373

deployment descriptor 58

directive 91, 93

dispatcher 54

DML 264

docker 273, 274

Domain Specific Language 8

DROP 문 264, 265

DSL 8

E

Eclipse 3, 7, 82, 174, 341

EL 29, 30, 31, 55, 140, 142, 144, 145, 146, 148, 149, 150, 151, 193, 194, 195, 205, 206, 207, 222, 237, 241, 252, 257, 265, 266, 283, 284, 285, 286, 293, 295, 307, 308, 309, 311, 318, 320, 321, 325, 326, 327, 329, 331, 343, 344, 347, 351, 357, 373, 374, 375, 377, 378, 379, 383, 385, 386, 393

enterprise beans 3

EntityManager 객체 372, 373, 374, 377, 378, 384, 385, 386, 387, 392, 393, 394, 395, 397, 398, 399, 402, 403, 405

Entity-Ralationship Model 282

Entity-Relationship 281

E-R 281, 282

E-R 다이어그램 282

E-R 모델 282

exception 객체 100

expression 91, 92, 140

Expression Language 140

F

filter 58, 442, 444, 445, 446, 447, 448, 449

Filter 인터페이스 444, 445

FLOAT 294

foreign key 263, 330, 340

front controller 53

Front Controller 52

G

GET 메서드 29, 30, 31, 55, 56, 65, 187, 202

Gradle 8

GRANT 문 266

H

HEAD 메서드 31

header 31, 33, 64, 65, 146, 148

helper 54

Hibernate 5, 341, 342, 344, 347, 348, 349, 380, 381, 382

HTML 주석문 92, 93

HTTP 4, 5, 26, 27, 28, 29, 32, 33, 35, 36, 52, 55, 56, 62, 63, 65, 94, 112, 113, 114, 122, 123, 127, 128, 132, 133, 134, 146, 187, 190, 191, 195, 196, 201, 202, 204, 205, 208, 214, 222, 223, 224, 225, 226, 230, 233, 236, 238, 239, 243, 244, 253, 254, 256, 259, 415, 416, 421, 422, 431, 436, 446, 449

HTTP 메서드 29, 55

HTTP 메시지 29, 32, 33

HTTP 서버 26

HTTP 트랜잭션 28

HTTP 프로토콜 26, 35, 36, 62, 65, 415, 422

HTTP message 29

HTTP method 29

HTTPS 프로토콜 36, 415, 416, 422, 431, 436

HttpServlet 55, 56, 61, 62, 63, 65, 66, 69, 72, 73, 74, 96, 99, 100, 113, 114, 115, 122, 123, 124, 133, 151, 187, 188, 196, 201, 203, 207, 208, 225, 226, 429, 430, 437, 446

HttpServletRequest 56, 62, 63, 65, 66, 69, 72, 73, 74, 96, 99, 113, 114, 115, 123, 133, 151, 196, 201, 207, 208, 226, 429, 430, 437, 446

HttpServletResponse 56, 65, 72, 73, 74, 99, 100, 113, 123, 151, 196, 446

HttpSession 클래스 219

HTTP transaction 28

HyperText Transfer Protocol 26

I

impedance mismatch 5

implicit object 99

IN 294

index 12, 28, 60, 94, 104, 109, 116, 120, 132, 133, 152, 154, 164, 165, 167, 185, 195, 196, 207, 208, 221, 223, 227, 234, 235, 238, 241, 249, 251, 255, 256, 259, 260, 263, 431, 432, 436

INSERT 문 265, 373

INT 294

INTEGER 294

IntelliJ IDEA 6

Intercepting Filter 442

internalization 168

J

Jakarta EE 2

Jakarta Enterprise Edition 2

Jakarta Persistence 5, 9, 338

Jakarta Persistence Query Language 343

Jakarta Server Faces 90

Jakarta Server Pages 3, 4, 88

Jakarta Standard Tag Library 158

Java Bean 4, 5

Java Database Connectivity 288

Java DataBase Connectivity 5, 9

Java Development Kit 3, 6

Java EE 3

Java Enterprise Edition 3

JavaServer Pages 3, 54, 70

JBoss Application Server 4

JDBC 5, 9, 36, 38, 57, 67, 69, 159, 262, 288, 289, 290, 301, 304, 305, 306, 307, 314, 315, 316, 317, 320, 322, 323, 324, 332, 379, 382, 410, 411

JDK 3, 5, 6, 7, 39, 288, 416

Jetty 4

JEUS 4

JPA 5, 9, 36, 159, 275, 338, 340, 341, 342, 343, 344, 345, 346, 348, 352, 370, 371, 372, 373, 379, 383, 384, 385, 390, 391, 392, 396, 397, 399, 400, 401, 402, 405, 410, 411

JPA 공급자 5, 341, 344, 348

JPA Query Language 373

JPQL 343, 371, 373, 374

JSF 90

JSP 3, 4, 5, 6, 36, 37, 48, 49, 52, 54, 70, 83, 88, 89, 90, 91, 92, 93, 94, 95, 96, 99, 100, 101, 104, 112, 113, 114, 115, 123, 126, 127, 128, 129, 132, 133, 142, 144, 146, 150, 151, 158, 159, 160, 167, 181, 184, 186, 187, 189, 190, 191, 192, 194, 195, 196, 202, 204, 206, 207, 208, 220, 222, 223, 227, 231, 241, 257, 422, 429

JSP 주석문 92, 93

JSP 태그 4, 88, 95, 101, 142, 144, 146, 150, 151, 158, 159, 186

JSP 프런트 54

JSPFront 54

JSTL 95, 158, 159, 160, 186, 222, 237, 241, 252, 257

K

keystore 416, 417, 418

L

listener 58, 449, 451

M

Microsoft SQL Server 264

MIME 타입 27, 28, 33, 34, 35, 148

Model 1 6

Model 2 6

MyBatis 5

mysql 274, 275

MySQL 9, 264, 270, 271, 274, 275, 278, 285, 288, 289, 290, 292, 329, 347, 352, 381, 410

N

natural key 351, 352

NCHAR 294

NUMERIC 294

NVARCHAR 294

O

object model 5, 338

Object-Relational Mapping 5, 338, 340

Oracle 4, 9, 264, 267, 290, 291, 302, 342, 346, 347, 348, 380

Oracle Database 264

ORM 5, 338, 340, 341, 342, 344, 427, 433

out 객체 100

P

page 객체 100

payload 33

persistence 3, 18, 338, 341, 342, 344, 346, 348, 349, 372, 380, 381, 382, 410

pgcli 274, 275

Plain Old Java Object 5, 37

POJO 5, 37

POST 메서드 29, 30, 65, 128, 132, 133, 134, 191, 195, 196, 205, 207, 208, 230, 233, 236, 238, 239, 243, 244, 253, 254, 256, 259

PostgreSQL 9, 264, 271, 274, 275, 280, 282, 284, 289, 290, 291, 292, 329, 330, 347, 352, 381, 382, 410, 429

PreparedStatement 객체 296, 297, 330

primary key 263, 328, 340, 351, 436

principal 423

psql 274, 275

PUT 메서드 30, 34

Q

query parameter 63

R

RDBMS 9, 264, 268

REAL 294

relation 5, 262, 338, 340, 342, 356, 365

relational database 262

Relational DataBase Management System 264

relational model 5, 262, 338

Relation DataBase Management System 9

request 2, 4, 26, 28, 32, 52, 56, 62, 63, 64, 65, 66, 69, 73, 74, 90,
    92, 96, 99, 100, 101, 106, 113, 114, 115, 116, 118, 123, 126,
    127, 128, 130, 132, 133, 134, 135, 142, 144, 146, 148, 151, 152,
    162, 163, 168, 187, 188, 189, 190, 196, 197, 201, 202, 203, 204,
    207, 208, 209, 219, 225, 226, 227, 231, 233, 237, 238, 253, 254,
    256, 260, 429, 430, 431, 432, 436, 437, 438, 439, 445, 446

request 객체 99, 100, 114, 429

RequestDispatcher 54, 113, 114, 115, 116, 123, 133, 151, 152, 187,
    196, 202, 208, 227

request message 32

request parameter 62

ResourceBundle Editor 174, 175, 177

Resource Bundle Editor 플러그인 168, 169, 170

response 2, 4, 26, 28, 32, 56, 57, 65, 66, 69, 73, 74, 90, 99, 101,
    113, 114, 115, 116, 123, 133, 151, 152, 187, 196, 201, 202, 207,
    208, 225, 226, 227, 235, 241, 430, 432, 437, 445, 446

response message 32

ResultSet 타입 293

REVOKE 문 266

rollback 297, 299, 301, 328, 331, 347, 378

row 56, 57, 63, 65, 66, 68, 69, 73, 74, 82, 99, 113, 115, 123, 133,
    151, 187, 196, 201, 208, 226, 262, 266, 293, 303, 310, 319, 321,
    326, 338, 340, 430, 437, 445, 446

S

scriptlet 91

Secure Socket Layer 415

security constraint 422

SELECT 문 265, 266, 293, 375

server pages 3

servlet 3, 4, 42, 47, 54, 55, 58, 59, 60, 61, 65, 67, 68, 72, 73, 113, 159, 448, 449

ServletFront 54

session 94, 96, 99, 100, 146, 162, 219, 220, 221, 222, 224, 227, 228, 233, 235, 237, 238, 241, 243, 244, 250, 253, 255, 256, 260, 346

session 객체 94, 100, 220, 222

session tracking 224

SMALLINT 294

Spring framework 3

SQL 5, 9, 38, 159, 262, 264, 266, 269, 270, 271, 273, 274, 275, 276, 277, 278, 280, 282, 284, 285, 288, 289, 290, 291, 292, 293, 294, 295, 296, 297, 300, 301, 302, 307, 310, 319, 321, 326, 328, 329, 330, 340, 343, 346, 347, 348, 352, 370, 373, 374, 375, 380, 381, 382, 385, 393, 410, 429

sqlcmd 273, 274

sqlplus 273, 274

SSL 414, 415, 416, 417, 418, 422, 432

standard tag library 3

stateless protocol 214

Statement 객체 293, 295, 296, 297, 301, 330

status code 32

stored procedure 266, 371

Structured Query Language 5, 264

surrogate key 328, 352

T

table 103, 108, 119, 129, 130, 131, 163, 180, 182, 183, 186, 192, 193, 206, 207, 221, 222, 223, 229, 232, 234, 238, 240, 242, 243, 250,

251, 252, 254, 256, 257, 258, 259, 262, 338, 344, 346, 360, 368, 369, 370, 429, 430, 439, 440

taglib 지시어 159, 160, 167, 181, 184, 191, 192, 195, 206, 237, 252

TIME 294, 295

TIMESTAMP 295

TLS 415

Tomcat 4, 8, 22, 23, 24, 74, 80, 81, 84, 159

transaction 18, 28, 297, 328

Transport Layer Security 415

TRUNCATE 265

tuple 262

U

Uniform Resource Identifier 28

Uniform Resource Locator 28

UPDATE 265

URI 28, 95, 159, 447

URL 6, 28, 30, 32, 34, 36, 55, 59, 60, 61, 62, 64, 65, 67, 69, 79, 82, 85, 128, 132, 167, 191, 195, 205, 224, 267, 268, 269, 290, 291, 416, 418, 422, 432, 442, 448, 449

UserDatabaseRealm 424

V

VARCHAR 294

W

WAS 4, 8

web application 2

Web Application Server 4, 8

web container 4, 8

WebLogic 4

web profile 3

web server 4

WebSphere 4

web.xml 12, 58, 60, 61, 62, 67, 101, 422, 426, 432, 448, 451

X

XML 태그 라이브러리 158, 181, 182, 184

기호

@Column 어노테이션 350, 351, 383, 391, 395, 400, 401

@Entity 어노테이션 345, 349

@JoinColumn 어노테이션 356, 359

@ManyToOne 어노테이션 355, 359, 368, 369, 400, 401

@NamedNativeQuery 어노테이션 370, 371

@NamedQuery 어노테이션 371

@Table 어노테이션 349, 350, 364, 366

@WebFilter 어노테이션 448, 449

@WebServlet 61, 62, 68, 73, 115, 122, 151, 186, 187, 201, 226